DANGZHENG JIGUAN
GONGWEN CHULI GUIFAN XUANBIAN

21 CENTURY 党政干部培训教材·高等院校文秘教材

主　编　柳新华　纪德臻
副主编　王晓东　姜德照

党政机关
公文处理规范选编

本书执行主编　李忠朋　夏一乔

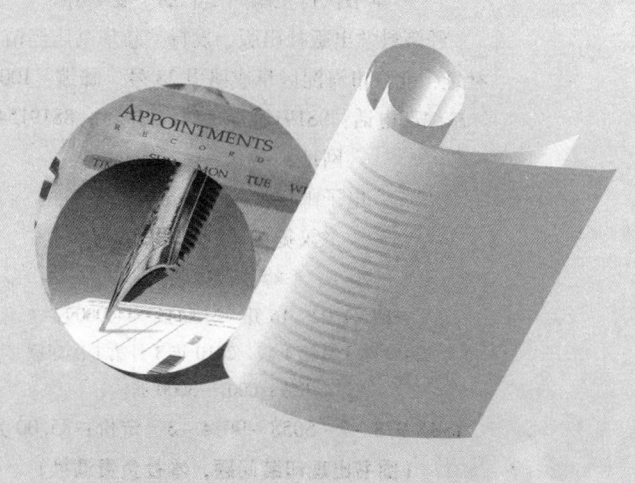

经济科学出版社
Economic Science Press

图书在版编目（CIP）数据

党政机关公文处理规范选编／柳新华、纪德臻主编．—北京：经济科学出版社，2010.3

党政干部培训教材．高等院校文秘教材

ISBN 978-7-5058-9034-3

Ⅰ．①党… Ⅱ．①柳…②纪… Ⅲ．①国家行政机关–公文–处理–中国–教材 Ⅳ．①C931.46

中国版本图书馆 CIP 数据核字（2010）第 016086 号

责任编辑：吕　萍　李晓杰
责任校对：杨晓莹
版式设计：代小卫
技术编辑：邱　天

党政机关公文处理规范选编

主　　编　柳新华　纪德臻
副　主　编　王晓东　姜德照
本书执行主编　李忠朋　夏一乔
经济科学出版社出版、发行　新华书店经销
社址：北京市海淀区阜成路甲 28 号　邮编：100142
总编部电话：88191217　发行部电话：88191540
网址：www.esp.com.cn
电子邮件：esp@esp.com.cn
汉德鼎印刷厂印刷
季峰装订厂装订
787×1092　16 开　24 印张　440000 字
2010 年 3 月第 1 版　2010 年 3 月第 1 次印刷
印数：0001—3000 册
ISBN 978-7-5058-9034-3　定价：35.00 元
（图书出现印装问题，本社负责调换）
（版权所有　翻印必究）

编 委 会

主　　　编 柳新华　纪德臻

副 主 编 王晓东　姜德照

本书执行主编 李忠朋　夏一乔

编　　　委 （按姓氏笔画排序）

丁洪荣　王　璐　王红霞　邓丽丽　吕世强
吕　波　朱　波　衣振中　刘鸣洋　刘玉坤
张绍兵　张艳伟　张慧慧　邹香娥　邵明媚
邵建国　李忠朋　吴　颖　范仲利　夏一乔
夏德芬　蔡江涛

序

干部写作,特别是公文写作,从来都与干部的表述能力、办事程序、施政理念相联系,所以干部要人人会写公文。要求干部人人会写公文,主要是指学会与自己职任相对应的公文写作。这属于职务规范。特别是领导干部要自己动手写文件,不假手于人,不用秘书代劳。这是中国共产党和人民政府工作人员的一贯作风。毛泽东同志为我们做出了表率。学会写公文是要下功夫的,因为公文是一门学问。

中共中央制定的《2006~2010年全国干部教育培训规划》,强调要紧扣干部履行岗位职责的需要,广泛开展各类业务知识培训和技能训练,而公文写作正是这些知识和技能的重要内容之一。同时,这种知识和技能的提高又是现实工作的迫切需要。党政机关工作对公文质量和公文处理有着很高的要求,而我们面临的现实却是,尽管党政机关干部学历普遍较高,但真正擅长公文写作的相当匮乏,真正懂得公文处理的更少,有时是"一才难求",影响党政机关工作效率和工作质量的提高。

由柳新华和纪德臻同志主编的这套党政干部培训教材,分为七册:《党政机关办公室工作》综合介绍党政机关干部应该掌握的办公室工作的基础常识和基本技能;《党政机关公文写作》对公文写作知识进行全面系统的介绍;《党政机关公文处理规范选编》汇集现行的重要的党政机关公文处理规范性文件;《党政机关公文格式与范例》将公文格式进行整理并配以图示;《党政机关应用文写作》深入浅出地介绍了应用文写作知识;《外国公文选读》选取外国公文中的经典作品以供借鉴;《中国古代公文选读》对历代公文精品进行注释和评析。这套教材的特点:一是层次高,有理论的阐发,又有相关规律的总结;二是内容新,涉及最新公文规范解读和电子公文的全新领域;三是范围广,写作与处理兼顾,古今中外皆有;四是很实用,既能切实提高学习者的公文写作水平,又可为工作和教学提供参考。它们既各自独立成书、方便使用,又相互联系、互为补充,体现了编者的良苦用心。

柳新华教授与我相识于20世纪90年代初，正值中国公文写作研究会创建之际。他长期从事党政机关公文写作与处理，又对公文理论颇有见地，显露出他在这方面的才华。二十多年来，他出版了十余部在国内具有广泛影响的公文写作与处理方面的专著。后因工作需要调入鲁东大学任职，现为该校副校长、教授、硕士生导师，并任中国公文写作研究会副会长。到大学工作后，他对公文写作理论的研究更加勤奋，对公文学的许多空白和前沿领域展开工作。难能可贵的是，他开设的公文写作与处理的硕士研究方向，在我国高等教育中开辟了公文研究与教育的一片新天地，迄今已经指导多届研究生毕业。可以相信，由他和纪德臻同志牵头编写的这套教材，是公文实践与鲁东大学学者全新研究成果的融会，一定会受到读者的欢迎。

这套教材，是为广大党政干部、党政机关公务员和高等院校文秘专业的师生编写的，也是为中共烟台市委组织部与鲁东大学联合举办的党政机关年轻干部公文写作高级培训班编写的。作为工作繁忙的一级地方党委组织部门，舍得把党政机关年轻骨干集中起来，用两个月时间到大学学习公文写作，是一件值得称道的事情，并且一定会对党政机关提高工作效率和工作质量产生深远的影响。

为祝贺这套教材出版，我写了上面这段话，以为序。

苗枫林

二〇一〇年三月

（苗枫林：中国公文研究会名誉会长，山东省八届人大常委会副主任）

目 录

绪论 …………………………………………………………………………… 1

一 党的公文处理规定 …………………………………………………… 12
中国共产党机关公文处理条例 …………………………………………… 12
中共中央办公厅《公文主题词表》 ……………………………………… 19
  附件：中国共产党机关《公文主题词表》使用方法 ……………… 44

二 人大机关公文处理规定 ……………………………………………… 51
人大机关公文处理办法 …………………………………………………… 51
人大机关公文格式说明 …………………………………………………… 56

三 国家行政机关公文处理规定 ………………………………………… 58
国家行政机关公文处理办法 ……………………………………………… 58
  附件：国务院公文主题词表 ………………………………………… 65
国家行政机关公文格式 …………………………………………………… 73
《国家行政机关公文格式》条文释义 …………………………………… 79
国务院办公厅关于实施《国家行政机关公文处理办法》涉及的
 几个具体问题的处理意见 ……………………………………………… 98
国务院办公厅关于进一步做好公文处理工作有关事项的通知 ………… 100
国务院办公厅关于进一步规范公文处理工作若干事项的通知 ………… 102
国务院办公厅关于进一步规范公文报送工作有关事项的通知 ………… 103
国务院关于国家行政机关和企业事业单位社会团体印章管理的规定 … 105

四 法规规章性公文处理规定 …………………………………………… 108
中华人民共和国立法法 …………………………………………………… 108
行政法规制定程序条例 …………………………………………………… 119

规章制定程序条例…………………………………………………… 123
　　法规规章备案条例…………………………………………………… 129

五　政协机关公文处理规定………………………………………………… 132
　　政协陕西省委员会机关公文处理暂行规定………………………… 132
　　政协四川省委员会机关公文处理实施细则………………………… 144
　　　　附件：《政协四川省委员会机关公文处理实施细则》补充规定…… 151
　　云南省政协机关公文办理条例……………………………………… 154

六　解放军机关公文处理规定………………………………………………… 160
　　中国人民解放军机关公文处理条例………………………………… 160
　　中国人民解放军保密条例…………………………………………… 166
　　　　附录：其他军队机关公文处理规定篇目……………………………… 170

七　国家部委行政机关公文处理规定………………………………………… 171
　　建设部机关公文处理办法…………………………………………… 171
　　审计机关行政公文处理办法………………………………………… 182
　　交通部公文处理办法………………………………………………… 190
　　全国税务机关公文处理实施办法…………………………………… 197
　　水利部公文处理实施办法…………………………………………… 217
　　　　附录：其他部委行政机关公文处理规定篇目………………………… 225

八　省级党政机关公文处理规定……………………………………………… 226
　　山东省党的机关公文处理暂行规定………………………………… 226
　　山东省实施《国家行政机关公文处理办法》细则…………………… 242
　　山东省人民政府办公厅关于向省政府报送公文有关问题的通知…… 250
　　北京市实施《国家行政机关公文处理办法》细则…………………… 251
　　上海市国家行政机关公文处理实施细则…………………………… 261
　　天津市实施《国家行政机关公文处理办法》细则…………………… 270
　　　　附录：其他省级党政机关公文处理规定篇目………………………… 279

九　执法机关公文处理规定…………………………………………………… 280
　　人民法院公文处理办法……………………………………………… 280

人民法院公文主题词表……285
人民法院公文主题词标引说明……293
司法部机关公文处理办法……294

十　保密规定……306

中华人民共和国保守国家秘密法……306
国家秘密文件、资料和其他物品标志的规定……309
　　附件：书面形式密件的标志方法举例……310
印刷、复印等行业复制国家秘密载体暂行管理办法……311
关于国家秘密载体保密管理的规定……317
　　附录：其他保密规定……321

十一　档案管理规定……322

中华人民共和国档案法（修正）……322
　　附件：全国人民代表大会常务委员会关于修改
　　　　《中华人民共和国档案法》的决定……325
中华人民共和国档案法实施办法……327
文书档案案卷格式……333
归档文件整理规则……339
　　附录：其他档案管理相关文件篇目……342

十二　电子公文处理规定……344

中华人民共和国电子签名法……344
电子公文传输管理办法……349
电子公文归档管理暂行办法……351
机关公文二维条码使用规范……353
　　附录：其他电子公文处理规定篇目……354

十三　公文语言规范规定……355

标点符号用法……355
出版物上数字用法的规定……362
出版物汉字使用管理规定……368
　　附录：相关规定篇目……370

后记……371

绪　　论

　　党的公文，是党的机关实施领导、处理公务的具有特定效力和规范格式的文书，是传达贯彻党的路线、方针、政策、指导布置和商洽工作、请示和答复问题、报告和交流情况的工具。行政公文，又称国家行政机关公文，是行政机关在行政管理过程中形成的具有法定效力和规范体式的文书，是依法行政和进行公务活动的重要工具。

　　党政公文是日常工作中最常见的两种公文，构成了现行公文的主体，在现实工作中发挥着重要作用。现行党的公文主要依据1996年5月3日中共中央办公厅发布的《中国共产党机关公文处理条例》（以下简称《条例》）行文，现行行政公文则主要依据国务院在2000年8月24日发布的《国家行政机关公文处理办法》（以下简称《办法》）行文。两者既有联系又有区别，在许多地方存在相同相通之处，也存在许多的差异之处，常常使身在其中和其外的人们困扰不已。

　　要想解除这种困扰，我们就要着力解决以下问题：党政公文在哪些方面存在差异？这些差异因何而存在？是否所有的差异都有存在的必要？不必要的差异如何清除？

一、党政公文的异同比较

　　要将两个事物进行比较，首先两者要有共同之处，然后才能论及差异之处，即无所谓"同"就无所谓"异"。党政公文之间的联系和差异主要表现在以下四个方面：

（一）语言要求、行文规则、处理原则基本相同，表述有所不同

　　党政公文的具体语言要求、行文规则、处理原则集中体现在《中国共产党机关公文处理条例》、《国家行政机关公文处理办法》、《国务院办公厅关于实施〈国家行政机关公文处理办法〉涉及的几个具体问题的处理意见》（国办函〔2001〕1号）、《电子公文传输管理办法》（国办〔2003〕65号）、《标点符号用法》（国家技术监督局）、《出版物上数字用法的规定》（国家技术监督局）等文

件和法规中。以两者"行文规则"中第一个要求的表述为例,《条例》第十一条规定：行文应当确有需要，注重实效，坚持少而精，可发可不发的公文不发，可长可短的公文要短；《办法》第十三条规定：行文应当确有必要，注重效用。两种表述的中心意思是一样的，都要求公文行文时要讲究实效，只是一个表述详细具体，一个简洁概括。

（二）作用基本相同，性质、内容、行文对象和指向不同

党的公文和行政公文，都是传达、贯彻党的路线、方针、政策的工具，都具有领导、指挥、联系、沟通和宣传教育作用。不同的是，党的公文是党的意志和权力的体现，内容主要是传达贯彻党的路线、方针、政策，实施党的领导，其行文对象和指向是各级党的组织和党员；行政公文是国家意志和权力的体现，内容是实施国家的行政行为和进行行政管理，行文对象和指向是国家各级行政机关、企事业单位以及人民群众。

（三）公文种类和具体文种存在差别，但大同小异

党的公文共有文种14种，行政公文13种，其中有9种完全相同，1种基本相同，其他为各自所独有。完全相同的9种是：决定、通知、通报、报告、请示、批复、意见、函、会议纪要；基本相同的是党的公文之公报（公开发布重大决定和重要事件）和行政公文之公告（向国内外宣布重要事项或者法定事项）；党的公文独有决议（经会议讨论通过的重要决策事项）、指示（对下级机关布置工作、提出开展工作的原则和要求）、条例（党的中央组织制定规范党组织的工作、活动或党员行为的规章制度）、规定（对特定范围内的工作和事物制定具有约束力的行为规范）4种，行政公文独有命令（令）（依照有关法律公布行政法规和规章，宣布施行重大强制性行政措施，嘉奖有关单位及人员）、通告（公布社会各有关方面应当遵守或者周知的事项）、议案（各级人民政府按照法律程序向同级人民代表大会或人民代表大会常务委员会提请审议事项）3种。

（四）格式基本相同，但许多地方又有明显差别

两者的格式要素基本相同，格式框架也基本相同，都分为三个部分：眉首、主体、版记，但在许多细微之处存在差别，让我们一一比较两者各要素存在的相同之处和不同之处：

1. 眉首部分。党政公文的眉首部分都包含份号/公文份数序号、紧急程度、发文机关、发文字号等七个要素，但是在名称、位置等具体要求上有差别。

（1）份号/公文份数序号。

共同点：都位于公文首页的左上角，用阿拉伯数字标注。

不同点：党的公文称之为"份号"，所有带密级的公文都要求标注，六位数，前加№；行政公文命名为"公文份数序号"，仅绝密、机密公文要求务必标注，但是如果有必要，即使不带密级的公文也可以标注份号，七位数，前不加№。

（2）密级/秘密等级。

共同点：均有秘密、机密、绝密三个等级。

不同点：党的公文称"密级"，位于左上角第二行，份号下面；行政公文称为"秘密等级"，位于右上角第一行。

（3）秘期（保密期限）。

共同点：称呼相同，与密级在同一行，中间用"★"隔开，并不是所有带密级的公文都需要标注秘期。

不同点：党的公文置于左上角第二行，份号下面；行政公文置于右上角第一行，前面的密级两字之间加一空格。

（4）版头/发文机关标识。

共同点：都要求使用发文机关全称或规范化简称，在公文首页上部居中大字宋体套红。

不同点：党的公文叫"版头"，有两种形式：发文机关全称或规范化简称＋文件（普发性），发文机关全称或规范化简称＋（文种）（非普发性，且文种为黑色小一号楷字体）；行政公文叫"发文机关标识"，只有一种形式：发文机关全称或规范化简称＋文件，某些特定的公文可以只标注发文机关全称或规范化简称。

（5）发文字号。

共同点：名称相同，内容相同，都包含机关代字、年份、序号，位置也相同，都位于版头/发文机关标识的正下方或左下方（有签发人时）。联合行文使用联署机关名称时，上下排列，文件或文种在右，上下居中排布。

不同点：联合行文时，党的公文可以使用主办机关名称，也可以使用联署机关名称，可以用主办机关的发文字号，也可以用联署机关发文字号；而行政公文只能用联署机关名称，主办机关排列在前，只标明主办机关或经协商确定的机关发文字号。

（6）签发人。

共同点：两者的上行文都需标注签发人，位于发文字号的右侧。

不同点：有多位签发人时，党的公文要求按照先上下后左右的顺序排列；行政公文要求将主签发人放在首位，其他的依次下移一行。

(7) 横隔线/红色反线。

共同点：党政公文的这个要素的位置相同，都位于发文字号的下方，作用相同，都是眉首和正文的分隔线。

不同点：党的公文叫"横隔线"，由居中红色五角星加两侧红色横线组成，且与版头同宽，如版头中无"文件"二字，则中间没有红五角星；行政公文叫"红色反线"，与版心同宽，位于发文字号下 4mm 处。

2. 主体部分。党政公文的主体部分都是二者核心所在，在这一部分二者同样含有共同的七个要素，也是在名称、位置上存在差别。

(8) 标题。

共同点：名称相同，均由发文机关名称、公文主题、文种组成；位置相同，都标注在分隔线/红色反线的下面；标点符号要求相同，在标题中除法规、规章名称加书名号外，一般不用标点符号。

不同点：党的公文只有上面提及的一种标题方式，而行政公文还有一种，即省略发文机关名称，只由公文主题和文种组成。

(9) 主送机关。

二者完全相同。使用全称或规范化的简称、统称；位于正文之上、标题之下，顶格；如主送机关名称过多而使公文首页不能显示正文，可将主送机关名称移至主题词之下、抄送之上，标识方法同抄送。

(10) 正文。

两者关于正文的要求没有明显的差别，都位于标题或主送机关的下方。最大的差别在于排版和个别要素字体要求上，这一点我们将在下文提到，在此不赘复言。

(11) 附件。

共同点：均在正文之后注明附件的顺序、名称，并且附件与公文主件（正文）一起装订。

不同点：党的公文要求置于主件之后，标识为"附件一"，行政公文要求置于公文主体部分之后，标识为"附件1"。

(12) 生效标志。

相同点：位置相同，都位于正文的右下方。

不同点：党的公文叫"发文机关署名"，用全称或规范化简称，除会议纪要和有特定版头的普发性公文外，均需加盖发文机关印章（一般来说都是普发性公文，不需加盖公章）；行政公文叫"印章"，没有发文机关署名，除"会议纪要"和以电报形式发出的公文以外,均应加盖印章。单一行文时,印章居中下压成文日期;联合行文时,如是两个单位,则将成文日期拉开,两个印章并排下压日期,多个单位联合行文,则在正文和成文日期之间将发文机关名称均匀排布,加盖印章,一行最多排三个;成文日期位于右下角。

(13) 成文日期。

共同点:位于正文的右下角,联合行文署最后签发人的签发日期。

不同点:党的公文要求使用阿拉伯数字,特殊情况署印发日期,右空一个字;行政公文要求使用汉字,联合上报的公文,由主办机关加盖印章于成文日期,以负责人签发的日期为准,右空四个字。

(14) 印发传达范围/附注。

共同点:标明需要说明的事项,位于成文日期的左下角,左空两个字,加括号。

不同点:党的公文专指印发传达范围,行政公文指包括印发传达范围等所有需要说明的事项。

3. 版记部分。党政公文的版记都包括主题词、抄送机关等五个要素,且各要素之间用与版心同宽的黑色横线隔开,印刷/翻印份数除外。

(15) 主题词。

共同点:位于成文日期的左下方,标注方式为"类别词 + 类属词 + 附表词",标引的自由词后加"∧"作为标志。

不同点:党的公文主题词引自《公文主题词表》,标引数量不超过 10 个,标引自由词时,应同时标引相应的上位主题词,或优先选用最密切、最邻近的主题词进行交叉组配、限定组配,不能越级组配;行政公文的主题词引自《国务院公文主题词表》,标引数量为 3~5 个,自由词直接标引即可。

(16) 抄送机关。

共同点:位于主题词之下,印发机关、印发日期之上机关名称之间用","隔开,最后用"。"。

不同点:党的公文要求顶格,行政公文则要求左空一个字。

(17) 印发机关。

共同点:位于抄送机关之下,无抄送机关则位于主题词之下。

不同点:党的公文要求顶格,行政公文要求左空一个字。

(18) 印发日期。

共同点:与印发单位处于同一行,使用阿拉伯数字,居右放置。

不同点:党的公文要求右贴边放置,行政公文要求右空一个字。

（19）印发份数。

党的公文对此有要求，翻印上级公文时叫翻印份数，加括号置于印发日期下方；行政公文对此无要求。

4. 其他。

（20）末页。

末页无正文时，党的公文要求在第二行左空两个字加括号标注"此页无正文"，而行政公文明确规定不可出现此类情况，努力调整行距、字符间距等，务必使正文与印章、成文日期在同一页。

（21）用纸。

《条例》中规定，党的公文可以使用16K或A4型纸，但是在实际工作中党的公文使用的是16K纸，行政公文按照《办法》规定一律使用国际标准A4型纸。

（22）排版。

共同点：页码置于版心下边缘之下一行，用4号白体阿拉伯数字，左右各放一条4号一字线，单页码数置于右下角，双页码数置于左下角。

不同点：党的公文要求每页20行，每行25个字，单双页码均不空字；行政公文要求每页22行，每行28个字，单页码右空一个字，双页码左空一个字。

（23）字体。

党政公文的字体要求大体一致，字号要求略有差别，主要体现在眉首和版记部分。

正文部分两者没有差别：标题使用2号小标宋体字，副标题使用3号楷体字；正文内容使用3号仿宋体，一级标题用3号黑体，二级标题或主题句用3号楷体，转发类公文主体用3号楷体，转发内容用3号仿宋体。

眉首和版记部分：行政公文的字体要求比较统一，除了发文机关标志和标题以外其他全部使用3号字，而党的公文在份号、发文字号、印发日期、印刷份数这几个要素上都要求使用4号字，其他的使用3号字。

由以上比较可以看出，党政公文的根本差别在于各自的性质、作用、内容、行文对象和指向，这是由党和政府的不同地位、职能、性质决定的，是它们的本质差别，也是它们之所以存在且相互区别的依据、个性的来源，同时也决定了其独有文种的存在。但是两者表现在格式上，包括公文格式要素的位置、字体、字号、排版、用纸等由人为因素造成的差别，给工作带来许多麻烦和不便，亟待统一和改革。

二、党政公文差异对实际工作的影响及原因

在中国，共产党是执政党，任何行政机关都有相应的党的组织机构，这种特殊的关系模式决定了党政公文往来密切，没有一个党的机关不处理来自行政机关的公文，也没有一个行政机关不同党的机关公文打交道，而且同级党政机关还经常联合行文。现实中党政公文的众多差异，特别是格式上的差异，不可避免地成为党政机关有效沟通的障碍，给日常工作带来许多负面影响，比如党政公文的识别、撰拟和处理，严重影响党政机关的工作效率。

公文的格式涉及公文的草拟、审核、签发、复核、用印、登记、分发等各个程序，党政公文格式的不一致，公文要素安排位置的不同、用纸幅面的差异、用字的区别、要素的详略不等，势必给具体的公文经办人员造成很多麻烦，尤其是那些党政公文由一个机构或一个人员来统一办理的机关。同时也对公文的办理、管理、整理、归档等环节带来不良影响。比如归档，由于用纸幅面大小的不同，党政公文装订出来的文件有大有小，参差不齐，既影响美观，也影响文件装盒后的空间利用率。

笔者通过对党政公文存在的差异进行比较分析，发现引起差异的原因有以下几个方面：

1. 根本原因。党和政府有不同的地位、职能、作用，这是党政公文存在不同的性质、作用、行文对象以及具体文种的根本原因。前面已有相关论述，此处不再多言。

2. 历史原因。党政公文有着不同的发展历程，各自形成相对完善、独立的行文规范和习惯。

1921 年中国共产党第一次全国代表大会召开，讨论了党纲草案，这是我党的第一批公文。1923 年 6 月中国共产党第三次全国代表大会起草了《文书处置办法》，对中央文件的分类、编目、管理、销毁等方面作了具体规定，表现出鲜明的时代特点和创新精神，要求文书语言是白话文，并使用新式的标点符号；反对文牍主义，提倡务实文风。我党陆续形成一些初步的文书工作制度，主要有文件收发登记制度、文件秘密传递制度等。1931 年初周恩来指示瞿秋白起草了一个《文件处置办法》，详细规定了中央应当收集的文件档案资料的范围、内容，以及整理、保管、销毁文件的原则和方法，是我党历史上第一个系统的关于文书工作的指导性文件。1943 年《建设三类电报》中将文件电报分为公开、半密、秘密三个系统，1947 年《对文件处理之决定》、1948 年《关于电报处理的意

见》、《机要规则》等一系列文件的签发使文电处理制度得到进一步规范，并初步建立起档案制度。新中国成立后，中共中央颁布《中共中央和省（市）级机关文书处理工作和档案工作暂行条例》，至此党的公文处理条例基本成形，以后经过几次修改，1996年5月3日中共中央办公厅印发《中国共产党机关公文处理条例》，成为现行党的公文的行文依据。

行政公文是伴随党的政府机构的成长而成长的。1931年11月江西省瑞金成立了中华苏维埃共和国中央临时政府，由秘书长和技术书记负责文书处理和日常事务。1934年1月第二次全国苏维埃代表大会通过《关于苏维埃建设的决议案》，强调为提高政府机关的工作效率，必须尽可能改进秘书工作，减少公文数量，提高公文质量。1938年，晋察冀边区行政委员会发出一系列文件，《关于改变公文格式的通知》、《改革公文程式的理论和实践》、《公文程式再加改革令》等，统一了公文的名称和体式，并强调公文要讲实效。1940年陕甘宁边区政府发出《关于划一公文用纸的训令》，促进了公文用纸和书写的规范化。1941年，苏北行政公署颁布《公文程式方案》，同年晋察冀边区行政委员会秘书长娄凝先发表《怎样使公文科学化》的专论，1942年颁布《陕甘宁边区新公文程式》，这些文件使公文格式得到进一步规范、统一。1948年东北行政委员会办公厅颁布《简明公文程式》和《公文处理办法》，同年华北人民政府秘书厅也制定了《公文处理暂行办法》和《办事通则》，使公文管理得到有力加强。1951年中央人民政府政务院颁布《公文处理暂行办法》，这是新中国成立后行政公文的行文依据，几经修改后2000年印发2001年实行的《国家行政机关公文处理办法》。

3. 现实原因。目前党政公文的写作和处理依据《条例》和《办法》，分别由中共中央办公厅和国务院依照各自历史发展进程中形成的规范和条例制定执行。在这种情况下，公文写作规范和处理办法中往往含有很大的主观性，而且缺乏必要的监督。所以就产生了这样的现象：大家使用同一种工具，因为各自的理解不同、认识不同、习惯不同，以致对这个工具的描述不同。

党政公文的本质差异，如性质、内容、具体文种、行文对象等，是由根本原因决定的，是两者存在和区别的依据，是不容更改的。如若加以改变，使之统一，则会回到以前"党政不分"的状态，那时不但党的公文和行政公文难以区分，就是整个国家工作和社会的管理也将产生麻烦、陷入不便。

行文原则、语言要求、公文格式并不由党和政府的性质、地位决定，而是由公文这一文体的性质决定，在党、政府甚至军队等机关具有普遍适用性，它们的差异是由历史原因、现实原因或者人为原因造成的，完全可以统一起来。特别是公文格式，它是公文的"脸面"，是公文的外部形态，它的统一和改革不会改变公文的性质和地位。

三、党政公文改革的思考

党政公文在行文原则、语言要求，尤其是格式上存在诸多差别是没有必要的。观察党政公文的发展历程，也可以发现党政公文虽然各有所侧重，但是在其条例和办法的一再修改过程中，已经呈现出明显的趋同性，不论在内容还是形式上，它们的面貌越来越接近。

因此对党政公文加以改革势在必行，改革的总原则是：删繁就简、存异求同、方便实用、提高效率，即在不影响公文本质的前提下，将能统一的公文要素全部统一起来，例如公文的行文规则、语言要求、处理原则，以及公文的格式。

要对党政公文进行改革，首先要将公文纳入法制轨道，通过制定《公文法》改变党政机关各自制定公文写作原则和处理方法的现状。考虑到通过立法程序统一党政公文比较复杂的实际情况，可以先采取理论工作者和实际工作者相结合的方式，制定一套实用、简洁、通用的公文处理条例或办法。

党政公文改革的主要内容有：有关的概念的统一，特别是反映工作活动及其流程的工作术语，从词形到释义应完全一致，以建立起共同的工作语言；有关公文文种的统一，主要是针对党政机关通用的公文文种统一规定其名称、性质和适用范围，要保证对同一文种的所有表述完全一致；行文规则基本精神的统一，也就是针对既适用于党的机关，又适用于行政机关的规则作出一致性的规定；重点在于公文格式的统一，包括公文各个组成部分的名称和在页面上的位置编排，以及纸型、装订等具体规定。规范、准确、精心安排的公文格式，可以使公文庄重鲜明、整齐美观，既能充分体现发文机关认真细致的工作作风，又能方便公文阅读、处理和保管。

党政公文改革需要坚持以下几个原则：

1. 简洁性原则。严格来说，公文是一种工具，是党和政府等各种机关团体进行管理的工具，简化、便利是其工具性的重要要求。只有简单方便，才能降低操作难度，减少中间转换环节，被人们有效掌握、快速推行，提高公文处理的速度和质量。

在党政公文格式的众多差别中，有许多只是名称的差别，实际上所指相同，那就应该统一称谓，"同其名求其实"。像党的公文之份号、密级、秘期、版头、印刷版记，亦即行政公文之份数序号、秘密等级、保密期限、发文机关标识、印发机关和印发日期，两者相差不大，只是一简一繁，就是简单的称谓也并非令人难以理解。建议根据简洁性原则，将之统一为简洁的称谓，例如份号、密级、秘期、版头、印刷版记（进而将其与主题词和抄送机关一起归入版记中）。

还有附注，党的公文专指印发传达范围，行政公文还包括其他需要说明的事项，如"请示"需在附注处注明联系人的姓名和电话。虽然党的公文附注内容单一，但是也属于需要说明的事项，两者完全可以将称谓统一为"附注"。

这一点尤其应当体现在主题词的标引上，《条例》规定党的公文应标引5~10个主题词，而且自由主题词还需标引它的多个上位主题词，这实在很麻烦；行政公文只要求标注3~5个主题词，而且自由主题词直接标引就可以了，这才够简洁。况且在实际工作中，党的公文也很少有标引5个以上主题词的，这充分说明了主题词数量以3~5个为宜，自由词也没有必要标引出上位词。

2. 美观性原则。党的公文，如果密级、秘期、紧急程度都具备的话，依照《条例》，它们都应位于首页的左上角，加上位于左上角的份号，共三行，而行政公文则将密级、秘期、紧急程度放在右上角的位置，加上位于左上角的份号，一左两右共两行。很明显，前者不如后者平衡对称，从美观角度来讲，可以将二者统一为后者的形式，同时依据简洁性原则，去掉行政公文中密级两字之间的空格。对于上行文如果需要有签发人而且比较多的话，签发人的排列方式，党政公文的要求是不同的，党的公文要求按照先上下后左右的方式排列，而行政公文只要求上下排列。考虑到位于左侧仅占据一行位置的发文字号，从平衡美观的角度看，党的公文的排列方式似乎更好一些。

3. 方便性原则。党的公文版头有两种形式：发文机关全称或规范化简称＋文件、发文机关全称或规范化简称＋文种。而且在后一种中，发文机关名称与文种的字体样式、大小、颜色均有差别，具体又有四种不同的形式，适用于不同的范围。这样不仅繁琐难记，而且常常让人分不清在何种情况下使用何种形式。其实公文最主要的差别就在于发文机关和文种，这一点通过发文机关名称、发文机关代字和标题就可以得到完全的体现。建议无论党政公文都只用一种版头形式：发文机关全称或规范化简称＋文种，大字红色套头居中排布，这样简单方便。

行政公文对于成文日期、抄送机关、印发机关、印发时间都有右空四个字、左空一个字之类的要求，这实在有点啰嗦。左右空出一个字与不空字有何差别，有何影响？党的公文在这方面没有规定，而是约定俗成的顶格处理，操作起来既简单大方，又不影响美观。建议取消左空右空之类的规定，一切从俗。还有党政公文对于紧急程度都设定了两个急度，但是不一致，党的公文是特急和加急，行政公文是特急和平急。只是为了表明公文的紧急程度，一个急、一个很急而已，完全可以将两种公文的两个急度名称统一。

4. 节约性原则。《条例》中规定，如果最后一页没有正文内容，则标注"此页无正文"，而《办法》中则明确规定不允许出现此类现象，务必使印章和成文日期与正文处于同一页。很明显，后者更符合节约化的原则，也与我们提倡的建立节约型社会的目标一致。

在用纸规定上，也要考虑节约的问题。《条例》中虽然规定党的公文用纸可以是 16K 也可以是 A4，但是在实际工作中，采用的都是 16K。16K 相对 A4 来说，在裁剪时要浪费许多，生产纸张的机器生产出的一张大纸可以正好裁制成 A4 纸，却不能正好裁制成 16K 纸。建议不论是党政公文都采用 A4 纸，国际通用的公文用纸也是 A4 纸。这样不仅节约，而且给公文处理尤其是归档带来很多方便，还与国际接轨。

5. 标准化原则。现在不论是在哪个领域行文，只要涉及到数字，都要求符合国家对数字使用要求的标准，即符合《出版物上数字用法的规定》，公文写作也不例外。在党政公文中，有两处数字的运用要求存在不同，一是成文日期，二是附件后的序号。党的公文要求成文日期使用阿拉伯数字，附件后使用汉字，行政公文要求成文日期使用汉字，附件后使用阿拉伯数字。其实不论选用哪种数字方式，都不会影响公文的严肃性、权威性，而且阿拉伯数字在中国的运用已经十分普及、深入人心。建议都使用国际化的、简易化的阿拉伯数字，这样明显、简单。

一　党的公文处理规定

中国共产党机关公文处理条例

（1996年5月3日中共中央办公厅印发）

第一章　总　　则

第一条　为适应中国共产党机关（以下简称党的机关）工作的需要，实现党的机关公文处理工作的科学化、制度化、规范化，制定本条例。

第二条　党的机关的公文，是党的机关实施领导、处理公务的具有特定效力的规范格式的文书，是传达贯彻党的路线、方针、政策，指导、布置和商洽工作，请示和答复问题，报告和交流情况的工具。

第三条　公文处理是包括公文拟制、办理、管理、立卷归档在内的一系列衔接有序的工作。

第四条　公文处理应当坚持实事求是、按照行文机关要求和公文处理规定进行的原则，做到准确、及时、安全、保密。

第五条　党的机关的办公厅（室）主管本机关的公文处理工作，并对下级机关的公文处理工作进行业务指导。

第六条　党的机关的办公厅（室）应当设立秘书部门或者配备秘书人员具体负责公文处理工作，并逐步改善办公手段，努力提高工作效率和质量。秘书人员应当具有较高的政治和业务素质，工作积极，作风严谨，遵守纪律，恪尽职守。

第二章　公文种类

第七条　党的机关公文种类主要有：

（一）决议　用于经会议讨论通过的重要决策事项。

（二）决定　用于对重要事项作出决策和安排。

（三）指示　用于对下级机关布置工作，提出开展工作的原则和要求。

（四）意见　用于对重要问题提出见解和处理办法。

（五）通知　用于发布党内法规、任免干部、传达上级机关的指示、转发上级机关和不相隶属机关的公文、批转下级机关的公文、发布要求下级机关办理和有关单位共同执行或者周知的事项。

（六）通报　用于表彰先进、批评错误、传达重要精神、交流重要情况。

（七）公报　用于公开发布重要决定或者重大事件。

（八）报告　用于向上级机关汇报工作、反映情况、提出建议，答复上级机关的询问。

（九）请示　用于向上级机关请求指示、批准。

（十）批复　用于答复下级机关的请示。

（十一）条例　用于党的中央组织制定规范党组织的工作、活动和党员行为的规章制度。

（十二）规定　用于对特定范围内的工作和事务制定具有约束力的行为规范。

（十三）函　用于机关之间商洽工作、询问和答复问题，向无隶属关系的有关主管部门请求批准等。

（十四）会议纪要　用于记载会议主要精神和议定事项。

第三章　公文格式

第八条　党的机关公文由版头、份号、密级、紧急程度、发文字号、签发人、标题、主送机关、正文、附件、发文机关署名、成文日期、印章、印发传达范围、主题词、抄送机关、印制版记组成。

（一）版头　由发文机关全称或者规范化简称加"文件"二字或者加括号标明文件组成，用套红大字居中印在公文首页上部。联合行文，版头可以用主办机关名称，也可以并用联署机关名称。在民族自治地方，发文机关名称可以并用自治民族的文字和汉字印制。

（二）份号　公文印制份数的顺序号，标注于公文首页左上角。秘密公文应当标明份号。

（三）密级　公文的秘密等级，标注于份号下方。

（四）紧急程度　对公文送达和办理的时间要求。紧急文件应当分别标明"特急"、"加急"，紧急电报应当分别标明"特提"、"特急"、"加急"、"平急"。

（五）发文字号　由发文机关代字、发文年度和发文顺序组成，标注于版头下方居中或者左下方。联合行文，一般只标明主办机关的发文字号。

（六）签发人　上报公文应当在发文字号右侧标注"签发人"、"签发人"后面标注签发人姓名。

（七）标题　由发文机关名称、公文主题和文种组成，位于发文字号下方。

（八）主送机关　主要受理公文的机关。主送机关名称应当用全称或者规范化简称或者同类型机关的统称，位于正文上方，顶格排印。

（九）正文　公文的主体，用来表述公文的内容，位于标题或者主送机关下方。

（十）附件　公文附件，应当置于主件之后，与主件装订在一起，并在正文之后、发文机关署名之前注明附件的名称。

（十一）发文机关署名　应当用全称或者规范化简称，位于正文的右下方。

（十二）成文日期　一般署会议通过或者领导人签发日期；联合行文，署最后签发机关领导人的签发日期；特殊情况署印发日期。成文日期应当写明年、月、日，位于发文机关署名右下方。决议、决定、条例、规定等不标明主送机关的公文，成文日期加括号标注于标题下方居中位置。

（十三）印章　除会议纪要和印制的有特定版头的普发性公文外，公文应当加盖发文机关印章。

（十四）印发传达范围　加括号标注于成文日期左下方。

（十五）主题词　按上级机关的要求和《公文主题词表》标注，位于抄送机关上方。

（十六）抄送机关　指除主送机关以外的其他需要告知公文内容的上级、下级和不相隶属机关。抄送机关名称标注于印制版记上方。

（十七）印制版记　由公文印发机关名称、印发日期和份数组成，位于公文末页下端。

第九条　公文的汉字从左至右横排；少数民族文字按其书写习惯排印。公文用纸幅面规格可采用16开型（长260毫米，宽184毫米），也可采用国际标准A4型（长297毫米，宽210毫米）。左侧装订。

第十条　党的机关公文版头的主要形式及适用范围：

（一）《中共××文件》　用于各级党委发布、传达贯彻党的方针、政策，作出重要工作部署，转发上级机关的文件，批转下级机关的重要报告、请示。

（二）《中国共产党××委员会（××）》　用于各级党委通知重要事项、任免干部、批复下级机关的请示，向上级机关报告、请示工作。

（三）《中共××办公厅（室）文件》、《中共××办公厅（室）××》用于各级党委办公厅（室）根据授权，传达党委的指示，答复下级党委的请示，转发上级机关的文件，批转下级机关的报告、请示，发布有关事项，向上级机关报告、请示工作。

（四）《中共××部文件》、《中共××部（××）》用于除办公厅（室）以外的党委各部门发布本部门职权范围内的事项，向上级机关报告、请示工作。

第四章 行 文 规 则

第十一条 行文应当确有需要，注重实效，坚持少而精。可发可不发的公文不发，可长可短的公文要短。

第十二条 党的机关的行文关系，根据各自的隶属关系和职权范围确定。

（一）向上级机关行文，应当主送一个上级机关；如需其他相关的上级机关阅知，可以抄送。不得越级向上级机关行文，尤其不得越级请示问题；因特殊情况必须越级行文时，应当同时抄送被越过的上级机关。

（二）向下级机关的重要行文，应当同时抄送发文机关的直接上级机关。

（三）党委各部门在各自职权范围内可以向下级党委的相关部门行文。党委办公厅（室）根据党委授权，可以向下级党委行文；党委的其他部门，不得对下级党委发布指示性公文。部门之间对有关问题未经协商一致，不得各自向下行文。

（四）同级党的机关、党的机关与其他同级机关之间必要时可以联合行文。

（五）不相隶属机关之间一般用函行文。

第十三条 受双重领导的机关向上级机关行文，应当写明主送机关和抄送机关，由主送机关负责答复其请示事项。上级机关向受双重领导的下级机关行文，应当抄送其另一上级机关。

第十四条 向上级机关请示问题，应当一文一事，不应当在非请示公文中夹带请示事项。

请示事项涉及其他部门业务范围时，应当经过协商并取得一致意见后上报；经过协商未能取得一致意见时，应当在请示中写明。除特殊情况外，请示应当送上级机关的办公厅（室）按规定程序处理，不应直接送领导者个人。

党委各部门应当向本级党委请示问题。未经本级党委同意或授权，不得越过本级党委向上级党委主管部门请示重大问题。

第十五条 对不符合行文规则的上报公文，上级机关的秘书部门可退回下级呈报机关。

第五章 公 文 起 草

第十六条 起草公文应当做到:

(一) 符合党的路线、方针、政策和国家的法律、法规及上级机关的指示,完整、准确地体现发文机关的意图,并同现行有关公文相衔接。

(二) 全面、准确地反映客观实际情况,提出的政策、措施切实可行。

(三) 观点明确,条理清晰,内容充实,结构严谨,表述准确。

(四) 开门见山,文字精练,用语准确,篇幅简短,文风端正。

(五) 人名、地名、时间、数字、引文准确。公文中汉字和标点符号的用法符合国家发布的标准方案,计量单位和数字用法符合国家主管部门的规定。

(六) 文种、格式使用正确。

(七) 杜绝形式主义和繁琐哲学。

第十七条 起草重要公文应当由领导人亲自动手或亲自主持、指导,进行调查研究和充分论证,征求有关部门意见。

第六章 公 文 校 核

第十八条 公文文稿送领导人审批之前,应当由办公厅(室)进行校核。公文校核的基本任务是协助机关领导人保证公文的质量。公文校核的内容是:

(一) 报批程序是否符合规定;

(二) 是否确需行文;

(三) 内容是否符合党的路线、方针、政策和国家的法律、法规及上级机关的指示精神,是否完整、准确地体现发文机关的意图,并同现行有关公文相衔接;

(四) 涉及有关部门业务的事项是否经过协调并取得一致意见;

(五) 所提措施和办法是否切实可行;

(六) 人名、地名、时间、数字、引文和文字表述、密级、印发传达范围、主题词是否准确、恰当,汉字、标点符号、计量单位、数字的用法及文种使用、公文格式是否符合本条例的规定。

第十九条 文稿如需作较大修改,应当与原起草部门协商或请其修改。

第二十条 已经领导人审批过的文稿,在印发之前应再作校核。校核的内容同第十八条(六)款。经校核如需作涉及内容的实质性修改,须报原审批领导人复审。

第七章 公文签发

第二十一条 公文须经本机关领导人审批签发。重要公文应当由机关主要领导人签发。联合发文，须经所有联署机关的领导人会签。党委办公厅（室）根据党委授权发布的公文，由被授权者签发或者按照有关规定签发。领导人签发公文，应当明确签署意见，并写上姓名和时间。若圈阅，则视为同意。

第八章 公文办理和传递

第二十二条 公文办理分为收文办理和发文办理。收文办理包括公文的签收、登记、拟办、请办、分发、传阅、承办和催办等程序。公文经起草、校核和领导审批签发后转入发文办理，发文办理包括公文的核发、登记、印制和分发等程序。

（一）签发 收到有关公文并以签字或盖章的方式给发文方以凭据。签收公文应当逐件清点，如发现问题，应当及时向发文机关查询，并采取相应的处理措施。急件应当注明签收的具体时间。

（二）登记 公文办理过程中就公文的特征和办理情况进行记载。登记应当将公文标题、密级、发文字号、发文机关、成文日期、主送机关、份数、收发文日期及办理情况逐项填写清楚。

（三）拟办 秘书部门对需要办理的公文提出办理意见，并提供必要的背景材料，送领导人批示。

（四）请办 办公厅（室）根据授权或有关规定将需要办理的公文注请主管领导人批示或者主管部门研办。对需要两个以上部门办理的，应当指明主办部门。

（五）分发 秘书部门根据有关规定或者领导人批示将公文分送有关领导人和部门。

（六）传阅 秘书部门根据领导人批示或者授权，按照一定的程序将公文送有关领导人阅知或者指示。处理公文传阅应当随时掌握公文去向，避免漏传、误传和延误。

（七）承办 主管部门对需要办理的公文进行办理。凡属承办部门职权范围内可以答复的事项，承办部门应当直接答复呈文机关；凡涉及其他部门业务范围的事项，承办部门应当主动与有关部门协商办理；凡须报请上级机关审批的事项，承办部门应当提出处理意见并代拟文稿，一并送请上级机关审批。

（八）催办 秘书部门对公文的承办情况进行督促检查。催办贯穿于公文处理的各个环节。对紧急或者重要公文应当及时催办，对一般公文应当定期催办，并随时或者定期向领导人反馈办理情况。

（九）核发　秘书部门在公文正式印发前，对公文的审批手续、文种、格式等进行复核，确定发文字号、分送单位和印制份数。

（十）印制　应当做到准确、及时、规范、安全、保密。秘密公文应当在机要印刷厂（或一般印刷厂的保密车间）印制。

第二十三条　公文处理过程中，应当使用符合存档要求的书写材料。需要送请领导人阅批的传真件，应当复制后办理。

第二十四条　秘密公文应当通过机要交通（或机要通信）传递、密电传输或者计算机网络加密传输，不得密电明传、明电密电混用。

第九章　公文管理

第二十五条　党的机关公文应当发给组织，由秘书部门统一管理，一般不发给个人。秘书部门应当切实做好公文的管理工作，既发挥公文效用，又有利于公文保密。

第二十六条　党的机关秘密公文的印发传达范围应当按照发文机关的要求执行，下级机关、不相隶属机关如需变更，须经发文机关批准。

第二十七条　公开发布党的机关公文，须经发文机关批准。经批准公开发布的公文，同发文机关正式印发的公文具有同等效力。

第二十八条　复制上级党的机关的秘密公文，须经发文机关批准或者授权。翻印件应当注明翻印机关名称、翻印日期和份数；复印件应当加盖复印机关戳记。复制的公文应当与正式印发的公文同样管理。

第二十九条　汇编上级党的机关的秘密公文，须经发文机关批准或者授权。公文汇编本的密级按照编入公文的最高密级标注并进行管理。

第三十条　绝密级公文应当由秘书部门指定专人管理，并采取严格的保密措施。

第三十一条　秘书部门应当按照规定对秘密公文进行清理、清退和销毁，并向主管机关报告公文管理情况。

销毁秘密公文，必须严格履行登记手续，经主管领导人批准后，由二人监销，保证不丢失、不漏销。个人不得擅自销毁公文。

第三十二条　机关合并时，全部公文应当随之合并管理。机关撤销时，需要归档的公文立卷后按照有关规定移交档案部门，其他公文按照有关规定登记销毁。工作人员调离工作岗位时，应当将本人保管、借用的公文按照有关规定移交、清退。

第十章　公文立卷归档

第三十三条　公文办理完毕后，秘书部门应当按照有关规定将公文的定稿、正本和有关材料收集齐全，进行立卷归档。个人不得保存应当归档的公文。

第三十四条　两个以上机关联合办理的公文，原件由主办机关立卷归档，相关机关保存复制件。机关领导人兼任其他机关职务的，在履行其所兼职务过程中形成的公文，由其兼职的机关立卷归档。

第十一章　公 文 保 密

第三十五条　公文处理必须严格遵守《中华人民共和国保守国家秘密法》及有关保密法规，遵守党的保密纪律，确保党和国家秘密的安全。

凡泄露或出卖党和国家秘密公文的，依照有关法律、法规的规定进行处理。

第三十六条　党内秘密公文的密级按其内容及如泄露可能对党和国家利益造成危害的程度划分为"绝密"、"机密"、"秘密"。不公开发布又未标注密级的公文，按内部公文管理。

第三十七条　发文机关在拟制公文时，应当根据公文的内容和工作需要，严格划分密与非密的界限；对于需要保密的公文，要准确标注其密级。公文密级的变更和解除由发文机关或其上级机关决定。

第十二章　附　　则

第三十八条　本条例适用于中国共产党各级机关。

第三十九条　本条例由中共中央办公厅负责解释。

第四十条　本条例自发布之日起施行。

发布部门：中共中央办公厅　　发布日期：1996 年 5 月 3 日　　实施日期：1996 年 5 月 3 日

中共中央办公厅《公文主题词表》

（中共中央办公厅秘书局 1998 年 8 月修订版）

录入说明：

1. 共收录主题词 4239 条，其中正式主题词 3835 条，非正式主题词 404 条

（列在正式主题词后，加 f 标示）。

2. 本表为按词义归类排列的"范畴表"。其中部分主题词同时归入了两个以上类别，有重复。

3. 按拼音排序并注明汉语拼音、词间关系和注释项的"字顺表"没有录入。3个附表也没有录入（附表内的词与范畴表的主题词具有同等效力）：组织机构名称表、中国地区名称表、世界各国和地区名称表。各级行政区划的下属地区名称，可作为主题词使用。

4. 本表未收的词和1998年以后的新词，作为自由词标引，或自行制作补充主题词表。

5. 《〈公文主题词表〉使用方法》另行录入，《编制简介》不再录入。

A 综合

AA 一般概念

政治　政治形势　政治领域　方针　政治方针　基本方针　基本国策　政策　路线　总路线　社会主义建设总路线　基本路线　政治路线　群众路线　阶级路线　阶级　工人阶级　f 无产阶级　资产阶级　斗争　国际斗争　政治斗争　党内斗争　武装斗争　阶级斗争　社会　社会制度　封建主义　新民主主义　资本主义　社会主义　共产主义　社会主义道路　社会主义革命　社会主义建设　社会主义初级阶段　有中国特色的社会主义　革命　民主革命　民族革命　社会革命　国家战略　发展战略　可持续发展　可持续发展战略　纲领　民主　自由　人权　国歌　国旗　国徽　国家　政府　政党　执政党　参政党　反对党　在野党　工党　工人党　工人阶级　政党　f 无产阶级政党　共产党　中国共产党　共和党　国民党　劳动党　民主党　社会党　社会民主党　资产阶级政党　政权　人民　公民　四项基本原则　f 四个坚持　无产阶级专政　资产阶级专政　人大　人大工作　内阁制　人民代表大会制　议会制　共和制　君主立宪制　总统制　国家制度　f 国体　政治制度　f 政体　国家形式　体制　体制改革　政治体制改革　经济体制改革　管理体制　领导体制　领导科学　改革　改革开放　改革与发展　深化改革　现代化　四个现代化　信息　信息化　信息资源　知识经济　管理　机制　制度　制度建设　中央　地方　实施情况　社会调查　重大事项　减轻负担　坚持　贯彻　传达　引进　调整　巩固　充实　提高　治理　整顿　清理　处理　制止　修改　纠正　反对　清除　交流　取消　研究　防治　效益　开发　结构　改造　控制　建设　保护　维护　措施　设施　援助　征集

AB 会议

会议 代表大会 代表会议 常委会议 常务会议 全体会议 扩大会议 党代表大会 f党的全国代表大会 党代表会议 f中国共产党全国代表会议 中央全会 f中国共产党中央委员会全体会议 中央工作会议 f中共中央工作会议 中央政治局会议 中央政治局扩大会议 中央政治局常委会议 中央书记处会议 中央书记处办公会议 中央纪委全会 f中共中央纪律检查委员会全体会议 中央纪委常委会议 f中共中央纪律检查委员会常务委员会会议 人代会 f人民代表大会 全国人代会 f全国人民代表大会 全国人大常委会议 f全国人民代表大会常务委员会会议 委员长会议 f全国人民代表大会常务委员会委员长会议 委员长办公会议 f全国人民代表大会常务委员会委员长办公会议 最高国务会议 国务院全体会议 国务院常务会议 总理办公会议 中央军委会议 中央军委常务会议 中央军委办公会议 中央军委扩大会议 政协会议 f中国人民政治协商会议 全国政协会议 f中国人民政治协商会议全国委员会会议 全国政协主席会议 f中国人民政治协商会议 全国委员会主席会议 全国政协主席办公会议 f中国人民政治协商会议 全国委员会主席办公会议 全国政协常委会议 f中国人民政治协商会议 全国委员会常务委员会会议 民主协商会议 党的地方代表大会 党的地方代表会议 地方人代会 地方政协会议 军事会议 党委会议 党组会议 省委会议 省长会议 自治区党委会议 自治区主席会议 市委会议 市长会议 秘书长会议 部长会议 部务会议 委务会议 室务会议 厅务会议 局务会议 办公会议 现场会 工作会议 国际会议 报告会 电视电话会议 研讨会 学术会议 表彰会 庆祝大会 纪念大会 经验交流会 专题会议 联席会议 茶话会 座谈会 集会 招待会 宴会 咨询会议 总结会 预备会议 召集人会议 主席团会议 代表 特邀代表 列席代表 代表资格 代表名额 代表资格审查 出席 列席 换届 候选人 人选 预备人选 选举 竞选 普选 会议议程 会议日常 会议程序 会议议题 会议分组名单 会议执行主席 会议主席团 召集人 开幕式 闭幕式 议案 提案 预案 会议精神

AC 领导人活动

领导人 党和国家领导人 中央领导同志 总书记 主席 副主席 委员长 副委员长 总理 副总理 国务委员 主任 副主任 书记 副书记 常委 委员 候补委员 秘书长 副秘书长 部长 副部长 省长 副省长 行政长官 领导活动 领导分工 集体领导 决策 督查 调查 视察 f巡视 f考察 蹲点 公务活动 外事活动 出国访问 出国参观 出国考察 接见 照像 题

词　题字　慰问　祝词　治丧活动　活动安排

AD 重大事件

抗日战争　解放战争　庐山会议（1959）　f 中共中央政治局扩大会议（1959）　七千人大会（1962）　f 中共中央扩大的工作会议（1962）　社教 f 社会主义教育运动　f 四清运动文革　f 无产阶级文化大革命"九一三"事件 f 林彪反革命事件　批林批孔运动　天安门事件（1976）　f "四五"事件（1976）　粉碎"四人帮"反党集团　两个"凡是"（1978）　关于真理标准的讨论（1978）　党的十一届三中全会　f 中国共产党第十一届中央委员会全体会议　新中国成立以来党的若干历史问题的决议　扩大的中央政治局生活会（1987）　1989 年政治风波　f 1989 年春夏之交的政治风波

B 办公厅（室）工作

BA 机要、保密、秘书、信访

办公厅　办公厅工作　办公室　办公室工作　工作安排　机要工作　机要机构　机要通信　机要干部　机要室　密码　密码研究　密码装置　密码通报　加密通信　密码电报　密码工作　密码管理　密语代号　机要交通保密　保密工作　保密教育　保密纪律　保密制度　保密规定　f 保密守则　f 保密条例　保密检查　国家秘密　通信保密　失泄密事件　秘书　机要秘书　秘书工作　值班工作　公文处理　f 文书处理　公文起草　公文校核　会务工作　督查工作　信息　信息工作　信息点　调研工作　政策研究　协调工作　业务研究　业务指导　公文格式　公文印刷　公文管理　印信管理　精简文件　精简会议　信访　信访工作　上访人员　接待来访　办信　要信摘报　档案　档案工作　档案管理　档案利用　文书档案　办公自动化　计算机　f 电脑　计算机网络　公文主题词表　传真机　传真通信　加密机　复印机　技术保护

BB 机关事务管理

行政事务　行政管理　行政设施　机关后勤工作　机关事务管理　机关财务管理　机关房产管理　机关车辆管理　机关膳食管理　机关物资管理　机关福利　办公制度　办公设备　接待工作　差旅费　作息时间　工作餐

BC 文种

公文　f 文件　文种　f 文件种类　f 公文种类　命令　令　指令　通令　决定　决议　指示　布告　公告　通告　通知　通报　情况通报　公报　报告　工作报告　调查报告　请示　批复　会议纪要　函　条例　暂行条例　公约　规定　规章　规则　批示　准则　章程　总结　办法　暂行办法　细则　建议　意见

征求意见稿 修改意见 实施意见 实施办法 纪要 工作方案 工作计划 工作要点 工作部署 讲话 守则 草案 方案 汇报 汇编 f汇集 记录 简报 快报 提纲 纲要 大事记 宣言 会谈纪要 会议文件 会议资料 电报 复电 复文 贺电 贺信 祝词 致敬信 慰问电 慰问信 唁电 唁函 悼词 公开信 致词 开幕词 闭幕词 发言 号召书 倡议书 建议书 合同 聘书 调研材料 f调查材料 参考材料

C 组织

CA 组织领导

组织 党的组织 党的中央组织 党的地方组织 党的基层组织 党组 党委 党工委 f党的工作委员会 党总支 党支部 纪检委 纪检组 领导机构 领导体制 领导科学 组织领导 组织机构 组织路线 组织制度 组织建设 基层组织建设 组织职能 组织工作 组织类型 组织变革 组织保障 组织原则 组织工作会议 组织史

CB 党的建设

党的建设 党的思想建设 党的组织建设 党的作风建设 党的领导 党的指导思想 党员教育 党课教育 党员培训 党的组织生活 民主评议 民主生活会 党员登记 党员管理 发展党员 党员 预备党员 党员权利 党员义务 党员标准 党内斗争 党章 党纲 党内法规 党性 党性修养 党旗 党徽 党费 党龄 党籍 党务工作 党群关系 党政关系 党校 党校教育 整党 整党工作 党的思想整顿 党的组织整顿 党的作风整顿 整风 政治路线 思想路线 廉政建设 端正党风 民主集中制 机关党的工作 组织关系 干群关系 组织处理

CC 干部管理

干部 干部路线 干部制度 干部政策 干部四化 干部管理 干部培养 干部选拔 干部任免 干部调配 干部教育 党政干部 党的机关工作者 老干部工作 领导班子 领导班子建设 领导干部 后备干部 援藏干部 领导作风 干部审查 生平 丧事安排

D 宣传

DA 宣传教育

宣传 宣传思想工作 宣传工作 宣传方针 宣传原则 宣传教育 宣传工作会议 政策宣传 政治宣传 形势宣传 对外宣传 对台宣传 对港澳宣传

对敌宣传 反动宣传 宣传报道 宣传品 宣传网 宣传干部 宣传口径 宣传机构 宣传工具 宣传鼓动 言论 社会舆论 舆论导向 形势 国际形势 国内形势 政治形势 经济形势 思想路线 人民内部矛盾 敌我矛盾 社会基本矛盾 社会主要矛盾 政治渗透 经济渗透 文化渗透 宗教渗透 政治生活 社会动态 社会效益 动员 典型 传单 口号 标语 文风 展览 先进人物 先进集体 学习先进 创先活动 表彰先进 英雄模范 敬业精神 特殊贡献 嘉奖 检查评比 经验交流 知识竞赛 理论教育 思想政治教育 路线教育 形势教育 政策教育 民主法制教育 保密教育 爱国主义教育 集体主义教育 社会主义教育 共产主义教育 国际主义教育 传统教育 职业道德教育 品德教育 四有教育 文明 文明单位 文明职工 文明家庭 创建文明活动 两个文明建设 精神文明建设 物质文明建设 思想道德建设 社会公德建设 职业道德建设 家庭美德建设 精神污染 清除精神污染 资产阶级自由化 扫黄打非 移风易俗 五讲四美三热爱

DB 思想政治工作

思想政治工作 思想战线 思想动态 思想品德 思想动员 政工人员 政工队伍建设 政工机构 精神鼓励 行为科学 道德 共产主义道德 f共产主义精神 革命英雄主义 革命传统 中华民族优良传统 爱国主义 民族精神 集体主义 社会公德 职业道德 家庭美德 道德规范 艰苦奋斗 勤俭建国 独立自主 自力更生 文明公约

DC 理论工作

理论 革命理论 经济理论 政治理论 社会科学 社会科学研究 哲学 政治经济学 科学社会主义 党史 党史资料 党史研究 理论工作 理论研究 理论动态 理论战线 理论队伍 理论队伍建设 理论学习 马克思主义列宁主义 毛泽东思想 邓小平理论 辩证法 认识论 世界观 方法论 经济基础 上层建筑 唯物主义 唯心主义 形而上学 意识形态 解放思想 三大差别 城乡差别 工农差别 脑力劳动与体力劳动的差别 真理 真理标准 理论研讨班 著作 选集 文集 f文选 全集 回忆录 传记 年谱 思想 信仰 机会主义 左倾机会主义 右倾机会主义 无政府主义 自由主义 主观主义 个人主义 个人崇拜 人道主义 人权论 异化论 修正主义 和平演变

DD 庆典、纪念活动

庆典活动 节日 节日口号 元旦 春节 三八妇女节 植树节 五一劳动节 五四运动 五四青年节 六一儿童节 七一建党纪念日 八一建军节 教师节 国庆节 一二九运动 节日活动 招待会 纪念活动 诞辰纪念 纪念设

施 纪念碑 纪念馆 纪念品 塑像 挂像 挂旗

E 纪检、监察

EA 党风、作风

党风 党的三大作风 理论联系实际 密切联系群众 批评与自我批评 党内政治生活准则 关心群众生活 党纪 廉政 廉政建设 廉洁自律 廉洁从政 作风 思想作风 干部作风 机关作风 领导作风 生活作风 不正之风 行业不正之风 请客送礼 公费旅游 滥发奖金实物 党政机关经商 党政干部经商 以权谋私 社会风气 铺张浪费 形式主义 脱离群众 欺压群众 压制民主 打击报复 特权 特殊化 官僚主义 强迫命令 玩忽职守 失职 渎职 浮夸作风 弄虚作假 敲诈勒索 三乱 f 乱收费、乱摊派、乱罚款 倒买倒卖 贪污受贿 道德败坏 包庇坏人坏事

EB 纪检

纪检 f 纪律检查 纪检工作 纪检干部 核查工作 案件处理 违法违纪 违反纪律 纪律 政治纪律 人事纪律 组织纪律 财经纪律 外事纪律 宣传纪律 保密纪律 群众纪律 劳动纪律 工作纪律 收入申报 礼品登记 反腐倡廉 反腐败 惩治腐败 党风党纪教育

EC 监督、监察

监督 监督工作 党内监督 行政监督 群众监督 舆论监督 监督保证 检查 行政检查 监察 监察工作 稽查 稽查工作 控告 揭发 举报 f 检举 违纪违法案件 甄别 甄别工作办公制度公开 清查工作

ED 纪律处分

处分 纪律处分 检讨 错误 党纪处分 党内警告 党内严重警告 撤销党内职务 留党察看 开除党籍 脱党 退党 行政处分 行政措施 行政警告 行政严重警告 记过 降级降职 撤销行政职务 开除公职 降衔 开除军籍 组织措施 申诉 立案 审查 复查 证据 审批 定性 定案 冤假错案 落实政策 平反

F 统战

FA 统战工作

统战 国际统一战线 民族统一战线 爱国统一战线 统战工作 统战工作会议 统战方针 统战政策 统战理论 政协 政协工作 政协委员 工商联工作 海外统战工作 多党合作 长期共存 互相监督 政治协商 民主监督 参

政议政　广交朋友　政界人士　爱国人士　f民主人士　党外人士　无党派人士　知名人士　祖国统一　一国两制　国共谈判　民主党派　民主协商　出国探亲　回国探亲　光彩事业

FB 民族

民族　民族工作　民族事务　民族同胞　民族问题　民族上层　民族历史　民族关系　民族政策　民族地区　民族区域自治　民族经济　f民族贸易　民族文化　民族文字　民族语言　民族科技　民族外事　民族习俗　民族传统　民族理论　少数民族　少数民族干部　民族团结　民族主义　民族纠纷　大民族主义

FC 宗教

宗教　宗教工作　宗教问题　宗教政策　宗教方针　宗教理论　宗教事务管理　宗教团体　宗教活动　宗教节日　宗教信仰　宗教事务　宗教界人士　宗教文化　基督教　天主教　佛教　道教　伊斯兰教　f回教　教会　教派　宗教院校　宗教案件　宗教场所　寺庙管理

FD 侨务工作

侨务工作　侨务政策　华侨　华侨政策　华侨捐赠　侨汇　侨资企业　归侨侨民　侨眷　侨乡　侨乡建设　华侨社团

FE 港澳台工作

一国两制　港澳台工作　港澳政策　香港问题　香港回归　驻港部队　特别行政区　特区政府　政权交接　澳门问题　澳门回归　澳门驻军　港澳同胞　对台方针　台胞台属　台湾问题　台独　台独势力　台湾局势　台湾经济　台资企业　台胞安置　海峡两岸关系　三通　台胞探亲　台胞投资　对台贸易　赴台探亲　和平谈判

G 群团

GA 工青妇工作

工青妇工作　工人　职工　工人阶级　工会　工会干部　工会工作　职代会　f职工代表大会　青年　中青年干部　共青团工作　团代会　f共青团代表大会　共青团组织　青年运动　青少年教育　青少年犯罪　知青工作　少先队工作　社会教育　家庭教育　妇女　妇女工作　f妇联工作　妇运方针　妇女干部　妇代会　f妇女代表大会　妇女权利　妇幼工作　妇幼保健　幸福工程　儿童　儿童福利　希望工程　群众工作

GB 社团组织

结社　集会　社团　f社会团体　协会　行业公会　行业协会　行业商会

学会　联谊会　同学会　基金会　理事会　研究会　学联　商社商会　华侨社团　学术团体　文艺团体　宗教团体　群众组织　合法组织　非法组织　自发组织　民间组织　社团管理　社团登记

H 民政、人事、劳动、社会保障

HA 民政

民政　民政工作　政权　政权建设　城镇居民　乡镇　居委会　f 居民委员会　村委会　f 村民委员会　街道　街道工作　地区　地名　行政区划　区域　区域纠纷　区域调整　区域规划　边界纠纷　沿海　沿江　沿边　特别行政区　特区政府　民族区域自治　自治区　自治州　自治县　自治乡　防灾减灾　抗灾救灾　抗震救灾　抗洪救灾　抗旱救灾　生产自救　难民　灾民　捐赠活动　补助　救济　社会救济　送温暖　送温暖工程　赈济　f 赈灾　f 赈贷　以工代赈　安置　安置费　f 安家费　扶贫　移民　移民政策　移民安置　抚恤　抚养　优抚工作　复转军人　f 复员军人　f 转业军人　复转军人安置　红军　烈士　f 革命烈士　烈士陵园　军属　f 军人家属　烈属　军民关系　双拥工作　拥军优属　拥政爱民　赡养　扶养　收养　残疾人　f 伤残人士　残疾人工作　残疾军人　残疾儿童　收容　遣送　老龄问题　殡葬管理　墓地

HB 机构编制

机构　机构设置　机构调整　机构撤销　机构合并　机构改革　机构编制　机构职能　常设机构　临时机构　驻外机构　国家机构　政府工作　政府职能　职能　机关　党政机关　党委机关　国家机关　党政分开　政企分开　政事分开　领导班子　领导小组　工作小组　三定方案　精兵简政　精简机构　精简人员　编制整编　企业单位　事业单位　管理部门　行政管理　行政管理体制　行政管理　体制改革　首长负责制　基层组织　基层组织建设

HC 人事工作

人事　人事工作　人事制度　人事制度改革　人事档案　人事安排　人事管理　人员调整　人才　人才结构　人才交流　人才使用　人际关系　干部制度　干部政策　干部路线　干部标准　干部工作　干部选拔　干部培养　干部调配　f 干部配备　干部管理　干部考察　f 干部考核　干部审查　干部任免　干部培训　干部交流　干部待遇　干部奖惩　干部队伍建设　领导干部　援藏干部　下基层锻炼　f 干部下放　国家工作人员　公务员　公务员制度　公务活动　队伍建设　工作制度　工作考核　工作责任　工作指导　工作效率　工作条例　激励机制　机关工作制度　机关作风　领导作风　干部作风　工作作风　工作方法

罢免 弹劾 顾问 特派员 离职 退职 干部休假 干部离退休 离退休人员 退休制度 休假制度 知识分子 知识分子政策 知识分子工作

HD 劳动保障

劳动 劳动政策 劳动制度 劳动管理 劳动计划 劳动纪律 劳动争议 劳动关系 劳动仲裁 调解 社会保障 社会保障体系 社会保障制度 就业安置 招工 招聘 终身制 劳动力 劳资关系 停工 待工 罢工 就业 再就业 再就业工程 再就业基金 待业 失业 失业问题 下岗问题 下岗职工 优化组合 职工 合同工 民工 f农民工 童工 女工 职业 第二职业 劳务输出 劳务市场 个体劳动者 职工养老保险制度 职工队伍 职工思想 职工教育专业 专业人才 专业技术培训 目标管理 岗位培训 岗位责任制 劳动模范 劳动竞赛 雇佣劳动 劳动保护 劳动者权益保护 安全生产 事故 工伤事故 职业病

HE 工资、职称、福利、待遇

分配制度 分配原则 分配政策 分配关系 分配包干 收入分配 劳动报酬 消费基金 按股分红 合法收入 非法收入 工资 工龄 浮动工资 计时工资 计件工资 效益工资 工资总额包干 工资政策 工资制度 工资制度改革 工资标准 调整工资 奖金 评定 职称 职能 职务 定职 定级 调级 考核 聘任 弹劾 辞退 福利 福利事业 福利政策 福利基金 社会福利 集体福利 职工福利 儿童福利 福利分房 货币分房 住房基金 待遇 政治待遇 工资待遇 生活待遇 津贴 医疗统筹 奖励 奖励制度 处罚

I 政法

IA 法制

法 法制 法制建设 法制工作 法制观念 法制宣传 民主法制教育 普法规划 普法工作 社会主义民主 社会主义法制 资产阶级民主 资本主义法制 法治 依法治国 依法治理 法律 法规 党内法规 行政法规 自治法规 地方法规 军事法规 规章 部门规章 地方政府规章 涉外法律 法律体系 法律地位 法律效力 法律责任 法律保护 法律制裁 法律解释 法律监督 法律问题 法律文书 政法 政法队伍 政法工作 管辖权 自然人 法人 公民 权利 义务 权益 财产权 人身权 公民权 选举权 被选举权

IB 立法

立法 立法权 立法工作 立法机关 立法体制 立法规划 立法程序 立法技术 立法解释 法律草案 经济立法 执法检查 宪法 民法 刑法 经济

法 行政法 劳动法 军事法 诉讼法 国际法 代表法 选举法 组织法 民族区域自治法 香港基本法 澳门基本法 国籍法 国旗法 国徽法 国家赔偿法 物权法 债权法 商法 知识产权法 担保法 合同法 经济合同法 涉外经济合同法 著作权法 专利法 商标法 婚姻法 继承法 权益保障法 破产法 保险法 票据法 海商法 企业法 公司法 证券法 财政法 预算法 税法 金融法 航空法 土地法 农业法 外贸法 审计法 统计法 价格法 草原法 森林法 煤炭法 电力法 海洋法 标准化法 公务员法 行政监察法 行政处罚法 国家安全法 保密法 档案法 律师法 边界管理法 出入境管理法 中国公民出入境管理法 外国人出入境管理法 教育法 卫生法 食品卫生法 文物保护法 环境保护法 海关法 工会法 出版法 刑事诉讼法 民事诉讼法 行政诉讼法 仲裁法 国防法 兵役法 戒严法 人民防空法 国际公法 国际私法 中立法

IC 司法

司法 司法工作 司法机关 司法改革 检察 检察机关 检察工作 法院 法院工作 审判机关 诉讼 民事诉讼 刑事诉讼 行政诉讼 诉讼程序 起诉 上诉 审理 执行（法律） 抗诉 司法解释 案例 纠纷 公断 仲裁 刑罚 法律制裁 刑事责任 民事责任 经济纠纷 民事纠纷 民事调解 审判 刑事审判 民事审判 经济审判 行政审判 军事审判 特别法庭 专案 专案调查 国际法庭 司法管辖 司法协助 渎职 贪污 受贿 倒买倒卖 贿赂犯罪 毒品犯罪 计算机犯罪 经济犯罪 刑事犯罪 罪犯 罪名 渎职罪 强奸罪 抢劫罪 叛国罪 杀人罪 伤害罪 贿赂罪 受贿罪 投毒罪 危害公共安全罪 贪污罪 诈骗罪 走私罪 危害国家安全罪 f反革命罪 犯罪集团 犯罪分子 量刑 刑种 f刑罚种类 剥夺政治权利 死刑 无期徒刑 有期徒刑 拘役 管制 罚金 没收财产 驱逐出境 减刑 假释 当事人 辩护制度 代理 律师 劳改 f劳动改造 刑满释放 监督劳动 f监督改造 青少年犯罪 监狱管理 f狱政管理

ID 执法

执法 执法工作 执法队伍 执法监管 执法机关 行政执法 公安 公安工作 公安机关 公安干警 武警 警衔 国家安全 国家安全工作 国家安全机关 立案 案件 案件处理 治安工作 社会稳定 社会稳定工作 社会治安 社情动态 综合治理 治安管理 治安处罚 保卫工作 警卫 警卫工作 专项治理 安全检查 公证 f国家公证 法律援助 劳教 劳动教养 f劳教 民事 民事案件 刑事 刑事案件 大案要案 经济案件 涉外案件 走私案件

间谍案件 恶性案件 查封 事件 重大事件 突发事件 社会反映 紧急状态 境外动态 扣押 执行（法律） 反动组织 境外反动组织 恐怖活动 黑社会组织 国际刑警 国际刑警组织 林彪反革命集团 四人帮 间谍 f特务 叛国 窃密 专政对象 暴乱 动乱 骚乱 骚乱事件 闹事 械斗 游行 罢工 劫持 外逃 f偷渡 叛逃 出走 非法 非法组织 防范措施 强制措施 扫黄打非 假冒伪劣产品 走私贩私 制黄贩黄 拐卖人口 金融诈骗 彩票 赌博 吸毒 贩毒 禁毒 缉毒 查禁取缔 卖淫嫖娼 投案 报案 敌情 谍报 侦察 侦察工作 侦查 侦查工作 侦破 破案 破案率 证据 证件 举报 f检举 犯罪嫌疑人 同案犯 f共犯 通缉 拘留 逮捕 严打 严打斗争 邪教 民运分子 政治渗透 f心战 民族分裂势力 达赖集团 敌对势力 危险品 封建迷信活动 群众集体上访 常住人口 城镇人口 非农业人口 农村人口 f农业人口 暂住人口 流动人口 户籍 f户口 户籍管理 出入境管理 签证 护照 出国人员 出国人员审查 边防检查 交通管理 交通法规 防火 消防 消防工作 消防器材 火灾

J 军事

JA 军事工作

军事 军事工作 军事原则 军事思想 军事理论 军事科学 军事科研 军事学术 军事方针 军事政策 军事路线 军管 f军事管制 军制 f军事制度 军事战略 军事基地 军事设施 军事建筑 军事计划 国防工业 f军事工业 军事演习 军事会议 军事机关 军事教育 军代表 f军事代表 军事指挥机关 军事训练 军事情报 军事法 军事法规 军事援助 军事实力 军兵种 军种 兵种 海军 海军基地 空军 空军基地 陆军 军队 敌军 外国军队 友军 志愿军 解放军 f中国人民解放军 国民党军队 军队建设 军队体制 f军队建制 军队指挥 军队管理 军队院校 军史 f军队发展史 军事史 f军事发展史 军邮 军事通信 作战 作战指挥 作战部署 作战方案 f作战预案 战斗 战斗力 f作战能力 战争 正义战争 非正义战争 民族战争 侵略战争 帝国主义战争 殖民战争 独立战争 反侵略战争 革命战争 现代战争 未来战争 战略 战局 战备 f备战 战备工作 战备状态 战备教育 战争动员 战场战地 战役 战术 战果 战绩 进攻 防御 前方 后方 兵力征兵 兵役 现役 预备役 f后备役 志愿兵 兵役法 兵役制度 国防 国防法 国防现代化 国防实力 国防建设 国防教育 国防经济 武警 人民武装 人武部 f人民武装部 民兵 民兵工作 民兵建设 民兵教育 人

防　f人民防空　人防工作　民防　f群众防卫　人防工程　f民防工程　边防　海防　海防建设　边防部队　f边防军　边防工作　边防建设　边防站　边界　f疆界　边界冲突　边界争端　边界问题　边界问题谈判　边界协定　边界条约　边境　边境管理　边境事件　边境工作　边民　f边境居民　武装斗争　武器　f兵器　核武器　常规武器　战略武器　导弹基地　情报　情报工作　情报手段　国防科技　国防工业　军事测绘　军事医学　装备　装备工作装备管理

JB 军队政治工作

军队政治工作　军队政治机关　军队三大民主　军事宣传　八一建军节　军民关系　军政关系　军民联防　军民共建　军民团结　军队联络工作　双拥工作　拥军优属　拥政爱民　军队纪律　军地两用人才　军队纪检工作　军事立法　军事司法　军事审判　军事法庭　军人　残疾军人　军婚　f军人婚姻　军官　战士　官兵关系　文职干部　转业　复员　退伍　f退役　军籍　军龄　军衔　警衔　降衔　开除军籍　战斗英雄　烈士　f革命烈士　军属　f军人家属　烈属　勋章

JC 军队后勤工作

后勤　军队后勤　军队后勤工作　军队后勤机关　军事储备　后方基地　军事工程　军队财务　国防预算　f军事预算　国防费　f军费　装备　武器　弹药　军用物资　军事运输　军事交通　军事装备　后勤装备　军服　营房军品贸易　军工产品　军工企业　军工生产　部队农副业生产

K 外事

KA 外交

外交　外交工作　外交方针　外交路线　外交政策　外交战略　外交格局　外交关系　对外政策　对外表态　对外宣传　对外交往　对外联络工作　对外友协工作　对外援助　对外交流　外交官员　f外交代表　f外交使节　f外交人员　f外交官　外交特权　f豁免权　外交文书　外交代表机构　外长　f外交部长　外交斗争　外事　外事纪律　外事活动　外事访问　国事访问　驻外机构　驻外人员　外国侨民　外国专家　外国专家工作　外籍华人　外宾外商　国家元首　政府首脑　参赞　大使　f特命全权大使　代办　f临时代办　公使　f特命全权公使　领事　武官　观察员　特使　大使馆　领事馆　代办处　备忘录　国书　换文　条约　照会　最后通牒　协定（外事）　议定书　协议（外事）　会见　会谈　来访　谈判　友好城市　出国　出国访问　出国参观　出国进修　出国考察　出国探亲　留学　出国人员　回国人员　护照　签证　建交　f建立外交关

系　断交　复交　f 恢复外交关系　居留权　抗议　交涉　斡旋　领土　领空　领海　驱逐出境　引渡　涉外　涉外案件　涉外事务 中外关系　中朝关系　中日关系　中俄关系　中越关系　中印关系　中美关系　中法关系　中德关系　中欧关系　中英关系　周边国家关系

KB 党的对外联络工作

党的对外联络工作　党的对外联络工作方针　党际关系　国际共运　f 国际共产主义运动　国际统一战线　工党　工人党　工人运动　共产党　劳动党　社会党　民主党　两党关系　两党合作　兄弟党关系

KC 国际关系

国际　国际动态　国际环境　国际关系　国际交流　国际交往　国际问题　国际社会　世界经济　国际救济　国际贸易　国际援助　国际市场　国际协议　国际组织　f 国际机构　国际斗争　国际战争　国际制裁　国际会议　国际谈判　国际合作　国际航线　国际经济组织　国际联盟　联合国　安理会　常任理事国　联合国专门机构　区域性组织　民族独立运动　维和部队　发达国家　f 第二世界　发展中国家　f 第三世界　霸权主义　强权政治　边界问题　大陆架问题　地区性问题　国际经济问题　国际军事问题　领海权问题　领土问题　南极洲问题　南南合作　南北对话　难民问题　人权问题　排华　种族问题　人质问题　外层空间问题　非洲问题　美洲问题　拉美问题　欧洲问题　西欧问题　亚洲问题　海外地区问题　中东问题　裁军问题　撤军问题　核武器问题　世界和平　世界稳定　世界发展

L 科技、科研

LA 科技工作

科技　f 科学技术　科技政策　科技方针　科技工作　科技体制　科教兴国　科技体制改革　科技管理　科技成果管理　科技计划管理　科技经费管理　科技项目管理　科技投入　科技合作　f 技术合作　科技计划　863 计划　火炬计划　星火计划　科技规划　科技成果　科技发明　科技承包　科技信息　f 技术信息　科技保密　科技档案　科技基金　科技协定　科技咨询　科技服务　科技服务业　f 技术服务业　科技攻关　科技知识　高科技　科技馆　科学　科学技术现代化　科学预测　科学卫星　科学实验　科普　科普工作　技术　技术革命　技术改造　技术改造项目　技术开发　f 科技开发　技术交流　技术标准　f 技术规范　技术转让　f 技术出口　技术引进　f 技术进口　技术指标　技术市场　f 科技市场　f 技术贸易　技术推广　技术保护　技术决策　技术设计　技术鉴定　技术协作

技术责任制　科技成果商品化　科技成果产业化　高新技术　f尖端技术　f新技术　高新技术产业　f技术密集型产业　新技术开发　新产品开发　自然科学　自动化　自动化技术　软科学　计算机　航空技术　航天技术　f空间技术　卫星　卫星发射　运载火箭　生物工程　专业技术　机械化　电气化

LB 科研工作

科研　f技术研究　f科学研究　科研机构　f科研单位　民办科研机构　科研任务　科研管理　科研经费　科研计划　科研规划　科研工作　科研建设　科研项目　f科研课题　科研论证　科研设备　科研计划管理　科研成果管理　科研经费管理　科研项目管理　科研基地　科研企业　科研与生产结合　学术管理　学术交流　学术研究　基础科学　基础研究　高技术研究　应用研究　应用技术开发

LC 科技队伍建设

科技干部　f专业技术干部　科技人才　科技人员　科技队伍　科技队伍建设　科技人员管理　科技人员培训　科技人员流动　科学家　专家　专业人才　技术能手　专业技术培训　技术训练　技术援助　人才交流　人才培养　人才分流　引进人才　智力引进　智力开发　智力投资　诺贝尔奖　发明奖　科技进步奖　f科学技术进步奖

LD 知识产权、技术监督

知识产权　知识产权保护　专利　f专利权　专利工作　专利制度　专利转让　专利申请　专利审查　专利文献　专利管理　专利许可　专利保护　发明　发明专利　产品专利　商标注册　商标专用权　商标保护　著作权　著作权保护　技术监督　质量　质量管理　f质量控制　质量检查　质量标准　质量保证　质量分析　质量监督　质量事故　质量指标　优质产品　产品质量管理　全面质量管理　标准　标准化　标准化工作　标准化管理　标准化体系　标准化企业　工业标准　f工业技术标准　部颁标准　产品标准　行业标准　国际标准　f国际规范　国家标准　技术标准　建筑标准　军用标准　企业标准　计量　计量标准　计量管理　计量监督　计量检定

LE 测绘、气象、地震、海洋

测绘　测绘规范　测绘人员　测量　测量标　测量标志　测量方法　测速标　军事测绘　气象　气象工作　气象服务　气象业务　天气预报　f气象预报　气象设备　气象卫星　气象台　气象事业　气象通信　气象站　气象人员　气象业务管理　气象灾害　气象灾害预防　气候　气候区划　气候资源　航海气象　航空气象　航天气象　军事气象　水文气象　农业气象　航海气候区划　航空气候

区划　军事气候区划　天气　暴雨　台风　寒潮　霜冻　地震　地震带　地震工作　地震预报　地震前兆　地震烈度　地震区划　震害　f地震灾害　震级　震区　震害调查　海洋　海洋工作　海洋管理　海洋权益　海洋环境　海洋调查　海洋资源　海洋开发　海洋专属经济区　海洋自然保护区　海岸　海岸带　海岸线　海岛　大陆架　领海　公海

M 文化、教育、卫生、体育

MA 文化

文化　文化工作　文化体制改革　文化事业　双百方针　f百花齐放，百家争鸣　文化机构　文化交流　文化协定　文化建设　文化生活　文化水平　文化遗产　文化设施　文化馆　文化事业管理　文化市场　文化市场管理　基层文化建设　群众文化　社区文化　村镇文化　企业文化　校园文化　文艺　文艺方针　文艺政策　文艺工作　文艺体制　文艺体制改革　文艺理论　文艺思想　文艺创作　文艺评论　f文艺批评　文艺队伍　文艺团体　文艺演出　文代会　f中国文学艺术界联合会代表大会　作代会　f中国作家协会代表大会　文学　文学作品　艺术节　艺术　表演艺术　造型艺术　语言艺术　综合艺术　艺术教育　艺术研究　民族艺术　展览　新闻　新闻工作　新闻事业　新闻方针　新闻改革　新闻队伍　新闻报道　新闻采访　新闻出版　记者招待会　国际新闻　社论　编辑工作　报刊　报刊工作　报刊征订　报刊发行　报纸刊物　广播电台广播工作　广播事业　广播卫星　广播电视覆盖面　广播电影电视　电影　影片　影片生产　影片发行　影片调演　影视工作　影视审查　中外合作拍片　电视　电视台　音像制品　音像制品管理　出版　出版工作　出版管理　出版发行　出版物　电子出版物　非法出版物　黄色书刊　著作著作权　f版权　著作权保护　图书　图书馆　图书馆工作　内部刊物　主题词　主题词标引　档案　档案工作　档案室　档案管理　档案利用　档案信息　历史档案　专门档案　地方志　编史修志　文献　情报　情报工作　情报手段　资料　资料工作　文物　文物工作　文物管理　文物保护　文物征集　考古　古迹　古墓葬　革命遗址　古籍　古籍整理　故居　博物馆　语言　民族语言　文字　民族文字　文字改革

MB 教育

教育　教育方针　教育制度　教育工作　教育事业　教育体制　教育体制改革　教育设施　教育经费　教育科研　教育兴国　教学质量　教学内容　教学方法　学科设置办学　办学形式　办学方针　f办学方向　f办学道路　国家办学　社会力量办学　捐资办学　联合办学　私人办学　素质教育　应试教育　科学文

化教育　学前教育　f 幼儿教育　基础教育　义务教育　初等教育　课外教育　小学　小学生中等教育　中学　中学生　职业技术教育　职业培训机构　师范教育　高等教育　高等院校　f 大学　大学生　自费生　公费生　助学金　奖学金　贷学金　研究生　研究生工作　留学　留学生　留学生工作　出国进修　学位　毕业分配　定向培养　文盲　扫盲工作　自学　自学考试　电化教育　成人教育　函授教育　远距离教育　广播电视教育　继续教育　知识更新　特殊教育　宗教院校　教师　民办教师　教师队伍　教师待遇　师资培训　师资队伍建设　尊师重教　进修　学术著作　教育交流　教材　考试　升学考试　招生工作　学校　学生　学生工作　学生素质　学生流失　学生运动　德育工作　课业负担　校园文化　勤工俭学　品德教育　学校体育　学校行政　教育资源管理　学校后勤服务社会化　校办企业　罢课　学潮

MC 卫生

卫生　卫生工作　卫生方针　卫生监督　卫生检查　卫生标准　卫生机构　卫生监测　卫生统计　卫生宣传　血防工作　防疫工作　公费医疗　卫生保健　妇幼保健　城镇社区卫生服务　医德医风建设　计划生育　计划生育工作　爱国卫生　城市卫生　农村卫生　医疗　医疗保障制度　医疗保障制度改革　农村合作医疗　医疗工作　医疗事故　医疗水平　医药　医药卫生管理　医院　医务人员　西医　中医　中医药事业　中西医　医学　医学教育　医学科技　医学科研　疾病　传染病　地方病　性病　艾滋病　职业病　病毒　假药　个体行医

MD 体育

体育　体育界　体育方针　体育工作　体育队伍　体育道德　体育组织　体育科研　体育设施　体育场馆　体育项目　群众体育　气功　人体特异功能　军事体育　民族体育　学校体育　全民健身运动　体育锻炼　体育卫生　f 运动卫生　运动水平　体育比赛　体育运动纪录　反兴奋剂　运动会　全运会　f 全国运动会　亚运会　f 亚洲体育运动会　奥运会　f 奥林匹克运动会　俱乐部　运动员　裁判员　教练员　竞技运动　球类运动　水上运动　体操运动　田径运动

N 发展计划、经济管理

NA 发展计划

社会发展　发展模式　发展战略　可持续发展战略　发展计划　两个根本性转变　二元经济结构　城乡差别　经济增长　经济发展水平　经济效益　重点建设　外向型经济　进口替代型经济　粗放型经济　工农差别　经济增长速度　经济增长点　社会效益　基础设施建设　小康建设　出口导向型经济　集约型经济

产业　产业政策　产业结构　基础产业　支柱产业　资本密集型产业　劳动密集型产业　高技术产业　第三产业　主导产业　新兴产业　人口　人口政策　人口理论　计划生育　计划生育工作　人口素质　人口增长率　农村人口　非农业人口　城镇人口　劳动力转移计划　计划工作　计划工作会议　计划管理　计划调整　计划协调　计划内供应　计划内分配　计划外供养　计划外分配　计划价格　计划平衡　计划指标　计划体制　计划经济　计划内项目　计划外项目　计划执行情况　计划完成情况　国家计划　地区计划　长期计划　短期计划　五年计划　七五计划　八五计划　九五计划　指令性计划　指导性计划　规划　长期规划　远景规划　总体规划　行业规划　国家战略　国家调节　f 国家干预　国民经济计划　国民经济和社会发展规划　宏观调整　经济结构调整　经济计划　经济建设计划　经济发展计划　经济区域　经济区划　经济特区　经济协作区　开发区　经济技术开发区　高新技术产业开发区　开放区　经济开放区　经济发达地区　中西部地区　区域政策　保税区　特区　特区建设　投资　投资政策　投资体制　投资需求　投资体制改革　计划内投资　计划外投资　国际投资　f 对外投资　国内投资　联合投资　国家投资　私人投资　外国投资　固定资产投资　重点项目投资　技术改造投资　投资计划　投资环境　投资管理　投资分配　投资效果　投资结构　投资风险　外资　外资项目　利用外资　利用侨资　吸引外资　综合平衡　综合国力　指标　指令性指标　指导性指标　指数

NB 经济管理

经济　经济领域　经济管理　经济工作　经济工作会议　经济关系　经济方针　经济信息　经济规律　f 经济法则　经济思想　经济战略　经济模式　经济结构　经济环境　经济效益　经济立法　经济监督　经济体制　市场经济体制　经济体制改革　商品经济　市场经济　社会主义市场经济　有计划的商品经济　市场机制　泡沫经济　经济技术合作　经济交流　经济预测　经济政策　经济指标　经济危机　经济核算　经济责任制　经济动态　经济形势　经济建设　经济建设方针　经济援助　经济联合　经济成分　经济实体　责任制　基本经济规律　价值规律　f 价值法则　社会分工　社会主义建设　分配　分配计划　分配制度　分配关系　竞争　竞争机制　不正当竞争　垄断　所有制　f 生产资料所有制　国家所有制　集体所有制　个体所有制　生产资料　生产资料市场　生产方式　生产关系　生产力　流通　流通体制　流通体制改革　积累　利润　利润分配　公共积累　公积金　公益金　固定资产　流动资产　无形资产　需求　供给　交换　消费　消费资料　消费需求　部门经济　单一经济　地区经济　股份制　股份制改革　股份制　经济股份合作制　国有经济　集体经济　f 合作经济　私营

经济　个体经济　联营经济　外资经济　混和经济　非国有经济组织　合同　合同制　合同纠纷　亏损　扭亏增盈　承包　国际承包　招标　三角债　商品化　国营　民营　私营　所有权　经营　经营权　经营范围　经营管理　经营管理体制　经营机制　经营方式　经营活动　营销方式　跨国经营　资本管理　优化资本结构

NC 物价、统计

统计　物价统计　工业统计　农业统计　人口统计　商业统计　经济效益统计　统计报表　统计工作　统计指标　统计体制　统计监督　普查　人口普查　工业普查　抽样调查　国民经济核算　产值　国民收入　人均国民收入　f 国民经济净产值　社会总产值　f 国民经济总产值　国民生产总值　人均国民生产总值　国内生产总值　人均国内生产总值　增加值　工业增加值　农业增加值　第三产业增加值　工农业总产值　不变价格　物价　物价改革　物价政策　物价检查　物价水平　价格　价格补贴　价格体系　价格关系　经济杠杆　计划价格　f 国家定价　议价　保护价格　成本价格　出厂价格　零售价格　调拨价格　浮动价格　批发价格　收购价格　销售价格　指令性价格　指导性价格　市场价格　差价　差价补贴　地区差价　季节差价　批零差价　购销差价　质量差价　稳定物价

ND 国土资源

国土资源　土地　国有土地　土地证　f 地契　土地管理　土地规划　f 土地使用规划　土地使用　土地统计　土地登记　土地使用证　土地纠纷　f 土地争议　f 地产纠纷　土地监查　土地开发　土地资源　地下资源　土地政策　土地征用　f 划拨土地　土地使用制　土地出让　土地转让　土地无偿转让　土地有偿转让　土地征用费　f 土地使用费　地价　地租　地籍　建设用地　保护耕地　岛屿　滩涂　资源　矿产资源　水力资源　天然气资源　自然资源　自然资源开发　资源调查　资源配置　资源管理　资源开发　资源利用　资源普查　资源预测

O 工业、交通、信息产业

OA 工业、企业

工业　工业企业　工业管理　工业政策　工业中心　工业布局　f 工业配置　工业产业结构　工业产业结构调整　工业体系　工业经济　工业会计　工业基地　工业总产值　工业净产值　工业学大庆　工业现代化　钢铁基地　煤炭基地　采掘工业　电子工业　计算机工业　地方工业　国防工业　国有工业　f 国营工业

加工工业　基础工业　建筑工业　建材工业　f建筑材料工业　街道工业　民用工业　木材工业　农用工业　内地工业　沿海工业　手工业　航空工业　航天工业　核工业　f原子能工业　中央工业　轻工业　重工业　船舶工业　f造船工业　制造工业　电力工业　化学工业　机械工业　燃料工业　冶金工业　包装工业　纺织工业　服装工业　鞋帽工业　造纸工业　森林工业　日用化学品制造工业　制盐工业　食品工业　皮革工业　家具工业　文体用品工业　工艺美术制品工业　塑料制品工业　金属制品工业　家电工业　烟草工业　印刷工业　轻工装备工业　石油化学工业　化学纤维工业　发酵工业　制药工业　橡胶工业　合成工业　兵器工业　汽车工业　煤炭工业　石油工业　天然气工业　钢铁工业　工厂　公司　企业　现代企业制度　标准化企业　地方企业　国有企业　f国营企业　国有企业改革　海外企业　集体企业　乡镇企业　军工企业　科研企业　民用企业　私营企业　合伙企业　商业企业　钢铁企业　运输企业　邮电企业　建筑安装企业　物资企业　旅游企业　金融企业　福利企业　外向型企业　大型企业　中型企业　小型企业　中央企业　重点企业　三资企业　外商独资经营企业　中外合资经营企业　中外合作经营企业　台资企业　股份公司　有限责任公司　跨国公司　企业兼并　f企业合并　企业管理　企业改革　企业活力　企业亏损　企业破产　f企业倒闭　困难企业　企业转制　扭亏增盈　企业联合　企业升级　企业集团　自主权　企业自主权　自营进出口权　企业效益　减轻企业负担　生产　f社会生产　投产　生产成本　生产定额　生产管理　生产能力　生产计划　生产率　生产指标　产品　产品质量　产品结构　工业产品结构　设备　设备更新　设备利用率　折旧率　设计能力　增产　节约　厂长负责制　关停并转　产权　资产　资产评估　资产重组　国有资产　固定资产　国有资产管理　赔偿　f经济赔偿　破产　留成　仪器　仪表　支农产品　原料　材料（工业）　有色金属　煤炭　核电站　核安全检查　能源　新能源　核能　f原子能　能源开发　能源经济

OB 交通、运输、邮政

交通　交通工作　交通管理　交通建设　交通安全　交通事故　运输　运输经济　公路　高速公路　公路运输　铁路　地铁　高速铁路　铁路工作　铁路运输　铁路事故　桥梁　车辆　车站　空中运输　f航空运输　水上运输　海难　码头　客运　货运　港口　港务管理　口岸　飞机　航线　民航　航空　航道　空难　空中管制　机场　机场净空　民航建设　劫机事件　运费　储运设施　旅客　邮电　邮政　邮政管理　邮运　邮检　f邮件安全检查　军邮

OC 信息产业

信息　信息化　f 国民经济信息化　信息产业　信息服务　信息工作　信息市场　信息资源　信息保密　信息保密技术　电信建设　电信工程　电信　f 电讯　电信设备　电子干扰　传真　传真通信　通信　通信保障　通信手段　通信技术　通信系统　电话　图像通信　光通信　无线电通信　通讯卫星　卫星通信　有线电通信　计算机　计算机网络　局域网　因特网　企业网　计算机软件　信息库　电子出版物　电子信息　产品　光盘　电子邮件　电子工业　计算机工业　多媒体信息　三金工程　电磁辐射　黑客　计算机病毒　计算机犯罪

P 城建、环保

PA 城乡建设

城乡建设　城乡规划　城建方针　城市改革　工业城市　旅游城市　卫星城镇　沿海城市　计划单列城市　开放城市　友好城市　城市改造　城市类型　城市维护　城市建设　城市规划　f 市容规划　街道　乡镇　村镇　村镇建设　村镇规划　工程　工程承包　工程质量　工程规划　优质工程　设计　工程设计　工程验收　工程事故　基建　f 基本建设　基建投资　基建规模　基建管理　基建计划　基建体制　基建项目　基建工程　重点工程　区域规划　f 区域营建　土地征用　f 划拨土地　古城　古建筑　建筑　建筑经济　建筑标准　建筑业　建筑物　建筑市场　行政建筑　f 办公楼　工业建筑　f 厂房建筑　住宅建筑　农业建筑　文化建筑　商业建筑　园林建筑　宗教建筑　违章建筑　f 违章施工　城市公用事业　城市用水　生活设施　基础设施　市政　市政建设　市政工程　市容管理　搬迁　f 拆迁　房地产　房地产政策　房地产市场　房地产管理　房地产开发　房地产权纠纷　私房　私房租赁　私房改造　房屋　装修房屋　农村建房　非法建房　危房　住宅　商品住宅　f 住宅商品化　住宅小区　住宅建设　住房标准　住房政策　住房制度　住房制度改革　城镇住房　安居工程　社区　文明小区　社区文化　社区服务　物业管理

PB 环境保护

绿化　城市绿化　城市环境　农村绿化　造林　f 植树造林　植树节　园林环境　环境政策　环境理论　环境质量　环境影响　f 环境评价　环境预测　环境标准　环境管理　环境监测　环境卫生　城市垃圾　城市卫生　农村卫生　环境破坏　污染　污染源　环境污染　f 公害　城市污染　放射性污染　工业污染　空气污染　f 大气污染　空气质量　空气监测　水质监测　饮水条件　水污染　噪声污染　地下水污染　河流污染　海洋污染　废水污染　废气污染　废物污染

污染事故　污染防治　环境保护　环境保护工作　水源保护　噪声防护　保护臭氧层　酸雨防治　环保工程　环境美化　人类环境　f生活环境　生态环境　生态平衡　自然保护　自然保护区　动物　野生动物　野生动物保护　三废治理　三废综合利用　滥砍滥伐　乱挖滥采

Q 财政、金融

QA 财政

财经　财经工作　财经状况　财政　中央财政　地方财政　财政政策　财政制度　财政管理　财政体制　财政体制改革　财政监督　财政预算　预算　国家预算　地方预算　国防预算　f军事预算　预算外资金　预算外资金管理　决算　财政决算　地方决算　国家决算　财政收入　f预算收入　人均收入　f人均纯收入　财政支出　财政赢余　财政收支平衡　财政赤字　f预算赤字　财政补贴　补贴　经费　预备费　行政费　事业费　国防费　f军费　增收节支　资金　固定资金　流动资金　闲散资金　扶贫资金　资金管理　公共积累　公积金　公益金　债务　公债　f国债　内债　f国内债务　外债　f国际债务　债券　债券市场　债券发行　地方债券　国家债券　金融债券　企业债券　集资　财务　财务管理　财务监督　财务整顿　财务检查　财会人员会计　f财务会计　会计制度　会计工作　会计准则　会计电算化

QB 税务

税　税率　税制　征税办法　征税标准　纳税　f交税　税收　地方税收　中央税收　税收检查　税收纪律　税收政策　税收减免　税收减免政策　税收改革　税收管理　税收体系　税务　税务工作　税务人员　税务管理　税务体制　税务检查　抗税　偷税　f逃税　漏税　骗税　稽查　稽查工作　产品税　增值税　消费税　营业税　所得税　资源税　农业税　房产税　证券交易税　土地使用税　车船使用税　印花税　城市维护建设税　关税　f进出口税　保护关税　出口退税　保税区　涉外税收

QC 金融

金融　金融政策　金融工作　金融改革　金融法治　金融体制　金融管理　f金融管制　金融机构　金融监管　金融风险　金融危机　金融市场　金融市场管理　金融业　国际金融　银行　银行工作　国家银行　世界银行　专业银行　商业银行　投资银行　政策性银行　民办银行　非银行金融机构　信用社　信托投资公司　信贷　信贷政策　信贷原则　信贷资金管理　信贷计划　信贷结构　信贷监督　信用　信用证　信用卡　信用合作管理　信托　核准　担保　贷款

贷款质量 贷款问题 租赁 拨款 利率 利率政策 利率调整 利息 贴息 储蓄 f储蓄 准备金率 贴现 基金 货币 货币基金 人民币 货币政策 货币发行 货币回笼 货币流通 货币市场 货币升值 货币贬值 通货膨胀 通货紧缩 货币管理 币制 f货币制度 币制改革 黄金 黄金市场 白银 金银管理 假钞 冻结资金 f冻结存款 彩票 奖券 证券 证券管理 证券交易 证券市场 股票 股票发行 股票市场 资本市场 期货 期货市场 黄金储备 国际储备 国际收支 外币 外币收兑 外汇 外汇政策 外汇管理 外汇市场 外汇交易 外汇储备 侨汇 汇率 f汇价 国际租赁

QD 保险

保险 保险人 保险事业 保险政策 保险管理 保险业务 保险合同 保险标的 f保险项目 f保险对象 保险调查 保险机构 保险评估 保险赔偿 保险准备金 财产保险 国际保险 合作保险 农业保险 强制保险 f法定保险 人身保险 人寿保险 养老保险 失业保险 医疗保险 劳动保险 社会保险 涉外保险 信用保险 再保险 责任保险

QE 审计

审计 审计制度 审计体系 审计标准 审计监督 审计任务 审计结论 f审计决定 审计人员 财务审计 财政审计 基建审计 军队审计 经济效益审计 金融审计 内部审计 企业审计 商贸审计 社会审计 外资运用审计 违纪审计 行政事业审计 专项审计 财经纪律 内控制度 检查 经济处罚 挤占挪用资金

R 商业、经贸

RA 商业、物资

商业 f国内贸易 商业经济 商业政策 商业体制改革 商业承包 商业会计 国有商业 f全民所有制商业 集体商业 城市商业 农村商业 零售业 批发业 民族商业 工商关系 f工商协作 商店 商品 商品供应 商品生产 商品展销 商品装潢 商品购买力 商品市场 商品结构 商品检验 商品卫生 商品流通 名牌产品 小商品 商品运输 商业管理 商业利润 商业补贴 商业网点 f商业区 f商业中心 商业广告 商业企业 商业加工 商业投机市场 国内市场 市场竞争 市场竞争能力 市场调节 市场信息 市场管理 市场制度 供给 需求 供求关系 f供需调节 期货 期货市场 期货贸易 工贸结合 农贸结合 技贸结合 贸工农一体化 工商行政管理 商标 商标管理 商标保护 商标注册 商贩 个体户 f个体工商业 欺行霸市 华侨工商业

外商　外商管理　国货　消费　消费品　消费水平　消费资料　物资　物资计划　物资工作　物资管理　物资分配　物资交流　f 物资流通　物资交易　物资贸易　物资贸易伙伴　储备　物资储备　国家物资储备　军用物资储备　商品物资储备　生产物资储备　物资当年储备　石油储备　物资平衡　f 物资储备平衡　物资供应　物资运输　仓库　军用物资　统配物资　战略物资　救灾物资　专用物资　废旧物资　废旧物资回收　计划内物资　计划外物资　积压物资　清仓物资　营销方式　产销结合　地产地销　收购　销售　定购　统购　f 计划收购　议购　征购　定量供应　储运　拍卖　统销　节日物资供应　生活必需品　土特产品　副食品生产　菜篮子工程　米袋子工程　农机供销　农药供销　农产品购销　粮食　粮食流通体制　粮食储备　粮油生产　粮油收购　粮油销售　粮棉收购　价格补贴

RB 对外经济贸易

经贸合作　对外经济贸易　对外经济政策　对外贸易　f 海外贸易　对外贸易政策　对外贸易管制　对外贸易国家　专营制　f 统制贸易　外贸工作　外贸体制　外贸体制改革　外贸代理制　国际贸易　一般贸易　加工贸易　国际市场　边境贸易　补偿贸易　f 抵偿贸易　市场准入　出口　多边贸易　技术贸易　间接贸易　军事贸易　进口　双边贸易　易货贸易　直接贸易　转口贸易　期货贸易　自由贸易　自由贸易区　贸易谈判　f 交易磋商　贸易制裁　贸易合同　f 交易合同　关贸　关贸总协定　贸易协定　贸易协定　贸易差额　贸易歧视　进出口商品　进出口限制　进出口许可证制　市场竞争　来料加工　海外企业　索赔　赔偿　f 经济赔偿　货损赔偿　涉外经济纠纷　仲裁　倾销　反倾销　创汇　通商　通商口岸　f 开埠通商　劳务输出　f 劳务出国　劳务合作　对外援助　技术援助　经济援助　军事援助　经济技术合作　海关　最惠国待遇　商品检验　检疫　港口检疫　走私贩私　缉私　缉私人员　博览会　交易会

RC 旅游、服务业

旅游　旅游业　国际旅游业　旅游城市　旅游区　旅游点　旅游服务　旅游服务设施　旅游项目　旅游商品　旅游管理　旅游规章　旅游客源　旅游资源　旅游资源开发　旅游交通　旅游区保护　风景名胜区　出国旅游　服务业　服务工作　服务人员　服务部门　服务收费　服务质量　商业服务　商业道德　商业广告　收费标准　生活服务网　饮食卫生　饮食业　宾馆　第三产业　社会化服务　承诺制

S 农林、水利

SA 农村工作

农村 农村工作 农村工作会议 农村改革 农村双层经营体制 家庭联产承包责任制 农村经济 农村经济政策 农村文化生活 农村教育 农村文化 农村绿化 农村能源 农村水电 村镇规划 村镇建设 村镇文化 文化下乡 医疗下乡 农科教结合 村委会 f村民委员会 村务公开 农村干部 农民 农村劳动力 农民组织 农民收入 农村专业户 农民负担 减轻农民负担 山区 山区开发 山区治理 老区 贫困地区 贫困县 贫困乡 贫困村 贫困户 贫困人口 扶贫 扶贫工作 科技扶贫 教育扶贫 扶贫资金 扶贫开发 扶贫帮困 脱贫 脱贫致富 集市贸易 f农村集市贸易 农村商业 农村商品 农村商品经济 农村流通体制 农村产业结构 农村产品结构 农资专营 农村经济联合体 农工商联营 贸工农一体化 农村社会化服务体系 农商关系 工农关系 农用工业 乡镇企业 f村队企业 农业气象 防灾减灾 抗灾救灾 抗洪救灾 抗旱救灾 生产自救 以工代赈

SB 农业

农业 农业政策 农业管理 农业发展规划 农业发展速度 农业现代化 农业布局 农业生产 农业总产值 农业类型 农业基地 农业资源 农业会计 农业贷款 农业投资 创汇农业 高效农业 生态农业 特色农业 绿色农业 节水农业 教育兴农 科技兴农 农业科技 农业科技人员 农业科研 农业科研机构 农业科研装备 农业技术改革 农业技术培训 农业投入 农业生产资料 农业综合发展 f农牧业结合 农业产业化 多种经营 集约经营 粗放经营 产量 因地制宜 耕地 耕地面积 农田基本建设 基本农田保护制度 保护耕地 土地管理 土地规划 土地利用 土地承包 占用耕地 岛屿 滩涂 荒山 荒坡 农产品 农产品市场 农垦 垦荒 农场 农场经营 种植业 粮食 粮食流通体制 f粮食收储 粮食作物 经济作物 f技术作物 棉花 棉区 棉花生产 油料 糖料 烟草 米袋子 米袋子工程 菜篮子 菜篮子工程 园艺作物 粮棉播种面积 粮棉新品种 种子 种子工程 化肥 有机肥 农药 农药供销 农业机械 f农机具 农膜 f农用薄膜 地膜覆盖 土壤 土壤肥力 土壤改良 自然灾害 病虫害 病虫害防治 气象灾害 f气候灾害 f天气灾害 雹灾 雪灾 水灾 风灾 旱灾 冻害 春荒

SC 林业

林业 林业政策 林业建设 林业管理 林场 国有林场 集体林场 速生

丰产林 科技兴林 树种 林区 防护林 防护栏工程 防护林带 经济林 绿化 造林 f植树造林 植树节 封山育林 山林纠纷 植被保护 沙漠 沙漠化 沙漠治理 固沙造林 森林 森林工业 森林分布 森林资源 森林覆盖率 森林保护 森林防火 f护林防火 森林火灾 木材 木材工业 木材加工 乱砍滥伐 f毁林 自然保护区 f禁伐禁猎区 狩猎 违法狩猎

SD 畜牧、副业、渔业

畜牧业 畜牧业政策 畜牧灾疫防治 科技兴牧 牧区 牧民 牧场 人工牧场 草场 草原 草原资源 草原开发 草原保护 草原建设 牲畜 畜禽 畜产品 生猪 存栏量 出栏率 畜禽疫病 兽医 兽医站 饲料 饲料生产 品种改良 副业 副业管理 副业政策 家庭副业 庭院经济 农副产品加工 水产 水产工作 水产经营 水产养殖 水产加工 水产品 渔业 渔业技术改造 渔业管理 渔业政策 渔业基地 远洋渔业 渔场 渔民 违法捕捞 休渔

SE 水利

水文 水文观测 水域 水电站 水利 水利规划 兴修水利 水利工程 水利建设 水利设施 水利设施管理 水利投入 水政 水质监测 水资源 f水利资源 水资源开发 节约用水 水库 农田水利 水土流失 水土保持 南水北调 人工降雨 引水 f调水 灌溉 灌溉系统 治水 治河 治淮 f治理淮河 治黄 f治理黄河 河道整治 截流 蓄洪 防洪 f防汛 防洪工程 防洪设施 汛期 水灾 f涝灾

附件：

中国共产党机关《公文主题词表》使用方法

（节选自中共中央秘书局编制的《公文主题词表》，1998年10月第二版，第536~546页）

根据《文献主题标引规则》（GB3860—83）和《文献工作——文献审读、主题分析与选定标引词的方法》（ISO5963），结合党委系统公文特点，对本词表的使用方法介绍如下：

一、标引细则

（一）要直接、准确、客观地反映公文论述的主题。

（二）选用的词，一般应是本词表的正式主题词，其书写形式应与词表中的词形一致。

（三）选词时，应首先选用切合公文主题概念的专指性较强的主题词。

（四）当没有专指性较强的主题词时，应选用与主题概念关系较密切的正式主题词进行组配标引。组配标引应遵循下列原则：

1. 应优先考虑概念组配，即相组配的主题词之间存在概念相交或概念限定的关系。

2. 当词表中没有合适的主题词进行概念组配时，可进行字面组配。

3. 组配结果应概念清楚、准确。

（五）若词表中无合适主题词进行组配标引时，应选用直接上位主题词标引。

（六）若仍无合适直接上位主题词进行标引时，方可选用本词表以外的适当词（称自由词）进行标引。自由词标引应遵循下列原则：

1. 选用的自由词应符合本词表的选词原则。

2. 标引时，应在自由词后加"Δ"标记，同时标引出相应的上位主题词。

3. 使用频率较高的自由词须填写"主题词增、删、改记录卡"。

4. 选用人物、年代、组织机构、地区等专用名词作为自由词标引时，人物名称用全称，年代用阿拉伯数字，组织机构、地区名称用全称或规范化简称，不加"Δ"标记。

（七）主题词的标引位置。按照《中国共产党机关公文处理条例》的要求，主题词应位于抄送机关上方，词与词之间要空一个汉字的距离。

（八）主题词的标引数量。每件公文所选用的主题词数量一般应在10个以内。

（九）主题词的排列次序。一般次序为：反映公文内容的主题词在前，反映公文形式的主题词在后。在单主题公文中，反映公文中心内容的主题词在前，反映公文分述内容主题词在后；在多主题公文中，反映公文内容的各主题词按其出现的先后次序排列。标引的地区名称、组织机构名称、年代和人物名称等，置于反映公文内容的主题词后、文种之前。若地区名称、组织机构名称、年代和人物名称等同时出现在同一公文中，则按地区名称、组织机构名称、年代和人物名称的顺序排列。公文的文种置于最末位。在转（印）发类型的公文中，被转（印）发的公文文种可不作为主题词标引；但如果被转（印）发的公文属于党内法规，其名称（准则、条例、规则、规定、办法、细则等）应作为主题词标引。

二、标引程序

（一）主题分析。主题分析的目的，在于确定公文的主题，据此准确地提炼出主题概念。它是通过审读公文、分析公文的主题类型、结构和确定公文主题标引方式来进行的。

审读公文。主要通过审读公文内容,特别是公文的标题、摘要或按语、关键性的句子、结论性的意见,来了解公文发布的意图,从而确定公文的主题(即中心思想),并用精炼的一句话或几句话表述出来。

分析公文的主题类型。公文的主题类型分为单主题和多主题。单主题是指一件公文只有一个主题。多主题又称并列主题,是指一件公文有两个或两个以上的主题。领导同志讲话、会议纪要、工作总结等公文大多为多主题公文。

分析公文的主题结构。即分析公文主题的主要成分和次要成分及其相互关系。主要成分是公文主题中最核心、最关键的部分,次要成分是对公文主题主要成分的说明以及主要成分所处的时间、空间,所属文件类型等。如某某省关于1995年开展税收财务物价大检查的工作报告,这是一个多主题公文,有三个并列主题:"税收大检查"、"财务大检查"、"物价大检查",这是公文主题的主要成分,"1995年"、"工作报告"是次要成分。

确定公文主题标引方式。公文主题标引方式有概括标引、重点标引和全面标引。不同的标引方式决定公文主题标引的不同深度。标引人员可根据公文的特点和工作需求,确定公文主题标引方式。

(二)主题概念转换。主题概念转换也叫查表选词。由主题分析而确定的主题概念是自然语言形式的词,须依照公文主题标引细则,将主题概念一个一个地转换成《公文主题词表》中的正式主题词。主题概念的转换分为直接转换和间接转换。直接转换是指主题概念可以从《公文主题词表》中找到相应的主题词;间接转换是指在《公文主题词表》中没有与主题概念直接相对应的主题词,须进行组配标引,或上位词标引、自由词标引。

(三)主题标引结果审核。这是减少标引误差,提高标引质量的一个措施。审核的主要任务:一看公文主题概念的提炼是否全面、准确,有无遗漏隐含的主题概念;二看公文主题概念转换所选用的词是否确切地反映了公文的主题内容,是否符合公文主题标引细则;三看同类型公文,同类型主题所选用的主要主题词是否一致;四看标引记录是否有遗漏。

三、标引实例

1.《中共中央国务院关于中央党政机关干部教育工作的决定》

主题概念:干部教育工作 党政机关 决定

主题词:干部教育 党政机关 决定

说明:

①单主题公文;概括标引。

②直接转换。"干部教育工作"、"党政机关"、"决定"分别直接转换为

《公文主题词表》中的正式主题词"干部教育"、"党政机关"和"决定"。

③主题词按反映公文内容的主题词在前，反映公文形式（文种）的主题词在后的次序排列。

2.《江泽民同志在中央计划生育和环境保护工作座谈会上的讲话》（1997年3月8日）

主题概念：计划生育工作环境保护工作座谈会江泽民讲话1997年

主题词：计划生育工作　环境保护工作　座谈会　1997年　江泽民　讲话

说明：

①多主题公文；概括标引。

②直接转换。"计划生育工作"、"环境保护工作"、"座谈会"、"讲话"分别直接转换为《公文主题词表》中的正式主题词"计划生育工作"、"环境保护工作"、"座谈会"和"讲话"。

③人物名称和年代作为自由词标引，不加"Δ"标记。

3.《中共中央办公厅　国务院办公厅关于做好1998年元旦、春节期间有关工作的通知》

主题概念：元旦、春节工作关心群众生活精简会议制止铺张浪费

主题词：元旦　春节　工作安排　关心群众生活　精简会议　制止　铺张浪费　双拥工作　1998年　通知

说明：

①多主题公文；重点标引。

②直接转换。"元旦、春节工作"、"关心群众生活"、"精简会议"、"双拥工作"、"通知"分别直接转换为《公文主题词表》中的正式主题词"元旦"、"春节"、"工作安排"、"关心群众生活"、"精简会议"、"双拥工作"和"通知"。

③间接转换。"制止铺张浪费"分别转换为《公文主题词表》中的正式主题词"制止"和"铺张浪费"。"制止"和"铺张浪费"为概念限定组配。

④年代作为自由词标引，不加"Δ"标记。

4.《中共中央国务院关于治理向企业乱收费、乱罚款和各种摊派等问题的决定》

主题概念：治理乱收费、乱罚款和各种摊派减轻企业负担决定

主题词：治理　三乱　减轻企业负担　决定

说明：

①单主题公文；概括标引。

②直接转换。"减轻企业负担"、"决定"分别直接转换为《公文主题词表》中的正式主题词"减轻企业负担"和"决定"。

③间接转换。"治理乱收费、乱罚款和各种摊派"分别转换为《公文主题词表》中的正式主题词"治理"和"三乱"。"治理"和"三乱"为概念限定组配。

5.《中共中央印发〈关于县以上党和国家机关党员领导干部民主生活会的若干规定〉的通知》

主题概念：民主生活会党和国家机关党员领导干部规定通知

主题词：民主生活会　党政机关　党员　领导干部　规定　通知

说明：

①单主题公文；概括标引。

②直接转换。"民主生活会"、"党和国家机关"分别直接转换为《公文主题词表》中的正式主题词"民主生活会"和"党政机关"。

③间接转换。"党员领导干部"分别转换为《公文主题词表》中的正式主题词"党员"和"领导干部"。"党员"和"领导干部"为概念交叉组配。

④该《通知》印发的公文为党内法规，按照公文主题标引细则的要求，"规定"和"通知"均作为正式主题词直接标引。

6.《全国农村工作会议纪要》（中共中央1982年1月1日批转）

主题概念：农村工作会议农业生产责任制农村商品流通农业科学技术

主题词：农村工作会议　农业生产　责任制　商品流通　农业科技　经济效益　农村基层组织建设　1982年　会议纪要

说明：

①单主题公文；全面标引。

②直接转换。"农村工作会议"、"农村商品流通"、"农业科学技术"、"提高经济效益"、"农村基层组织建设"、"会议纪要"分别直接转换为《公文主题词表》中的正式主题词"农村工作会议"、"商品流通"、"农业科技"、"经济效益"、"基层组织建设"和"会议纪要"。

③间接转换。"农业生产责任制"分解转换为《公文主题词表》中的正式主题词"农业生产"和"责任制"。"农业生产"和"责任制"为概念限定组配。

④年代作为自由词标引，不加"△"标记。

⑤主题词按反映公文中心内容的主题词在前，反映分述内容的主题词在后，并依各自所反映主题出现的先后次序排列。

7.《邓小平同志在省、市、自治区党委书记座谈会上的讲话》（1981年7月2日）

主题概念：选拔中青年干部座谈会1981年邓小平讲话

主题词：干部选拔　中青年干部　座谈会　1981年　邓小平　讲话

说明：

①单主题公文；全面标引。

②直接转换。"座谈会"、"讲话"分别直接转换为《公文主题词表》中的正式主题词"座谈会"和"讲话"。

③间接转换。"选拔中青年干部"分解转换为《公文主题词表》中的正式主题词"干部选拔"和"中青年干部"。"干部选拔"和"中青年干部"为概念限定组配。

④人物名称和年代作为自由词标引，不加"Δ"标记。

⑤主题标引要反映公文主题——选拔中青年干部，不能简单地将标题分解。

8.《中共中央国务院关于转发〈中央宣传部、司法部关于在公民中开展法制宣传教育的第三个五年规划〉的通知》

主题概念：开展法制宣传教育的第三个五年规划通知

主题词：普法规划　通知

说明：

①单主题公文；概括标引。

②间接转换。鉴于《公文主题词表》中没有与"开展法制宣传教育的第三个五年规划"直接对应的专指性正式主题词，而上位词"普法规划"比"法制宣传"和"规划"的组配更能准确、全面地反映主题概念，因此选用上位词标引。

③文种"通知"为正式主题词，直接标引。

9.《中共中央办公厅　国务院办公厅关于转发〈中央宣传部、国家教委、民政部、文化部、国家文物局、共青团中央关于加强革命文物工作的意见〉的通知》

主题概念：革命文物工作通知

主题词：文物工作　通知

说明：

①单主题公文；概括标引。

②间接转换。"革命文物工作"用上位词"文物工作"进行标引。

③按照公文主题标引细则的要求，该《通知》转发的公文文种"意见"不标引；"通知"可直接标引。

10.《中共中央关于坚持"少宣传个人"几个问题的指示》

主题概念：少宣传个人纪念设施建设个人文集、传记的出版治丧活动指示

主题词：宣传方针　少宣传个人Δ　纪念设施　文集　传记　出版发行　治丧活动　指示

说明：

①单主题公文；重点标引。

②直接转换。"纪念设施建设"、"治丧活动"、"指示"分别直接转换为《公文主题词表》中的正式主题词"纪念设施"、"治丧活动"和"指示"。

③间接转换。"个人文集、传记的出版"分别转换为《公文主题词表》中的正式主题词"文集"、"传记"和"出版发行"。"文集"、"传记"和"出版发行"为概念限定组配。鉴于"少宣传个人"是党的一项重要宣传方针，因此作为自由词标引，并在词后加"Δ"标记，同时标出其上位词"宣传方针"。

④鉴于该方针对当时宣传工作中存在的一些问题，重点对领导人纪念设施的建设和文集、传记的编辑出版及治丧活动的安排等问题作了明确规定，其精神具有长期的指导作用，从利用角度考虑，采用重点标引的方式。

二 人大机关公文处理规定

人大机关公文处理办法

(2001年1月1日施行)

第一章 总 则

第一条 为使人大机关的公文处理工作规范化、制度化、科学化,提高公文处理的质量和效率,制定本办法。

第二条 人大机关的公文,是人大及其常委会在依法行使各项职权过程中形成的具有特定效力和规范格式的文书,是发布法律、地方性法规、决定、决议、公告,指导、布置和商洽工作,请示和答复问题,报告和交流情况的重要工具。

第三条 人大机关文秘部门是人大机关公文管理的工作机构,负责公文处理;协调和指导本机关各部门的公文处理工作。人大机关各部门应当设置专门机构或者配备专职人员负责本部门公文的处理工作,并逐步改善办公条件。

文秘工作人员应当忠于职守、保守秘密、作风严谨,具备相应的业务知识。

第四条 人大机关的公文处理,包括公文拟制、审核、办理、管理、立卷归档等一系列衔接有序的工作。公文处理必须做到规范、准确、及时、安全。

第五条 公文处理必须严格执行国家保密法律、法规和其他有关规定,确保国家秘密的安全。

第二章 公文种类

第六条 人大机关的公文种类主要有:公告,决议,决定,法、条例、规则、实施办法,议案,建议、批评和意见,请示,批复,报告,通知,通报,函,意见,会议纪要等。

公告 适用于发布法律、地方性法规及其他重要事项。

决议 适用于经会议审议或讨论通过的重要事项。

决定　适用于对重要事项做出的决策和安排。

法、条例、规则、实施办法　适用于人大及其常委会审议通过的法律、地方性法规。

议案　适用于根据法律规定，依据法定程序，提案人向人大及其常委会提请审议的事项。

建议、批评和意见　适用于人大代表向人大及其常委会提出，由常委会的办事机构交由有关机关、组织研究处理并负责答复的事项。

请示　适用于请求指示、批准事项。

批复　适用于答复请示事项。

报告　适用于汇报工作、反映情况、提出建议等。

通知　适用于传达指示，转发公文，传达需要办理、执行或周知的事项，任免人员等。

通报　适用于表彰先进，批评错误，传达重要精神或者情况。

函　适用于不相隶属机关之间商洽工作、询问和答复问题；向有关主管部门提出请求事项等。

意见　适用于对议案或重要问题提出见解和处理办法等。

会议纪要　适用于记载、传达会议情况和议定事项。

第三章　公　文　格　式

第七条　人大机关的公文，一般由秘密等级和保密期限、紧急程度、发文机关标识、发文字号、签发人、标题、主送机关、正文、附件、发文机关署名、成文日期、印章、主题词、抄送机关、印制版记等部分组成。

一、秘密等级和保密期限　涉密公文应当分别标明"绝密"、"机密"、"秘密"，标注于公文首页发文机关标识右上方。"绝密"、"机密"级公文还应当标明份数序号，位于公文首页左上方。

二、紧急程度　紧急公文应当根据紧急程度分别标明"特急件"、"急件"；紧急电报应分别标明"特提"、"特急"、"加急"、"平急"。

三、发文机关标识　即版头，由发文机关全称或者规范化简称组成，也可以由发文机关全称或者规范化简称加"文件"组成。联合行文，主办机关名称应当排列在前，或者按照规范顺序排列。

四、发文字号　发文字号由发文机关代字、年份、序号组成。发文字号应当排列于发文机关标识之下，横线之上居中处。联合发文，只标明主办机关发文字号。横线中央不嵌五星。外事公文按照外交部门的要求办理。

五、签发人　上报公文应当在发文字号右侧标注"签发人"，由发文机关的领导审批签字。

六、标题　公文标题应当准确简要地概括公文的主要内容，并标明公文的种类。由发文机关全称（或者规范化简称）、主要内容和文种组成，也可以由主要内容和文种组成。位于主送机关或者正文之上居中排列。

七、主送机关　指主要受理公文的机关。应当用全称或者规范化简称，位于正文上方，顶格排列。

八、正文　公文的主体，用来表述公文的内容，位于标题或者主送机关下方。

九、附件　公文附件，应当注明顺序号和名称。位于正文之后，发文机关署名之前。

十、发文机关署名　发文机关应当写全称或者规范化简称。

十一、成文日期　应当以领导签发的日期为准；联合行文，以最后签发机关领导的签发日期为准；电报应当以发出日期为准。

十二、加盖印章　公文中有发文机关署名的（含联合发文），应当加盖发文机关印章。印章必须与署名相符。加盖印章必须有正文，不得采取"此页无正文"的方法处理。

十三、主题词　主题词的标注，应当符合公文主题词标注的各项规则。位于公文末页，抄送单位之上。

十四、抄送单位　指除主送机关以外的其他需要告知的上下级、同级或不相隶属机关。

十五、印制版记　由公文制发机关名称、印发日期组成，位于公文末页下端。印发日期应当用阿拉伯数字书写。

十六、公文用纸一般为 A4 型（210mm×297mm）。左侧装订。

公文标准印刷字号：通常情况下，标题用 2 号（或小 2 号）标宋体字，主送机关、正文用 3 号仿宋体字。文中小标题，按结构层次，第一层用 3 号黑体字，第二层用 3 号楷体字，附件、发文机关署名、抄送单位用 3 号仿宋体字。主题词使用 3 号黑体字。

第四章　行　文　规　则

第八条　人大机关的行文关系，应根据各部门的隶属关系和职权范围确定。

一、人大机关各部门在本部门职权范围内，可相互行文。

二、人大机关各部门可向下一级人大机关的有关业务部门行文。必要时，同时抄送其直接上级机关。

人大机关部门之间对有关问题未经协商一致，不得各自向下行文。

三、人大机关各部门可对外向不同隶属关系的部门行文。重要问题的行文，应当与有关部门协商一致后再行文。

四、同级人大机关各部门、上一级人大机关部门与下一级人大机关部门可联合行文；人大机关部门与同级党委、政府部门及其他部门也可联合行文。

联合行文应当确有必要，单位不宜过多。

第九条 请示问题，应当一事一文，不得在非请示公文中夹带请示事项。不得越级请示或者多头请示。因特殊情况必须越级请示时，应当抄送被越过的上级机关。

向领导请示问题的公文，除特殊情况外，一般应当送办公厅（室）文秘部门按规定程序办理，不应直接送领导本人。

第五章 公文办理

第十条 公文的办理分为收文和发文。收文办理主要包括：公文的签收、登记、分发、传阅、拟办、批办、承办和催办等程序；发文办理主要包括：公文的起草、校核、审签、登记、印制和分发等程序。

一、收文的办理

（一）签收 逐件清点来文后签收。发现问题，应及时向发文机关查询并采取相应措施。

（二）登记 将公文的发文机关、发文字号、标题、秘密等级、份数、收到时间及处理情况等逐项填写清楚，以利于管理、查询和催办。

（三）分发 根据来文内容或者来文单位的要求，以及收文单位的有关规定，将公文及时分送有关领导和部门。

（四）传阅 按照规定和程序将公文送有关领导传阅，不得随意扩大传阅范围。文秘部门应随时掌握公文去向，避免漏传和延误。

（五）拟办、批办 对需要办理的公文，由文秘部门提出拟办意见，再送请主管领导批示后办理。

（六）承办 领导批示后的公文，应当按照领导批示内容办理。对属于有关职能部门承办的公文，文秘部门应尽快交职能部门办理。承办部门应及时办理，不得延误、推诿。如认为不属于本部门职责或者不适宜由本部门承办的，应及时退回交办部门并说明理由。

对需要报请领导批示的重要公文，应及时上报，需要文秘部门提出办理意见或建议并代拟文稿的，应将办理意见和代拟文稿一并上报。紧急公文应当提出办理时限。

（七）催办　对办理中的公文应当进行督办、查询。紧急、重要的公文应及时、重点催办，一般公文也应当定期催办，做到件件有结果，并采取适当方式随时或定期向领导反馈办理情况。

二、发文的办理

（一）公文的起草　草拟公文应当做到：

1. 符合国家的宪法、法律、法规和党的方针、政策及有关规定。

2. 情况确实，观点明确，条理清晰，文字精练，用词和标点符号准确、规范。

3. 结构层次序数，第一层为"一、"，第二层为"（一）"，第三层为"1."，第四层为"（1）"。

4. 必须使用国家法定计量单位。

5. 国名、地名、人名、时间、数字、引文和文字表述、密级、抄送单位、主题词应当准确、恰当，汉字、标点符号的用法应当符合有关规定。

公文中的数字，除部分结构层次序数和词、词组、惯用语、缩略语、具有修辞色彩语句中作为词素的数字必须使用汉字外，其他的应当使用阿拉伯数字。

（二）校对审核　公文文稿送领导审批之前，应当逐级认真细致地校对审核。公文校对审核的内容是：

1. 报批程序是否符合规定。

2. 内容是否符合国家的法律、法规和党的方针、政策及有关规定，是否完整、准确地体现发文机关的意图，并同现行有关公文相衔接。

3. 涉及有关部门业务的事项是否经过协调并取得一致意见。

4. 所提措施和办法是否切实可行。

5. 文种使用是否准确，公文格式是否规范。

6. 已经领导审批的文稿，在印发之前应再作校核。如内容确需作实质性修改的，须报原审批领导复审。

（三）审签　公文须经主管领导审批签发。重要公文应当由发文机关主要领导审批签发。联合发文，应当由所有联署机关的领导会签。领导审批签发公文，主批人应当明确签署意见，并写上姓名和日期。签批公文应当用钢笔、签字笔或者毛笔，不要用铅笔。

（四）登记编号　按照发文字号编制办法的要求，进行登记编号。

（五）印制　做到准确、及时、规范、安全。秘密公文应当由机要印刷厂或者一般印刷厂的保密车间印制。

（六）分发　应由主办单位或者文秘部门分送主送机关、抄送机关。

第十一条　传递秘密公文，必须采取保密措施，确保安全。利用计算机、传真机等传输秘密公文，必须采用符合规定的加密装置。不得密电明复，或者明、密电报混用。凡需存档或者报请领导批示的、使用热敏纸的传真件，应当复印后再办理。

第六章　公文立卷、归档和销毁

第十二条　公文办理完毕，应当根据档案法及机关档案管理部门的规定，按时将公文的正本、定稿和有关材料立卷，并定期向档案部门移交。部门和个人不得保存应当归档的公文。

第十三条　联合办理的公文，原件由主办单位负责立卷，相关单位可保存复印件。

第十四条　没有归档和存查价值的公文，经鉴别和主管领导批准，可定期销毁。销毁秘密公文，应当到保密部门指定的场所，由两人以上监销。确保不丢失、不漏销。销毁绝密级公文（含电报），应当进行登记。

第七章　附　　则

第十五条　各级人大机关可根据本办法的规定，结合实际情况，制定实施细则。

第十六条　本办法自 2001 年 1 月 1 日起施行。1998 年 2 月 6 日全国人大常委会办公厅印发的《人大机关公文处理办法（试行）》同时废止。

人大机关公文格式说明

一、秘密等级和保密期限　3 号黑体字，位于首页右上角顶格第 1 行，秘密等级两字之间空 1 字；秘密等级与保密期限之间用"★"隔开。

公文份数序号，使用阿拉伯数码（半角），位于首页左上角顶格第 1 行。

二、紧急程度　3 号黑体字，位于首页右上角顶格第 1 行，两字之间空 1 字；如需同时标识秘密等级与紧急程度，紧急程度则位于右上角顶格第 2 行。

三、发文机关标识　即版头。使用红色宋体字，一般应小于 22mm×15mm。发文机关标识上边距 70mm。

联合行文机关过多时，必须保证公文首页显示正文。

四、发文字号　3号仿宋体字，位于发文机关标识之下红色横线之上居中处。一般由发文机关代字、年份和序号组成。年份、序号用阿拉伯数码（半角）；年份由四位数字组成，用六角括号"〔　〕"括入；序号不编虚位（即1，不编01或001），不加"第"字。

五、签发人　3号仿宋体字，平行排列于发文字号右侧。签发人姓名居右空1字。

六、标题　2号（或小2号）标宋体字，位于红色横线之下居中处。可分一行或多行居中排列；回行时，要做到词意完整，排列对称，间距恰当。

七、主送机关　3号仿宋体字，位于标题下空1行左侧顶格，回行仍顶格。

八、正文　3号仿宋体字，位于主送机关名称之下，左空2字，回行顶格。数字、年份中间不能回行。

九、附件　3号仿宋体字，位于正文之下空1行左空2字。公文如有附件，应当注明附件顺序和名称。序号使用阿拉伯数码（如"附件：1.×××××"）；附件名称后不加标点符号，回行第1字应排列在序号后。附件一般应与公文正文一起装订，并在附件首页左上角第1行顶格标识"附件"字样。

十、发文机关署名　3号仿宋体字，位于正文或附件之下，右空4字。

十一、成文日期　3号仿宋体字，用阿拉伯数码，位于发文机关署名之下，右空2字。

十二、加盖印章　印章下压发文机关署名与成文时间居中处。加盖印章页必须有正文，不得采取"此页无正文"的方法处理。印章与正文不同处于一面时，可采取调整行距、字距的方法加以处理。

十三、主题词　3号黑体字，位于末页下端左顶格，后标全角冒号；词目用3号标宋体字；词目之间空1字。

十四、抄送单位　3号仿宋体字，位于末页主题词之下1行，左空1字，后标全角冒号；抄送单位之间用顿号隔开，回行时与冒号后的抄送单位对齐；在最后一个抄送单位后标句号。

十五、印制版记　3号仿宋体字，位于末页抄送单位和黑色横线之下（无抄送单位时，则位于末页下端）。制发机关名称左空1字，印发日期右空1字。印发日期以公文付印的日期为准，用阿拉伯数码（半角）。

十六、公文用纸一般为A4型（210mm×297mm），每页22行，每行28字，左侧装订。

三 国家行政机关公文处理规定

国家行政机关公文处理办法

(国务院 2000 年 8 月 24 日发布,2001 年 1 月 1 日施行)

第一章 总 则

第一条 为使国家行政机关(以下简称行政机关)的公文处理工作规范化、制度化、科学化,制定本办法。

第二条 行政机关的公文(包括电报,下同),是行政机关在行政管理过程中形成的具有法定效力和规范体式的文书,是依法行政和进行公务活动的重要工具。

第三条 公文处理指公文的办理、管理、整理(立卷)、归档等一系列相互关联、衔接有序的工作。

第四条 公文处理应当坚持实事求是、精简、高效的原则,做到及时、准确、安全。

第五条 公文处理必须严格执行国家保密法律、法规和其他有关规定,确保国家秘密的安全。

第六条 各级行政机关的负责人应当高度重视公文处理工作,模范遵守本办法并加强对本机关公文处理工作的领导和检查。

第七条 各级行政机关的办公厅(室)是公文处理的管理机构,主管本机关的公文处理工作并指导下级机关的公文处理工作。

第八条 各级行政机关的办公厅(室)应当设立文秘部门或者配备专职人员负责公文处理工作。

第二章 公文种类

第九条 行政机关的公文种类主要有:
(一)命令(令)

适用于依照有关法律公布行政法规和规章；宣布施行重大强制性行政措施；嘉奖有关单位及人员。

（二）决定

适用于对重要事项或者重大行动做出安排，奖惩有关单位及人员，变更或者撤销下级机关不适当的决定事项。

（三）公告

适用于向国内外宣布重要事项或者法定事项。

（四）通告

适用于公布社会各有关方面应当遵守或者周知的事项。

（五）通知

适用于批转下级机关的公文，转发上级机关和不相隶属机关的公文，传达要求下级机关办理和需要有关单位周知或者执行的事项，任免人员。

（六）通报

适用于表彰先进，批评错误，传达重要精神或者情况。

（七）议案

适用于各级人民政府按照法律程序向同级人民代表大会或人民代表大会常务委员会提请审议事项。

（八）报告

适用于向上级机关汇报工作，反映情况，答复上级机关的询问。

（九）请示

适用于向上级机关请求指示、批准。

（十）批复

适用于答复下级机关的请示事项。

（十一）意见

适用于对重要问题提出见解和处理办法。

（十二）函

适用于不相隶属机关之间商洽工作，询问和答复问题，请求批准和答复审批事项。

（十三）会议纪要

适用于记载、传达会议情况和议定事项。

第三章　公　文　格　式

第十条　公文一般由秘密等级和保密期限、紧急程度、发文机关标识、发文字号、签发人、标题、主送机关、正文、附件说明、成文日期、印章、附注、附件、主题词、抄送机关、印发机关和印发日期等部分组成。

（一）涉及国家秘密的公文应当标明密级和保密期限，其中，"绝密"、"机密"级公文还应当标明份数序号。

（二）紧急公文应当根据紧急程度分别标明"特急"、"急件"。其中电报应当分别标明"特提"、"特急"、"加急"、"平急"。

（三）发文机关标识应当使用发文机关全称或者规范化简称；联合行文，主办机关排列在前。

（四）发文字号应当包括机关代字、年份、序号。联合行文，只标明主办机关发文字号。

（五）上行文应当注明签发人、会签人姓名。其中，"请示"应当在附注处注明联系人的姓名和电话。

（六）公文标题应当准确简要地概括公文的主要内容并标明公文种类，一般应当标明发文机关。公文标题中除法规、规章名称加书名号外，一般不用标点符号。

（七）主送机关指公文的主要受理机关，应当使用全称或者规范化简称、统称。

（八）公文如有附件，应当注明附件顺序和名称。

（九）公文除"会议纪要"和以电报形式发出的以外，应当加盖印章。联合上报的公文，由主办机关加盖印章；联合下发的公文，发文机关都应当加盖印章。

（十）成文日期以负责人签发的日期为准，联合行文以最后签发机关负责人的签发日期为准。电报以发出日期为准。

（十一）公文如有附注（需要说明的其他事项），应当加括号标注。

（十二）公文应当标注主题词。上行文按照上级机关的要求标注主题词。

（十三）抄送机关指除主送机关外需要执行或知晓公文的其他机关，应当使用全称或者规范化简称、统称。

（十四）文字从左至右横写、横排。在民族自治地方，可以并用汉字和通用的少数民族文字（按其习惯书写、排版）。

第十一条　公文中各组成部分的标识规则，参照《国家行政机关公文格式》国家标准执行。

第十二条　公文用纸一般采用国际标准 A4 型（210mm×297mm），左侧装订。张贴的公文用纸大小，根据实际需要确定。

第四章 行文规则

第十三条 行文应当确有必要，注重效用。

第十四条 行文关系根据隶属关系和职权范围确定，一般不得越级请示和报告。

第十五条 政府各部门依据部门职权可以相互行文和向下一级政府的相关业务部门行文；除以函的形式商洽工作、询问和答复问题、审批事项外，一般不得向下一级政府正式行文。

部门内设机构除办公厅（室）外不得对外正式行文。

第十六条 同级政府、同级政府各部门、上级政府部门与下一级政府可以联合行文；政府与同级党委和军队机关可以联合行文；政府部门与相应的党组织和军队机关可以联合行文；政府部门与同级人民团体和具有行政职能的事业单位也可以联合行文。

第十七条 属于部门职权范围内的事务，应当由部门自行行文或联合行文。联合行文应当明确主办部门。须经政府审批的事项，经政府同意也可以由部门行文，文中应当注明经政府同意。

第十八条 属于主管部门职权范围内的具体问题，应当直接报送主管部门处理。

第十九条 部门之间对有关问题未经协商一致，不得各自向下行文。如擅自行文，上级机关应当责令纠正或撤销。

第二十条 向下级机关或者本系统的重要行文，应当同时抄送直接上级机关。

第二十一条 "请示"应当一文一事；一般只写一个主送机关，需要同时送其他机关的，应当用抄送形式，但不得抄送其下级机关。

"报告"不得夹带请示事项。

第二十二条 除上级机关负责人直接交办的事项外，不得以机关名义向上级机关负责人报送"请示"、"意见"和"报告"。

第二十三条 受双重领导的机关向上级机关行文，应当写明主送机关和抄送机关。上级机关向受双重领导的下级机关行文，必要时应当抄送其另一上级机关。

第五章 发文办理

第二十四条 发文办理指以本机关名义制发公文的过程，包括草拟、审核、签发、复核、缮印、用印、登记、分发等程序。

第二十五条　草拟公文应当做到：

（一）符合国家的法律、法规及其他有关规定。如提出新的政策、规定等，要切实可行并加以说明。

（二）情况确实，观点明确，表述准确，结构严谨，条理清楚，直述不曲，字词规范，标点正确，篇幅力求简短。

（三）公文的文种应当根据行文目的、发文机关的职权和与主送机关的行文关系确定。

（四）拟制紧急公文，应当体现紧急的原因，并根据实际需要确定紧急程度。

（五）人名、地名、数字、引文准确。引用公文应当先引标题，后引发文字号。引用外文应当注明中文含义。日期应当写明具体的年、月、日。

（六）结构层次序数，第一层为"一、"，第二层为"（一）"，第三层为"1."，第四层为"（1）"。

（七）应当使用国家法定计量单位。

（八）文内使用非规范化简称，应当先用全称并注明简称。使用国际组织外文名称或其缩写形式，应当在第一次出现时注明准确的中文译名。

（九）公文中的数字，除成文日期、部分结构层次序数和在词、词组、惯用语、缩略语、具有修辞色彩语句中作为词素的数字必须使用汉字外，应当使用阿拉伯数字。

第二十六条　拟制公文，对涉及其他部门职权范围内的事项，主办部门应当主动与有关部门协商，取得一致意见后方可行文；如有分歧，主办部门的主要负责人应当出面协调，仍不能取得一致时，主办部门可以列明各方理据，提出建设性意见，并与有关部门会签后报请上级机关协调或裁定。

第二十七条　公文送负责人签发前，应当由办公厅（室）进行审核。审核的重点是：是否确需行文，行文方式是否妥当，是否符合行文规则和拟制公文的有关要求，公文格式是否符合本办法的规定等。

第二十八条　以本机关名义制发的上行文，由主要负责人或者主持工作的负责人签发；以本机关名义制发的下行文或平行文，由主要负责人或者由主要负责人授权的其他负责人签发。

第二十九条　公文正式印制前，文秘部门应当进行复核，重点是：审批、签发手续是否完备，附件材料是否齐全，格式是否统一、规范等。

经复核需要对文稿进行实质性修改的，应按程序复审。

第六章 收文办理

第三十条 收文办理指对收到公文的办理过程,包括签收、登记、审核、拟办、批办、承办、催办等程序。

第三十一条 收到下级机关上报的需要办理的公文,文秘部门应当进行审核。审核的重点是:是否应由本机关办理;是否符合行文规则;内容是否符合国家法律、法规及其他有关规定;涉及其他部门或地区职权的事项是否已协商、会签;文种使用、公文格式是否规范。

第三十二条 经审核,对符合本办法规定的公文,文秘部门应当及时提出拟办意见送负责人批示或者交有关部门办理,需要两个以上部门办理的应当明确主办部门。紧急公文,应当明确办理时限。对不符合本办法规定的公文,经办公厅(室)负责人批准后,可以退回呈报单位并说明理由。

第三十三条 承办部门收到交办的公文后应当及时办理,不得延误、推诿。紧急公文应当按时限要求办理,确有困难的,应当及时予以说明。对不属于本单位职权范围或者不宜由本单位办理的,应当及时退回交办的文秘部门并说明理由。

第三十四条 收到上级机关下发或交办的公文,由文秘部门提出拟办意见,送负责人批示后办理。

第三十五条 公文办理中遇有涉及其他部门职权的事项,主办部门应当主动与有关部门协商;如有分歧,主办部门主要负责人要出面协调,如仍不能取得一致,可以报请上级机关协调或裁定。

第三十六条 审批公文时,对有具体请示事项的,主批人应当明确签署意见、姓名和审批日期,其他审批人圈阅视为同意;没有请示事项的,圈阅表示已阅知。

第三十七条 送负责人批示或者交有关部门办理的公文,文秘部门要负责催办,做到紧急公文跟踪催办,重要公文重点催办,一般公文定期催办。

第七章 公文归档

第三十八条 公文办理完毕后,应当根据《中华人民共和国档案法》和其他有关规定,及时整理(立卷)、归档。

个人不得保存应当归档的公文。

第三十九条 归档范围内的公文,应当根据其相互联系、特征和保存价值等整理(立卷),要保证归档公文的齐全、完整,能正确反映本机关的主要工作情况，便于保管和利用。

第四十条 联合办理的公文，原件由主办机关整理（立卷）、归档，其他机关保存复制件或其他形式的公文副本。

第四十一条 本机关负责人兼任其他机关职务，在履行所兼职务职责过程中形成的公文，由其兼职机关整理（立卷）、归档。

第四十二条 归档范围内的公文应当确定保管期限，按照有关规定定期向档案部门移交。

第四十三条 拟制、修改和签批公文，书写及所用纸张和字迹材料必须符合存档要求。

第八章 公文管理

第四十四条 公文由文秘部门或专职人员统一收发、审核、用印、归档和销毁。

第四十五条 文秘部门应当建立健全本机关公文处理的有关制度。

第四十六条 上级机关的公文，除绝密级和注明不准翻印的以外，下一级机关经负责人或者办公厅（室）主任批准，可以翻印。翻印时，应当注明翻印的机关、日期、份数和印发范围。

第四十七条 公开发布行政机关公文，必须经发文机关批准。经批准公开发布的公文，同发文机关正式印发的公文具有同等效力。

第四十八条 公文复印件作为正式公文使用时，应当加盖复印机关证明章。

第四十九条 公文被撤销，视作自始不产生效力；公文被废止，视作自废止之日起不产生效力。

第五十条 不具备归档和存查价值的公文，经过鉴别并经办公厅（室）负责人批准，可以销毁。

第五十一条 销毁秘密公文应当到指定场所由二人以上监销，保证不丢失、不漏销。其中，销毁绝密公文（含密码电报）应当进行登记。

第五十二条 机关合并时，全部公文应当随之合并管理。机关撤销时，需要归档的公文整理（立卷）后按有关规定移交档案部门。

工作人员调离工作岗位时，应当将本人暂存、借用的公文按照有关规定移交、清退。

第五十三条 密码电报的使用和管理，按照有关规定执行。

第九章 附 则

第五十四条 行政法规、规章方面的公文,依照有关规定处理。外事方面的公文,按照外交部的有关规定处理。

第五十五条 公文处理中涉及电子文件的有关规定另行制定。统一规定发布之前,各级行政机关可以制定本机关或者本地区、本系统的试行规定。

第五十六条 各级行政机关的办公厅(室)对上级机关和本机关下发公文的贯彻落实情况应当进行督促检查并建立督查制度。有关规定另行制定。

第五十七条 本办法自2001年1月1日起施行。1993年11月21日国务院办公厅发布,1994年1月1日起施行的《国家行政机关公文处理办法》同时废止。

附件:

国务院公文主题词表

(国务院办公厅秘书局1997年12月修订)

使用说明

为适应办公现代化的要求,便于计算机检索和管理公文,特编制《国务院公文主题词表》(以下简称词表)。词表主要用于标引国务院、国务院办公厅印发的文件和各地区、各部门上报国务院及其办公厅的文件。

一、编制原则

(一)词表结构务求合乎逻辑,具有较宽的涵盖面,便于使用。

(二)词表体现文档管理一体化的原则,即词表中主题词的区域分类别词可分别作为档案分类中的大类和属类。

二、体系结构

(一)词表共由15类1049个主题,分为主表和附表两大部分,主表有13类751个主题词,附表有2类298个主题词。词表分为三个层次。第一层是对主题词区域的分类,如"综合经济"、"财政、金融"类等。第二层是类别词,即对主题词的具体分类,如"工交、能源、邮电"类中的"工业"、"交通"、"能源"和"邮电"等。第三层是类属词,如"体制"、"职能"、"编制"等。第二层和第三层统称为主题词,用于文件的标引。

(二) 1988年12月和1994年4月修订的词表中曾列入本词表中而不再继续用作标引的主题词,用黑体单列在区域分类的最后部分。

三、标引方法

(一) 一份文件的标引,除类别词外最多不超过5个主题词。主题词标在文件的抄送栏之上,顶格写。

(二) 标引顺序是先标类别词,再标类属词。在标类属词时,先标反映文件内容的词,最后标反映文件形式的词,如《国务院关于加强水土保持工作的通知》,先标类别词"农业",再标类属词"水土保持",最后标上"通知"。

(三) 一份文件如有两个以上的主题内容,先集中对一个主题内容进行标引;再对第二个主题内容进行标引。如《国务院关于在若干城市试行国有企业兼并破产和职工再就业有关问题的通知》,先标反映第一个主题内容的类别词"经济管理",再标类属词"企业"、"破产";然后标反映第二个主题内容的类别词"劳动",再标类属词"就业";最后标"通知"。

(四) 根据需要,可将不同类的主题词进行组配标引。如《国务院关于"九五"期间深化科学技术体制改革的决定》,可标"科技、体制、改革、决定"。

(五) 当词表中找不出准确反映文件主题内容的类属词时,可以在类别中选择适当的词标引。同时将能够准确反映文件内容的词标在类属词的后面,并在该词的后面加"△"以便区别。

(六) 列在区域分类最后,用黑体标出的主题词只供检索用,不再用作标引。

(七) 附表中的主题词与主表中的主题词具有同等效力,标引方法相同,不同的是,如果附表中所列的国家、地区的实际名称发生了变化,使用本表的各单位可先按照变化后的标准名称进行修改和使用。国务院办公厅秘书局将定期修订附表。

四、词表管理

(一) 本词表由国务院办公厅秘书局负责管理和解释,具体工作由档案数据处承办。

(二) 本词表自1998年2月1日起执行,1994年4月修订的词表同时废止。

国务院公文主题词表

01 综合经济 (77个)
01A 计划
规划　统计　指标　分配　统配　调拨

01B 经济管理

经济 管理 调整 调控 控制 结构 制度 所有制 股份制 责任制 流通 产业 行业 改革 改造 竞争 兼并 开放 开发 协作 资源 土地 资产 资料 产权 物价 价格 投资 招标 经营 生产 转产 项目 产品 质量 承包 租赁 合同 包干 国有 国营 私营 集体 个体 企业 公司 集团 合作社 普查 工商 商标 注册 广告 监督 增产 效益 节约 浪费 破产 亏损 特区 开发区 保税区 展销 展览 **商品化 横向联系 第三产业 生产资料**

02 工交、能源、邮电（69个）

02A 工业

冶金 钢铁 地矿 机械 汽车 电子 电器 仪器 仪表 化工 航天 航空 核工 船舶 兵器 军区 轻工 有色金属 盐业 食品 印刷 包装 手工业 纺织 服装 丝绸 设备原料 材料 加工

02B 交通

铁路 公路 桥梁 民航 机场 航线 航道 空中管制 飞机 港口 码头 口岸 车站 车辆 运输 旅客

02C 能源

石油 煤炭 电力 燃料 天然气 煤气 沼气

02D 邮电

通信 电信 邮政 网络 数据 **民品 厂矿 空运 三线 通讯 水运 运费**

03 旅游、城乡建设、环保（42个）

03A 旅游

03B 服务业

饮食业 宾馆

03C 城乡建设

城市 乡镇 基建 建设 建筑 建材 勘察 测绘 设计 市政 公用事业 监理 环卫 征地 工程 房地产 房屋 住宅 装修 设施 出让 转让 风景名胜 园林 岛屿

03D 环保

保护区 植物 动物 污染 生态 生物 **风景 饭店 城乡 国土 沿海**

04 农业、林业、水利、气象（56个）

04A 农业
农村 农民 农民负担 农场 农垦 粮食 棉花 油料 生猪 蔬菜 糖料 烟草 水产 渔业 水果 经济作物 农副产品 副业 畜牧业 乡镇企业 农膜 种子 化肥 农药 饲料 灾害 以工代赈 扶贫

04B 林业
绿化 木材 森林 草原 防沙治沙

04C 水利
河流 湖泊 滩涂 水库 水域 流域 水土保持 节水 防汛 抗旱 三峡

04D 气象
气候 预报 预测 烟酒 土特产 有机肥 多种经营 牧业

05 财政、金融（57个）

05A 财政
预算 决算 核算 收支 财务 会计 税务 税率 审计 债务 积累 经费 集资 收费 资金 基金 租金 拨款 利润 补贴 折旧费 附加费 固定资产

05B 金融
银行 货币 黄金 白银 存款 贷款 信贷 贴现 通货膨胀 交易 期货 利率 利息 贴息 外汇 外币 汇率 债券 证券 股票 彩票 信托 保险 赔偿 信用社 现金 留成 流动资金 储蓄 费用 侨汇 折旧率

06 贸易（62个）

06A 商业
商品 物资 收购 定购 购置 市场 集贸 酒类 副食品 日用品 销售 消费 批发 供应 零售 拍卖 专卖 订货 营业 仓库 储备 储运 货物

06B 外贸
对外援助 军贸 进口 出口 引进 海关 缉私 仲裁 商检 外商 外资 合资 合作 关贸 许可证 驻外企业 贸易 倒卖 外向型 议购 议售 垄断 经贸 贩运 票证 外经 交易会

07 外事（42个）

07A 外交
对外政策 对外关系 领土 领空 领海 外交人员 建交 公约 大使 领事 条约 协定 协议 议定书 备忘录 照会 国际 涉外事务 抗议

07B 外事

国际会议 国际组织 对外宣传 出访 出国 出入境 签证 护照 邀请 来访 谈判 会谈 会见 接见 招待会 宴会 外国人 外宾 对外友协 外国专家 涉外

08 公安、司法、监察（46个）

08A 公安

警察 武警 警衔 治安 非法组织 安全 保卫 禁毒 消防 防火 检查 扫黄 案件 处罚 户口 证件 事件 危险品 游行 海防 边防 边界 边境

08B 司法

政法 法制 法律 法院 律师 检察 程序 公证 劳改 劳教 监狱

08C 监察

廉政建设 审查 纪检 执法 行贿 受贿 贪污 处分 侦破

09 民政、劳动人事（85个）

09A 民政

基层政权 选举 行政区划 地名 人口 双拥工作 社会保障 社团 救灾 救济 募捐 婚姻 移民 抚恤 慰问 调解 老龄问题 烈士 纠纷 残疾人 基地 殡费 社区服务

09B 机构

驻外机构 体制 职能 编制 精简 更名

09C 人事

行政人员 干部 公务员 考核 录用 职工 家属 子女 知识分子 专家 参事 院士 文史馆员 履历 聘任 任免 辞退 退职 职称 待遇 离休 退休 交流 安置 调配 模范 表彰 奖励

09D 劳动

就业 失业 招聘 合同制 工人 保护 劳务 第二职业 事故

09E 工资

津贴 奖金 福利 收入 老年 简历 劳资 人才 招工 待业 补助 拥军优属 丧葬 奖惩

10 科、教、文、卫、体（73个）

10A 科技

科学 技术 科普 科研 鉴定 标准 计量 专利 发明 实验 情报 计算机 自动化 信息 卫星 地震 海洋

10B 教育

学校 教师 招生 学生 培训 毕业 学位 留学 教材 校办企业

10C 文化

文字 文史 文学 语言 艺术 古籍 图书 宣传 广播 电视 电影 出版 版权 报刊 新闻 音像 文物 古迹 纪念物 电子出版物

10D 卫生

医院 中医 医疗 医药 药材 防疫 疾病 计划生育 妇幼保健 检验检疫

10E 体育

运动员 教练员 运动会 比赛 馆所 院校 **校舍 地方志 软科学社科**

11 国防（24 个）

11A 军事

军队 国防 空军 海军 征兵 服役 转业 民兵 预备役 军衔 复员 文职 后勤 装备 战备 作战 训练 防空 军需 武器 弹药 **人武 退伍**

12 秘书、行政（74 个）

12A 文秘工作

机关 国旗 国徽 机要 印章 信访 督察 保密 公文 档案 会议 文件 秘书 电报 提案 议案 谈话 讲话 总结 批示 汇报 建议 意见 文章 题词 章程 条例 办法 细则 规定 方案 布告 决议 命令 决定 指示 公告 通告 通知 通报 报告 请示 批复 函 会议纪要

12B 行政事务

行政 工作制度 纪念活动 庆典活动 休假 节假日 着装 参观 接待 措施 调查 视察 考察 礼品 馈赠 服务 出席 发言 转发 名单 批准 审批 信函 事务 **活动 纪要 督察**

13 综合党团（54 个）

13A 党派团体

共产党 民主党派 共青团 团体 工会 协会学会 民间组织 文联 学联 妇女 儿童 基金会

13B 统战

政协 民主人士 爱国人士

13C 民族

民族区域自治 民主事务

13D 宗教

寺庙

13E 侨务

外籍华人　归侨　侨乡

13F 港澳台

香港问题　澳门问题　台湾问题

13G 综合

整顿　形势　社会　精神文明　法人　发展　其他　试点　推广　青年　政治　范围　党派　**组织**　**领导**　**方针**　政策　党风　事业　咨询　中心　清除

附表

01 中国行政区域（54个）

01A 华北地区

北京　天津　河北　山西　内蒙古

01B 东北地区

辽宁　吉林　黑龙江

01C 华东地区

上海　江苏　浙江　安徽　福建　江西　山东

01D 中南地区

河南　湖北　湖南　广东　广西　海南

01E 西南地区

四川　贵州　云南　西藏　重庆

01F 西北地区

陕西　甘肃　青海　宁夏　新疆

01G 台湾

01H 香港

01I 澳门

哈尔滨　沈阳　大连　青岛　厦门　宁波　武汉　广州　深圳　海南岛　西安　单列市　省市　自治区

02 世界行政区域（244个）

02A 亚洲

中国　蒙古　朝鲜　韩国　日本　越南　老挝　柬埔寨　缅甸　泰国　马来西亚　新加坡　文莱　菲律宾　印度尼西亚　东帝汶　尼泊尔　锡金　不丹　孟加拉国　印度　斯里兰卡　马尔代夫　哈萨克斯坦　吉尔吉斯斯坦　塔吉克斯坦

乌兹别克斯坦 土库曼斯坦 格鲁吉亚 阿塞拜疆 亚美尼亚 巴基斯坦 阿富汗 伊朗 科威特 沙特阿拉伯 巴林 卡塔尔 阿联酋 阿曼 也门 伊拉克 叙利亚 黎巴嫩 约旦 巴勒斯坦 以色列 塞浦路斯 土耳其

02B 欧洲

冰岛 法罗群岛 丹麦 挪威 瑞典 芬兰 爱沙尼亚 拉脱维亚 立陶宛 俄罗斯 白俄罗斯 乌克兰 摩尔多瓦 波兰 捷克 斯洛伐克 匈牙利 德国 奥地利 列支敦士登 瑞士 荷兰 比利时 卢森堡 英国 爱尔兰 法国 摩纳哥 安道尔 西班牙 葡萄牙 意大利 梵蒂冈 圣马力诺 马耳他 南斯拉夫 斯洛文尼亚 克罗地亚 波黑 马其顿 罗马尼亚 保加利亚 阿尔巴尼亚 希腊

02C 非洲

埃及 利比亚 突尼斯 阿尔及利亚 摩洛哥 西撒哈拉 毛里塔尼亚 塞内加尔 冈比亚 马里 布基纳法索 佛得角 几内亚比绍 几内亚 塞拉利昂 利比里亚 科特迪瓦 加纳 多哥 贝宁 尼泊尔 尼日利亚 喀麦隆 赤道几内亚 乍得 中非 苏丹 埃塞俄比亚 吉布提 索马里 肯尼亚 乌干达 坦桑尼亚 卢旺达 布隆迪 刚果民主共和国 刚果 加蓬 厄立特里亚 圣多美和普林西比 安哥拉 赞比亚 马拉维 莫桑比克 科摩罗 马达加斯加 塞舌尔 毛里求斯 留尼汪 津巴布韦 博茨瓦纳 纳米比亚 南非 斯威士兰 莱索托 圣赫勒拿

02D 大洋洲

澳大利亚 新西兰 巴布亚新几内亚 所罗门群岛 瓦努阿图 新喀里多尼亚 斐济 基里巴斯 瑙鲁 密克罗尼西亚联邦 马绍尔群岛共和国 帕劳 北马里亚纳群岛自由联邦 关岛 瓦利斯群岛和富图纳群岛 图瓦卢 西萨摩亚 美属萨摩亚 纽埃 托克劳 库克群岛 汤加 法属波利尼西亚 皮特凯恩群岛

02E 美洲

格陵兰 加拿大 圣皮埃尔和密克隆岛 美国 百慕大 墨西哥 危地马拉 伯利兹 萨尔瓦多 洪都拉斯 尼加拉瓜 哥斯达黎加 巴拿马 巴哈马 特克斯群岛和凯科斯群岛 古巴 开曼群岛 牙买加 海地 多米尼加 波多黎各 美属维尔京群岛 英属维尔京群岛 圣基茨和尼维斯 安圭拉 安提瓜和巴布达 蒙特塞拉特 瓜德罗普 多米尼克 马提尼克 圣卢西亚 圣文森特和格林纳丁斯 巴巴多斯 特立尼达和多巴哥 荷属安的列斯 阿鲁巴 格林纳达 哥伦比亚 委内瑞拉 圭亚那 苏里南 法属圭亚那 厄瓜多尔 秘鲁 巴西 玻利维亚 智利 阿根廷 巴拉圭 乌拉圭 苏联 民主德国 联邦德国 捷克斯洛伐

克 扎伊尔 圣赫勒那岛和阿森林松岛等 留尼汪岛 贝劳 马绍尔群岛 北马里亚纳群岛 东萨摩亚 圣皮埃尔和密克隆群岛 百慕大群岛 多米尼加共和国 多米尼加联邦 荷属安的列斯群岛

国家行政机关公文格式

(国家技术监督局1999年12月27日批准发布，2000年1月1日施行)

前　　言

本标准根据国务院办公厅发布的《国家行政机关公文处理办法》的有关规定对 GB/T 9704—1988 进行修订。本标准相对 GB/T 9704—1988 作如下修订：

(1) 将原标准名称《国家机关公文格式》改为《国家行政机关公文格式》；
(2) 删去原标准中的引言部分；
(3) 删去原标准中与公文格式规定无关的一些叙述性解释；
(4) 对公文用纸的幅面尺寸作了较大调整，将国际标准 A4 型纸作为用纸纸型；删去国内16开型纸张的相应说明；
(5) 对公文用纸的页边尺寸作了较大的调整；
(6) 不设各标识域，而按公文眉首、主体和版记三部分各要素的顺序依次进行说明；
(7) 增加了公文用纸的主要技术指标；
(8) 增加了印刷和装订要求；
(9) 增加了每页正文行数和每行字数以及各种要素标识的字体和字号；
(10) 增加了主要公文式样。

本标准中所用公文用语与《国家行政机关公文处理办法》中的用语一致。
本标准为第一次修订。
本标准由国务院办公厅提出。
本标准起草单位：中国标准研究中心、国务院办公厅秘书局。
本标准主要起草人：孟辛卯、房庆、李志祥、刘碧松、范一乔、张荣静、李颖。

1. 范围

本标准规定了国家行政机关公文通用的纸张要求、印刷要求、公文中各要素排列顺序和标识规则。

本标准适用于国家各级行政机关制发的公文。其他机关公文可参照执行。

使用少数民族文字印制的公文，其格式可参照本标准按有关规定执行。

2. 引用标准

下列标准所包含的条文，通过在本标准中引用而构成为本标准的条文。本标准出版时，所示版本均为有效。所有标准都会被修订，使用本标准的各方应探讨使用下列标准最新版本的可能性。

GB/T 148—1977 印刷、书写和绘图纸幅面尺寸。

3. 定义

本标准采用下列定义。

3.1 字 Word

标识公文中横向距离的长度单位。一个字指一个汉字所占空间。

3.2 行 Line

标识公文中纵向距离的长度单位。本标准以3号字高度加3号字高度7/8倍的距离为一基准行。

4. 公文用纸主要技术指标

公文用纸一般使用纸张定量为 $60g/m^2$ ~ $80g/m^2$ 的胶版印刷纸或复印纸。纸张白度为85%~90%，横向耐折度≥15次，不透明度≥85%，pH值为7.5~9.5。

5. 公文用纸幅面及版面尺寸

5.1 公文用纸幅面尺寸

公文用纸采用 GB/T 148 中规定的 A4 型纸，其成品幅面尺寸为：210mm×297mm，尺寸的允许偏差见 GB/T 148。

5.2 公文页边与版心尺寸

公文用纸天头（上白边）为：37mm±1mm

公文用纸订口（左白边）为：28mm±1mm

版心尺寸为：156mm×225mm（不含页码）

6. 公文中图文的颜色

未作特殊说明公文中图文的颜色均为黑色。

7. 排版规格与印制装订要求

7.1 排版规格

正文用3号仿宋体字，一般每面排22行，每行排28个字。

7.2 制版要求

版面干净无底灰，字迹清楚无断划，尺寸标准，版心不斜，误差不超过1mm。

7.3 印刷要求

双面印刷；页码套正，两面误差不得超过 2mm。黑色油墨应达到色谱所标 BL100%，红色油墨应达到色谱所标 Y80%，M80%。印品着墨实、均匀；字面不花、不白、无断划。

7.4 装订要求

公文应左侧装订，不掉页。包本公文的封面与书芯不脱落，后背平整、不空。两页页码之间误差不超过 4mm。骑马订或平订的订位为两钉钉锯外订眼距书芯上下各 1/4 处，允许误差 ±4mm。平订钉锯与书脊间的距离为 3mm～5mm；无坏钉、漏钉、重钉，钉脚平伏牢固；后背不可散页明订。裁切成品尺寸误差 ±1mm，四角成 90°，无毛茬或缺损。

8. 公文中各要素标识规则

本标准将组成公文的各要素划分为眉首、主体、版记三部分。置于公文首页红色反线（宽度同版心，即 156mm）以上的各要素统称眉首；置于红色反线（不含）以下至主题词（不含）之间的各要素统称主体；置于主题词以下的各要素统称版记。

8.1 眉首

8.1.1 公文份数序号

公文份数序号是将同一文稿印制若干份时每份公文的顺序编号。如需标识公文份数序号，用阿拉伯数码顶格标识在版心左上角第 1 行。

8.1.2 秘密等级和保密期限

如需标识秘密等级，用 3 号黑体字，顶格标识在版心右上角第 1 行，两字之间空 1 字；如需同时标识秘密等级和保密期限，用 3 号黑体字，顶格标识在版心右上角第 1 行，秘密等级和保密期限之间用"★"隔开。

8.1.3 紧急程度

如需标识紧急程度，用 3 号黑体字，顶格标识在版心右上角第 1 行，两字之间空 1 字；如需同时标识秘密等级与紧急程度，秘密等级顶格标识在版心右上角第 1 行，紧急程度顶格标识在版心右上角第 2 行。

8.1.4 发文机关标识

由发文机关全称或规范化简称后面加"文件"组成；对一些特定的公文可只标识发文机关全称或规范化简称。发文机关标识上边缘至版心上边缘为 25mm。对于上报的公文，发文机关标识上边缘至版心上边缘为 80mm。

发文机关标识推荐使用小标宋体字，用红色标识。字号由发文机关以醒目美观为原则酌定，但最大不能等于或大于 22mm×15mm。

联合行文时应使主办机关名称在前,"文件"二字置于发文机关名称右侧,上下居中排布;如联合行文机关过多,必须保证公文首页显示正文。

8.1.5 发文字号

发文字号由发文机关代字、年份和序号组成。发文机关标识下空2行,用3号仿宋体字,居中排布;年份、序号用阿拉伯数码标识;年份应标全称,用六角括号"〔 〕"括入;序号不编虚位(即1不编为001),不加"第"字。

发文字号之下4mm处印一条与版心等宽的红色反线。

8.1.6 签发人

上报的公文需标识签发人姓名,平行排列于发文字号右侧。发文字号居左空1字,签发人姓名居右空1字;签发人用3号仿宋体字,签发人后标全角冒号,冒号后用3号楷体字标识签发人姓名。

如有多个签发人,主办单位签发人姓名置于第1行,其他签发人姓名从第2行起在主办单位签发人姓名之下按发文机关顺序依次顺排,下移红色反线,应使发文字号与最后一个签发人姓名处在同一行并使红色反线与之的距离为4mm。

8.2 主体

8.2.1 公文标题

红色反线下空2行,用2号小标宋体字,可分一行或多行居中排布;回行时,要做到词意完整,排列对称,间距恰当。

8.2.2 主送机关

标题下空1行,左侧顶格用3号仿宋体字标识,回行时仍顶格;最后一个主送机关名称后标全角冒号。如主送机关名称过多而使公文首页不能显示正文时,应将主送机关名称移至版记中的主题词之下、抄送之上,标识方法同抄送。

8.2.3 公文正文

主送机关名称下一行,每自然段左空2字,回行顶格。数字、年份不能回行。

8.2.4 附件

公文如有附件,在正文下一行左空2字用3号仿宋体字标识"附件",后标全角冒号和名称。附件如有序号使用阿拉伯数码(如"附件:1.×××××");附件名称后不加标点符号。附件应与公文正文一起装订,并在附件左上角第1行顶格标识"附件",有序号时标识序号;附件的序号和名称前后标识应一致。如附件与公文正文不能一起装订,应在附件左上角第1行顶格标识公文的发文序号并在其后标识附件(或带序号)。

8.2.5 成文时间

用汉字将年、月、日标全;"零"写为"○";成文时间的标识位置见8.2.6。

8.2.6 公文生效标识

8.2.6.1 单一发文印章

单一机关制发的公文在落款处不署发文机关名称,只标识成文时间。成文时间右空4字;加盖印章应上距正文2mm~4mm,端正、居中下压成文时间,印章用红色。

当印章下弧无文字时,采用下套方式,即仅以下弧压在成文时间上;

当印章下弧有文字时,采用中套方式,即印章中心线压在成文时间上。

8.2.6.2 联合行文印章

当联合行文需加盖两个印章时,应将成文时间拉开,左右各空7字;主办机关印章在前;两个印章均压成文时间,印章用红色。只能采用同种加盖印章方式,以保证印章排列整齐。两印章之间不相交或相切,相距不超过3mm。

当联合行文需加盖3个以上印章时,为防止出现空白印章,应将各发文机关名称(可用简称)排在发文时间和正文之间。主办机关印章在前,每排最多排3个印章,两端不得超出版心;最后一排如余一个或两个印章,均居中排布;印章之间互不相交或相切,在最后一排印章之下右空2字标识成文时间。

8.2.6.3 特殊情况说明

当公文排版后所剩空白处不能容下印章位置时,应采取调整行距、字距的措施加以解决,务使印章与正文同处一面,不得采取标识"此页无正文"的方法解决。

8.2.7 附注

公文如有附注,用3号仿宋体字,居左空2字加圆括号标识在成文时间下一行。

8.3 版记

8.3.1 主题词

主题词用3号黑体字,居左顶格标识,后标全角冒号;词目用3号小标宋体字;词目之间空一字。

8.3.2 抄送

公文如有抄送,在主题词下一行;左空1字用3号仿宋体字标识"抄送",后标全角冒号;回行时与冒号后的抄送机关对齐;在最后一个抄送机关后标句号。如主送机关移至主题词之下,标识方法同抄送机关。

8.3.3 印发机关和印发时间

位于抄送机关之下（无抄送机关在主题词之下）占 1 行位置；用 3 号仿宋体字。印发机关左空 1 字，印发时间右空 1 字。印发时间以公文付印的日期为准，用阿拉伯数码标识。

8.3.4　版记中的反线

版记中各要素之下均加一条反线，宽度同版心。

8.3.5　版记的位置

版记应置于公文最后一页（封四），版记的最后一个要素置于最后一行。

9. 页码

用 4 号半角白体阿拉伯数码标识，置于版心下边缘之下一行，数码左右各放一条 4 号一字线，一字线距版心下边缘7mm。单页码居右空 1 字，双页码居左空 1 字。空白页和空白页以后的页不标识页码。

10. 公文中表格

公文如需附表，对横排 A4 纸型表格，应将页码放在横表的左侧，单页码置于表的左下角，双页码置于表的左上角，单页码表头在订口一边，双页码表头在切口一边。

公文如需附 A3 纸型表格，且当最后一页为 A3 纸型表格时，封三、封四（可放分送，不放页码）就为空白，将 A3 纸型表格贴在封三前，不应贴在文件最后一页（封四）上。

11. 公文的特定格式

11.1　信函式格式

发文机关名称上边缘距上页边的距离为 30mm，推荐用小标宋体字，字号由发文机关酌定；发文机关全称下 4mm 处为一条武文线（上粗下细），距下页边20mm 处为一条文武线（上细下粗），两条线长均为 170mm。每行居中排 28 个字。发文机关名称及双线均印红色。两线之间各要素的标识方法从本标准相应要素说明。

11.2　命令格式

命令标识由发文机关名称加"命令"或"令"组成，用红色小标宋体字，字号由发文机关酌定。命令标识上边缘距版心上边缘 20mm，下边缘空 2 行居中标识令号；令号下空 2 行标识正文；正文下一行右空 4 字标识签发人签名章，签名章左空 2 字标识签发人职务；联合发布的命令或令的签发人职务应标识全称。在签发人签名章下一行右空 2 字标识成文时间。分送机关标识方法同抄送机关。其他要素从本标准相关要素说明。

11.3　会议纪要格式

会议纪要标识由"×××××会议纪要"组成。其标识位置同8.1.4，用红色小标宋体字，字号由发文机关酌定。会议纪要不加盖印章。其他要素从本标准相关要素规定。

12. 式样（略）

《国家行政机关公文格式》条文释义

（国家质量技术监督局1999年12月27日批准发布，2000年1月1日施行）

1. 范围

本标准规定了国家行政机关公文通用的纸张要求、印制要求、公文中各要素排列顺序和标识规则。

本标准适用于国家各级行政机关制发的公文。其他机关公文可参照执行。

使用少数民族文字印制的公文，其格式可参照本标准按有关规定执行。

本章规定了标准的内容范围、适用范围和特定范围。

（1）内容范围

内容范围只涵盖国家行政机关公文（以下简称"公文"）格式中的纸张要求、印制要求、公文各要素的排列顺序和标识规则，并不是公文格式的全部范围。对公文格式的完整要求应是把《国家行政机关公文处理办法》中对公文格式的要求与本标准结合起来学习。

（2）适用范围

本标准适用于国家各级行政机关的公文，其他机关、企事业单位的公文可参照执行。所谓参照执行的含义是可以结合自己的实际执行。

（3）特定范围

《办法》规定，少数民族自治地区公文可以同时使用少数民族文字。由于少数民族文字的字体、字型和书写习惯与汉字不同，执行本标准在某些地方可参照本标准另行规定。

2. 引用标准

GB/T 148—1997 印刷、书写和绘图纸幅面尺寸。

在本标准中引用的国家标准GB/T 148—1997《印刷、书写和绘图纸幅面尺寸》，主要规定了印刷、书写和绘图纸的幅面尺寸，在一般的公文用纸中，主要是采用印刷纸和书写纸。由于该标准是根据国际标准ISO 218等同采用过来的，因此其中的纸张幅面尺寸完全与国际标准一致。在A系列纸型中，公文用纸的纸型为A4型，即幅面尺寸为210mm×297mm，并规定各裁边的误差为±3mm。

因此 GB/T 9704—1999《国家行政机关公文格式》中规定的公文用纸幅面尺寸的依据就是 GB/T 148—1997《印刷、书写和绘图纸幅面尺寸》。

3. 定义

本标准采用下列定义。

3.1 字 Word

标识公文中横向距离的长度单位。一个字指一个汉字所占空间。

3.2 行 Line

标识公文中纵向距离的长度单位。本标准以3号字高度加3号字高度7/8倍的距离为一基准行；公文标题以2号字高度加2号字高度7/8倍的距离为一基准行。

在本标准中为确定公文中各项要素的位置，就需要对公文的纵向和横向的定位给出统一的规定。为此，对于公文的横向描述形式就是"字"，纵向描述就是"行"。在这两项定义中，"字"指的就是汉字的横向距离。一"行"的概念（除2号标题外）指的是3号字高度加其7/8倍的距离。因此在标准中所指的一行就是一个固定的数量单位。由这两个定义可以把公文中横纵坐标准确地将公文中的任何一个要素加以定位。

4. 公文用纸主要技术指标

公文用纸一般使用纸张定量为 $60g/m^2 \sim 80g/m^2$ 的胶版印刷纸或复印纸。纸张白度为 85%~90%，横向耐折度≥15次，不透明度≥85%，pH值为7.5~9.5。

由于公文的特殊地位，一方面要考虑其外观严肃、庄重，另一方面更要考虑其频繁使用和作为档案长期保存的要求，因此对公文用纸的技术指标必须作出相应的规定。

公文用纸的质量为 $60g/m^2 \sim 80g/m^2$ 的胶版印刷纸或复印纸，是综合考虑了公文用纸的经济性和美观性。经济条件相对差一些的单位可以采用纸张质量不低于 $60g/m^2$ 的胶版印刷纸，一般公文用纸可以采用 $70g/m^2$ 的胶版印刷纸。对于一些使用高档印制设备的单位可以采用纸张质量不高于 $80g/m^2$ 的胶版印刷纸或复印纸。这种相对灵活的规定避免了一刀切的做法，各使用单位可根据自己的情况具体掌握，只要不低于下限或不高于上限均是符合标准的。

公文用纸纸张白度是根据与A等书写纸和胶版印刷纸相关的国家标准和行业标准关于纸张白度的指标，进行分析总结得来的。纸张白度如果过低，看上去纸张较黑，如同报纸一般，很不庄重；纸张白度过高，反光度加大，看上去晃眼，特别是在晚间，纸张白度过高，对视力影响很大，时间长了很不舒服。

横向耐折度≥15次是为了保证公文用纸的纸张不能太脆，必须保证一定的柔韧性。因为很多公文需要在较多的层次传阅流转，如果公文用纸过脆，没看几次纸张就发生断裂，使公文不能完整地保存，将直接影响公文效力的发挥。

不透明度≥85%是为了保证公文不使用透明度过高的纸张。如果公文用纸的透明度过高，在正反两面所印的文字就会出现相互洇透，看上去文字很花很乱，导致印制质量不高，影响公文的阅示传看。这也是公文用纸的一项重要指标。

pH值为7.5~9.5是根据国家档案局制定的行业标准DA/T 11—1994《文件用纸耐久性测试法》中的相关规定确定的。

这项行业标准规定，存档时间在200年以上的一般耐久纸，其用纸的pH值应为7.5~9.5。出于公文将作为档案长期保存和使用的需要，因此有必要对此项指标加以规定。

5. 公文用纸幅面及版面尺寸

5.1 公文用纸幅面尺寸

公文用纸采用GB/T 148中规定的A4型纸，其成品幅面尺寸为：210mm×297mm，尺寸的允许偏差见GB/T 148。

5.2 公文页边与版心尺寸

公文用纸天头（上白边）为：37mm±1mm

公文用纸订口（左白边）为：28mm±1mm

版心尺寸为：156mm×225mm（不含页码）

本标准改变了我国公文用纸长期以来一直沿用的16开型，而将公文用纸的幅面尺寸改为国际标准纸型A4型。作出这项规定应该说是在进行大量调查研究和对改变公文用纸纸型将对我国相应工业系统产生何种影响作调查和分析的基础上得出的。

作出这项重大改变主要是基于以下三方面的考虑：

（1）采用国际标准已成为国际范围公文用纸的普遍趋势。

国际标准化组织（ISO）早在1975年就制定了书写纸（书写用纸即日常的办公用纸）的规格标准，即ISO 262：1975，其主要内容就是规定了书写用纸的规格为A4型（210mm×297mm）。这种纸型由于充分考虑了人体工效的作用，既可容纳较多的信息，又大小适中，让使用者感觉比较舒适。目前常用的复印机、打印机、计算机、传真机等基本上是以A4型标准作为基本纸型的。

鉴于A4型纸是国际标准的纸型，因此得到各国和各国际组织的广泛应用，其公文用纸大多是采用A4型纸。国际会议也无一不是采用A4型纸作为会议文件用纸。在修订该标准的过程中，修订工作小组专门对许多国家和国际组织正式公文的公文用纸情况进行了调查，在所收集到的公文范例中，无一不是采用A4

型纸作为公文用纸。

（2）我国已基本具备采用国际标准 A4 型公文用纸的条件。

我国在 1987 年和 1988 年分别等效 ISO 6716 和 ISO 216 制定了我国国家标准 GB/T 788 和 GB/T 148。但考虑到我国的实际情况，在这两项标准中，还规定了我国自己的标准 16 开型。随着国际标准 A4 型的普及，各国普遍将 A4 型纸作为公文用纸和书写用纸，同时各种办公自动化设备具备处理 A4 型纸的功能，使 A4 型纸在我国作为书写纸和图书杂志用纸已是大势所趋。为此 GB/T 148 和 GB/T 788 已作了修订，明确规定国际标准 A 系列作为书写纸和图书杂志开本尺寸，这也为我国公文用纸采用国际标准 A4 型，使我国公文用纸与国际标准接轨奠定了基础。

（3）淘汰 16 开型纸的必要性及基本条件分析。

长期以来，我国在公文用纸方面一直沿用 16 开型。这种纸型标准实际是日本早期用的标准。现今日本已不再使用该种纸型。

用这种纸型印制的公文承载有效信息量小，不利于与各国政府或国际组织进行公文交往。16 开型纸作为公文用纸还有一个弊端是其本身无统一规格，还有用 B5 型纸与 16 开型纸混用的。纸型规格的不一，导致有的政府文件的前后页大小不一，公文质量受到影响，也不严肃。而国际标准 A4 型规格比较严格，无论在哪里买到的 A4 型纸其误差不会超过 1mm，可保证文件用纸纸型的统一。因此淘汰 16 开型公文用纸纸型，采用国际标准 A4 型作为公文用纸是十分必要的。

将公文用纸由 16 开型改为国际标准 A4 型，是我国公文用纸的一场革命性转变。从目前了解到的情况看，我国的印刷设备制造企业已完全能够生产制造符合国际标准 A 系列的印刷设备，并将逐步淘汰旧式生产设备。而且目前使用中的复印机、打印机、轻印刷机，绝大部分都是以 A4 型作为基本纸型，很多政府部门的文印设备也逐步进行了更新，可以印制 A4 型公文。

目前，淘汰 16 开型纸，采用 A4 型纸作为公文用纸的时机已经基本成熟。所以在《国家行政机关公文处理办法》和《国家行政机关公文格式》国家标准中都明确规定公文用纸规格一般采用国际标准 A4 型。

6. 公文中图文的颜色

未作特殊说明公文中图文的颜色均为黑色。

公文在一般情况下，除了发文机关标识、眉首的反线和发文机关印章为红色外，其余部分均为黑色。为避免在本标准后面各章条的叙述重复，在此作总体规定。

7. 排版规格与印制装订要求

7.1 排版规格

正文用3号仿宋体字，文中如有小标题可用3号小标宋体字或黑体字，一般每面排22行，每行排28个字。

7.2 制版要求

版面干净无底灰，字迹清楚无断划，尺寸标准，版心不斜，误差不超过1mm。

7.3 印刷要求

双面印刷；页码套正，两面误差不得超过2mm。黑色油墨应达到色谱所标BL100%，红色油墨应达到色谱所标Y80%，M80%。印品着墨实、均匀；字面不花、不白、无断划。

7.4 装订要求

公文应左侧装订，不掉页。包本公文的封面与书芯不脱落，后背平整、不空。两页页码之间误差不超过4mm。骑马订或平订的订位为两钉钉锯外订眼距书芯上下各1/4处，允许误差±4mm。平订钉锯与书脊间的距离为3mm～5mm；无坏钉、漏钉、重钉，钉脚平伏牢固；后背不可散页明订。裁切成品尺寸误差±1mm，四角成90°，无毛茬或缺损。

长期以来，我们的公文缺乏一个较为系统的印刷和装订规范。因此一些公文在印制和装订时由于不知道或不清楚有哪些统一要求，使得公文印制和装订不规范，质量差，也不严肃。所以在修订标准时将公文印制和装订的要求规定下来，主要目的是使从事公文印制和装订的同志能够清楚了解怎样印制和装订公文才是符合国家行业标准的。

（1）在标准中给出排版规格是保证公文行数和字数的统一。此规定，是为解决上述经常出现的问题而采取的必要措施。在正常一面满排公文正文的情况下，应按照这一规定执行。但如果遇到下一面将有可能出现空白页时，就需要调整某一面的字数和行数，以保证下一面有公文的正文内容。这种情况就属特殊情况。所以在标准中规定的一般情况是相对特殊情况而言的。

（2）在标准中给出制版要求，是保证采用制版印制公文的部门在制版过程中能够有一可操作的规定，以保证公文印制质量，减少不合格公文的出现。

（3）在标准中给出印刷要求，是保证公文在印刷过程中的质量控制。关于印刷制品的质量标准是有很多指标的，在此标准中仅给出最基本和最通用的一些印刷技术指标，这些指标只要认真对待是很容易实现的。值得提出的是，为使今后公文在油墨的色谱上能够基本达到一致，在标准中给出了黑色油墨和红色油墨的色谱指标，只要按标准中给出的油墨色谱来印制公文，就可以基本保证公文的颜色的相对一致。

(4)在标准中给出装订要求,是保证公文在装订过程中的质量控制。由于公文的特殊作用和为保证公文的长期保存,对公文在装订方面作出统一规定是十分必要的。在我们的调查中发现,一些公文在装订时不规范,散页明订的现象普遍,坏钉现象时有发生,钉锯的钉位也很不规范,因而导致公文掉页现象出现,直接影响公文的完整性。本标准将公文的装订要求加以规定,就是对形成公文的最后一道工序严格把关,以保证公文的质量。

8. 公文中各要素标识规则

本标准将组成公文的各要素划分为眉首、主体、版记三部分。置于公文首页红色反线(宽度同版心,即156mm)以上的各要素统称眉首;置于红色反线(不含)以下至主题词(不含)之间的各要素统称主体;置于主题词以下的各要素统称版记。

本标准将公文各要素划分为眉首、主体、版记三部分,是采用了具有多年从事公文处理工作实践经验的同志的建议而确定的。其中"眉首"、"版记"两个概念在公文印制行业已使用多年,"主体"是本标准提出的新概念。之所以这样划分,是为叙述方便,更重要的是这三个部分各有其特点,具有相对的独立性,界限比较明显。眉首的特点是位置相对固定,掌握了本标准对眉首所含各要素位置的规定,就可以设计文件的"红头"部分(具体设计方法后文介绍)。

主体的特点是位置经常变动,依公文内容的长短而定。由于公文实质性的内容均在此部分,称之为"主体"有其道理。

版记的特点是位置要依公文主体的构成而定。由于按本标准的规定公文要双面印刷,版记的位置有一个位于哪一面的问题;如果公文有附件,版记还有一个是放在正文后还是放在附件之后的问题。因此版记有必要作为一个单独部分加以叙述。

用一个形象的比喻,眉首可称之为公文的"头",主体称之为公文的"身",版记称之为公文的"脚"。把公文各要素分为"头"、"身"、"脚"三部分,既便于从总体上掌握其联系,又便于对其进行"解剖",掌握其区别。这是本标准对公文结构划分提出的新观点,也是本标准在结构上的最大特点。

8.1 眉首

8.1.1 公文份数序号

公文份数序号是将同一文稿印制若干份时每份公文的顺序编号。如需标识公文份数序号,用阿拉伯数码顶格标识在版心左上角第1行。

并不是所有的公文都需要编制份数序号。《办法》规定带有密级的公文要编制份数序号。如果发文机关认为有必要,也可对不带密级的公文编制份数序号,如国务院文件都编有份数序号。

编制份数序号的目的是准确掌握公文的印制份数和分发范围和对象。当文件需要收回保管或销毁的时候，就可以对照份数序号掌握其是否有遗漏或丢失。发文机关根据份数序号可以掌握每一份公文的去向。因此，发文机关在发文和收文机关在收文时，都要登记份数序号。

本标准规定编制份数序号用阿拉伯数码，对编几位未作规定。

一般来说，应根据公文的份数来决定编几位，但至少应不少于两位，即"1"编为"01"，如果单编"1"，会使人不知其意，以为是误印上去的。对份数序号，有的是用印号机手工在成文上加盖，有的印刷设备带有印号功能，可以与成文同时印刷，对此本标准不作统一规定，公文印发机关可自行掌握。本标准规定份数序号的位置在版心左上角顶格第1行。

8.1.2 秘密等级和保密期限

如需标识秘密等级，用3号黑体字，顶格标识在版心右上角第1行，两字之间空1字；如需同时标识秘密等级和保密期限，用3号黑体字，顶格标识在版心右上角第1行，秘密等级和保密期限之间用"★"隔开。

秘密等级是标识公文保密程度的一种标志。根据《办法》的规定，涉及国家秘密的公文应当按照国家秘密及其密级具体范围的规定分别标明"绝密"、"机密"和"秘密"。"绝密"是最重要的国家秘密，泄露会使国家的安全和利益遭受特别严重的损害；"机密"是重要的国家秘密，泄露会使国家的安全和利益遭受严重的损害；"秘密"是一般的国家秘密，泄露会使国家的安全和利益遭受损害。在国家行政机关的公文中应按照上述要求在公文中标识公文的秘密等级。

保密期限是对公文密级的时效加以规定的说明。如公文制发单位能够知道保密期限，可按照国家保密局的要求在密级程度后标注保密期限，在秘密等级和保密期限间用"★"隔开。如：绝密★3个月，意味着该公文属于绝密等级，保密的期限为3个月，过期即可解密。在此需要说明的是，如不标识保密期限，秘密等级两字之间应空1字距离，如需标注保密期限，则秘密等级的两字间则不空1字距离，以使该字段不致过长。

8.1.3 紧急程度

如需标识紧急程度，用3号黑体字，顶格标识在版心右上角第1行，两字之间空1字；如需同时标识秘密等级与紧急程度，秘密等级顶格标识在版心右上角第1行，紧急程度顶格标识在版心右上角第2行。

紧急程度是对公文送达时限的要求。根据《办法》规定，紧急公文应当分别标明"特急"、"急件"。具体"特急"和"急件"的时间要求是多少，由各地行政机关主管自行确定。在标准中只规定紧急程度的标识位置是居于版心右上角顶格第 1 行。

如果遇到秘密等级和紧急程度需同时标识时，按照秘密等级在上、紧急程度在下的次序分两行顶格标注在版心右上角。

8.1.4　发文机关标识

由发文机关全称或规范化简称后加"文件"组成；对一些特定的公文可只标识发文机关全称或规范化简称。发文机关标识上边缘至版心上边缘为 25mm。对于上报的公文，发文机关标识上边缘至版心上边缘为 80mm。如需标识公文份数序号、秘密等级和保密期限以及紧急程度，可在发文机关标识上空 2 行向下依次标识（见图 3）。

发文机关标识推荐使用小标宋体字，用红色标识。字号由发文机关以醒目美观为原则酌定，但一般应小于 22mm×15mm（高×宽）。

联合行文时应使主办机关名称在前，"文件"二字置于发文机关名称右侧，上下居中排布；如联合行文机关过多，必须保证公文首页显示正文。

发文机关标识即人们通常所称的"红头"。它是由发文机关全称或规范化简称加"文件"二字组成的。发文机关全称应以批准该机关成立的文件核定的名称为准。规范化简称应由该机关的上级机关规定。

有一些特定的公文在发文机关名称后面不加"文件"二字，如国务院就有"国务院任免通知"红头形式，本标准给这类"红头"留了余地，未规定一律要加"文件"二字，但只限于特定的公文。一般来说，行政机关的重要公文特别是上报的公文均应加"文件"二字。

发文机关标识的字体，本标准推荐使用小标宋体字，是因为小标宋体字显得庄重，其他字体如楷体、隶书、魏碑等都带有某些书法艺术的成分，应该说不适于标识具有执法职能的国家行政机关的公文。

发文机关标识的字号，本标准以 22mm×15mm 为高限，现行"国务院文件"的字号即是 22mm×15mm。本标准以此为高限，就是要求除"国务院文件"以外，其他各级行政机关标识的字号要小于"国务院文件"，以显示国务院作为最高国家行政机关的地位，具体字号各行政机关可根据机关名称的字数多少来定。

关于发文机关标识的位置，本标准提出了两种。第一种是用于平行文或下行文，发文机关标识上边缘至版心上边缘为 25mm，也就是留出 25mm（约 2 行）位置用于标识上述的份数序号、密级和紧急程度。要注意，即使上述 3 项要素均不需要标识，也要留出这段空白，也就是说，在设计文件红头时，发文机关位置应自上页边起留出天头 37mm + 25mm = 62mm 的距离。

第二种仅限于上行文，凡上报的公文发文机关标识上边缘至版心上边缘为80mm，即要留出 80mm－25mm＝55mm 的空白供上级机关批示文件用，也就是说上行文发文机关标识距上页边为天头 37mm＋25mm＋55mm＝117mm。

各行政机关在设计文件"红头"时，两种形式均应具备，即平行文或下行文发文机关标识距上页边为 62mm，上行文发文机关标识距上页边为 117mm。

关于联合行文，本标准规定"文件"两字居于发文机关名称右侧上下居中。本标准还特别提出"文件首页必须显示正文"这一明确要求。如果联合行文的机关过多（我们曾发现过有 14 家联合行文），就可能出现把正文挤出首页的情况，而公文如果首页没有正文，使人一看首页还不知道文件内容是什么，是极不严肃甚至可以说是很滑稽的事。因此公文首页必须显示正文，发文机关过多只能挤发文机关，不能挤正文，可将发文机关字号缩小，行距缩小，直至保证公文首页显示正文为止（还要考虑留出发文字号、主送机关、标题以及最少一行正文的位置）。

8.1.5　发文字号

发文字号由发文机关代字、年份和序号组成。发文机关标识下空 2 行，用 3 号仿宋体字，居中排布；年份、序号用阿拉伯数码标识；年份应标全称，用六角括号"〔　〕"括入；序号不编虚位（即 1 不编为 001），不加"第"字。

发文字号之下 4mm 处印一条与版心等宽的红色反线。

发文字号由发文机关代字、年份和发文序号组成。机关代字一般由两个层次组成。第一个层次是发文机关代字，第二个层次是发文机关主办文件的部门的代字。如铁道部文件的机关代字有"铁办"、"铁财"等，"铁"代铁道部，"办"、"财"代主办这份铁道部文件的铁道部的办公部门、财务部门。读懂机关代字很重要，特别是知道了文件的主办部门是谁，可以比较准确地对文件进行分办、查询和保存归档。有的机关代字还包含其他的层次，如国务院发文的机关代字有"国发"、"国函"，"国"代国务院，而"发"和"函"则代"国务院文件"和"国务院函"这两种发文形式。有的文件机关代字有七八个、十几个字之多，可能各有所代的层次，但尽量以简化为好。

年份要用全称，不应简化，如"87"、"93"等均属标识不正确。年份应用六角括号"〔　〕"括起。注意六角括号不是数学公式的中括号，因为当引用公文时，标题后面的发文字号要用圆括号"（　）"括起，如果年份用中括号括起，就违反了低级符号中不得包含高级符号的原则。因此称之为"六角括号"是基于与数学的中括号相区别。另外，二者形状也略有不同。有的文件把年份用圆括号括起，今后也要按本标准的规定使用六角括号。

序号是发文的流水号。一般都是按文件的形式统一编号，即是哪个部门主办的，只要是同一发文形式，就要统一按顺序编号。有的机关按主办部门或按文件内容划分编序号，是一种较繁琐的办法。本标准规定序号不编虚位，不加"第"（有的单位加"字"）等虚字，主要是讲究实用，尽量减少公文的字数。

发文字号的位置，本标准规定在发文机关标识下空2行，规定在发文字号之下4mm处印一条与版心同宽的红色反线，这样就明确了发文机关标识与红色反线之间的距离是3行位置，发文字号应标在第3行，并且不要紧贴红色反线，空出约4mm的距离（实际掌握只要不贴红色反线即可）。发文字号应居中。

8.1.6 签发人

上报的公文需标识签发人姓名，平行排列于发文字号右侧。发文字号居左空1字，签发人姓名居右空1字；签发人用3号仿宋体字，签发人后标全角冒号，冒号后用3号楷体字标识签发人姓名。

如有多个签发人，主办单位签发人姓名置于第1行，其他签发人姓名从第2行起在主办单位签发人姓名之下按发文机关顺序依次顺排，下移红色反线，应使发文字号与最后一个签发人姓名处在同一行并使红色反线与之的距离为4mm。

签发人标识仅是在上报的公文中才出现。在上报的公文中标识签发人姓名，主要目的是为上级单位的领导人了解下级单位谁对上报事项负责。因此上报的公文需要标注签发人。本标准规定应平行排列于发文字号右侧，也就是要和发文字号同处在第3行，不过此时发文字号便不要居中了，要居左空1字，签发人则右空1字，这样排列起来对称、美观。还要注意"签发人（会签人）"三字用仿宋体，签发人（会签人）姓名用楷体。这样规定是使签发人（会签人）的姓名突出、醒目。

如果有多个签发人，或者有的文件按规定还需要标注会签人，这时的标识方法是，发文字号应始终放在红色反线之上的最后一行，文件主办单位的签发人要始终放在最上面的位置；其他签发人或会签人在主办单位签发人之下按发文机关标识的顺序排列，最后的签发人或会签人要与发文字号同处一行平行排列；如果3行位置放不下，将红色反线下移，但排列顺序和原则不变，发文字号居左空1字和签发人姓名居右空1字的要求不变。

8.2 主体

8.2.1 公文标题

红色反线下空2行，用2号小标宋体字，可分一行或多行居中排布；回行时，要做到词意完整，排列对称，间距恰当。

本标准规定公文标题在红色反线之下空2行标识，居中排布。应该说，在目前普遍使用电子设备打印公文的情况下，居中排列不难做到，按"居中"键即可。但要做到排列对称美观并且在回行时不把完整的词拆开，则需要动些脑筋。在特殊情况下可以在不违背标准规定原则的前提下适当变通。例如，本标准规定公文首页必须显示正文，这就是原则，任何情况下不能违反。在不违反这个原则的情况下，必要时可作适当变通，如前所述发文机关多、签发人会签人多、本节所讲的标题长以及下面讲到的主送机关多，都可以采取变通的方法。但在变通中还要遵守基本规定，如发文机关多，但主办机关排列在前是基本规定；签发人或会签人多，但最后一个签发人或会签人要与发文字号同处最后一行是基本规定；标题再长但排列美观、回行不断开词意是基本规定。这样，在执行本标准时便不会出现机械执行而不顾公文实际的做法，因为格式毕竟是为公文的内容服务的，是为公文的办理服务的。

8.2.2 主送机关

标题下空1行，左侧顶格用3号仿宋体字标识，回行时仍顶格；最后一个主送机关名称后标全角冒号。如主送机关名称过多而使公文首页不能显示正文时，应将主送机关名称移至版记中的主题词之下、抄送之上，标识方法同抄送。

本标准规定主送机关在标题下空1行顶格标识，回行时仍顶格。本标准又讲了当主送机关过多而使首页不能显示正文的变通办法，即将主送机关移至版记中的主题词之下。如果因仅差一行就可以不挤出正文时，主送机关在标题下也可以不空1行，道理不再赘述。

标识主送机关时应标明主送机关的全称、规范化简称或同类型机关的统称。所谓同类型机关的统称如"各省、自治区、直辖市人民政府"。

8.2.3 公文正文

主送机关名称下1行，每自然段左空2字，回行顶格。数字、年份不能回行。

正文的标识方法同写信一样，在主送机关名称之下第1行开始标注，每起一自然段均要左空2字。本标准特意规定公文中的数字、年份（用阿拉伯数码标识的）均不能回行，这是根据公文的特点而定的。因为公文中的数字、年份不能出半点纰漏，数字、年份回行极易出现差错，也易使读者看错。

8.2.4 附件

公文如有附件，在正文下空1行左空2字用3号仿宋体字标识"附件"，后标全角冒号和名称。附件如有序号使用阿拉伯数码（如"附件：1.××××
×"），附件名称后不加标点符号。附件应与公文正文一起装订，并在附件左上角第 1 行顶格标识"附件",有序号时标识序号;附件的序号和名称前后标识应一致。如附件与公文正文不能一起装订,应在附件左上角第 1 行顶格标识公文的发文字号并在其后标识附件(或带序号)。

公文正文中有一些内容,如图表、名单、规定等,如穿插在公文正文中,往往隔断公文前后意思的联系而造成阅读上的不便。这时需要将其从公文正文中抽出而作为公文的附件单独表述,而又是放在公文生效标识印章之后。需要明确的是,公文的附件是正文内容的组成部分,与公文正文一样具有同等效力。为了保证这一点,需要在公文正文之后标注附件的序号和名称,然后在附件同样标识附件的序号和名称,以显示附件与正文的不可分割的关系。如果正文之后的附件序号和名称与附件的序号和名称不一致,在法律意义上讲,可以不承认该附件是正文的附件,附件便失去了其本应有的与正文同等的效力。因此,本标准对此做了较详细的规定。其要点一是附件应与正文一起装订;如果附件与正文不能一起装订,在附件上要标识所属公文的发文字号及"附件"二字。二是正文后的附件标识应与附件的标识前后一致。三是对一些细节做了规定,如:附件序号用阿拉伯数码;附件名称后不加标点符号。四是对标识的位置做了规定,正文后的附件标识要与正文空 1 行,左空 2 字;附件上的"附件"标识在左上角顶格第 1 行。

8.2.5 成文日期

用汉字将年、月、日标全;"零"写为"〇";成文日期的标识位置见 8.2.6。

成文日期是公文生效的时间,是公文的一项重要内容。公文如果没有生效时间,在某种意义上说就是一纸空文。为了加强其准确性,本标准规定成文日期要用汉字书写,即俗称的"大写",不能用阿拉伯数字与汉字混用,同时年、月、日要齐全。规定零要写成"〇",是因为"零"与汉字的另一种数字写法"壹、贰、捌"等是一个序列,而采用"一、三、五"这种写法用"〇"比较协调。

由于印章一般要盖在成文日期上,成文日期要依印章的位置而定,这一点在 8.2.6 条会分别介绍。

8.2.6 公文生效标识

公文生效标识是证明公文效力的表现形式。它包括发文机关印章或签署人姓名。公文生效标识有以下两种情况,一种是单一发文机关如何标识公文生效标识,另一种是联合行文的机关如何标识公文生效标识。

8.2.6.1 单一发文印章

单一机关制发的公文在落款处不署发文机关名称,只标识成文日期。成文日期右空 4 字;加盖印章应上距正文 1 行之内,端正、居中下压成文时间,印章用红色。

当印章下弧无文字时，采用下套方式，即仅以下弧压在成文日期上；

当印章下弧有文字时，采用中套方式，即印章中心线压在成文日期上。

印章是公文的生效标志。一般情况除了会议纪要以外，不加盖印章的公文应视为无效。印章还是鉴定公文真伪的最重要的标志。鉴于行政机关公文的法定性和印章的特定功能，《中华人民共和国刑法》第二百八十条规定："伪造、变造、买卖或者盗窃、抢夺、毁灭国家机关的公文、证件、印章的，处3年以下有期徒刑、拘役、管制或者剥夺政治权利；情节严重的，处3年以上10年以下有期徒刑"。为了保证印章的真实性，提高印章的防伪性，本标准对印章的格式做了详密的规定。

对只盖一个印章的单一机关发文，本标准规定落款处（即成文日期之上）不署发文机关名称，只标识成文日期。成文日期的横向距离是右空4字；纵向与正文的距离要依印章的大小而定，其标准就是印章加盖在成文日期上，上距正文1行之内，也就是不到1行的空白。这样要求是为了防止变造公文，因为如果空白过大，就容易被人私自加入其他内容，即"变造"公文。

本标准规定印章加盖要端正、居中（即居成文日期之中）。此话说来简单，但执行起来却要认真对待，特别是手工加盖印章，稍一随意就可能不符合标准。国家行政机关的印章均带有国徽，把国徽盖歪了是极不严肃和极不负责的态度。即使是采用印刷技术加盖印章，制版时也要严肃认真，严格按本标准执行。

本标准还提出了两种印章加盖方式。一种称之为"下套"方式，适用于带有国徽、印章下弧没有文字的印章。掌握的标准是，印章的图案（如国徽）和文字不压成文日期，仅以下弧压在成文日期上。读者可对照现行国务院文件和本标准所附的样式来掌握。之所以这样规定，一是显示印章的庄严性，特别是完整地显示国徽；二是增加成文日期的清晰度，防止因图案或文字（特别是国徽）压在成文时间上而使其难以辨认。另一种称之为中套方式，适用于印章下弧有文字的印章（行政机关的部门印章或专用印章有许多是这种样式）。中套的要求是印章的中心线压在成文日期上。

8.2.6.2 联合行文印章

当联合行文需加盖两个印章时，应将成文日期拉开，左右各空7字；主办机关印章在前；两个印章均压成文日期，印章用红色。只能采用同种加盖印章方式，以保证印章排列整齐。两印章间互不相交或相切，相距不超过3mm。

当联合行文需加盖3个以上印章时，为防止出现空白印章，应将各发文机关名称（可用简称）按加盖印章顺序排列在相应位置，并使印章加盖或套印在其上。主办机关印章在前,每排最多排3个印章,两端不得超出版心;最后一排如余一个或两个印章,均居中排布;印章之间互不相交或相切;在最后一排印章之下右空2字标识成文时间。

两个单位联合行文,本标准规定应将成文日期拉开,左右各空7字,主办单位印章在前,两个印章均压成文日期,互不相交或相切,相距不超过3mm。其余要求均同一个印章。

三个单位联合行文,会出现至少有一个以上的印章无法压在成文日期上,也就会出现至少有一个以上的印章是空白印章。现在印刷公文大量采用现代印刷设备,其套印印章的方法就是将一个印在纸上的空白印章作为印模直接制版。因此,如果公文出现空白印章,就等于把单位印模送给了所有收文对象,极易给伪造印章提供可乘之机。为了防止出现空白印章,本标准做了这样的规定:所有的行文单位都要署单位名称,将印章加盖在单位名称上,这样便不会出现空白的印章。印章每排最多排3个,这样要求是防止印章边缘超出版心。在具体排布印章时应使主办机关的印章在前,协办机关的印章按照发文机关标识的顺序依次排布。当最后一排剩下一个印章或两个印章时,应居中排布。成文时间标识在最后一排印章之下空1行位置,右空2个字。同样应保证印章间既不相切也不相交,每排印章中心线对齐。

本标准对两个或两个以上印章的排列还规定只能采用一种加盖方式,即不管个别印章适合哪种加盖方式,而统一采取一种,要下套均下套,要中套均中套,以保证印章排列整齐、美观。

8.2.6.3 特殊情况说明

当公文排版后所剩空白处不能容下印章位置时,应采取调整行距、字距的措施加以解决,务使印章与正文同处一面,不得采取标识"此页无正文"的方法解决。

现行公文常出现一种"此页无正文"的格式,即当正文之后的空白容不下印章位置时,需将印章加盖在下一空白页上,于是在该空白页第1行顶格标识"此页无正文",并用圆括号括起。

这样做是考虑到了防止在空白页私加文字,但正文之后的空白则留了缺口。为了堵上这个缺口,本标准作了规定,即在出现上述情况时,以采取调整行距或字距的措施加以解决。具体的调整方法是:当正文之后的空白只有一两行时,可以加宽行距,至少将一行文字移到下一页;如果正文之后的空白仅差一两行便可容下印章位置时,可以缩小行距或缩小一两行字距,挤出能容下印章的空间。这样,使印章与正文务必同处一页,不留任何空白,堵上私加公文也就是变造公文的漏洞。本标准明确规定，出现上述情况时不得采取标识"此页无正文"的方法解决。因此本标准实施后，各单位要注意改掉标注"此页无正文"的习惯。

8.2.7 附注

公文如有附注，用 3 号仿宋体字，居左空 2 字加圆括号标识在成文日期下 1 行。

附注一般是对公文的发放范围、使用时需注意的事项加以说明，如"此件发至县团级"、"此件可见报"等，不是对公文的内容作出解释或注释。对公文的注释或解释一般在公文正文中采取句内括号或句外括号的方式解决，这一点在使用附注时要加以注意。

附注应用圆括号括入，左空 2 字标识在成文时间的下一行。

8.3 版记

8.3.1 主题词

"主题词"用 3 号黑体字，居左顶格标识，后标全角冒号；词目用 3 号小标宋体字；词目之间空一字。

主题词是用于揭示公文内容，便于公文检索查询的规范化词。标注主题词是文书部门和档案部门相互衔接的一项工作。公文主题词通常由公文制发机关的最高行政主管机关负责制定和发布。如国家行政机关公文主题词是由国务院办公厅编制的《国务院主题词表》规定。

本标准规定主题词居左顶格标识，"主题词"三字用黑体，后标全角冒号；词目用小标宋体字，词目之间空 1 字。这里要注意"主题词"三字与词目所用的字体不同，同时要注意词目之间不要加顿号，而是空 1 字。

8.3.2 抄送机关

公文如有抄送机关，在主题词下 1 行；左右各空 1 字，用 3 号仿宋体字标识"抄送"，后标全角冒号；抄送机关间用逗号隔开，回行时与冒号后的抄送机关对齐；在最后一个抄送机关后标句号。如主送机关移至主题词之下，标识方法同抄送机关。

本标准规定抄送机关标识于主题词之下，要注意三点，一是抄送机关居左空 1 字，这与主题词顶格标识不同。二是抄送机关回行时与上一行的抄送机关对齐，这与标题之下的主送机关回行时仍顶格不同。三是抄送机关间用逗号隔开，最后要标注句号，这是为了防止在抄送机关之后私自加入其他的抄送机关，同样有防止变造公文之意。

如果在抄送机关之上、主题词之下需标识主送机关，前面所讲的主送机关过多而使公文首页不能显示正文时或使用"会议纪要"文种时会发生这种情况。

本标准特别说明，标识方法与抄送机关的标识方法相同，即也要注意上面提到的三点。

8.3.3 印发机关和印发日期

位于抄送机关之下（无抄送机关在主题词之下）占1行位置；

用3号仿宋体字。印发机关左空1字，印发日期右空1字。印发日期以公文付印的日期为准，用阿拉伯数码标识。

印发机关不是指公文的发文机关，发文机关已有明显的"红头"标识或在公文标题中显示。这里的印发机关是指公文的印制主管部门，一般应是各机关的办公厅（室）或文秘部门。有的发文机关没有专门的办公厅（室）或文秘部门，也可标识发文机关。

标识印发日期是为了准确反映公文的生成时效。一般来说，公文在领导签发之后，也就是生效时间之后，往往需要经过打字、校对、复核等环节。本标准说明了印发日期以公文付印的时间为准，是为了界定生效时间与印发时间的区别。通过了解生效时间与印发时间的时间差，既可以使发文机关掌握制发公文的效率，也可以使收文机关掌握公文的传递时间，均有利于公文的办理。

本标准规定印发机关左空1字，印发时间右空1字，并且只能占一行位置。因此，印发机关如果字数太多，可以自行简化；本标准规定印发日期用阿拉伯数码标识，也有尽量缩小位置的考虑，以保证一行位置能容下印发机关和印发日期。

8.3.4 版记中的反线

版记各个要素之下均加一条反线，宽度同版心。

本标准规定版记中各要素之间加一条反线隔开，一是为显示各要素之间的区别，二是如此设计显得美观。要注意最后一个要素之下要有一条反线，具体标识方法可参见标准中的图4。

8.3.5 版记的位置

版记应置于公文最后一面（封四），版记的最后一个要素置于最后一行。

本标准规定版记置于最后一面（封四），版记的最后一个要素置于最后一行。也就是说版记一定要放在公文的最后即公文的最后一面（本标准规定公文双面印刷）的最下面的位置。之所以这样规定，是为了保证公文的完整性。因为公文的开始部分很明显，即印有红头的首页，而结束部分就是本标准规定的版记。这样，红头与版记之间的所有部分都是公文不可缺少的部分，由此可以准确认定公文是否完整。确定版记的位置在实际操作中会遇到以下情况：

（1）公文主体之后的空白容不下版记的位置，需另起一页标识版记，此时版记要放在最后一面,即使前一面完全空白也没有关系。

(2)公文的篇幅如果在一个折页(即有四面)以上,这时公文的页数一般应是4的倍数,此时版记也一定要放在最后一面,而不管前面的空白有多少(一般不会超过三面)。

(3)公文有附件。如果附件最后的空白能够容下版记,而该页又正是4的倍数,此时版记应置于该空白处,以免造成不必要的浪费。如果附件是被转发的文件,该文件后面也有版记,此时被转发文件的版记不能代替转发文件的版记,转发文件还应标识自己的版记。

9. 页码

用4号半角白体阿拉伯数码标识,置于版心下边缘之下一行,数码左右各放一条4号一字线,一字线距版心下边缘7mm。单页码居右空1字,双页码居左空1字。空白页和空白页以后的页不标识页码。

本标准规定页码分别置于公文左下角或右下角,并在页码左右各放一字线,是为了方便阅读。

规定空白页和空白页以后的页不标识页码(包括印有版记的那面)是为了防止在空白页私加文字。也就是说,页码只标识到公文主体部分结束的那页。如果想在公文主体部分之后私加文字而冒充公文的主体,就需要在该页标识页码,印有版记的那面也就要标识页码,这样,真假公文一相对照,假公文在页码上就会露出马脚。

10. 公文中表格

公文如需附表,对横排A45氏型表格,应将页码放在横表的左侧,单页码置于表的左下角,双页码置于表的左上角,单页码表头在钉口一边,双页码表头在切口一边。

公文如需附A3纸型表格,又当最后一页为A3纸型表格时,封三、封四(可放分送,不放页码)应为空白,将A3纸型表格贴在封三前,不应贴在文件最后一页(封印上)。

在实际工作中,有些公文需要附一些表格。为使表格装排得规范,本标准对表格如何放置作了较为明确的规定。对于横排A4表格的页码,应将页码放在横表的左侧,单页码置于表的左下角,双页码置于表的左上角,单页码横表表头在订口一边,双页码横表表头在切口一边。这样放置可保证连续编排的表格可以依次顺序向下看,否则有可能出现单双页表格全部放在钉口一边或切口一边,阅读公文就要反复颠倒来看,很不方便。

公文如需附A3表格,也就是表格的开本比较大,而且是作为公文正文的最后一页时，为避免表格的脱落，所以应使表格处于封三之前位置，而不应将表格贴在封四上。

11. 公文的特定格式

11.1 信函式格式

发文机关名称上边缘距上页边的距离为 30mm，推荐用小标宋体字，字号由发文机关酌定；发文机关全称下 4mm 处为一条武文线（上粗下细），距下页边 20mm 处为一条文武线（上细下粗），两条线长均为 170mm。每行居中排 28 个字。首页不显示页码。发文机关名称及双线均印红色。发文字号置于武文线下 1 行版心右边缘顶格标识。发文字号下空 1 行标识公文标题。如需标识秘密等级或紧急程度，可置于武文线下 1 行版心左边缘顶格标识。两线之间其他要素的标识方法从本标准相应要素说明。

在制发机关公文的实践中，经常使用一种只标识发文机关名称而不标识"文件"二字的"信函式"公文，用于处理日常事务的平行文或下行文，而且使用频率很高。这种公文除了不标识签发人以外，其他各要素均与"文件式"公文相同。为此，本标准为这种"信函式"公文设计了格式，具体为：

（1）发文机关名称上边缘距上页边 30mm，也就是打破了本标准规定的"文件式"公文上白边为 37mm 的界限，将"信函式"公文的上白边缩小为 30mm，然后在 30mm 之下标识发文机关名称。由于不加"文件"二字，这时的发文机关名称一般不用简称，如国务院这种"信函式"公文，机关名称便标识为"中华人民共和国国务院"，而不像"文件式"公文那样用规范化简称标识为"国务院文件"。

（2）在发文机关名称 4mm 之下印一条上粗下细的武文线，在距下页边 20mm 处印一条上细下粗的文武线，线的长度为 170mm。这样设计，可保证"信函式"公文与"文件式"公文的版心基本一致，只不过将发文机关标识移出了版心。

（3）"信函式"公文的份数序号、密级、紧急程度可以放在武文线下版心左上角顶格（一般说来，"信函式"公文很少同时出现这三项），发文字号放在武文线下版心右上角顶格。首页不放页码，最后一行（第 22 行）文字下边缘与文武线距离 6mm。其他各要素的标识方法均同"文件式"公文格式。

11.2 命令格式

命令标识由发文机关名称加"命令"或"令"组成，用红色小标宋体字，字号由发文机关酌定。命令标识上边缘距版心上边缘 20mm，下边缘空 2 行居中标识令号；令号下空 2 行标识正文；正文下空 1 行右空 4 字标识签发人签名章；

签名章左空 2 字标识签发人职务；联合发布的命令或令的签发人职务应标识全称。在签发人签名章下空 1 行右空 2 字标识成文日期。分送机关标识方法同抄送机关。其他要素从本标准相关要素说明。

命令（令）可以说是国家行政机关发文的最高级形式。《办法》规定，命令（令）适用于依照有关法律规定发布行政法规和规定；宣布施行重大强制性行政措施；奖惩有关人员；撤销下级机关不适当的决定。从命令（令）的适用内容也可以看出其权威性、重要性。因此本标准特别规定了命令（令）的格式，而且是比照国务院命令（令）的现行格式设计的。应该说，这个格式应严格按照执行，以从表现形式上维护国家政令的权威性和统一性。本标准对命令（令）的格式规定具体为：

（1）发文机关名称应用全称，不能用简称包括规范化简称。如国务院令的发文机关名称就是"中华人民共和国国务院令"。因此命令（令）的发文机关应以批准本机关成立文件核定的全称为准。发文机关名称后加"命令（令）"字。发文机关标识用红色小标宋体字；字号由发文机关酌定，但要掌握在不超过上级机关的字号的程度，可以同等大小，但不能超过。标识的位置按本标准的规定可以这样计算：上白边 37mm + 20mm 即 57mm 下标识。如果是联合发布命令（令），在首位的发文机关也要在此处标识，其余机关下移，"命令（令）"字右侧上下居中。

（2）在发文机关之下空 2 行标识令号，居中，令号用黑体字较庄重，前加"第"字，即"第×号"。令号的编制自发第 1 号令开始，不受年度限制，这与发文字号不同，发文字号序号以年度为限。

（3）令号之下空 2 行标识正文，中间没有红色反线，与"文件式"公文不同。正文标识格式执行标准对正文的规定。令文的内容一般都比较简短，大多是一个自然段。

（4）正文之下空 1 行标识签发人亲笔名章，发文机关平时应制备。签名章用红色，右空 4 字。签名章左空 2 字标识签发人职务，命令的签发人应是发文机关的最高领导；如果是联合命令，职务应标全称，此时可用简称，如"××部部长"，因为发文机关标识已使用全称了。

（5）签名章之下空 1 行标识成文日期，右空 2 字。

（6）命令（令）的版记格式从本标准相关规定，只有一点不同，即命令（令）不分主送、抄送，而用"分送"这一特定形式，这一点要注意。

11.3　会议纪要格式

会议纪要标识由"××××××会议纪要"组成。其标识位置同 8.1.4，用红色小标宋体字，字号由发文机关酌定。会议纪要不加盖印章。其他要素从本标准相关要素说明。

本标准中的会议纪要的格式主要是针对国家行政机关的办公会议纪要而言。至于用作公文种类的会议纪要，可用"文件式"或"信函式"公文形式来发，并在标题中显示。

国家行政机关的办公会议是本机关决策的最高机构，会议议定的事项都是本机关的决策事项，并以固定形式的会议纪要印发，有鉴于此，本标准对此类会议纪要格式做了统一规定。

本标准规定会议纪要的标识用红色小标宋体字，字号由发文机关自定。位置同"文件式"发文机关标识方法一样，即距版心上边缘25mm。会议纪要不加盖印章。此类会议纪要的其他要素本标准只作了原则规定，即如果会议纪要具有本标准规定的要素，那就按本标准对该要素的规定办。

12. 式样

A4型公文用纸页边及版心尺寸见图1；公文首页版式见图2；上报公文首页版式见图3；公文末页版式见图4；联合行文公文末页版式1见图5；联合行文公文末页版式2见图6。

为方便从事公文处理的同志准确理解和掌握本标准，在标准说明之后附有6张公文式样。其中第一张附图标识了A4型公文用纸页边及版心尺寸；第二张附图标识了公文首页的版式排布；第三张附图标识了上报公文首页的版式排布；第四张附图标识了一般公文末页的版式排布；第五张附图标识了两个机关联合行文时公文末页的版式排布；第六张附图标识了多个机关联合行文时公文末页的版式排布。

（附图略）

国务院办公厅关于实施《国家行政机关公文处理办法》涉及的几个具体问题的处理意见

（国办函〔2001〕1号）

各省、自治区、直辖市人民政府，国务院各部委、各直属机构：

为确保国务院发布的《国家行政机关公文处理办法》（国发〔2000〕23号）的贯彻施行，现就所涉及的几个具体问题提出如下处理意见：

1. 关于"意见"文种的使用。"意见"可以用于上行文、下行文和平行文。

作为上行文,应按请示性公文的程序和要求办理。所提意见如涉及其他部门职权范围内的事项,主办部门应当主动与有关部门协商,取得一致意见后方可行文;如有分歧,主办部门的主要负责人应当出面协调,仍不能取得一致时,主办部门可以列明各方理据,提出建设性意见,并与有关部门会签后报请上级机关决定。上级机关应当对下级机关报送的"意见"作出处理或给予答复。作为下行文,文中对贯彻执行有明确要求的,下级机关应遵照执行;无明确要求的,下级机关可参照执行。作为平行文,提出的意见供对方参考。

2. 关于"函"的效力。"函"作为主要文种之一,与其他主要文种同样具有由制发机关权限决定的法定效力。

3. 关于"命令"、"决定"和"通报"三个文种用于奖励时如何区分的问题。各级行政机关应当依据法律的规定和职权,根据奖励的性质、种类、级别、公示范围等具体情况,选择使用相应的文种。

4. 关于部门及其内设机构行文问题。政府各部门(包括议事协调机构)除以函的形式商洽工作、询问和答复问题、审批事项外,一般不得向下一级政府正式行文;如需行文,应报请本级政府批转或由本级政府办公厅(室)转发。因特殊情况确需向下一级政府正式行文的,应当报经本级政府批准,并在文中注明经政府同意。

部门内设机构除办公厅(室)外,不得对外正式行文的含义是:部门内设机构不得向本部门机关以外的其他机关(包括本系统)制发政策性和规范性文件,不得代替部门审批下达应当由部门审批下达的事项;与相应的其他机关进行工作联系确需行文时,只能以函的形式行文。

"函的形式"是指公文格式中区别于"文件格式"的"信函格式"。以"函的形式"行文应注意选择使用与行文方向一致、与公文内容相符的文种。

5. 关于联合行文时发文机关的排列顺序和发文字号。行政机关联合行文,主办机关排列在前。行政机关与同级或相应的党的机关、军队机关、人民团体联合行文,按照党、政、军、群的顺序排列。

行政机关之间联合行文,标注主办机关的发文字号;与其他机关联合行文原则上应使用排列在前机关的发文字号,也可以协商确定,但只能标注一个机关的发文字号。

6. 关于联合行文的会签。联合行文一般由主办机关首先签署意见,协办单位依次会签。一般不使用复印件会签。

7. 关于联合行文的用印。行政机关联合向上行文,为简化手续和提高效率,由主办单位加盖印章即可。

8. 关于保密期限的标注问题。涉及国家秘密的公文如有具体保密期限应当明确标注，否则按照《国家秘密保密期限的规定》（国家保密局 1990 年第 2 号令）第九条执行，即"凡未标明或者未通知保密期限的国家秘密事项，其保密期限按照绝密级事项三十年、机密级事项二十年、秘密级事项十年认定。"

9. 关于"附注"的位置。"附注"的位置在成文日期和印章之下，版记之上。

10. 关于"主要负责人"的含义。"主要负责人"指各级行政机关的正职或主持工作的负责人。

11. 关于公文用纸采用国际标准 A4 型问题。各省（区、市）人民政府和国务院各部门已做好准备的，公文用纸可于 2001 年 1 月 1 日起采用国际标准 A4 型；尚未做好准备的，要积极创造条件尽快采用国际标准 A4 型。省级以下人民政府及其所属机关和国务院各部门所属单位何时采用国际标准 A4 型，由各省（区、市）人民政府和国务院各部门自行确定。

国务院办公厅
二〇〇一年一月一日

国务院办公厅关于进一步做好公文处理工作有关事项的通知

（国办发〔2001〕5 号）

国务院各部委、各直属机构：

《国务院关于克服官僚主义进一步转变工作作风提高办事效率有关问题的通报》（国发〔1999〕9 号）（以下简称《通报》）下发后，国务院各部门在转变职能、提高办事效率方面采取了一些有效措施，工作作风有所改进。但是，《通报》中提出的有些要求尚未得到全面贯彻落实，有的部门对国务院交办的事项不能按时回复；有的部门报请国务院审批的事项，在部门内滞留时间过长，留给国务院研究和审批的时间过短；部门之间协调机制不够完善，仍然存在推诿扯皮、效率不高等问题。为了更好地贯彻落实《通报》的有关要求和《国家行政机关公文处理办法》的有关规定，进一步做好公文处理工作，根据国务院领导同志指示，现就有关事项通知如下：

一、国务院办公厅转有关部门办理的公文，凡明确提出时限要求的，各部门在办理时，对属于本部门职权范围内的事项，应当在规定的时限内办理完毕；对属于需要报国务院审批的事项，应当在规定的时限内予以回复；确因情况特殊不能按时回复的，应当在回复时限内以书面形式向国务院办公厅说明理由，对其中国务院领导同志关注的重大事项，国务院办公厅将把有关办理情况向国务院领导同志报告。对国务院办公厅未明确提出办理时限要求的，各部门也应本着认真负责的精神，尽快予以办理。

二、各部门要认真履行职责，切实做好协调工作。请示国务院的事项如涉及其他部门的职责，主办部门要主动征求有关部门的意见，协办部门要积极配合，取得一致意见后，经有关部门负责同志会签上报国务院。部门间如有分歧意见，主办部门主要负责同志要出面协调。如果召开协调会议，协办部门负责同志应出席并将协调情况及时向本部门主要负责同志报告。经协调后仍不能达成一致的，主办部门应将有关部门的意见及理据列明并将有关部门的正式意见或协调会议纪要作为附件，经有关部门主要负责同志会签后上报国务院。

部门之间征求意见或会签文件时，除主办部门另有时限要求的以外，协办部门一般应当在7个工作日内予以回复。如因特殊情况不能按期回复，协办部门应当提前主动与主办部门沟通并商定回复时限及方式，否则视为失职。主办部门可以视其为没有不同意见，并据此继续办理有关公文；需要报送国务院的公文应当在报送的公文中说明有关情况。

凡不按上述要求呈报国务院的公文，国务院办公厅将一律退回报文单位。

三、各部门需要请示国务院的事项，应当抓紧做好前期工作及时上报，给国务院留出研究、决策的时间：一般事项不得少于两周；紧急事项也不得少于7个工作日；特别紧急的事项，需要在7个工作日以内批复的，除突发事件以及法律、法规等另有规定或领导同志另有交待的事项外，必须在文中说明紧急原因及在本部门的办理过程。

国务院办公厅将建立报告和通报制度，定期向国务院领导同志报告各部门执行本通知的情况，并向各部门进行通报。

国务院办公厅
二〇〇一年一月十五日

国务院办公厅
关于进一步规范公文处理工作若干事项的通知

(国办函〔2007〕8号)

国务院各部委、各直属机构：

公文处理是保证国家行政机关高效协调运转的重要基础工作。一段时间以来，有的部门和单位未能严格执行公文处理规定，主要表现为：一是未经国务院同意，擅自向省级人民政府正式行文；二是不严格按照隶属关系行文；三是将应报送国务院的事项，以部门或部门负责人的名义报送国务院领导同志个人，有的将公文报送多位领导同志，又不注明分送情况，造成领导交叉批示；四是不实事求是标注缓急程度。为进一步规范公文处理工作，经国务院领导同志同意，现就有关事项通知如下：

一、未经国务院批准，各部门不得向省级人民政府正式行文

国务院各部门除以函的形式商洽工作、询问和答复问题、审批事项外，一般不得向省级人民政府正式行文。因特殊情况确需向省级人民政府正式行文的，应报请国务院批准，行文时应在文中注明经国务院同意。

二、严格按照隶属关系和职权范围报送公文

要严格按照隶属关系和职权范围向国务院或国务院办公厅报送公文。应报送国务院审批的事项，不得报送国务院办公厅；明确要求报送国务院的情况报告，不得报送国务院办公厅。各部门不得以办公厅（室）的名义向国务院办公厅报送公文；部委管理的国家局、中央企业以及行业协会等一般不直接向国务院或国务院办公厅报送公文。

三、确需向多位国务院领导同志个人报送公文时，要注明分送情况

除国务院领导同志直接交办的事项外，原则上不得将应报送国务院的请示、报告直接报送国务院领导同志个人。确需向国务院领导同志个人报送公文时，一般不得多头分送，因情况紧急确需分送的，应在首页注明分送情况。向国务院或国务院办公厅报送情况报告，一般不得抄送国务院领导同志个人。

四、实事求是标注公文的缓急程度

向国务院或国务院办公厅报送公文，应抓紧做好有关前期工作，适时上报。要实事求是地标注公文缓急程度，确属紧急事项的，应在文中注明紧急原因及在本部门的办理过程。

请各部门按照上述要求，认真对照检查本部门的公文处理工作，不断提高公文处理水平。国务院办公厅将继续加强督促检查，并对有关情况进行通报。

国务院办公厅
2007年1月19日

国务院办公厅
关于进一步规范公文报送工作有关事项的通知

（国办函〔2009〕15号）

各省、自治区、直辖市人民政府，国务院各部委、各直属机构：

近年来，各地区、各部门报送国务院的公文总体比较规范，但也存在一些问题，主要有：一是报送国务院的公文未由单位主要负责人或主持工作的负责人签发或审核；二是报请国务院审批的事项涉及其他部门职权时未经充分协商和会签，有的公文会签时间过长；三是将应报请国务院审批的公文报送国务院领导同志个人，有的多头分送，又未注明分送情况，造成领导同志交叉批示；四是报告中夹带请示事项；五是部委管理的国家局和中央企业等越级向国务院报送公文；六是公文缓急程度标注不准确等。为进一步做好公文报送工作，根据《国务院工作规则》和《国家行政机关公文处理办法》等有关规定，现将有关事项通知如下：

一、各地区、各部门报送国务院的公文，必须由主要负责人或主持工作的负责人签发或审核。报送重要事项的公文，必须由主要负责人签发，主要负责人外出期间由主持工作的负责人签发；一般事项的公文，可由分管负责人签发，但必须经主要负责人审核，并在公文签发人处注明"×××同志已阅"。

二、有关部门报请国务院审批的事项，凡涉及其他部门职权的，必须主动与相关部门充分协商，由主办部门主要负责人与相关部门负责人会签或联合报国务院审批。部门之间有分歧的，主办部门主要负责人要亲自协商，协商后仍不能取得一致意见的，主办部门应列明各方理据，提出办理建议，与相关部门有关负责人会签后报国务院决定。部门之间征求意见或会签文件时，除主办部门另有时限要求的以外，相关部门一般应在7个工作日内予以回复。如因特殊情况不能按期回复，相关部门应当主动与主办部门沟通并商定回复时限及方式，否则主办部门可以视其为没有不同意见，并据此继续办理有关公文，但应当在报送国务院的公文中说明有关情况。

三、各地区、各部门报请国务院审批的公文，由国务院办公厅按照国务院领导同志分工呈批，并根据需要由国务院领导同志转请其他国务院领导同志核批，重大事项报总理审批。各地区、各部门不得将应报请国务院审批的公文直接报送国务院领导同志个人，国务院领导同志直接交办的个别事项和确需直接报送审批的敏感绝密事项、重大突发事件以及部分涉外事项除外。确需向国务院领导同志个人报送公文时，一般不得多头分送；确需分送的，应在首页注明分送情况。

四、报送国务院的请示事项应一事一报；报告中不得夹带请示事项。

五、部委管理的国家局原则上不直接向国务院请示和报告工作。部委管理的国家局在工作中有需要向国务院请示或报告的事项，应由主管部委向国务院报文；遇有紧急情况，部委管理的国家局需直接向国务院请示或报告工作时，应同时报送主管部委。中央企业、行业协会等一般不直接向国务院报送公文。

六、对国务院领导同志明确要求地方或部门办理并报告办理结果，及批请地方或部门负责人研究处理的批示件，地方或部门应抓紧办理，及时向国务院报告情况，并附国务院领导同志批示复印件。领导同志批示多个部门的，主办部门要主动与其他部门沟通、协商，并汇总办理情况，相关部门要积极配合。确因特殊原因需要较长时间反馈办理情况的，要及时以书面形式向国务院办公厅说明，定期报告办理进展。对国务院领导同志批请地方或部门负责人"阅"、"参阅"、"参考"等参阅性文件，可以不单独行文回复，重要事项除外。

七、各地区、各部门需要请示国务院的事项，要给国务院留出足够的研究、决策时间。一般事项不少于14个工作日；紧急事项不少于7个工作日；对特别紧急的事项，应事先与国务院办公厅沟通说明，抓紧办理，尽快报送。

八、实事求是地标注公文缓急程度。根据工作需要，自公文送达之日起，需国务院14个工作日内批复的，标注为"急件"；需7个工作日内批复的，标注为"特急件"，特别紧急事项应注明时限要求。通过机要交换渠道或电子公文传输系统报送的紧急公文，要同时在信封上或系统内标注与公文一致的缓急程度。

九、涉及国家秘密的公文应当根据有关规定准确标注密级和保密期限，其中，"绝密"、"机密"级公文还应当标明份数序号。可以公开发布的文件应在文尾附注处加以说明。

十、各地区、各部门应严格执行公文报送有关规定。对不符合规定的公文，国务院办公厅收到后一般将退回报送单位，由其按规范程序重新报文。国务院办公厅将定期对各地区、各部门报送国务院的公文情况进行综合分析，并视情况予以通报。

国务院办公厅
2009年2月2日

国务院关于国家行政机关和企业事业
单位社会团体印章管理的规定

(国发〔1999〕25号)

1993年国务院印发的《国务院关于国家行政机关和企业事业单位印章的规定》(国发〔1993〕21号),对于规范和加强国家行政机关和企业事业单位、社会团体印章的管理工作,起到了重要的作用。但是,随着政府机构的变化,有些条款已不再适用。为进一步规范和加强国家行政机关和企业事业单位、社会团体印章管理,现对国家行政机关和企业事业单位、社会团体印章的制发、收缴和管理规定如下:

一、国家行政机关和企业事业单位、社会团体的印章为圆形,中央刊国徽或五角星。

二、国务院的印章,直径6厘米,中央刊国徽,国徽外刊机关名称,自左而右环行(图一),由国务院自制。

三、各省、自治区、直辖市人民政府和国务院办公厅、国务院各部委的印章,直径5厘米,中央刊国徽、国徽外刊机关名称,自左而右环行(图二),由国务院制发。

四、国务院直属机构、办事机构的印章,正部级单位的直径5厘米,副部级单位的直径4.5厘米,中央刊国徽,国徽外刊机关名称,自左而右环行(图三),由国务院制发。

五、国务院直属事业单位的印章,正部级单位的直径5厘米,副部级单位的直径4.5厘米,经国家机构编制管理部门认定具有行政职能的单位的印章中央刊国徽,没有行政职能的单位的印章中央刊五角星,国徽或五角星外刊单位名称,自左而右环行(图四),由国务院制发。

六、国务院议事协调机构和临时机构的印章,直径5厘米,中央刊五角星,五角星外刊机关名称,自左而右环行(图五),由国务院制发。

七、国务院部委管理的国家局的印章,直径4.5厘米,中央刊国徽,国徽外刊机关名称,自左而右环行(图六),由国务院制发。

八、国务院部委的外事司(局)的印章,直径4.2厘米,中央刊国徽,国徽外刊机关名称,自左而右环行(图七),由国务院制发。

国务院部门的内设机构和所属事业单位,法定名称中冠"中华人民共和国"

或"国家"的单位的印章,直径4.2厘米,中央刊国徽,国徽外刊单位名称,自左而右环行(图八),由国务院制发。

九、自治州、市、县级(县、自治县、县级市、旗、自治旗、特区、林区,下同)和市辖区人民政府的印章,直径4.5厘米,中央刊国徽,国徽外刊机关名称,自左而右环行(图九),由省、自治区、直辖市人民政府制发。

十、地区(盟)行政公署的印章,直径4.5厘米,中央刊五角星,五角星外刊机关名称,自左而右环行(图十),由省、自治区人民政府制发。

十一、乡(镇)人民政府的印章,直径4.2厘米,中央刊五角星,五角星外刊机关名称,自左而右环行(图十一),由县级人民政府制发。

十二、驻外国的大使馆、领事馆的印章,直径4.2厘米,中央刊国徽,国徽外刊机关名称,自左而右环行(图十二),由外交部制发。

十三、国家行政机关内设机构或直属单位的印章,直径不得大于4.5厘米,中央刊五角星,五角星外刊单位名称,自左而右环行或者名称前段自左而右环行、后段自左而右横排(图十三),分别由国务院各部门和地方各级国家行政机关制发。

十四、企业事业单位、社会团体的印章,直径不得大于4.5厘米,中央刊五角星,五角星外刊单位名称,自左而右环行(图十四)。制发办法由公安部会同有关部门另行制定。

十五、国家行政机关和企业事业单位、社会团体印章所刊名称,应为法定名称。如名称字数过多不易刻制,可以采用规范化简称。地区(盟)行政公署的印章,冠省(自治区)的名称。自治州、市、县级人民政府的印章,不冠省(自治区、直辖市)的名称。市辖区人民政府的印章冠市的名称,乡(镇)人民政府的印章,冠县级行政区域的名称。

十六、实行民族区域自治的地方人民政府的印章,可以并刊汉字和相应的民族文字。

十七、印章所刊汉字,应当使用国务院公布的简化字,字体为宋体。

十八、印章的质料,由制发机关根据实际需要确定。

十九、各省、自治区、直辖市人民政府和国务院各部委、各直属机构印制文件时使用的套印印章、印模,其规格、式样与正式印章等同,由国务院制发。

二十、国务院有关部委外事用的火漆印,直径4.2厘米,中央刊国徽,国徽外刊机关名称,自左而右环行,由国务院制发。

二十一、国务院的钢印,直径4.2厘米,中央刊国徽,国徽外刊机关名称,自左而右环行,由国务院自制。

地方外事机构、驻外使领馆钢印的规格、式样，由外交部制定。

其他确需使用钢印的单位，其钢印直径不得大于 4.2 厘米，不得小于 3.5 厘米，中央刊五角星，五角星外刊单位名称，自左而右环行，报经其印章制发机关批准后刻制。

二十二、国家行政机关和企业事业单位、社会团体的其他专用印章（包括经济合同章、财务专用章等），在名称、式样上应与单位正式印章有所区别，经本单位领导批准后可以刻制。

二十三、印章制发机关应规范和加强印章制发的管理，严格办理程序和审批手续。国家行政机关和企业事业单位、社会团体刻制印章，应到当地公安机关指定的刻章单位刻制。

二十四、国家行政机关和企业事业单位、社会团体的印章，如因单位撤销、名称改变或换用新印章而停止使用时，应及时送交印章制发机关封存或销毁，或者按公安部会同有关部门另行制定的规定处理。

二十五、国家行政机关和企业事业单位、社会团体必须建立健全印章管理制度，加强用印管理，严格审批手续。未经本单位领导批准，不得擅自使用单位印章。

二十六、对伪造印章或使用伪造印章者，要依照国家有关法规查处。如发现伪造印章或使用伪造印章者，应及时向公安机关或印章所刊名称单位举报。具体的印章社会治安管理办法，由公安部会同有关部门制定。

二十七、过去有关印章管理的规定，如有与本规定不一致的，以本规定为准。

附件：印章规格式样（略）

四　法规规章性公文处理规定

中华人民共和国立法法

(中华人民共和国第九届全国人民代表大会第三次会议于 2000 年 3 月 15 日通过自 2000 年 7 月 1 日起施行)

第一章　总　　则

第一条　为了规范立法活动，健全国家立法制度，建立和完善有中国特色社会主义法律体系，保障和发展社会主义民主，推进依法治国，建设社会主义法治国家，根据宪法，制定本法。

第二条　法律、行政法规、地方性法规、自治条例和单行条例的制定、修改和废止，适用本法。国务院部门规章和地方政府规章的制定、修改和废止，依照本法的有关规定执行。

第三条　立法应当遵循宪法的基本原则，以经济建设为中心，坚持社会主义道路、坚持人民民主专政、坚持中国共产党的领导、坚持马克思列宁主义毛泽东思想邓小平理论、坚持改革开放。

第四条　立法应当依照法定的权限和程序，从国家整体利益出发，维护社会主义法制的统一和尊严。

第五条　立法应当体现人民的意志，发扬社会主义民主，保障人民通过多种途径参与立法活动。

第六条　立法应当从实际出发，科学合理地规定公民、法人和其他组织的权利与义务、国家机关的权力与责任。

第二章　法　　律

第一节　立法权限

第七条　全国人民代表大会和全国人民代表大会常务委员会行使国家立法

权。全国人民代表大会制定和修改刑事、民事、国家机构的和其他的基本法律。全国人民代表大会常务委员会制定和修改除应当由全国人民代表大会制定的法律以外的其他法律；在全国人民代表大会闭会期间，对全国人民代表大会制定的法律进行部分补充和修改，但是不得同该法律的基本原则相抵触。

第八条 下列事项只能制定法律：（一）国家主权的事项；（二）各级人民代表大会、人民政府、人民法院和人民检察院的产生、组织和职权；（三）民族区域自治制度、特别行政区制度、基层群众自治制度；（四）犯罪和刑罚；（五）对公民政治权利的剥夺、限制人身自由的强制措施和处罚；（六）对非国有财产的征收；（七）民事基本制度；（八）基本经济制度以及财政、税收、海关、金融和外贸的基本制度；（九）诉讼和仲裁制度；（十）必须由全国人民代表大会及其常务委员会制定法律的其他事项。

第九条 本法第八条规定的事项尚未制定法律的，全国人民代表大会及其常务委员会有权作出决定，授权国务院可以根据实际需要，对其中的部分事项先制定行政法规，但是有关犯罪和刑罚、对公民政治权利的剥夺和限制人身自由的强制措施和处罚、司法制度等事项除外。

第十条 授权决定应当明确授权的目的、范围。被授权机关应当严格按照授权目的和范围行使该项权力。被授权机关不得将该项权力转授给其他机关。

第十一条 授权立法事项，经过实践检验，制定法律的条件成熟时，由全国人民代表大会及其常务委员会及时制定法律。法律制定后，相应立法事项的授权终止。

第二节 全国人民代表大会立法程序

第十二条 全国人民代表大会主席团可以向全国人民代表大会提出法律案，由全国人民代表大会会议审议。全国人民代表大会常务委员会、国务院、中央军事委员会、最高人民法院、最高人民检察院、全国人民代表大会各专门委员会，可以向全国人民代表大会提出法律案，由主席团决定列入会议议程。

第十三条 一个代表团或者三十名以上的代表联名，可以向全国人民代表大会提出法律案，由主席团决定是否列入会议议程，或者先交有关的专门委员会审议、提出是否列入会议议程的意见，再决定是否列入会议议程。专门委员会审议的时候，可以邀请提案人列席会议，发表意见。

第十四条 向全国人民代表大会提出的法律案，在全国人民代表大会闭会期间，可以先向常务委员会提出，经常务委员会会议依照本法第二章第三节规定的有关程序审议后，决定提请全国人民代表大会审议，由常务委员会向大会全体会议作说明，或者由提案人向大会全体会议作说明。

第十五条　常务委员会决定提请全国人民代表大会会议审议的法律案，应当在会议举行的一个月前将法律草案发给代表。

第十六条　列入全国人民代表大会会议议程的法律案，大会全体会议听取提案人的说明后，由各代表团进行审议。各代表团审议法律案时，提案人应当派人听取意见，回答询问。各代表团审议法律案时，根据代表团的要求，有关机关、组织应当派人介绍情况。

第十七条　列入全国人民代表大会会议议程的法律案，由有关的专门委员会进行审议，向主席团提出审议意见，并印发会议。

第十八条　列入全国人民代表大会会议议程的法律案，由法律委员会根据各代表团和有关的专门委员会的审议意见，对法律案进行统一审议，向主席团提出审议结果报告和法律草案修改稿，对重要的不同意见应当在审议结果报告中予以说明，经主席团会议审议通过后，印发会议。

第十九条　列入全国人民代表大会会议议程的法律案，必要时，主席团常务主席可以召开各代表团团长会议，就法律案中的重大问题听取各代表团的审议意见，进行讨论，并将讨论的情况和意见向主席团报告。

主席团常务主席也可以就法律案中的重大的专门性问题，召集代表团推选的有关代表进行讨论，并将讨论的情况和意见向主席团报告。

第二十条　列入全国人民代表大会会议议程的法律案，在交付表决前，提案人要求撤回的，应当说明理由，经主席团同意，并向大会报告，对该法律案的审议即行终止。

第二十一条　法律案在审议中有重大问题需要进一步研究的，经主席团提出，由大会全体会议决定，可以授权常务委员会根据代表的意见进一步审议，作出决定，并将决定情况向全国人民代表大会下次会议报告；也可以授权常务委员会根据代表的意见进一步审议，提出修改方案，提请全国人民代表大会下次会议审议决定。

第二十二条　法律草案修改稿经各代表团审议，由法律委员会根据各代表团的审议意见进行修改，提出法律草案表决稿，由主席团提请大会全体会议表决，由全体代表的过半数通过。

第二十三条　全国人民代表大会通过的法律由国家主席签署主席令予以公布。

第三节　全国人民代表大会常务委员会立法程序

第二十四条　委员长会议可以向常务委员会提出法律案，由常务委员会会议审议。国务院、中央军事委员会、最高人民法院、最高人民检察院、全国人民代表大会各专门委员会，可以向常务委员会提出法律案，由委员长会议决定列入常务委员会会议议程，或者先交有关的专门委员会审议、提出报告，再决定列入常务委员会会议议程。如果委员长会议认为法律案有重大问题需要进一步研究，可以建议提案人修改完善后再向常务委员会提出。

第二十五条　常务委员会组成人员十人以上联名，可以向常务委员会提出法律案，由委员长会议决定是否列入常务委员会会议议程，或者先交有关的专门委员会审议、提出是否列入会议议程的意见，再决定是否列入常务委员会会议议程。不列入常务委员会会议议程的，应当向常务委员会会议报告或者向提案人说明。专门委员会审议的时候，可以邀请提案人列席会议，发表意见。

第二十六条　列入常务委员会会议议程的法律案，除特殊情况外，应当在会议举行的七日前将法律草案发给常务委员会组成人员。

第二十七条　列入常务委员会会议议程的法律案，一般应当经三次常务委员会会议审议后再交付表决。常务委员会会议第一次审议法律案，在全体会议上听取提案人的说明，由分组会议进行初步审议。

常务委员会会议第二次审议法律案，在全体会议上听取法律委员会关于法律草案修改情况和主要问题的汇报，由分组会议进一步审议。

常务委员会会议第三次审议法律案，在全体会议上听取法律委员会关于法律草案审议结果的报告，由分组会议对法律草案修改稿进行审议。

常务委员会审议法律案时，根据需要，可以召开联组会议或者全体会议，对法律草案中的主要问题进行讨论。

第二十八条　列入常务委员会会议议程的法律案，各方面意见比较一致的，可以经两次常务委员会会议审议后交付表决；部分修改的法律案，各方面的意见比较一致的，也可以经一次常务委员会会议审议即交付表决。

第二十九条　常务委员会分组会议审议法律案时，提案人应当派人听取意见，回答询问。常务委员会分组会议审议法律案时，根据小组的要求，有关机关、组织应当派人介绍情况。

第三十条　列入常务委员会会议议程的法律案，由有关的专门委员会进行审议，提出审议意见，印发常务委员会会议。有关的专门委员会审议法律案时，可以邀请其他专门委员会的成员列席会议，发表意见。

第三十一条　列入常务委员会会议议程的法律案，由法律委员会根据常务委员会组成人员、有关的专门委员会的审议意见和各方面提出的意见，对法律案进行统一审议，提出修改情况的汇报或者审议结果报告和法律草案修改稿，对重要的不同意见应当在汇报或者审议结果报告中予以说明。对有关的专门委员会的重要审议意见没有采纳的，应当向有关的专门委员会反馈。法律委员会审议法律案时，可以邀请有关的专门委员会的成员列席会议，发表意见。

第三十二条　专门委员会审议法律案时，应当召开全体会议审议，根据需要，可以要求有关机关、组织派有关负责人说明情况。

第三十三条　专门委员会之间对法律草案的重要问题意见不一致时，应当向委员长会议报告。

第三十四条　列入常务委员会会议议程的法律案，法律委员会、有关的专门委员会和常务委员会工作机构应当听取各方面的意见。听取意见可以采取座谈会、论证会、听证会等多种形式。常务委员会工作机构应当将法律草案发送有关机关、组织和专家征求意见，将意见整理后送法律委员会和有关的专门委员会，并根据需要，印发常务委员会会议。

第三十五条　列入常务委员会会议议程的重要的法律案，经委员长会议决定，可以将法律草案公布，征求意见。各机关、组织和公民提出的意见送常务委员会工作机构。

第三十六条　列入常务委员会会议议程的法律案，常务委员会工作机构应当收集整理分组审议的意见和各方面提出的意见以及其他有关资料，分送法律委员会和有关的专门委员会，并根据需要，印发常务委员会会议。

第三十七条　列入常务委员会会议议程的法律案，在交付表决前，提案人要求撤回的，应当说明理由，经委员长会议同意，并向常务委员会报告，对该法律案的审议即行终止。

第三十八条　法律案经常务委员会三次会议审议后，仍有重大问题需要进一步研究的，由委员长会议提出，经联组会议或者全体会议同意，可以暂不付表决，交法律委员会和有关的专门委员会进一步审议。

第三十九条　列入常务委员会会议审议的法律案，因各方面对制定该法律的必要性、可行性等重大问题存在较大意见分歧搁置审议满两年的，或者因暂不付表决经过两年没有再次列入常务委员会会议议程审议的，由委员长会议向常务委员会报告，该法律案终止审议。

第四十条　法律草案修改稿经常务委员会会议审议，由法律委员会根据常务委员会组成人员的审议意见进行修改，提出法律草案表决稿，由委员长会议提请常务委员会全体会议表决，由常务委员会全体组成人员的过半数通过。

第四十一条　常务委员会通过的法律由国家主席签署主席令予以公布。

第四节　法律解释

第四十二条　法律解释权属于全国人民代表大会常务委员会。法律有以下情况之一的，由全国人民代表大会常务委员会解释：（一）法律的规定需要进一步明确具体含义的；（二）法律制定后出现新的情况，需要明确适用法律依据的。

第四十三条　国务院、中央军事委员会、最高人民法院、最高人民检察院和全国人民代表大会各专门委员会以及省、自治区、直辖市的人民代表大会常务委员会可以向全国人民代表大会常务委员会提出法律解释要求。

第四十四条　常务委员会工作机构研究拟订法律解释草案，由委员长会议决定列入常务委员会会议议程。

第四十五条　法律解释草案经常务委员会会议审议，由法律委员会根据常务委员会组成人员的审议意见进行审议、修改，提出法律解释草案表决稿。

第四十六条　法律解释草案表决稿由常务委员会全体组成人员的过半数通过，由常务委员会发布公告予以公布。

第四十七条　全国人民代表大会常务委员会的法律解释同法律具有同等效力。

第五节　其他规定

第四十八条　提出法律案，应当同时提出法律草案文本及其说明，并提供必要的资料。法律草案的说明应当包括制定该法律的必要性和主要内容。

第四十九条　向全国人民代表大会及其常务委员会提出的法律案，在列入会议议程前，提案人有权撤回。

第五十条　交付全国人民代表大会及其常务委员会全体会议表决未获得通过的法律案，如果提案人认为必须制定该法律，可以按照法律规定的程序重新提出，由主席团、委员长会议决定是否列入会议议程；其中，未获得全国人民代表大会通过的法律案，应当提请全国人民代表大会审议决定。

第五十一条　法律应当明确规定施行日期。

第五十二条　签署公布法律的主席令载明该法律的制定机关、通过和施行日期。法律签署公布后，及时在全国人民代表大会常务委员会公报和在全国范围内发行的报纸上刊登。在常务委员会公报上刊登的法律文本为标准文本。

第五十三条　法律的修改和废止程序，适用本章的有关规定。法律部分条文被修改或者废止的，必须公布新的法律文本。

第五十四条　法律根据内容需要，可以分编、章、节、条、款、项、目。编、章、节、条的序号用中文数字依次表述，款不编序号，项的序号用中文数字加括号依次表述，目的序号用阿拉伯数字依次表述。法律标题的题注应当载明制定机关、通过日期。

第五十五条　全国人民代表大会常务委员会工作机构可以对有关具体问题的

法律询问进行研究予以答复，并报常务委员会备案。

第三章　行　政　法　规

第五十六条　国务院根据宪法和法律，制定行政法规。行政法规可以就下列事项作出规定：（一）为执行法律的规定需要制定行政法规的事项；（二）宪法第八十九条规定的国务院行政管理职权的事项。应当由全国人民代表大会及其常务委员会制定法律的事项，国务院根据全国人民代表大会及其常务委员会的授权决定先制定的行政法规，经过实践检验，制定法律的条件成熟时，国务院应当及时提请全国人民代表大会及其常务委员会制定法律。

第五十七条　行政法规由国务院组织起草。国务院有关部门认为需要制定行政法规的，应当向国务院报请立项。

第五十八条　行政法规在起草过程中，应当广泛听取有关机关、组织和公民的意见。听取意见可以采取座谈会、论证会、听证会等多种形式。

第五十九条　行政法规起草工作完成后，起草单位应当将草案及其说明、各方面对草案主要问题的不同意见和其他有关资料送国务院法制机构进行审查。国务院法制机构应当向国务院提出审查报告和草案修改稿，审查报告应当对草案主要问题作出说明。

第六十条　行政法规的决定程序依照中华人民共和国国务院组织法的有关规定办理。

第六十一条　行政法规由总理签署国务院令公布。

第六十二条　行政法规签署公布后，及时在国务院公报和在全国范围内发行的报纸上刊登。在国务院公报上刊登的行政法规文本为标准文本。

第四章　地方性法规、自治条例和单行条例、规章

第一节　地方性法规、自治条例和单行条例

第六十三条　省、自治区、直辖市的人民代表大会及其常务委员会根据本行政区域的具体情况和实际需要，在不同宪法、法律、行政法规相抵触的前提下，可以制定地方性法规。较大的市的人民代表大会及其常务委员会根据本市的具体情况和实际需要，在不同宪法、法律、行政法规和本省、自治区的地方性法规相抵触的前提下，可以制定地方性法规，报省、自治区的人民代表大会常务委员会批准后施行。省、自治区的人民代表大会常务委员会对报请批准的地方性法规，应当对其合法性进行审查，同宪法、法律、行政法规和本省、自治区的地方性法规不抵触的，应当在四个月内予以批准。省、自治区的人民代表大会常务委员会

在对报请批准的较大的市的地方性法规进行审查时，发现其同本省、自治区的人民政府的规章相抵触的，应当作出处理决定。

本法所称较大的市是指省、自治区的人民政府所在地的市，经济特区所在地的市和经国务院批准的较大的市。

第六十四条　地方性法规可以就下列事项作出规定：（一）为执行法律、行政法规的规定，需要根据本行政区域的实际情况作具体规定的事项；（二）属于地方性事务需要制定地方性法规的事项。除本法第八条规定的事项外，其他事项国家尚未制定法律或者行政法规的，省、自治区、直辖市和较大的市根据本地方的具体情况和实际需要，可以先制定地方性法规。在国家制定的法律或者行政法规生效后，地方性法规同法律或者行政法规相抵触的规定无效，制定机关应当及时予以修改或者废止。

第六十五条　经济特区所在地的省、市的人民代表大会及其常务委员会根据全国人民代表大会的授权决定，制定法规，在经济特区范围内实施。

第六十六条　民族自治地方的人民代表大会有权依照当地民族的政治、经济和文化的特点，制定自治条例和单行条例。自治区的自治条例和单行条例，报全国人民代表大会常务委员会批准后生效。自治州、自治县的自治条例和单行条例，报省、自治区、直辖市的人民代表大会常务委员会批准后生效。

自治条例和单行条例可以依照当地民族的特点，对法律和行政法规的规定作出变通规定，但不得违背法律或者行政法规的基本原则，不得对宪法和民族区域自治法的规定以及其他有关法律、行政法规专门就民族自治地方所作的规定作出变通规定。

第六十七条　规定本行政区域特别重大事项的地方性法规，应当由人民代表大会通过。

第六十八条　地方性法规案、自治条例和单行条例案的提出、审议和表决程序，根据中华人民共和国地方各级人民代表大会和地方各级人民政府组织法，参照本法第二章第二节、第三节、第五节的规定，由本级人民代表大会规定。地方性法规草案由负责统一审议的机构提出审议结果的报告和草案修改稿。

第六十九条　省、自治区、直辖市的人民代表大会制定的地方性法规由大会主席团发布公告予以公布。省、自治区、直辖市的人民代表大会常务委员会制定的地方性法规由常务委员会发布公告予以公布。较大的市的人民代表大会及其常务委员会制定的地方性法规报经批准后，由较大的市的人民代表大会常务委员会发布公告予以公布。自治条例和单行条例报经批准后，分别由自治区、自治州、自治县的人民代表大会常务委员会发布公告予以公布。

第七十条　地方性法规、自治区的自治条例和单行条例公布后，及时在本级人民代表大会常务委员会公报和在本行政区域范围内发行的报纸上刊登。在常务委员会公报上刊登的地方性法规、自治条例和单行条例文本为标准文本。

第二节　规　　章

第七十一条　国务院各部、委员会、中国人民银行、审计署和具有行政管理职能的直属机构，可以根据法律和国务院的行政法规、决定、命令，在本部门的权限范围内，制定规章。部门规章规定的事项应当属于执行法律或者国务院的行政法规、决定、命令的事项。

第七十二条　涉及两个以上国务院部门职权范围的事项，应当提请国务院制定行政法规或者由国务院有关部门联合制定规章。

第七十三条　省、自治区、直辖市和较大的市的人民政府，可以根据法律、行政法规和本省、自治区、直辖市的地方性法规，制定规章。地方政府规章可以就下列事项作出规定：（一）为执行法律、行政法规、地方性法规的规定需要制定规章的事项；（二）属于本行政区域的具体行政管理事项。

第七十四条　国务院部门规章和地方政府规章的制定程序，参照本法第三章的规定，由国务院规定。

第七十五条　部门规章应当经部务会议或者委员会会议决定。地方政府规章应当经政府常务会议或者全体会议决定。

第七十六条　部门规章由部门首长签署命令予以公布。地方政府规章由省长或者自治区主席或者市长签署命令予以公布。

第七十七条　部门规章签署公布后，及时在国务院公报或者部门公报和在全国范围内发行的报纸上刊登。地方政府规章签署公布后，及时在本级人民政府公报和在本行政区域范围内发行的报纸上刊登。在国务院公报或者部门公报和地方人民政府公报上刊登的规章文本为标准文本。

第五章　适用与备案

第七十八条　宪法具有最高的法律效力，一切法律、行政法规、地方性法规、自治条例和单行条例、规章都不得同宪法相抵触。

第七十九条　法律的效力高于行政法规、地方性法规、规章。行政法规的效力高于地方性法规、规章。

第八十条　地方性法规的效力高于本级和下级地方政府规章。省、自治区的人民政府制定的规章的效力高于本行政区域内的较大的市的人民政府制定的规章。

第八十一条　自治条例和单行条例依法对法律、行政法规、地方性法规作变通规定的，在本自治地方适用自治条例和单行条例的规定。经济特区法规根据授权对法律、行政法规、地方性法规作变通规定的，在本经济特区适用经济特区法规的规定。

第八十二条　部门规章之间、部门规章与地方政府规章之间具有同等效力，在各自的权限范围内施行。

第八十三条　同一机关制定的法律、行政法规、地方性法规、自治条例和单行条例、规章，特别规定与一般规定不一致的，适用特别规定；新的规定与旧的规定不一致的，适用新的规定。

第八十四条　法律、行政法规、地方性法规、自治条例和单行条例、规章不溯及既往，但为了更好地保护公民、法人和其他组织的权利和利益而作的特别规定除外。

第八十五条　法律之间对同一事项的新的一般规定与旧的特别规定不一致，不能确定如何适用时，由全国人民代表大会常务委员会裁决。行政法规之间对同一事项的新的一般规定与旧的特别规定不一致，不能确定如何适用时，由国务院裁决。

第八十六条　地方性法规、规章之间不一致时，由有关机关依照下列规定的权限作出裁决：（一）同一机关制定的新的一般规定与旧的特别规定不一致时，由制定机关裁决；（二）地方性法规与部门规章之间对同一事项的规定不一致，不能确定如何适用时，由国务院提出意见，国务院认为应当适用地方性法规的，应当决定在该地方适用地方性法规的规定；认为应当适用部门规章的，应当提请全国人民代表大会常务委员会裁决；（三）部门规章之间、部门规章与地方政府规章之间对同一事项的规定不一致时，由国务院裁决。根据授权制定的法规与法律规定不一致，不能确定如何适用时，由全国人民代表大会常务委员会裁决。

第八十七条　法律、行政法规、地方性法规、自治条例和单行条例、规章有下列情形之一的，由有关机关依照本法第八十八条规定的权限予以改变或者撤销：（一）超越权限的；（二）下位法违反上位法规定的；（三）规章之间对同一事项的规定不一致，经裁决应当改变或者撤销一方的规定的；（四）规章的规定被认为不适当，应当予以改变或者撤销的；（五）违背法定程序的。

第八十八条　改变或者撤销法律、行政法规、地方性法规、自治条例和单行条例、规章的权限是：（一）全国人民代表大会有权改变或者撤销它的常务委员会制定的不适当的法律，有权撤销全国人民代表大会常务委员会批准的违背宪法和本法第六十六条第二款规定的自治条例和单行条例；（二）全国人民代表大会常务委员会有权撤销同宪法和法律相抵触的行政法规，有权撤销同宪法、法律和行政法规相抵触的地方性法规,有权撤销省、自治区、直辖市的人民代表大会常务委员会批准的违背宪法和本法第六十六条第二款规定的自治条例和单行条例;(三)国务院有权改变或者撤销不适当的部门规章和地方政府规章;(四)省、自治区、直辖市的人民代表大会有权改变或者撤销它的常务委员会制定的和批准的不适当的地方性法规;(五)地方人民代表大会常务委员会有权撤销本级人民政府制定的不适当的规章;(六)省、自治区的人民政府有权改变或者撤销下一级人民政府制定的不适当的规章;(七)授权机关有权撤销被授权机关制定的超越授权范围或者违背授权目的的法规,必要时可以撤销授权。

第八十九条 行政法规、地方性法规、自治条例和单行条例、规章应当在公布后的三十日内依照下列规定报有关机关备案:(一)行政法规报全国人民代表大会常务委员会备案;(二)省、自治区、直辖市的人民代表大会及其常务委员会制定的地方性法规,报全国人民代表大会常务委员会和国务院备案;较大的市的人民代表大会及其常务委员会制定的地方性法规,由省、自治区的人民代表大会常务委员会报全国人民代表大会常务委员会和国务院备案;(三)自治州、自治县制定的自治条例和单行条例,由省、自治区、直辖市的人民代表大会常务委员会报全国人民代表大会常务委员会和国务院备案;(四)部门规章和地方政府规章报国务院备案;地方政府规章应当同时报本级人民代表大会常务委员会备案;较大的市的人民政府制定的规章应当同时报省、自治区的人民代表大会常务委员会和人民政府备案;(五)根据授权制定的法规应当报授权决定规定的机关备案。

第九十条 国务院、中央军事委员会、最高人民法院、最高人民检察院和各省、自治区、直辖市的人民代表大会常务委员会认为行政法规、地方性法规、自治条例和单行条例同宪法或者法律相抵触的,可以向全国人民代表大会常务委员会书面提出进行审查的要求,由常务委员会工作机构分送有关的专门委员会进行审查、提出意见。前款规定以外的其他国家机关和社会团体、企业事业组织以及公民认为行政法规、地方性法规、自治条例和单行条例同宪法或者法律相抵触的,可以向全国人民代表大会常务委员会书面提出进行审查的建议,由常务委员会工作机构进行研究,必要时,送有关的专门委员会进行审查、提出意见。

第九十一条 全国人民代表大会专门委员会在审查中认为行政法规、地方性法规、自治条例和单行条例同宪法或者法律相抵触的,可以向制定机关提出书面审查意见;也可以由法律委员会与有关的专门委员会召开联合审查会议,要求制定机关到会说明情况,再向制定机关提出书面审查意见。制定机关应当在两个月内研究提出是否修改的意见,并向全国人民代表大会法律委员会和有关的专门委员会反馈。

全国人民代表大会法律委员会和有关的专门委员会审查认为行政法规、地方性法规、自治条例和单行条例同宪法或者法律相抵触而制定机关不予修改的，可以向委员长会议提出书面审查意见和予以撤销的议案，由委员长会议决定是否提请常务委员会会议审议决定。

第九十二条 其他接受备案的机关对报送备案的地方性法规、自治条例和单行条例、规章的审查程序，按照维护法制统一的原则，由接受备案的机关规定。

第六章 附 则

第九十三条 中央军事委员会根据宪法和法律，制定军事法规。

中央军事委员会各总部、军兵种、军区，可以根据法律和中央军事委员会的军事法规、决定、命令，在其权限范围内，制定军事规章。军事法规、军事规章在武装力量内部实施。军事法规、军事规章的制定、修改和废止办法，由中央军事委员会依照本法规定的原则规定。

第九十四条 本法自2000年7月1日起施行。

行政法规制定程序条例

（国务院第〔321〕号，自2002年1月1日起施行）

第一章 总 则

第一条 为了规范行政法规制定程序，保证行政法规质量，根据宪法、立法法和国务院组织法的有关规定，制定本条例。

第二条 行政法规的立项、起草、审查、决定、公布、解释，适用本条例。

第三条 制定行政法规，应当遵循立法法确定的立法原则，符合宪法和法律的规定。

第四条 行政法规的名称一般称"条例"，也可以称"规定"、"办法"等。国务院根据全国人民代表大会及其常务委员会的授权决定制定的行政法规，称"暂行条例"或者"暂行规定"。

国务院各部门和地方人民政府制定的规章不得称"条例"。

第五条 行政法规应当备而不繁，逻辑严密，条文明确、具体，用语准确、简洁，具有可操作性。

行政法规根据内容需要，可以分章、节、条、款、项、目。章、节、条的序号用中文数字依次表述，款不编序号，项的序号用中文数字加括号依次表述，目的序号用阿拉伯数字依次表述。

第二章 立 项

第六条 国务院于每年年初编制本年度的立法工作计划。

第七条 国务院有关部门认为需要制定行政法规的，应当于每年年初编制国务院年度立法工作计划前，向国务院报请立项。

国务院有关部门报送的行政法规立项申请，应当说明立法项目所要解决的主要问题、依据的方针政策和拟确立的主要制度。

第八条 国务院法制机构应当根据国家总体工作部署对部门报送的行政法规立项申请汇总研究，突出重点，统筹兼顾，拟订国务院年度立法工作计划，报国务院审批。

列入国务院年度立法工作计划的行政法规项目应当符合下列要求：

（一）适应改革、发展、稳定的需要；

（二）有关的改革实践经验基本成熟；

（三）所要解决的问题属于国务院职权范围并需要国务院制定行政法规的事项。

第九条 对列入国务院年度立法工作计划的行政法规项目，承担起草任务的部门应当抓紧工作，按照要求上报国务院。

国务院年度立法工作计划在执行中可以根据实际情况予以调整。

第三章 起 草

第十条 行政法规由国务院组织起草。国务院年度立法工作计划确定行政法规由国务院的一个部门或者几个部门具体负责起草工作，也可以确定由国务院法制机构起草或者组织起草。

第十一条 起草行政法规，除应当遵循立法法确定的立法原则，并符合宪法和法律的规定外，还应当符合下列要求：

（一）体现改革精神，科学规范行政行为，促进政府职能向经济调节、社会管理、公共服务转变；

（二）符合精简、统一、效能的原则，相同或者相近的职能规定由一个行政机关承担，简化行政管理手续；

（三）切实保障公民、法人和其他组织的合法权益，在规定其应当履行的义务的同时，应当规定其相应的权利和保障权利实现的途径；

（四）体现行政机关的职权与责任相统一的原则，在赋予有关行政机关必要的职权的同时，应当规定其行使职权的条件、程序和应承担的责任。

第十二条　起草行政法规，应当深入调查研究，总结实践经验，广泛听取有关机关、组织和公民的意见。听取意见可以采取召开座谈会、论证会、听证会等多种形式。

第十三条　起草行政法规，起草部门应当就涉及其他部门的职责或者与其他部门关系紧密的规定，与有关部门协商一致；经过充分协商不能取得一致意见的，应当在上报行政法规草案送审稿（以下简称行政法规送审稿）时说明情况和理由。

第十四条　起草行政法规，起草部门应当对涉及有关管理体制、方针政策等需要国务院决策的重大问题提出解决方案，报国务院决定。

第十五条　起草部门向国务院报送的行政法规送审稿，应当由起草部门主要负责人签署。几个部门共同起草的行政法规送审稿，应当由该几个部门主要负责人共同签署。

第十六条　起草部门将行政法规送审稿报送国务院审查时，应当一并报送行政法规送审稿的说明和有关材料。

行政法规送审稿的说明应当对立法的必要性，确立的主要制度，各方面对送审稿主要问题的不同意见，征求有关机关、组织和公民意见的情况等作出说明。有关材料主要包括国内外的有关立法资料、调研报告、考察报告等。

第四章　审　　查

第十七条　报送国务院的行政法规送审稿，由国务院法制机构负责审查。

国务院法制机构主要从以下方面对行政法规送审稿进行审查：

（一）是否符合宪法、法律的规定和国家的方针政策；

（二）是否符合本条例第十一条的规定；

（三）是否与有关行政法规协调、衔接；

（四）是否正确处理有关机关、组织和公民对送审稿主要问题的意见；

（五）其他需要审查的内容。

第十八条　行政法规送审稿有下列情形之一的，国务院法制机构可以缓办或者退回起草部门：

（一）制定行政法规的基本条件尚不成熟的；

（二）有关部门对送审稿规定的主要制度存在较大争议，起草部门未与有关部门协商的；

（三）上报送审稿不符合本条例第十五条、第十六条规定的。

第十九条　国务院法制机构应当将行政法规送审稿或者行政法规送审稿涉及的主要问题发送国务院有关部门、地方人民政府、有关组织和专家征求意见。国务院有关部门、地方人民政府反馈的书面意见，应当加盖本单位或者本单位办公厅（室）印章。

重要的行政法规送审稿，经报国务院同意，向社会公布，征求意见。

第二十条　国务院法制机构应当就行政法规送审稿涉及的主要问题，深入基层进行实地调查研究，听取基层有关机关、组织和公民的意见。

第二十一条　行政法规送审稿涉及重大、疑难问题的，国务院法制机构应当召开由有关单位、专家参加的座谈会、论证会，听取意见，研究论证。

第二十二条　行政法规送审稿直接涉及公民、法人或者其他组织的切身利益的，国务院法制机构可以举行听证会，听取有关机关、组织和公民的意见。

第二十三条　国务院有关部门对行政法规送审稿涉及的主要制度、方针政策、管理体制、权限分工等有不同意见的，国务院法制机构应当进行协调，力求达成一致意见；不能达成一致意见的，应当将争议的主要问题、有关部门的意见以及国务院法制机构的意见报国务院决定。

第二十四条　国务院法制机构应当认真研究各方面的意见，与起草部门协商后，对行政法规送审稿进行修改，形成行政法规草案和对草案的说明。

第二十五条　行政法规草案由国务院法制机构主要负责人提出提请国务院常务会议审议的建议；对调整范围单一、各方面意见一致或者依据法律制定的配套行政法规草案，可以采取传批方式，由国务院法制机构直接提请国务院审批。

第五章　决定与公布

第二十六条　行政法规草案由国务院常务会议审议，或者由国务院审批。

国务院常务会议审议行政法规草案时，由国务院法制机构或者起草部门作说明。

第二十七条　国务院法制机构应当根据国务院对行政法规草案的审议意见，对行政法规草案进行修改，形成草案修改稿，报请总理签署国务院令公布施行。

签署公布行政法规的国务院令载明该行政法规的施行日期。

第二十八条　行政法规签署公布后，及时在国务院公报和在全国范围内发行的报纸上刊登。国务院法制机构应当及时汇编出版行政法规的国家正式版本。

在国务院公报上刊登的行政法规文本为标准文本。

第二十九条　行政法规应当自公布之日起 30 日后施行。但是，涉及国家安全、外汇汇率、货币政策的确定以及公布后不立即施行将有碍行政法规施行的，可以自公布之日起施行。

第三十条　行政法规在公布后的 30 日内由国务院办公厅报全国人民代表大会常务委员会备案。

第六章　行政法规解释

第三十一条　行政法规条文本身需要进一步明确界限或者作出补充规定的，由国务院解释。

国务院法制机构研究拟订行政法规解释草案，报国务院同意后，由国务院公布或者由国务院授权国务院有关部门公布。

行政法规的解释与行政法规具有同等效力。

第三十二条　国务院各部门和省、自治区、直辖市人民政府可以向国务院提出行政法规解释要求。

第三十三条　对属于行政工作中具体应用行政法规的问题，省、自治区、直辖市人民政府法制机构以及国务院有关部门法制机构请求国务院法制机构解释的，国务院法制机构可以研究答复；其中涉及重大问题的，由国务院法制机构提出意见，报国务院同意后答复。

第七章　附　　则

第三十四条　拟订国务院提请全国人民代表大会或者全国人民代表大会常务委员会审议的法律草案，参照本条例的有关规定办理。

第三十五条　修改行政法规的程序，适用本条例的有关规定。

行政法规修改后，应当及时公布新的行政法规文本。

第三十六条　行政法规的外文正式译本和民族语言文本，由国务院法制机构审定。

第三十七条　本条例自 2002 年 1 月 1 日起施行。1987 年 4 月 21 日国务院批准、国务院办公厅发布的《行政法规制定程序暂行条例》同时废止。

规章制定程序条例

第一章　总　　则

第一条　为了规范规章制定程序，保证规章质量，根据立法法的有关规定，制定本条例。

第二条 规章的立项、起草、审查、决定、公布、解释,适用本条例。

违反本条例规定制定的规章无效。

第三条 制定规章,应当遵循立法法确定的立法原则,符合宪法、法律、行政法规和其他上位法的规定。

第四条 制定规章,应当切实保障公民、法人和其他组织的合法权益,在规定其应当履行的义务的同时,应当规定其相应的权利和保障权利实现的途径。

制定规章,应当体现行政机关的职权与责任相统一的原则,在赋予有关行政机关必要的职权的同时,应当规定其行使职权的条件、程序和应承担的责任。

第五条 制定规章,应当体现改革精神,科学规范行政行为,促进政府职能向经济调节、社会管理和公共服务转变。

制定规章,应当符合精简、统一、效能的原则,相同或者相近的职能应当规定由一个行政机关承担,简化行政管理手续。

第六条 规章的名称一般称"规定"、"办法",但不得称"条例"。

第七条 规章用语应当准确、简洁,条文内容应当明确、具体,具有可操作性。

法律、法规已经明确规定的内容,规章原则上不作重复规定。

除内容复杂的外,规章一般不分章、节。

第八条 涉及国务院两个以上部门职权范围的事项,制定行政法规条件尚不成熟,需要制定规章的,国务院有关部门应当联合制定规章。

有前款规定情形的,国务院有关部门单独制定的规章无效。

第二章 立 项

第九条 国务院部门内设机构或者其他机构认为需要制定部门规章的,应当向该部门报请立项。

省、自治区、直辖市和较大的市的人民政府所属工作部门或者下级人民政府认为需要制定地方政府规章的,应当向该省、自治区、直辖市或者较大的市的人民政府报请立项。

第十条 报送制定规章的立项申请,应当对制定规章的必要性、所要解决的主要问题、拟确立的主要制度等作出说明。

第十一条 国务院部门法制机构,省、自治区、直辖市和较大的市的人民政府法制机构(以下简称法制机构),应当对制定规章的立项申请进行汇总研究,拟订本部门、本级人民政府年度规章制定工作计划,报本部门、本级人民政府批准后执行。

年度规章制定工作计划应当明确规章的名称、起草单位、完成时间等。

第十二条　国务院部门，省、自治区、直辖市和较大的市的人民政府，应当加强对执行年度规章制定工作计划的领导。对列入年度规章制定工作计划的项目，承担起草工作的单位应当抓紧工作，按照要求上报本部门或者本级人民政府决定。

年度规章制定工作计划在执行中，可以根据实际情况予以调整，对拟增加的规章项目应当进行补充论证。

第三章　起　　草

第十三条　部门规章由国务院部门组织起草，地方政府规章由省、自治区、直辖市和较大的市的人民政府组织起草。

国务院部门可以确定规章由其一个或者几个内设机构或者其他机构具体负责起草工作，也可以确定由其法制机构起草或者组织起草。

省、自治区、直辖市和较大的市的人民政府可以确定规章由其一个部门或者几个部门具体负责起草工作，也可以确定由其法制机构起草或者组织起草。

起草规章可以邀请有关专家、组织参加，也可以委托有关专家、组织起草。

第十四条　起草规章，应当深入调查研究，总结实践经验，广泛听取有关机关、组织和公民的意见。听取意见可以采取书面征求意见、座谈会、论证会、听证会等多种形式。

第十五条　起草的规章直接涉及公民、法人或者其他组织切身利益，有关机关、组织或者公民对其有重大意见分歧的，应当向社会公布，征求社会各界的意见；起草单位也可以举行听证会。听证会依照下列程序组织：

（一）听证会公开举行，起草单位应当在举行听证会的30日前公布听证会的时间、地点和内容；

（二）参加听证会的有关机关、组织和公民对起草的规章，有权提问和发表意见；

（三）听证会应当制作笔录，如实记录发言人的主要观点和理由；

（四）起草单位应当认真研究听证会反映的各种意见，起草的规章在报送审查时，应当说明对听证会意见的处理情况及其理由。

第十六条　起草部门规章，涉及国务院其他部门的职责或者与国务院其他部门关系紧密的，起草单位应当充分征求国务院其他部门的意见。

起草地方政府规章，涉及本级人民政府其他部门的职责或者与其他部门关系紧密的，起草单位应当充分征求其他部门的意见。起草单位与其他部门有不同意见的，应当充分协商；经过充分协商不能取得一致意见的，起草单位应当在上报规章草案送审稿（以下简称规章送审稿）时说明情况和理由。

第十七条　起草单位应当将规章送审稿及其说明、对规章送审稿主要问题的不同意见和其他有关材料按规定报送审查。

报送审查的规章送审稿，应当由起草单位主要负责人签署；几个起草单位共同起草的规章送审稿，应当由该几个起草单位主要负责人共同签署。

规章送审稿的说明应当对制定规章的必要性、规定的主要措施、有关方面的意见等情况作出说明。

有关材料主要包括汇总的意见、听证会笔录、调研报告、国内外有关立法资料等。

第四章　审　　查

第十八条　规章送审稿由法制机构负责统一审查。

法制机构主要从以下方面对送审稿进行审查：

（一）是否符合本条例第三条、第四条、第五条的规定；

（二）是否与有关规章协调、衔接；

（三）是否正确处理有关机关、组织和公民对规章送审稿主要问题的意见；

（四）是否符合立法技术要求；

（五）需要审查的其他内容。

第十九条　规章送审稿有下列情形之一的，法制机构可以缓办或者退回起草单位：

（一）制定规章的基本条件尚不成熟的；

（二）有关机构或者部门对规章送审稿规定的主要制度存在较大争议，起草单位未与有关机构或者部门协商的；

（三）上报送审稿不符合本条例第十七条规定的。

第二十条　法制机构应当将规章送审稿或者规章送审稿涉及的主要问题发送有关机关、组织和专家征求意见。

第二十一条　法制机构应当就规章送审稿涉及的主要问题，深入基层进行实地调查研究，听取基层有关机关、组织和公民的意见。

第二十二条　规章送审稿涉及重大问题的，法制机构应当召开由有关单位、专家参加的座谈会、论证会，听取意见，研究论证。

第二十三条　规章送审稿直接涉及公民、法人或者其他组织切身利益，有关机关、组织或者公民对其有重大意见分歧，起草单位在起草过程中未向社会公布,也未举行听证会的,法制机构经本部门或者本级人民政府批准,可以向社会公布,也可以举行听证会。

举行听证会的,应当依照本条例第十五条规定的程序组织。

第二十四条 有关机构或者部门对规章送审稿涉及的主要措施、管理体制、权限分工等问题有不同意见的,法制机构应当进行协调,达成一致意见;不能达成一致意见的,应当将主要问题、有关机构或者部门的意见和法制机构的意见上报本部门或者本级人民政府决定。

第二十五条 法制机构应当认真研究各方面的意见,与起草单位协商后,对规章送审稿进行修改,形成规章草案和对草案的说明。说明应当包括制定规章拟解决的主要问题、确立的主要措施以及与有关部门的协调情况等。

规章草案和说明由法制机构主要负责人签署,提出提请本部门或者本级人民政府有关会议审议的建议。

第二十六条 法制机构起草或者组织起草的规章草案,由法制机构主要负责人签署,提出提请本部门或者本级人民政府有关会议审议的建议。

第五章 决定和公布

第二十七条 部门规章应当经部务会议或者委员会会议决定。

地方政府规章应当经政府常务会议或者全体会议决定。

第二十八条 审议规章草案时,由法制机构作说明,也可以由起草单位作说明。

第二十九条 法制机构应当根据有关会议审议意见对规章草案进行修改,形成草案修改稿,报请本部门首长或者省长、自治区主席、市长签署命令予以公布。

第三十条 公布规章的命令应当载明该规章的制定机关、序号、规章名称、通过日期、施行日期、部门首长或者省长、自治区主席、市长署名以及公布日期。

部门联合规章由联合制定的部门首长共同署名公布,使用主办机关的命令序号。

第三十一条 部门规章签署公布后,部门公报或者国务院公报和全国范围内发行的有关报纸应当及时予以刊登。

地方政府规章签署公布后,本级人民政府公报和本行政区域范围内发行的报纸应当及时刊登。

在部门公报或者国务院公报和地方人民政府公报上刊登的规章文本为标准

文本。

第三十二条　规章应当自公布之日起 30 日后施行。但是，涉及国家安全、外汇汇率、货币政策的确定以及公布后不立即施行将有碍规章施行的，可以自公布之日起施行。

第六章　解释与备案

第三十三条　规章解释权属于规章制定机关。

规章有下列情况之一的，由制定机关解释：

（一）规章的规定需要进一步明确具体含义的；

（二）规章制定后出现新的情况，需要明确适用规章依据的。

规章解释由规章制定机关的法制机构参照规章送审稿审查程序提出意见，报请制定机关批准后公布。

规章的解释同规章具有同等效力。

第三十四条　规章应当自公布之日起 30 日内，由法制机构依照立法法和《法规规章备案条例》的规定向有关机关备案。

第三十五条　国家机关、社会团体、企业事业组织、公民认为规章同法律、行政法规相抵触的，可以向国务院书面提出审查的建议，由国务院法制机构研究处理。

国家机关、社会团体、企业事业组织、公民认为较大的市的人民政府规章同法律、行政法规相抵触或者违反其他上位法的规定的，也可以向本省、自治区人民政府书面提出审查的建议，由省、自治区人民政府法制机构研究处理。

第七章　附　　则

第三十六条　依法不具有规章制定权的县级以上地方人民政府制定、发布具有普遍约束力的决定、命令，参照本条例规定的程序执行。

第三十七条　国务院部门，省、自治区、直辖市和较大的市的人民政府，应当经常对规章进行清理，发现与新公布的法律、行政法规或者其他上位法的规定不一致的，或者与法律、行政法规或者其他上位法相抵触的，应当及时修改或者废止。

修改、废止规章的程序，参照本条例的有关规定执行。

第三十八条　编辑出版正式版本、民族文版、外文版本的规章汇编，由法制机构依照《法规汇编编辑出版管理规定》的有关规定执行。

第三十九条　本条例自 2002 年 1 月 1 日起施行。

法规规章备案条例

(国务院令第〔337〕号,2001年12月14日发布,自2002年1月1日起施行)

第一条 为了维护社会主义法制的统一,加强对法规、规章的监督,根据立法法的有关规定,制定本条例。

第二条 本条例所称法规,是指省、自治区、直辖市和较大的市的人民代表大会及其常务委员会依照法定职权和程序制定的地方性法规,经济特区所在地的省、市的人民代表大会及其常务委员会依照法定职权和程序制定的经济特区法规,以及自治州、自治县的人民代表大会依照法定职权和程序制定的自治条例和单行条例。

本条例所称规章,包括部门规章和地方政府规章。部门规章,是指国务院各部、各委员会、中国人民银行、审计署和具有行政管理职能的直属机构(以下简称国务院部门)根据法律和国务院的行政法规、决定、命令,在本部门的职权范围内依照《规章制定程序条例》制定的规章。地方政府规章,是指省、自治区、直辖市和较大的市的人民政府根据法律、行政法规和本省、自治区、直辖市的地方性法规,依照《规章制定程序条例》制定的规章。

第三条 法规、规章公布后,应当自公布之日起30日内,依照下列规定报送备案:

(一)地方性法规、自治州和自治县的自治条例和单行条例由省、自治区、直辖市的人民代表大会常务委员会报国务院备案;

(二)部门规章由国务院部门报国务院备案,两个或者两个以上部门联合制定的规章,由主办的部门报国务院备案;

(三)省、自治区、直辖市人民政府规章由省、自治区、直辖市人民政府报国务院备案;

(四)较大的市的人民政府规章由较大的市的人民政府报国务院备案,同时报省、自治区人民政府备案;

(五)经济特区法规由经济特区所在地的省、市的人民代表大会常务委员会报国务院备案。

第四条 国务院部门,省、自治区、直辖市和较大的市的人民政府应当依法履行规章备案职责,加强对规章备案工作的组织领导。

国务院部门法制机构,省、自治区、直辖市人民政府和较大的市的人民政府法制机构，具体负责本部门、本地方的规章备案工作。

第五条　国务院法制机构依照本条例的规定负责国务院的法规、规章备案工作，履行备案审查监督职责。

第六条　依照本条例报送国务院备案的法规、规章，径送国务院法制机构。

报送法规备案，按照全国人民代表大会常务委员会关于法规备案的有关规定执行。

报送规章备案，应当提交备案报告、规章文本和说明，并按照规定的格式装订成册，一式十份。

报送法规、规章备案，具备条件的，应当同时报送法规、规章的电子文本。

第七条　报送法规、规章备案，符合本条例第二条和第六条第二款、第三款规定的，国务院法制机构予以备案登记；不符合第二条规定的，不予备案登记；符合第二条规定但不符合第六条第二款、第三款规定的，暂缓办理备案登记。

暂缓办理备案登记的，由国务院法制机构通知制定机关补充报送备案或者重新报送备案；补充或者重新报送备案符合规定的，予以备案登记。

第八条　经备案登记的法规、规章，由国务院法制机构按月公布目录。

编辑出版法规、规章汇编的范围，应当以公布的法规、规章目录为准。

第九条　国家机关、社会团体、企业事业组织、公民认为地方性法规同行政法规相抵触的，或者认为规章以及国务院各部门、省、自治区、直辖市和较大的市的人民政府发布的其他具有普遍约束力的行政决定、命令同法律、行政法规相抵触的，可以向国务院书面提出审查建议，由国务院法制机构研究并提出处理意见，按照规定程序处理。

第十条　国务院法制机构对报送国务院备案的法规、规章，就下列事项进行审查：

（一）是否超越权限；

（二）下位法是否违反上位法的规定；

（三）地方性法规与部门规章之间或者不同规章之间对同一事项的规定不一致，是否应当改变或者撤销一方或者双方的规定；

（四）规章的规定是否适当；

（五）是否违背法定程序。

第十一条　国务院法制机构审查法规、规章时，认为需要有关的国务院部门或者地方人民政府提出意见的，有关的机关应当在规定期限内回复；认为需要法规、规章的制定机关说明有关情况的，有关的制定机关应当在规定期限内予以说明。

第十二条　经审查，地方性法规同行政法规相抵触的，由国务院提请全国人民代表大会常务委员会处理。

第十三条　地方性法规与部门规章之间对同一事项的规定不一致的，由国务院法制机构提出处理意见，报国务院依照立法法第八十六条第一款第（二）项的规定处理。

第十四条　经审查，规章超越权限，违反法律、行政法规的规定，或者其规定不适当的，由国务院法制机构建议制定机关自行纠正；或者由国务院法制机构提出处理意见报国务院决定，并通知制定机关。

第十五条　部门规章之间、部门规章与地方政府规章之间对同一事项的规定不一致的，由国务院法制机构进行协调；经协调不能取得一致意见的，由国务院法制机构提出处理意见报国务院决定，并通知制定机关。

第十六条　对《规章制定程序条例》第二条第二款、第八条第二款规定的无效规章，国务院法制机构不予备案，并通知制定机关。

规章在制定技术上存在问题的，国务院法制机构可以向制定机关提出处理意见，由制定机关自行处理。

第十七条　规章的制定机关应当自接到本条例第十四条、第十五条、第十六条规定的通知之日起 30 日内，将处理情况报国务院法制机构。

第十八条　根据本条例第十五条作出的处理结果，可以作为对最高人民法院依照行政诉讼法第五十三条送请国务院解释或者裁决的答复。

第十九条　法规、规章的制定机关应当于每年 1 月底前将上一年所制定的法规、规章目录报国务院法制机构。

第二十条　对于不报送规章备案或者不按时报送规章备案的，由国务院法制机构通知制定机关，限期报送；逾期仍不报送的，给予通报，并责令限期改正。

第二十一条　省、自治区、直辖市人民政府应当依法加强对下级行政机关发布的规章和其他具有普遍约束力的行政决定、命令的监督，依照本条例的有关规定，建立相关的备案审查制度，维护社会主义法制的统一，保证法律、法规的正确实施。

第二十二条　本条例自 2002 年 1 月 1 日起施行。1990 年 2 月 18 日国务院发布的《法规、规章备案规定》同时废止。

五　政协机关公文处理规定

政协陕西省委员会机关公文处理暂行规定

(2009年5月18日政协陕西省第十届委员会第17次主席会议通过)

第一章　总　　则

第一条　为促进政协陕西省委员会机关公文处理的规范化、制度化和科学化，提高公文质量和工作效率，根据《中国共产党机关公文处理条例》（中办发〔1996〕14号）和《国家行政机关公文处理办法》（国发〔2000〕23号）的规定，结合政协工作实际，制定本暂行规定。

第二条　政协机关公文，是政协机关指导工作、处理公务的具有特定效力和规范格式的文书，是传达贯彻党和国家的路线、方针、政策，履行政协职能，布置和商洽工作，请示、报告、答复问题和交流情况的重要工具。

第三条　公文处理指公文的拟制、办理、管理等一系列衔接有序的工作。

第四条　在公文处理中，必须严格遵守国家保密有关规定，确保国家秘密和公文安全。

第五条　公文处理应当坚持实事求是，精简、规范的原则，做到及时、准确、有序、高效。

第六条　政协机关工作人员特别是文秘工作人员，应认真负责地处理公文，加强学习，严格要求，作风严谨，遵守规则，不断提高公文处理的能力和水平。

第二章　公文种类

第七条　政协机关常用的公文种类有：

（一）决议

用于经相关会议讨论通过并要求贯彻执行的重要决定事项。

（二）决定

用于对重要事项或重大问题作出安排部署或决策、决断。

（三）建议案

用于经政协陕西省委员会全体会议、常务委员会会议或主席会议审议通过，并以省政协名义向同级人大及其常委会或省政府提出的重要建议事项。

（四）意见

用于对重要问题提出见解和处理办法，上级重要精神的传达贯彻，有关政协工作方针、政策的制定，重大工作任务的部署。

（五）提案

用于政协委员、参加政协的各党派、各人民团体和政协专门委员会向政协全体会议或常务委员会提出的、经提案审查委员会或提案委员会审查立案后，要求有关部门和单位办复的书面意见和建议。

（六）通知

用于转发上级机关、同级机关和不相隶属机关的公文，批转下级机关的公文，安排要求下级机关办理和需要有关单位周知或共同执行的事项，传达重要精神，交流有关情况，任免干部。

（七）通报

用于表彰先进，批评错误，传达重要精神，交流重要情况。

（八）报告

用于向上级机关汇报工作，反映调研、视察等情况，提出意见、建议，答复上级机关的询问。

（九）请示

用于向上级机关、领导请求批准、指示。

（十）批复

用于答复下级机关请示事项。

（十一）会议纪要

用于记载会议主要精神和议定事项。

（十二）函

用于平行机关、不相隶属机关之间商洽工作、询问和答复问题，向无隶属关系的有关主管部门请求批准等。

第三章 公文格式

第八条 公文一般由版头、份号、密级、紧急程度、发文字号、签发人、标题、主送机关、正文、附件、发文机关署名、成文日期、印章、主题词、抄送机关、印制版记等组成。

（一）版头：

1. 省政协文件版头。由"中共陕西省政协党组文件"和"政协陕西省委员会文件"组成，版头用套红大字居中印在公文首页上部。

2. 省政协办公厅文件。由"中共陕西省政协机关党组文件"和"政协陕西省委员会办公厅文件"组成，版头用套红大字居中印在公文首页上部。

3. 省政协专门委员会文件。由"陕西省政协专门委员会文件"组成，版头套红居中印在公文首页上部。两个以上机关联合行文，主办机关排列在前，也可只有主办机关的名称。

（二）份号：公文印制份数的顺序号。机密、绝密文件应标注份号。标注在公文首页的左上角。

（三）密级：公文的秘密等级，分为"秘密"、"机密"、"绝密"三种。有保密要求和保管期限的公文应确定密级和保管期限。标注在份号下面。

（四）紧急程度：对公文送达和办理的时间要求，分为"加急"、"特急"。标注在密级下面。

（五）发文字号：由发文机关代字、标于括号内的发文年度、发文顺序号组成；两个以上机关联合行文，只标明主办机关的发文字号。

（六）签发人：上报公文应当在发文字号的右端标明签发人姓名。

（七）标题：一般由发文机关、事由和文种组成，应当准确、简要地概括公文的主要内容。会议通过的文件应在标题之下，标明会议名称和通过日期。

（八）主送机关：主要受理公文的机关，应当使用全称或规范化简称、统称，位于正文左上方。"决定"、"会议纪要"等文种，主送机关可置于文尾主题词之下，抄送机关的上方；请示，只写一个主送机关，如需同时送其他机关，用抄送形式。

（九）正文：对公文内容的表述，位于标题或主送机关下方。

（十）附件：公文如有附件，应置于主件之后，与主件一起装订，并在正文之后、发文机关署名之前，注明名称和顺序。

（十一）发文机关署名：应用全称或规范化简称，位于正文之后右下方。

（十二）成文日期：署会议通过或者负责人签发日期；位于发文机关署名下方。联合发文署最后一个机关负责人签发的日期。电报以发出日期为准。

（十三）印章：除会议纪要和印有版头的向下普发的公文外，公文应加盖发文机关印章。

（十四）主题词：根据公文种类和内容从《公文主题词表》中选词标注，位于抄送机关或印制版记上方。

（十五）抄送机关：抄送机关是指除主送机关以外其他需要告知公文内容的机关，应当使用全称或者规范化简称，位于印制版记上方。抄送范围如涉及各方面机关，一般按党委、人大、政府、政协、纪委、军区、法院、检察院、群团的顺序排列。正文前已标明主送机关的，抄送栏只标明抄送机关。

（十六）印制版记：由公文印发机关名称、印发日期和份数组成，位于公文末页下端。

（十七）主题词、抄送机关、印发机关与印发日期栏之间分别加横线分开。

第九条 公文印制要求

（一）公文从左至右横排。

（二）公文用纸一般采用国际标准 A4 型（210mm×297mm），左侧装订。

（三）公文标准印刷字号：大标题用 2 号宋体字，正文用 3 号仿宋体字，文中标题一级用 3 号黑体字，二级用 3 号楷体字。

第十条 省政协机关公文版头主要形式、适用范围及发文字号

（一）陕政协党组字

陕政协党组字文件，版头是《中共陕西省政协党组文件》，字号为"陕政协党组字〔20××〕××号"。适用于向中共陕西省委请示重要问题；报告工作情况和决定；按干部报批程序拟报厅以上干部的任免、离退休等人事安排。

（二）陕政协党组发

陕政协党组发文件，版头是《中共陕西省政协党组文件》，字号为"陕政协党组发〔20××〕××号"。适用于中共陕西省政协党组贯彻落实中共中央和省委重大决策的决定或决议。

（三）陕政协字

陕政协字文件，版头是《政协陕西省委员会文件》，字号为"陕政协字〔20××〕××号"。适用于进行重要的工作部署；向中共陕西省委、省政府报或送经陕西省政协全体会议、常务委员会、主席会议通过的工作建议；以委员会名义的请示、报告。

（四）陕政协发

陕政协发文件，版头是《政协陕西省委员会文件》，字号为"陕政协发〔20××〕××号"。适用于政协陕西省委员会部署重要工作，传达贯彻重大方针、政策，批转或转发普遍指导意义的文件等。

（五）陕政协办字

陕政协办字文件，版头是《政协陕西省办公厅文件》，字号为"陕政协办字

〔20××〕××号"。适用于政协陕西省委员会办公厅请示、报告、批复、通知事项等。

（六）陕政协办发

陕政协办发文件，版头是《政协陕西省办公厅文件》，字号为"陕政协办发〔20××〕××号"。适用于政协陕西省委员会办公厅传达政协陕西省委员会及其常务委员会会议、主席会议、秘书长会议的指示、决定，部署办公厅工作，规定重要事项，报送重要视察、调查报告、建议案等。

（七）陕政协函

陕政协函，版头是《政协陕西省委员会》，字号为"陕政协函〔20××〕××号"。适用于政协陕西省委员会与国家有关部门、兄弟省市联系、商洽具体工作等。

（八）陕政协办函

陕政协办函，版头是《政协陕西省委员会办公厅》，字号为："陕政协办函〔20××〕××号"。适用于政协陕西省委员会办公厅发函与有关部门联系、商洽具体工作等。

（九）陕政协专发文件

陕政协专发文件，版头是《陕西省政协专门委员会文件》，字号为：陕政协专发〔20××〕××号。主要用于年度、季度工作计划、总结；重大活动、重要工作会议计划；视察、考察、专题调查形成的报告，与中共陕西省委、省政府有关职能部门联系的函件。

（十）政协通报

主要用于通报政协重要工作情况，印发领导重要讲话等，发文编号为：第×期。

（十一）送阅件

需要向全国政协、省委和省政府报送的重要情况或信息。

（十二）会议纪要

用于记载主席会议、党组会议、秘书长会议等重要会议的主要情况和决定事项。发文编号为：×届第×次。

（十三）工作月报

用于登载每月的重要会议、领导的重要活动、省政协和省政协机关主要工作动态。

（十四）陕西政协信息

选载全国政协、各兄弟省市政协及各地政协的工作经验和做法；需要领导掌握的重要信息；反映来自委员、各市县政协、各民主党派反映的比较集中的意见、建议和重要信息。发文编号为：第×期。

（十五）值班报告

用于记载、报送需要及时办理的事项。发文编号为：第×期。

第十一条　发送范围

（一）决议、决定、意见。应根据内容及需要告知和执行的范围进行发送。重要决定应送省委省政府。

（二）建议案、提案、社情民意信息。建议案和提案不需要下发，只经过一定的程序和会议确定之后，报送中共陕西省委或交省政府有关部门办理；社情民意信息应根据具体内容进行发放、告知或办理。

（三）政协通报。按照要求送主席、副主席、秘书长、副秘书长、研究室主任、机关厅以上领导、各设区市政协和机关各处室。对于主要领导有指导性的讲话和内容应送全国政协办公厅、中共陕西省委常委，送省委办公厅、省政府办公厅。

（四）请示、报告、批复一般不下发，只报送有关部门，批复只发到涉及的单位和部门。

（五）对于日常工作类公文，如通知、请示、会议纪要、函等公文，根据具体内容的需要和应告知办理的单位及个人，予以发放、上报。

（六）通知的发放，应根据通知事项的具体内容和要求，确定通知的发送范围。

公文的发送在遵循以上原则的同时，应结合内容，在具体公文处理时，根据公文内容和需要，对发放范围做适当的调整。

第十二条　公文文面格式

（一）有保密要求的公文应确定密级，用3号黑体在公文首页左上角份号下方右侧顶格标注，密级两字之间空一字。

（二）紧急公文应标明"加急"、"特急"，在公文首页左上角，密级下方，用3号黑体左侧顶格标注，两字之间空一字。

（三）发文字号用4号仿宋体标注在版头下方居中位置，发文年度、发文顺序号用阿拉伯数字。发文年度要用全称并用"〔 〕"括起来。发文顺序号自每年第一件公文起按发出顺序编排，不编虚位（如001），不加"第"字。

（四）"签发人"用4号仿宋体，后标全角冒号，之后用3号楷体右侧顶格标注签发人姓名。如有两个以上签发人，姓名按先后顺序上下排列，主办单位签发人排在第一行。

（五）公文标题位于横隔线下空 2 行居中位置，排列分行要合理、美观，标题中间可有标点符号。一级、二级标题如独立成段，句末不用标点符号。公文如有副标题，用 3 号楷体排列在主标题下面。

（六）主送机关名称用全称或规范化简称，在正文左上方，标题下空一行，左侧顶格用 3 号仿宋体标注，如需回行仍顶格，后标全角冒号。

（七）公文的正文位于标题或主送机关下方，与标题空一行，与主送机关不空行。每自然段左空 2 字，回行顶格。公文中的数字、年份不能分段回行。

（八）公文如有附件，在正文下空一行、左空 2 字用 3 号仿宋体标注"附件"，后标全角冒号和附件名称，如需回行，与附件名称第一字对齐排列。有 2 个以上附件时，用阿拉伯数字注明顺序号。顺序号在"附件："后上下对齐排列，数字后用下圆点符号。附件置于文件之后一起装订，并在附件首页左上角第 1 行左侧顶格用 3 号仿宋体标注"附件"，有顺序号时标注顺序号，后面不标冒号。然后下空一行，排列附件正文。

（九）发文机关署名用全称或规范化简称，位于正文右下方。联合行文时，各联署机关名称应平行排列，并将主办机关排列在前。中国人民政治协商会议陕西省委员会及其办公厅可以简称为"政协陕西省委员会"和"政协陕西省委员会办公厅"也可称为："陕西省政协"和"陕西省政协办公厅"（中国人民政治协商会议陕西省委员会全体会议和常务委员会会议的名称，可以简称为"政协陕西省第×届委员会第×次会议"、"政协陕西省第×届委员会常务委员会第×次会议"）。

（十）印有版头向下普发的公文可只署发文机关名称而不加盖印章，但必须署明成文时间；其他公文除会议纪要、政协通报、工作月报、送阅件、提案和机关内部运行的通知、请示、报告外，都应加盖印章。上行文和平行文一般应署名同时加盖印章；两个以上机关联合行文的要署明所有发文机关名称和成文时间。

（十一）印章应加盖在落款的年、月、日处，不得在空白处用印。用印要求印迹端正、清晰，做到"齐年盖月"，即印章下弧的左边缘与落款日期的"年"、右边缘与"月"相齐。

（十二）发文日期全称写明年、月、日，用阿拉伯数字标注于发文机关署名右下方。

（十三）一般情况下，正文结束部分与发文机关、日期和用印应在同一页码，不再使用"此页无正文"字样说明末页无正文。

（十四）公文"主题词"用 3 号黑体字居左顶格标注，后标冒号，词目用 3 号宋体，词目之间空一字。

（十五）抄送栏内根据需要只注明主送和抄送范围。抄送机关单位较多时，上级机关在前，然后是平级机关单位，最后是下一级机关单位。归档单位不列出。抄送机关名称左右各空一字排列，"抄送"后标全角冒号，抄送机关之间用逗号隔开，回行时与冒号后的抄送机关第一字对齐，在最后一个抄送机关后标句号。

（十六）印制版记在两线之间左空一字注明印发单位名称，右空一字注明印发日期，底线下面右空一字注明印发份数。印发日期和份数用阿拉伯数字标注。

（十七）主题词、抄送栏和版记应置于公文末页。版记的最后一个要素置于最后一行。抄送栏和版记内容用4号仿宋体。

（十八）"政协陕西省委员会办公厅文件"中的"请示"、"报告"、"批复"、"通知"等字样用2号楷体。

（十九）"政协通报"、"工作月报"、"陕西政协信息"、"送阅件"版头中"第×期"用3号宋体，期数用阿拉伯数字；"政协陕西省委员会办公厅"和"年、月、日"用4号楷体。

（二十）会议纪要中"×届第×次"用3号黑体，届次数用汉字，会议次数用阿拉伯数字。

（二十一）会议材料如需注明，在材料首页第一行以"××会议材料"字样用4号楷体居左顶格标注，如需换行与上行两端对齐，横排长度一般不超过每行的一半。公文标题在其下空一行排列。

（二十二）政协陕西省委员会主席会议、常委会议、全体会议或其他会议通过的公文，如需注明，在公文标题下用4号楷体加圆括号注明通过的时间和会议名称，式样为（20××年×月×日××会议通过），年、月、日用阿拉伯数字，一般应居中排列，如需回行仍居中排列。

（二十三）公文中如需注明"草案"、"送审稿"、"征求意见稿"、"审议稿"、"讨论稿"等字样，在标题下面以3号楷体字加圆括号居中标注，每字之间空一字。

（二十四）公文中的领导讲话稿，如需注明领导姓名和讲话时间，在标题下面用3号楷体注明。时间用阿拉伯数字全称标注年、月、日并用圆括号括起来，居中排列在标题下面；领导姓名每字之间空一字居中排列在时间下面。

（二十五）信函式公文使用函件版头。发文字号置于武文线下右上角右侧顶格，发文字号下空一行标识公文标题。首页不标注页码。

（二十六）公文使用A4型纸，一般每面排22行，每行28个字。如使用16开型纸，一般每面排20行，每行25个字。

（二十七）公文页码用 4 号半角阿拉伯数字标识，置于版心下边缘下空一行，单页码居右空一字，双页码居左空一字。数码左右各放一条 4 号一字线。空白页不标页码。

（二十八）机关公文一般采用两面印制、中缝装订。

中共政协陕西省委员会及其办公厅党组、机关党委的公文比照上述规定执行。

第四章　行文规则

第十三条　行文关系根据隶属关系和职权范围确定，一般不得越级请示和报告。

第十四条　机关以政协陕西省委员会及其办公厅名义对外正式行文。

第十五条　对上行文，应当主送一个上级机关，如需其他相关上级机关阅知，可以抄送。

第十六条　"请示"应当一文一事，一般只写一个主送单位，需要同时送其他机关的，应当用抄送形式。"报告"不得夹带请示事项。请示事项涉及其他部门业务范围时，应经过协商并取得一致意见后上报。

第十七条　无隶属关系的机关之间一般用函行文。

第十八条　除领导同志直接交办的事项和机关内部行文外，不得以机关名义向领导同志个人报送"请示"、"意见"和"报告"。

第十九条　精简文件，严格控制发文数量。行文应当确有需要，可发可不发的公文不发，可长可短的公文要短。

第二十条　向上级机关的请示，不可同时发送下级机关，向上级机关的报告，一般不下发，如有特殊需要可抄送同级或下级有关单位。

第二十一条　在报刊上公开发布的本机关公文，同发文机关正式印发的公文具有同等效力。

第五章　公文起草

第二十二条　草拟公文应当做到：

（一）符合党的路线、方针、政策和国家的法律、法规及上级的指示精神。

（二）情况真实，观点明确，条理清楚，文字精练，字词规范，标点准确，文风端正，篇幅力求简短。

（三）文种、格式使用正确。

（四）人名、地名、数字、引文应准确。引用公文应当先引标题，后引发文字号。日期应当写明具体的年、月、日。

（五）公文中的数字，除部分结构层次序数和在词、词组、惯用语、缩略语、具有修饰色彩语句中作为词素的数字必须使用汉字外，应当使用阿拉伯数字。

（六）结构层次序数，第一层为"一、"，第二层为"（一）"，第三层为"1."，第四层为"（1）"。

（七）使用简称应先使用全称，并注明简称。

第六章　公文审核、签发

第二十三条　以省政协或省政协办公厅名义发出的文件，需经分管政务的副秘书长审签后，方可请领导签发。

第二十四条　公文须经本部门负责人审核。在公文送分管政务的副秘书长审签之前，承办部门和秘书处要认真进行审核。承办部门重点对政策依据、内容真实性、数据准确性、错别字、标点符号等审核把关。秘书处重点审核文面格式、文种是否符合要求，呈批手续是否完备等。审核后的文稿经承办部门和秘书处负责人签字后送分管政务的副秘书长审签。送政协主要领导签发的文件由秘书长或分管政务的副秘书长审核后秘书处负责报送。

第二十五条　公文的签发按领导职责分工进行，一般为：

（一）以政协陕西省委员会名义发出的公文由主席或主席委托副主席签发。

（二）以中共政协陕西省委员会党组及其办公厅党组名义发出的公文由党组书记或副书记签发。

（三）以办公厅名义代政协陕西省委员会发出的公文经主席或主席委托副主席审定后由秘书长签发；处理办公厅事务的公文由秘书长或秘书长委托副秘书长签发。

（四）主席会议纪要由主席或主席委托的副主席签发，也可由主席委托秘书长签发。党组会议纪要由党组书记或副书记签发。秘书长会议纪要由秘书长或秘书长委托副秘书长签发。

（五）《政协通报》由秘书长或分管政务的副秘书长签发，《送阅件》根据内容情况由秘书长、研究室主任或专门委员会主任签发，《陕西政协信息》由分管副秘书长签发。

第二十六条　各部门负责人审核文稿和领导签发公文应使用钢笔或毛笔，签署明确意见，并注明姓名和时间。

第二十七条　公文不得越级呈签，如遇紧急事项必须越级呈签的，事后要及时向有关领导报告。

第七章 公 文 办 理

第二十八条 公文办理包括公文的签收、登记、拟办、分发、传阅、承办和催办等程序。收到公文后秘书处或有关部门签收、登记。属于领导传阅的，按程序送领导传阅；需要办理的由秘书处报送领导阅批。紧急公文要注明签收的时间。本级公文由下至上、上级公文由上至下报送阅批。需送几位领导人传阅或传批的公文，传阅件按领导人排序由前向后递送，传批件由后向前递送。领导批示的公文由承办单位办理。承办单位应及时办理，不得延误、漏办。紧急或重要公文应当及时办理并向有关负责人报告办理情况。

第二十九条 经领导签发的文稿，由办公厅秘书处对文种的使用、格式、行文关系、签发范围等复核无误后，进行统一编号、登记、印制、用印。由拟稿部门装订、封装，机关内部发文凡属标有密级的公文由秘书处统一分发，其他公文由拟稿部门分发，对外发文由秘书处统一发出。

第三十条 公文办理程序

（一）外来公文办理

外来公文由秘书处统一签收。秘书处收到外来公文后，如需办理则提出拟办意见由处长签报分管副秘书长阅，分管副秘书长明确拟办意见签报秘书长阅；如需要秘书长签报分管副主席或需要分管副主席签报主席阅，领导最后签出的公文退秘书处。秘书处对领导批示进行登记，交有关部门办理。有关部门办理完毕后，将公文交秘书处归档。

（二）内部公文办理

1. 省政协办公厅、研究室、各处和其他内设单位拟制的公文、专门委员会拟制的涉及综合协调事务的公文统一交秘书处登记、呈报。秘书处提出拟办意见由处长签报分管副秘书长阅，副秘书长明确拟办意见签报秘书长阅。如需要秘书长签报分管副主席阅、分管副主席签报主席阅的公文，由秘书处对领导批示进行登记，将公文退呈报部门办理。

2. 涉及省政协专门委员会内部事务的公文，由专门委员会办公室主任提出拟办意见签报主任。如需要主任签报分管副主席，分管副主席签出的公文退本专门委员会办公室办理。专门委员会办公室办理的公文交秘书处备案。

3. 中共政协陕西省委员会及其办公厅党组、机关党委的公文，其他具有特殊保密要求的公文，可由呈办单位直接向有关领导呈送阅批和办理。

第三十一条 公文网上交换使用陕西政协网统一软件平台，通过"陕西省政协办公厅秘书处信息中心"和各设区市及省级各部门进行交换。

第三十二条 进行网上交换的公文,完成签发手续后,由省政协办公厅秘书处将其处理生成电子公文发送至接收单位。接收到电子公文后,打印成纸质文件,并按纸质文件的收文处理程序办理。

第八章 公文管理

第三十三条 机关公文实行统一归口管理。各单位拟制的呈送领导批阅的文稿应送秘书处按程序报送领导批阅,一般不直送领导,领导最后签出的文稿亦由秘书处退呈报单位办理。

第三十四条 公文办理完毕后,由办公厅秘书处按有关规定统一立卷、归档和清理、销毁,归档的公文应当按有关规定向档案部门移交。机关各部门按年度清理、清退公文,交秘书处统一管理,个人不得保存应当归档的公文。标有密级的公文不得丢失和漏销。

第三十五条 以政协陕西省委员会及其办公厅名义制发的公文,如有涉密事项应作秘密公文管理,标注秘密等级。以"陕政协党字"、"陕政协办党字"发文字号印发的文件,主席会议纪要、省政协党组及办公厅党组会议纪要,一般应列入"秘密"公文管理,标注"秘密"等级,有特殊保密要求的视情标注秘密等级。

第三十六条 机密以上的和注明不准翻印的公文、密码电报,不得复印和翻印。复印和翻印秘密等级公文须经秘书长或副秘书长批准。

第三十七条 公文网上交换操作程序、用户口令等相关环节和软件要严格保密,用于公文网上交换的相关设备须在陕西政协网内网上使用,并与国际互联网物理隔离。

第三十八条 按照有关保密规定,建立公文保密制度。机密级以上公文和密码电报由秘书部门指定专人管理,并严格落实保密措施。

第三十九条 实行机关公文管理定期检查制度,确保管理质量和公文安全。

第四十条 密码电报的办理和管理由政协陕西省委员会办公厅秘书处按照有关规定和参照本细则执行。

第九章 附则

第四十一条 政协陕西省委员会办公厅秘书处为政协机关公文处理的管理部门,负责指导机关公文处理工作。

第四十二条 本细则由政协陕西省委员会办公厅负责解释。

第四十三条 本细则经政协陕西省委员会主席会议通过后试行,以往的有关规定与本细则不一致的,以本细则为准。

政协四川省委员会机关公文处理实施细则

(2004年12月27日政协第九届四川省委员会第27次主席会议通过)

(川政协〔2005〕30号)

第一章 总 则

第一条 为促进政协四川省委员会机关公文处理的规范化、制度化和科学化,提高公文质量和工作效率,根据《中国共产党机关公文处理条例》(中办发〔1996〕14号)和《国家行政机关公文处理办法》(国发〔2000〕23号)的规定,结合政协工作实际,制定本实施细则。

第二条 政协机关公文,是政协机关指导工作、处理公务的具有特定效力和规范格式的文书,是传达贯彻党和国家的路线、方针、政策,履行政协职能,布置和商洽工作,请示、报告、答复问题和交流情况的重要工具。

第三条 公文处理指公文的拟制、办理、管理等一系列衔接有序的工作。

第四条 在公文处理中,必须严格遵守国家保密有关规定,确保国家秘密和公文安全。

第五条 公文处理应当坚持实事求是,精简、规范的原则,做到及时、准确、有序、高效。

第六条 政协机关工作人员特别是文秘工作人员,应认真负责地处理公文,加强学习,严格要求,作风严谨,遵守规则,不断提高公文处理的能力和水平。

第二章 公文种类

第七条 政协机关常用的公文种类有:

(一)决议

用于经会议讨论通过的重要决定事项。

(二)决定

用于对重要事项作出安排。

(三)建议案

用于经政协四川省委员会会议审议通过,向有关方面提出的重要建议事项。

（四）意见

用于对重要问题提出见解和处理办法，上级重要精神的传达贯彻，有关政协工作方针、政策的制定、宣传，重大工作任务的部署。

（五）提案

用于政协委员、参加政协的党派、人民团体和政协专门委员会向政协全体会议或常务委员会提出的、要求有关部门和单位办复的意见和建议。

（六）通知

用于转发上级机关、不相隶属机关的公文，批转下级机关的公文，传达要求下级机关办理和需要有关单位周知或共同执行的事项，传达重要精神，交流有关情况，任免干部。

（七）通报

用于表彰先进，批评错误，传达重要精神，交流重要情况。

（八）报告

用于向上级机关汇报工作，反映调研、视察等情况，提出意见、建议，答复上级机关的询问。

（九）请示

用于向上级机关、领导请求批准、指示。

（十）批复

用于答复下级机关请示事项。

（十一）会议纪要

用于记载、传达会议情况和议定事项。

（十二）函

用于平行机关、不相隶属机关之间商洽工作、询问和答复问题，向无隶属关系的有关主管部门请求批准。

第三章　公文格式

第八条　公文一般由份号、密级、紧急程度、版头、发文字号、签发人、标题、主送机关、正文、附件、发文机关署名、成文日期、印章、主题词、抄送机关、印制版记等组成。

（一）版头：版头分为两种，一种由发文机关全称或规范化简称加"文件"二字组成，一般用于向下普发的公文；一种由发文机关全称或规范化简称加圆括号标明文种组成，用于向上级报文或向同级、下级和无隶属关系的机关行文。版头应套红居中印在公文首页上部。两个以上机关联合行文，主办机关排列在前，也可只有主办机关的名称。

（二）份号：公文印制份数的顺序号。机密、绝密文件应标注份号。标注在公文首页的左上角。

（三）密级：公文的秘密等级，分为"秘密"、"机密"、"绝密"三种。有保密要求的公文应确定密级。标注在份号下面。

（四）紧急程度：对公文送达和办理的时间要求，分为"加急"、"特急"。标注在密级下面。

（五）发文字号：由发文机关代字、标于括号内的发文年度、发文顺序号组成；两个以上机关联合行文，只标明主办机关的发文字号。

（六）签发人：上报公文应当在发文字号的右端标明签发人姓名。

（七）标题：一般由发文机关、事由和文种组成，应当准确、简要地概括公文的主要内容。会议通过的文件应在标题之下，标明会议名称和通过日期。

（八）主送机关：主要受理公文的机关，应当使用全称或规范化简称、统称，位于正文左上方。"决定"、"会议纪要"等文种，主送机关可置于文尾主题词之下，抄送机关的上方；请示，只写一个主送机关，如需同时送其他机关，用抄送形式。

（九）正文：对公文内容的表述，位于标题或主送机关下方。

（十）附件：公文如有附件，应置于主件之后，与主件一起装订，并在正文之后、发文机关署名之前，注明名称和顺序。

（十一）发文机关署名：应用全称或规范化简称，位于正文之后右下方。

（十二）成文日期：署会议通过或者负责人签发日期；位于发文机关署名下方。联合发文署最后一个机关负责人签发的日期。电报以发出日期为准。

（十三）印章：除会议纪要和印有版头的向下普发的公文外，公文应加盖发文机关印章。

（十四）主题词：根据公文种类和内容从《公文主题词表》中选词标注，位于抄送机关或印制版记上方。

（十五）抄送机关：抄送机关是指除主送机关以外其他需要告知公文内容的机关，应当使用全称或者规范化简称，位于印制版记上方。抄送范围如涉及各方面机关，一般按党委、人大、政府、政协、法院、检察院、军事机关、群团的顺序排列。正文中已标明主送机关的，抄送栏只标明抄送机关。

（十六）印制版记：由公文印发机关名称、印发日期和份数组成，位于公文末页下端。

（十七）主题词、抄送机关、印发机关与印发日期栏之间分别加横线分开。

第九条　公文印制要求

（一）公文的汉字从左至右横排，少数民族文字按其书写习惯排印。

（二）公文用纸一般采用国际标准 A4 型（210mm×297mm），也可采用 16 开型（184mm×260mm）。左侧装订。

（三）公文标准印刷字号：大标题用 2 号宋体字，正文用 3 号仿宋体字，文中标题一级用 3 号黑体字，二级用 3 号楷体字。

第十条　省政协机关公文版头主要形式、适用范围及发文字号

（一）政协四川省委员会文件

适用于政协四川省委员会部署重要工作，传达贯彻重大方针、政策，批转或转发带普遍指导意义的文件，以委员会名义的请示、报告等，发文字号为：川政协〔20××〕×号。

（二）政协四川省委员会办公厅文件

适用于政协四川省委员会办公厅传达政协四川省委员会及其常务委员会会议、主席会议、秘书长会议的指示、决定，部署办公厅工作，规定重要事项，报送重要视察、调查报告、建议案等，发文字号为：川政协办〔20××〕×号。

（三）政协四川省委员会办公厅（　）

适用于政协四川省委员会办公厅请示、报告、批复、通知事项等，对外使用发文字号为：川政协厅〔20××〕×号；内部行文可不编字号。

（四）政协四川省委员会办公厅

适用于政协四川省委员会办公厅发函与有关部门联系、商洽具体工作，机关内部通知事项等。函件发文字号为：川政协办函〔20××〕×号。内部行文不编字号。

（五）政协四川省委员会专门委员会

用于政协四川省委员会专门委员会请示、报告、通知、会议纪要、工作总结等内部行文，不编发文字号。

（六）政协通报

主要用于通报政协重要工作情况，印发领导重要讲话等，发文编号为：第×期。

（七）参政议政专报

主要用于选载、报送政协组织、委员的调研报告、言论、建议等，发文编号为：第×期。

（八）政协工作简报

用于登载政协工作动态、信息，主要领导活动、指示等，发文编号为：第×期。

（九）会议纪要

用于记载和传达主席会议、党组会议、秘书长会议等重要会议的主要情况和决定事项。发文编号为：×届第×次。

（十）社情民意

用于反映、报送重要社会动态和社会群众比较集中的意见和要求。发文编号为：第×期。

（十一）值班报告

用于记载、报送需要及时办理的事项，发文编号为：第×期。

第四章　行　文　规　则

第十一条　行文关系根据隶属关系和职权范围确定，一般不得越级请示和报告。

第十二条　机关以政协四川省委员会及其办公厅名义对外正式行文。

第十三条　对上行文，应当主送一个上级机关，如需其他相关上级机关阅知，可以抄送。

第十四条　"请示"应当一文一事，一般只写一个主送单位，需要同时送其他机关的，应当用抄送形式。"报告"不得夹带请示事项。请示事项涉及其他部门业务范围时，应经过协商并取得一致意见后上报。

第十五条　无隶属关系的机关之间一般用函行文。

第十六条　除领导同志直接交办的事项和机关内部行文外，不得以机关名义向领导同志个人报送"请示"、"意见"和"报告"。

第十七条　精简文件，严格控制发文数量。行文应当确有需要，可发可不发的公文不发，可长可短的公文要短。

第十八条　向上级机关的请示，不可同时发送下级机关，向上级机关的报告，一般不下发，如有特殊需要可抄送同级或下级有关单位。

第十九条　在报刊上公开发布的本机关公文，同发文机关正式印发的公文具有同等效力。

第五章　公　文　起　草

第二十条　草拟公文应当做到：

（一）符合党的路线、方针、政策和国家的法律、法规及上级的指示精神。

（二）情况真实，观点明确，条理清楚，文字精练，字词规范，标点准确，文风端正，篇幅力求简短。

（三）文种、格式使用正确。

（四）人名、地名、数字、引文应准确。引用公文应当先引标题，后引发文字号。日期应当写明具体的年、月、日。

（五）公文中的数字，除部分结构层次序数和在词、词组、惯用语、缩略语、具有修饰色彩语句中作为词素的数字必须使用汉字外，应当使用阿拉伯数字。

（六）结构层次序数，第一层为"一、"，第二层为"（一）"，第三层为"1."，第四层为"（1）"，不得逆向使用。

（七）使用简称应先使用全称，并注明简称。

第六章　公文审核、签发

第二十一条　公文须经本机关负责人审批签发。在公文送领导审签之前，承办部门和秘书部门要认真进行审核。承办部门重点对政策依据、内容真实性、数据准确性、错别字等审核把关。秘书部门重点审核文面格式、文种是否符合要求，呈批手续是否完备等。审核后的文稿经承办部门和秘书部门负责人签字后送领导审批。

第二十二条　公文的签发按领导职责分工进行，一般为：

（一）以政协四川省委员会名义发出的公文由主席或主席委托副主席签发。

（二）以中共政协四川省委员会及其办公厅党组名义发出的公文由党组书记或副书记签发。

（三）以办公厅名义代政协四川省委员会发出的公文经主席或主席委托副主席审定后由秘书长签发；处理办公厅事务的公文由秘书长或秘书长委托副秘书长签发。

（四）主席会议纪要由主席或其他会议主持人签发，也可由主席委托秘书长签发。党组会议纪要由党组书记或副书记签发。秘书长会议纪要由秘书长或秘书长委托副秘书长签发。

（五）《政协通报》、《参政议政专报》由秘书长或副主席、主席签发。《社情民意》由分管副秘书长签发。《政协工作简报》由秘书长、副秘书长或专门委员会主任、专职副主任签发。

第二十三条　各部门负责人审核文稿和领导签发公文应使用钢笔或毛笔，签署明确意见，并注明姓名和时间。

第二十四条　公文不得越级呈签，如遇紧急事项必须越级呈签的，事后要及时向有关领导报告。

第七章 公文办理

第二十五条 公文办理包括公文的签收、登记、拟办、分发、传阅、承办和催办等程序。收到公文后秘书处或有关部门签收、登记，提出拟办意见报送领导阅批。紧急公文要注明签收的时间。本级公文由下至上、上级公文由上至下报送阅批。需送几位领导人传阅或传批的公文，传阅件按领导人排序由前向后递送，传批件由后向前递送。领导批示的公文由承办单位办理。承办单位应及时办理，不得延误、漏办。紧急或重要公文应当及时办理并向有关负责人报告办理情况。

第二十六条 经领导签发的文稿，由办公厅秘书处对文种的使用、格式、行文关系、签发范围等复核无误后，进行统一编号、登记、印制、用印。由拟稿部门装订、封装，机关内部发文凡属标有密级的公文由秘书处统一分发，其他公文由拟稿部门分发，对外发文由秘书处统一发出。

第二十七条 公文网上交换使用四川党政网统一软件平台，通过"四川省公文交换中心"和各市、州及省级各部门进行交换。

第二十八条 进行网上交换的公文，完成签发手续后，由办公厅秘书处将其处理生成电子公文发送至接收单位。接收到电子公文后，打印成纸质文件，并按纸质文件的收文处理程序办理。

第八章 公文管理

第二十九条 机关公文实行统一归口管理。各单位拟制的呈送领导批阅的文稿应送秘书处按程序报送领导批阅，一般不直送领导，领导最后签出的文稿亦由秘书处退呈报单位办理。

第三十条 公文办理完毕后，由办公厅秘书处按有关规定统一立卷、归档和清理、销毁，归档的公文应当按有关规定向档案部门移交。机关各部门按年度清理、清退公文，交秘书处统一管理，个人不得保存应当归档的公文。标有密级的公文不得丢失和漏销。

第三十一条 以政协四川省委员会及其办公厅名义制发的公文，如有涉密事项应作秘密公文管理，标注秘密等级。以"川政协党字"、"川政协厅党字"发文字号印发的文件，主席会议纪要、省政协党组及办公厅党组会议纪要，一般应列入"秘密"公文管理，标注"秘密"等级，有特殊保密要求的视情标注秘密等级。

第三十二条 机密以上的和注明不准翻印的公文、密码电报，不得复印和翻印。复印和翻印秘密等级公文须经秘书长或副秘书长批准。

第三十三条　公文网上交换操作程序、用户口令等相关环节和软件要严格保密，用于公文网上交换的相关设备须在四川党政网内网上使用，并与国标互联网和政务外网物理隔离。

第三十四条　按照有关保密规定，建立公文保密制度。机密级以上公文和密码电报由秘书部门指定专人管理，并严格落实保密措施。

第三十五条　实行机关公文管理定期检查制度，确保管理质量和公文安全。

第三十六条　密码电报的办理和管理由办公厅秘书处按照有关规定和参照本细则执行。

第九章　附　　则

第三十七条　政协四川省委员会办公厅秘书处为政协机关公文处理的管理部门，负责指导机关公文处理工作。

第三十八条　本细则由政协四川省委员会办公厅负责解释。

第三十九条　本细则经政协四川省委员会主席会议通过后试行，以往的有关规定与本细则不一致的，以本细则为准。

附件：

《政协四川省委员会机关公文处理实施细则》补充规定

一、公文文面格式

（一）有保密要求的公文应确定密级，用3号黑体在公文首页左上角份号下方左侧顶格标注，密级两字之间空一字。

（二）紧急公文应标明"加急"、"特急"，在公文首页左上角，密级下方，用3号黑体左侧顶格标注，两字之间空一字。

（三）发文字号用4号仿宋体标注在版头下方居中位置，发文年度、发文顺序号用阿拉伯数字。发文年度要用全称并用"〔　〕"括起来。发文顺序号自每年第一件公文起按发出顺序编排，不编虚位（如001），不加"第"字。

（四）"签发人"用4号仿宋体，后标全角冒号，之后用3号楷体右侧顶格标注签发人姓名。如有两个以上签发人，姓名按先后顺序上下排列，主办单位签发人排在第一行。

（五）公文标题位于横隔线下空2行居中位置，排列分行要合理、美观，标题中间可有标点符号。一级、二级标题如独立成段,句末不用标点符号。公文如有副标题,用 3 号楷体排列在主标题下面。

(六) 主送机关名称用全称或规范化简称,在正文左上方,标题下空一行,左侧顶格用 3 号仿宋体标注,如需回行仍顶格,后标全角冒号。

(七) 公文的正文位于标题或主送机关下方,与标题空一行,与主送机关不空行。每自然段左空 2 字,回行顶格。公文中的数字、年份不能分段回行。

(八) 公文如有附件,在正文下空一行、左空 2 字用 3 号仿宋体标注"附件",后标全角冒号和附件名称,如需回行,与附件名称第一字对齐排列。有 2 个以上附件时,用阿拉伯数字注明顺序号。顺序号在"附件:"后上下对齐排列,数字后用下圆点符号。附件置于文件之后一起装订,并在附件首页左上角第 1 行左侧顶格用 3 号仿宋体标注"附件",有顺序号时标注顺序号,后面不标冒号。然后下空一行,排列附件正文。

(九) 发文机关署名用全称或规范化简称,位于正文右下方。联合行文时,各联署机关名称应平行排列,并将主办机关排列在前。中国人民政治协商会议四川省委员会及其办公厅可以简称为"政协四川省委员会"或"四川省政协"和"政协四川省委员会办公厅"或"四川省政协办公厅"(中国人民政治协商会议四川省委员会全体会议和常务委员会会议的名称,可以简称为"政协第×届四川省委员会第×次会议"、"政协第×届四川省委员会常务委员会第×次会议"或"四川省政协×届×次会议"、"四川省政协×届×次常委会议")。

(十) 印有版头向下普发的公文可只署发文机关名称而不加盖印章,但必须署明成文时间;其他公文除会议纪要、政协工作简报、参政议政专报、提案和机关内部运行的通知、请示、报告外,都应加盖印章。上行和平行文一般应署名同时加盖印章;两个以上机关联合行文的要署明所有发文机关名称和成文时间。

(十一) 印章应加盖在落款的年、月、日处,不得在空白处用印。用印要求印迹端正、清晰,做到"齐年盖月",即印章下弧的左边缘与落款日期的"年"、右边缘与"月"相齐。

(十二) 发文日期全称写明年、月、日,用阿拉伯数字标注于发文机关署名右下方。

(十三) 一般情况下,正文结束部分与发文机关、日期和用印应在同一页码,不再使用"此页无正文"字样说明末页无正文。

(十四) 公文"主题词"用 3 号黑体字居左顶格标注,后标全角冒号,词目用 3 号宋体,词目之间空一字。

(十五) 抄送栏内根据需要只注明主送和抄送范围。抄送机关单位较多时,上级机关在前，然后是平级机关单位，最后是下一级机关单位。本单位领导人、部门及归档均不列出。抄送机关名称左右各空一字排列，"抄送"后标全角冒号，抄送机关之间用逗号隔开，回行时与冒号后的抄送机关第一字对齐，在最后一个抄送机关后标句号。

（十六）印制版记在两线之间左空一字注明印发单位名称，右空一字注明印发日期，底线下面右空一字注明印发份数。印发日期和份数用阿拉伯数字标注。

（十七）主题词、抄送栏和版记应置于公文末页。版记的最后一个要素置于最后一行。抄送栏和版记内容用4号仿宋体。

（十八）"政协四川省委员会办公厅（　）"中"（　）"内的"请示"、"报告"、"批复"、"通知"等字样用2号楷体。

（十九）"政协通报"、"参政议政专报"、"政协工作简报"、"社情民意"版头中"第×期"用3号宋体，期数用阿拉伯数字；"政协四川省委员会办公厅"和"年、月、日"用4号楷体。

（二十）会议纪要中"×届第×次"用3号黑体，届次数用汉字，会议次数用阿拉伯数字。

（二十一）会议材料如需注明，在材料首页第一行以"××会议材料"字样用4号楷体居左顶格标注，如需换行与上行两端对齐，横排长度一般不超过每行的一半。公文标题在其下空一行排列。

（二十二）政协四川省委员会主席会议、常委会议、全体会议或其他会议通过的公文，如需注明，在公文标题下用4号楷体加圆括号注明通过的时间和会议名称，式样为"20××年×月×日××会议通过"，年、月、日用阿拉伯数字，一般应居中排列，如需回行仍居中排列。

（二十三）公文中如需注明"草案"、"审议稿"、"讨论稿"等字样，在标题下面以3号楷体字加圆括号居中标注，每字之间空一字。

（二十四）公文中的领导讲话稿，如需注明领导姓名和讲话时间，在标题下面用3号楷体注明。时间用阿拉伯数字全称标注年、月、日并用圆括号括起来，居中排列在标题下面；领导姓名每字之间空一字居中排列在时间下面。

（二十五）信函式公文使用函件版头。发文字号置于武文线下右上角右侧顶格，发文字号下空一行标识公文标题。首页不标注页码。

（二十六）公文使用A4型纸，一般每面排22行，每行28个字。如使用16开型纸，一般每面排20行，每行25个字。

（二十七）公文页码用4号半角阿拉伯数字标识，置于版心下边缘下空一行，单页码居右空一字，双页码居左空一字。数码左右各放一条4号一字线。空白页不标页码。

(二十八) 机关公文一般采用两面印制、中缝装订。

中共政协四川省委员会及其办公厅党组、机关党委的公文比照上述规定执行。

二、公文办理程序

(一) 外来公文办理

外来公文由秘书处统一签收。秘书处收到外来公文后,如需办理则提出拟办意见由处长签报分管副秘书长阅,分管副秘书长明确拟办意见签报秘书长阅,如需要秘书长签报分管副主席阅,如需要分管副主席签报主席阅,领导最后签出的公文退秘书处。秘书处对领导批示进行登记,交有关部门办理。有关部门办理完毕后,将公文交秘书处归档。

(二) 内部公文办理

1. 办公厅处室、研究室、其他内设单位拟制的公文、专门委员会拟制的涉及综合协调事务的公文统一交秘书处登记、呈报。秘书处提出拟办意见由处长签报分管副秘书长阅,副秘书长明确拟办意见签报秘书长阅,如需要秘书长签报分管副主席阅,如需要分管副主席签报主席阅,领导最后签出的公文退秘书处。秘书处对领导批示进行登记,将公文退呈报部门办理。

2. 专门委员会拟制的涉及专门委员会内部事务的公文,由专门委员会各处处长签报专职副主任,专职副主任提出拟办意见签报主任,如需要主任签报分管副主席,分管副主席签出的公文退本专门委员会 (处) 办理。专门委员会 (处) 办理的公文交秘书处备案。

3. 中共政协四川省委员会及其办公厅党组、机关党委的公文,其他具有特殊保密要求的公文,可由呈办单位直接向有关领导呈送阅批和办理。

云南省政协机关公文办理条例

(自 2000 年 1 月 1 日起施行)

第一章 总 则

第一条 根据中办发《中国共产党机关公文处理条例》、《中共云南省委办公厅关于贯彻执行〈中国共产党机关公文处理条例的实施细则〉》,以及《国家机关公文格式》的规定和要求,为提高省政协机关文件办理质量和效率,使之规范化、制度化、科学化，结合机关实际，制定本规定。

第二条　云南省政协机关的公文是传达贯彻党和国家的路线、方针、政策，履行人民政协的基本职能，反映工作概貌，保障工作运转的重要工具，是指导和商洽工作，请示和答复问题以及互相沟通情况的重要手段。必须严肃认真地做好文件办理工作。

第三条　公文处理的基本原则是准确、及时、保密、统一。

第二章　机关公文的常用种类

第四条　省政协机关正式文件常用种类有以下十三种：

一、决议：经相关会议讨论通过并要求贯彻执行的重要事项用"决议"。

二、决定：对重要问题作出安排用"决定"。

三、条例：对机关某些事项制订比较全面、系统的带有规章制度性质的规定用"条例"。

四、规定：对特定范围内的工作和事务制订具有约束性的制度和措施用"规定"。

五、通知：召开重要会议、转发有关文件、人事任免、通告其他事项等用"通知"。

六、通报：表彰先进，批评错误，传达重要精神或情况用"通报"。

七、请示：向上级机关请求指示和要求批准事项用"请示"。

八、报告：向上级机关汇报工作、反映情况、提出建议、答复上级机关的询问或要求用"报告"。

九、批复：答复请示事项用"批复"。

十、意见：对某个问题和某项工作提出本机关的意见和建议用"意见"。

十一、会议纪要：记载和表达会议主要精神和议定事项用"会议纪要"。

十二、建议案：经云南省政协全体会议或常委会议、主席会议通过，提请中共云南省委、云南省政府以及有关领导机关讨论处理的重要事项用"建议案"。

十三、函：相互商洽工作，询问和答复问题，向有关主管部门提出请求等用"函"。

第五条　机关各部门起草文件应正确选用文种。

第三章　公文发布的主要形式、适用范围及审批权限

第六条　省政协公文的主要发布形式及其适用范围通常有以下七种：

一、"云南省政协文件"，字号为"云协〔××××〕×号"，主要用于：

进行重要的工作部署；向中共云南省委、云南省政府报或送经云南省政协全体会议、常委会议、主席会议、政协工作座谈会等通过的工作建议；发布经云南省政协全体会议、常委会议、主席会议审议通过的重要决定、决议；制发云南省政协有关厅级工作机构等。

二、"中共云南省政协党组文件"，字号为"云协党字〔××××〕×号"，主要用于：向中共云南省委请示重要问题；报告工作情况和决定；按干部报批程序拟报厅以上干部的任免、干部离退休等人事安排。

三、"云南省政协办公厅文件"，字号为"云协办发〔××××〕×号"，主要用于：向中共云南省委办公厅、云南省政府办公厅等有关部门联系工作事务；制发工作意见、建议及视察、调查报告；印发重要会议通知和纪要。

四、"云南省政协办公厅党组文件"，字号为"云协办党字〔××××〕×号"，主要用于：制发云南省政协机关处以下工作机构设置、干部任免、离退休的通知等。

五、"云南省政协专门委员会文件"，字号为"云协专×字〔××××〕×号"，由各专门委员会自行编号。主要用于：年度、季度工作计划、总结；重大活动、重要工作会议计划；视察、考察、专题调查形成的情况报告；与中共云南省委、省政府有关职能部门联系的函件。

六、研究室文件，字号为"云协研字〔××××〕×号"，主要用于：制发工作计划、总结及有关工作情况报告等。

七、机关党委文件，字号为"云协机党委〔××××〕×号"，主要用于：制发工作计划、批复等。

第七条 云南省政协机关公文的审批权限：

一、以云南省政协名义发的文件，由主席、常务副主席或秘书长签发；涉及其他副主席分管的工作，须呈送分管副主席审阅后再签发。

二、以云南省政协党组名义发的文件，由党组书记、副书记或委托其他党组成员签发。

三、以云南省政协办公厅名义发的文件，重要的由秘书长或办公厅主任签发；一般事务性文件由分管该项工作的副秘书长或办公厅领导签发。

四、以云南省政协办公厅党组名义发的文件，由办公厅党组书记、副书记或委托其他党组成员签发。

五、专门委员会制发的文件，由各专门委员会办公室负责起草，经专门委员会专职主任、副主任审定签发。

六、研究室制发的文件由研究室主任或副主任签发。

七、机关党委制发的文件,由机关党委书记或副书记签发。

八、公文未经负责人签发,不能生效。

第四章 公文的起草

第八条 公文起草的基本要求:

一、全面、准确地反映客观实际情况,符合党的路线、方针、政策以及国家的法律、法令;

二、完整、准确地体现领导机关的意图;

三、重点突出,观点鲜明,结构严谨,条理清楚,文字简明通畅,标点符号使用恰当,人名、时间、地名、数字、引文等要准确;

四、合理使用文种。"请示"和"报告"不能混用。请示问题坚持"一文一事"制度,避免"一文数事"和在"报告"中夹带请示事项。

第九条 联合行文,要征求联名机关的意见或由联名机关共同起草,标注主办机关发文字号。

起草的文稿应附有文件拟办单或文件审批单,注明行文范围、缓急程度、发文字号、密级、主题词、起草部门、行文日期等。

第十条 起草、修改、签批的正式文稿须用钢笔、碳素笔、毛笔,禁止使用铅笔、圆珠笔、纯蓝墨水、红墨水。修改和签批文件应写在装订线以内,以便装订、存档。文稿须打印或用格子稿纸工整抄写。

第五章 公文的校核和行文程序

第十一条 为确保公文质量,凡正式文件,在送领导审定签发之前,先由编文号部门认真校核。

第十二条 公文校核的重点是:

一、是否确需行文;

二、内容是否符合党和国家的方针、政策以及有关的法律、法令,政策是否保持连续性,提法是否同已发布的有关文件相衔接;

三、提出的措施和办法是否符合实际,切实可行;

四、内容涉及的部门是否经过协调,意见是否一致;

五、文字表述是否概念准确,简明扼要,条理清楚,语法规范;

六、是否符合规定的审批、会签手续;

七、公文格式是否符合要求,文种的选择是否恰当,秘密等级、缓急时限、主题词、发布范围等标注是否合理。

第十三条　文稿如需作较大修改，要与原起草部门协商或请其修改；如文稿已经领导人审批过，还需作观点、提法上的修改，需经原审批领导复审。校核后的文稿应由有关领导审定、签发方能上报或发出。

第十四条　行文程序为以云南省政协、省政协党组、省政协办公厅名义草拟的文件，由办公厅秘书处统一负责呈送有关领导审定签发，并负责校核、编号、用印、分发；拟稿单位负责校对、装订。其他部门形成的文件，由各部门负责承办。需交换、邮寄的文件，封装后交秘书处机要收发室发出。在加盖印章时须将底稿及两份文件正件交承办部门办公人员存档。

第六章　公文的印制、保密

第十五条　凡打印、复印文件材料，均需经办公厅秘书处签批。

第十六条　送印的文稿，必须符合规范，字迹清楚；不符合审批手续的文稿，制文部门可以不予接受。

第十七条　制印公文要遵守时限要求，保证质量，做到文面清晰，字体得当，用纸规范，美观大方。

第十八条　复印文件，须经秘书处负责人签字，特殊情况须经办公厅领导批准。

第十九条　公文密级分为"绝密"、"机密"、"秘密"三级。应当保密的文件，承办部门务必在产生该文件的同时确定密级，并在文件上标明。

第二十条　对有密级的公文，在草拟、送审、打印、分发、存档的各个环节中，要严格执行保密规定，避免失泄密。

第二十一条　到打字室打印、复印公文人员不得在打字室久留，禁止翻看与己无关的其他公文材料，无关人员禁止进入打字室。

第二十二条　向中共云南省委、云南省人大常委会、云南省政府报或送文件份数为：向中共云南省委、云南省政府报或送的重要文件为一式十五份，一般文件为一式五份；送或抄送云南省人大常委会的重要文件为一式五份，一般文件为一式三份。

第七章　公文的传递、催办、存档

第二十三条　云南省政协办公厅秘书处是本机关公文收发和办理的总进出口，应指定专人进行登记、分类，由秘书处负责人提出拟办意见和送阅范围。

第二十四条　传递公文要登记，收文者须签收，传递秘密文件时，必须采取相应的保密措施，确保文件安全。

第二十五条　在利用传真系统传递秘密文件时，必须采用加密装置。凡需送领导批示或存档的传真件，应复印后再行处理，以利长期保存。

第二十六条　时限性强的公文，要及时分送，以免压误。需回复的公文要及时催办、督办，并将办理结果及时报告有关领导。

第二十七条　存档公文要完整，须有底稿（含附件）、两份正件，发文的回复经领导阅示后同原发公文一并存档。

本条例自二〇〇〇年一月一日起施行。

六 解放军机关公文处理规定

中国人民解放军机关公文处理条例

(中央军事委员会2005年10月发布自2006年1月1日起施行)

第一章 总 则

第一条 为使中国人民解放军机关公文（以下简称军队机关公文）处理工作规范化、制度化、科学化，提高公文处理的质量和效率，制定本条例。

第二条 军队机关公文，是军队机关处理公务中形成的具有法定效力和规范体式的文书，是军队机关履行职能的重要工具。

第三条 公文处理是指公文的拟制、办理、立卷归档和管理等一系列相互关联、衔接有序的工作。

第四条 公文处理应当坚持求实、精简、高效的原则，做到准确、及时、安全、保密。

第五条 中央军委办公厅指导全军的机关公文处理工作。

总部办公厅（司令部）和军区级（含）以下单位司令部或者履行相应职能的部门，指导本级和所属单位的机关公文处理工作。

第六条 各级首长、机关应当严格执行本条例，切实做好机关公文处理工作。

各级首长应当加强对本单位机关公文处理工作的指导和检查。

第二章 公文种类

第七条 军队机关公文种类分为：命令、通令、决定、指示、通知、通报、报告、请示、批复、函、通告、会议纪要。

第八条 军队机关公文按照下列规定使用：

（一）命令用于发布军事法规、军事规章，确定和调整体制编制，部署军事行动，调动部队，授予、变更和撤销部队番号，调配武器装备，任免干部，授予和晋升军衔，选取士官，授予荣誉称号等；

（二）通令用于依据《中国人民解放军纪律条令》宣布奖惩事项（不含授予荣誉称号）；

（三）决定用于对重要事项做出决策或者安排，变更或者撤销下级不适当的决定事项；

（四）指示用于向下级布置工作，明确工作原则和要求；

（五）通知用于传达需要下级执行和有关单位周知或者办理的事项，转发上级机关和不相隶属机关的公文，批转下级机关的公文；

（六）通报用于表彰先进，批评错误，传达重要精神或者重要情况；

（七）报告用于向上级机关汇报工作，反映情况和意见建议，回复询问；

（八）请示用于请求上级机关指示、批准事项；

（九）批复用于答复下级机关请示事项；

（十）函用于无隶属关系的机关之间商洽工作，询问、答复问题，通报情况；

（十一）通告用于向社会公布应当遵守或者周知的事项；

（十二）会议纪要用于记载会议主要情况和议定事项。

第三章 公 文 格 式

第九条 军队机关公文，一般由发文机关标识、密级、份号、发文字号、签发人和已阅人、标题、主送机关、正文和无正文说明、署名、成文日期、印章、发文（传达）说明、主题词、抄送机关、印发（承办）说明和页码等要素组成。

第十条 军队机关公文的组成要素应当符合下列格式和要求：

（一）发文机关标识分为文种标识和固定标识，文种标识标明发文机关和公文种类，固定标识标明发文机关和"文件"字样；固定标识用于军区级以上机关下发重要公文；发文机关使用全称或者规范化简称；联合发文的各联署机关名称通常按照编制序列排列；

（二）密级按照《中国人民解放军保密条例》和《中国人民解放军军事秘密及其密级具体范围》等有关规定确定；涉密公文标明密级和份号；

（三）文种标识的公文发文字号标明发文机关代字、年份、序号；固定标识的公文和会议纪要的发文字号标明年份、序号；联合发文只标明一个发文字号；

（四）上报的公文标明签发人姓名，根据需要标明已阅人姓名；

（五）标题应当准确概括公文内容，根据需要标明发文机关名称和公文种类；

（六）主送机关应当是公文的受理机关；抄送机关应当是需要知晓公文内容的其他机关；主送机关、抄送机关名称应当使用全称或者规范化统称、简称；

（七）正文应当准确表达公文内容；有附件的标明附件序号、名称；

（八）机关署名署全称或者规范化简称；首长署名署职务和名章（签名章）；联合发文由各联署机关署名并按照发文机关标识中的顺序排列；署名机关应当加盖印章；

（九）成文日期应当署公文审批签发完毕的日期或者会议通过的日期；特殊情况下署公文印发日期；

（十）主题词按照国家军用标准《军队机关公文主题词标引规则》标引。

第十一条 军队机关公文各组成要素的具体标识规则和公文用纸规格，按照国家军用标准《军队机关公文格式》执行。

第十二条 军队机关公文使用的汉字、标点符号、计量单位、数字和外文字符，按照国家标准和国家主管部门的有关规定执行。

驻民族自治地方省军区系统的机关公文，可以根据需要同时使用汉字和通用的少数民族文字。

第四章 行 文 规 则

第十三条 军队机关必须根据隶属关系和各自的职权范围行文。

第十四条 行文一般不得越级；因特殊情况需要越级行文的，应当同时抄送被越过的机关。

除首长直接交办的事项外，下级机关不得直接向上级首长行文。

第十五条 本级机关可以行文的事项，不得请求上级机关行文。需要上级机关行文的，应当在请示中说明理由并附代拟稿。

第十六条 请示主送上级主管机关，根据需要抄送其他有关机关，但不得抄送下级机关。

请示应当一文一事，不得在非请示公文中夹带请示事项。

第十七条 上级机关向下级机关行文，主送需要执行的机关，根据需要抄送其他有关机关；重要行文还应当抄送发文机关的直接上级机关。

第十八条 受双重领导的机关向一个上级机关行文，通常应当抄送另一个上级机关；一个上级机关向受双重领导的下级机关行文，必要时抄送该下级机关的另一个上级机关。

第十九条 军队同级机关可以联合行文。军队机关也可以与相应的地方党政机关联合行文。

第二十条 行文内容涉及其他机关职权范围内事项的，主办机关应当与有关机关协商一致后行文；经协商未取得一致且又需要行文的，应当列明各方理由，提出意见，报请上级机关协调或者裁定。

第五章 发文办理

第二十一条 发文办理是指以本机关名义制发公文的过程，包括起草、审核、审批签发、印制、分发等程序。

第二十二条 起草公文应当做到：

（一）符合党的路线方针政策、法律法规和有关规定，完整准确地体现上级意图；

（二）全面客观地反映实际情况，实事求是地提出和解决问题；

（三）重点突出，条理清晰，表述准确，文字精练；

（四）正确使用公文种类，符合公文格式要求。

第二十三条 收到报送发文机关首长签发的公文文稿，有关部门应当从下列方面进行审核：

（一）是否确需行文；

（二）是否符合党的路线方针政策、法律法规和有关规定，是否完整准确地体现上级意图，是否符合起草公文的其他要求；

（三）是否符合行文规则；

（四）是否符合报批程序。

经审核，对不符合上述规定的公文文稿，应当商起草部门作出处理，必要时可以退回起草部门并说明理由。

第二十四条 公文应当由发文机关首长审批签发。联合发文由各联署机关的首长审批签发。首长审批签发公文，应当签署意见、姓名和日期。首长只圈阅或者签名的，视为同意。

第二十五条 公文交付印制前，应当检查其签发手续是否完备，附件是否齐全，格式是否规范等。

第二十六条 分发公文应当进行登记并及时递送。

第六章 收文办理

第二十七条 收文办理是指本机关受理公文的过程，包括接收、审核、拟办、承办、催办、审批、答复等程序。

第二十八条　接收公文应当逐件清点，核对无误后签收并登记；接收紧急公文应当注明签收的具体时间；发现问题应当及时查询并作出相应处理。

第二十九条　收到下级机关上报的需要办理的公文，有关部门应当从下列方面进行审核：

（一）是否应当由本机关办理；

（二）是否符合党的路线方针政策、法律法规和有关规定，是否完整准确地体现上级意图，是否符合起草公文的其他要求；

（三）是否符合行文规则。

经审核，对不符合上述规定的公文，应当商发文机关作出处理，必要时可以退回发文机关并说明理由。

第三十条　对需要办理的公文，应当提出拟办意见报首长批示或者转有关部门办理。需要两个以上部门办理的公文，应当明确主办部门；对紧急公文应当明确办理时限。

第三十一条　有关部门对承办的公文应当及时办理。对紧急公文应当在要求的时限内办理完毕；确有困难的，应当及时予以说明。

第三十二条　对转有关部门办理的公文，应当跟踪催办，并及时向首长报告办理情况。

第三十三条　公文经首长审批完毕，有关部门应当及时答复发文机关，并根据需要告知有关单位。

第七章　公文立卷归档

第三十四条　公文办理完毕，应当及时将有关材料收集齐全，根据其相互联系、特征和保存价值等整理立卷，并妥善保管。

第三十五条　联合办理的公文，原件由主办机关保存，其他机关保存复制件。

第三十六条　对需要归档的公文，应当及时向档案部门移交，个人不得保存。

第三十七条　起草、修改和签批公文的书写位置、书写工具和纸张，应当符合归档要求。

第八章　公文管理

第三十八条　各级机关应当严格执行公文管理的规定，建立健全本机关公文管理的有关制度。

第三十九条　公文的内容需要向社会公开的，必须经发文机关批准。

第四十条　公文的传达范围应当严格按照发文机关的要求执行，未经发文机关批准不得变更。

上级机关的绝密级公文一般不得转发，需要转发的应当经发文机关批准。

第四十一条 翻印、汇编涉密公文必须经发文机关批准。翻印时应当标明翻印机关、时间、份数和印发范围。复印涉密公文必须按照规定履行审批登记手续，并加盖复印机关印记。

复制的公文应当按照原件要求进行管理。

第四十二条 不具备归档和保存价值的公文，经批准后可以销毁。销毁涉密公文按照有关规定执行。

第四十三条 机关撤销时，公文应当及时移交指定的部门。

首长和机关工作人员调离工作岗位时，应当将本人暂存、借用的公文及时移交、清退。

第四十四条 被撤销的公文自始不发生效力；被废止的公文自废止之日起终止效力。

第九章 附　则

第四十五条 作战文书的处理，按照《中国人民解放军司令部条例》的规定执行。

密码电报、传真电报的处理，按照总参谋部的有关规定执行。

军事立法方面公文的处理，《军事法规军事规章条例》有特别规定的，按照其规定执行。

军队机关内部的呈批件、呈阅件、简报、电话记录、统计报表等文书的处理，参照本条例执行。

第四十六条 军队机关电子公文的处理办法另行制定。

第四十七条 中国人民武装警察部队机关公文的处理，参照本条例执行。

第四十八条 本条例自 2006 年 1 月 1 日起施行。1992 年 3 月 30 日中央军委批准、中央军委办公厅印发的《中国人民解放军机关公文处理条例》同时废止。

中国人民解放军保密条例

(一九八八年九月二十三日中华人民共和国国务院、中华人民共和国中央军事委员会第 14 号令发布一九九三年四月二十七日根据《国务院、中央军事委员会关于修改＜中国人民解放军现役士兵服役条例＞的决定》修订发布)

第一章 总 则

第一条 为了保守军事秘密，维护国家军事利益，保障军队建设和作战的顺利进行，根据《中华人民共和国保守国家秘密法》，制定本条例。

第二条 军事秘密是关系国家军事利益，依照规定的权限和程序确定，在一定时间内只限一定范围的人员知悉的事项。军事秘密是国家秘密的重要组成部分。

第三条 全军所有单位和人员都有保守军事秘密的义务。

第四条 军队保密工作实行积极防范、突出重点、既确保军事秘密安全又便利各项业务工作的方针，坚持统一领导、分级负责、归口管理。

第五条 军队保密工作的基本要求是：控制知密范围，防范窃密活动，消除泄密隐患，确保军事秘密安全。

第六条 全军团以上单位设立保密委员会，中国人民解放军保密委员会主管全军的保密工作，各单位的保密委员会主管本单位的保密工作。保密委员会的日常工作由保密委员会的工作机构承办。

第七条 保密工作的业务、装备、科研等经费，列入全军预算。

第二章 军事秘密的范围和等级

第八条 军事秘密包括符合本例第二条规定的下列事项：

（一）国防和武装力量建设规划及其实施情况；

（二）军事部署、作战和其他重要军事行动的计划及其实施情况；

（三）战备演习、军事训练计划及其实施情况；

（四）军事情报及其来源，通信、电子对抗和其他特种状态等基本情况，军以下部队及特殊单位的番号；

（五）武装力量的组织编制，部队的任务、实力、素质、状态等基本情况，军以下部队及特殊单位的番号；

（六）国防动员计划及其实施情况；

（七）武器装备的研制、生产、配备情况和补充、维修能力，特种军事装备的战术技术性能；

（八）军事学术、国防科学技术研究的重要项目、成果及其应用情况；

（九）军队政治工作中不宜公开的事项；

（十）国防费的分配和使用，军事物资的筹措、生产、供应和储备等情况；

（十一）军事设施及军事设施保护情况；

（十二）军援、军贸和其他对外军事交往活动中的有关情况；

（十三）其他需要保密的事项。

第九条　军事秘密分为绝密、机密、秘密三个等级。"绝密"是最重要的军事秘密，泄露会使国防和军队的安全与利益遭受特别严重的损害。"机密"是重要的军事秘密，泄露会使国防和军队的安全与利益遭受严重的损害。"秘密"是一般的军事秘密，泄露会使国防和军队的安全与利益遭受损害。

第十条　军事秘密及其密级的具体范围，由总参谋部、总政治部、总后勤部以及国防科工委依照本条例第二条、第八条、第九条的规定确定，并根据情况变化及时调整。

第三章　军事秘密密级的确定、调整与解除

第十一条　产生军事秘密事项，应当按照军事秘密及其密级具体范围的规定及时确定密级和保密期限。在确定密级前，产生该事项的单位应当按照拟定的密级先行采取保密措施。确定保密期限的具体办法另行规定。

第十二条　对是否属于军事秘密和属于何等密级不明确的事项，依照下列权限确定：

（一）秘密级由团级以上单位确定；

（二）机密级由师级以上单位确定；

（三）绝密级由军级以上单位确定。

第十三条　军事秘密事项的密级和保密期限，应当根据情况变化及时调整或者解除。密级和保密期限的调整或者解除，由原确定密级和保密期限的单位或者其上级机关决定。

第十四条　军事秘密事项的保密期限届满的，自行解密；保密期限需要延长的，由产生该事项的单位或者其上级机关决定；军事秘密事项在保密期限内不需要继续保密的，产生该事项的单位或者其上级机关应当及时解密。

第四章 保密制度

第十五条 接触军事秘密以工作需要为原则。产生军事秘密事项的单位，应当确定接触该事项的范围；接触军事秘密事项的单位，应当确定接触该事项的人员。

第十六条 制作、收发、传递、使用、复制、保管、移交、销毁军事秘密载体，必须严格履行审批、登记、签字手续，并采取相应的保密措施。

第十七条 复制军事秘密载体，必须严格控制。确需复制时，须经原密级确定的单位同意或者依照本条例第十二条规定的权限审批。复制件不得改变原件的密级。

第十八条 携带军事秘密载体外出，必须依照本条例第十二条规定的权限审批，并按照有关规定采取相应保护措施。携带绝密级载体外出的，还必须报同级管理保密工作的部门备案。

第十九条 未按有关规定履行审批手续，任何单位或者人员不得将军事秘密载体携带、传递出境。因特殊原因需要向境外组织、人员提供军事秘密的，必须按照规定的程序经有相应批准权限的机关批准，并报中国人民解放军保密委员会备案。

第二十条 不需要保存的秘密载体，应当按照有关规定，履行审批、登记手续后，及时销毁，并由二人以上到指定场所监销。

第二十一条 存储、处理、传输军事秘密的技术设备、设施、系统、网络、场所等，必须符合技术安全保密要求。

第二十二条 在有线、无线通信中传递军事秘密，必须根据其密级采取相应的保密措施。

严禁使用明码或者未经总部主管部门审查批准的密码传递军事秘密。

第二十三条 军事设施和其他涉密场所、部位，应当采取有效的保密防护措施，未经有相应批准权限的机关批准，不得对外开放。

第二十四条 掌握和经管重要军事秘密的人员出境，必须严格控制；业务主管部门或者保密工作主管部门认为其出境后会危及军事秘密安全的，不得批准出境。

第二十五条 涉及重要军事秘密的会议，主办单位应当对会议场所组织保密安全检查，采取保密措施，并指定人员按照保密规定管理会议文件、资料。

第二十六条 公开出版发行军事报刊、书籍、地图、声像制品，公开展示军事装备、国防科学技术成果，应当遵守有关保密规定，不得泄露军事秘密。拟公开发表的军事学术、国防科学技术论文和反映军队情况的各类稿件,投稿前必须经撰稿人所在单位或者文稿涉及事项的主管单位进行保密审查。

第二十七条　各级领导干部应当模范遵守保密规定,不得向家属、亲友及其他无关人员泄露军事秘密。

第二十八条　发生泄密事件应当及时报告保密工作主管部门和上级有关部门,并迅速查明被泄露军事秘密的内容、密级、造成或者可能造成危害的范围和程度,采取补救措施。

第二十九条　全军所有单位都应当对所属人员进行保密教育。保密教育列入部队政治教育和院校教学计划,分别由政治机关和院校教学部门组织实施。

第三十条　各单位应当定期对所管理的军事秘密载体、涉密技术系统和涉密场所进行保密检查。保密工作主管部门负责监督检查本级及所属单位的保密工作。

第三十一条　战时或者执行特殊任务时,除执行本条例外,有关单位还应当根据上级指示和担负的任务制定相应的保密措施,确保军事秘密安全。

第三十二条　全军所有人员都必须遵守保密制度和保密守则。

第五章　奖励与处分

第三十三条　符合下列条件之一的单位和人员,依照《中国人民解放军纪律条令》的有关规定,给予奖励:

(一) 对保密技术、产品、设施的研究开发有重要贡献的;

(二) 在危急情况下,保护军事秘密安全的;

(三) 对盗窃、毁坏、出卖军事秘密的行为举报或者侦破有功的;

(四) 发现泄露或者遗失军事秘密,及时采取措施,避免重大损失的;

(五) 在保密工作中做出显著成绩的。

第三十四条　违反本条例,有下列情形之一的,依照《中国人民解放军纪律条令》的有关规定,对主管人员和直接责任人员给予处分;构成犯罪的,依法追究刑事责任:

(一) 盗窃、毁坏、出卖军事秘密的;

(二) 泄露或者遗失重要军事秘密的;

(三) 利用军事秘密进行非法活动的;

(四) 发生泄密事件,隐情不报或者未及时采取补救措施的;

(五) 玩忽职守,使军事秘密安全遭受危害的;

(六) 其他违反保密制度危害军事秘密安全的。战时或者执行特殊任务时,有前款规定情形之一应当给予处分的,从重处分。

第六章 附 则

第三十五条 本条例由中国人民解放军保密委员会负责解释。

第三十六条 本条例自发布之日起施行。1986 年 11 月 27 日中央军委颁发的《中国人民解放军保密条例》即行废止。

附录:

其他军队机关公文处理规定篇目

中国人民解放军机关电子文件归档与管理暂行规定

军用公文数据交换格式

军用公文数据库著录格式

军用公文主题词表

军队机关公文主题词标引规则

军队机关公文主题词标引格式示例

军事文献主题词标引通则

军用主题词组织机构名称缩略规则

军队档案主题词标引规则

七 国家部委行政机关公文处理规定

建设部机关公文处理办法

(建设部 2000 年印发)

第一章 总 则

第一条 为使建设部机关的公文处理工作规范化、制度化、科学化,提高公文处理工作效率和质量,根据《国务院工作规则》(国发〔1998〕8号)、《国家行政机关公文处理办法》(国办发〔1993〕81号),结合我部情况,制定本办法。

第二条 部机关的公文(包括电报,下同),是在建设行政管理过程中所形成的具有法定效力和规范体式的文书,是传达贯彻党和国家的方针、政策,发布部门规章和行政措施,请示和答复问题,指导、布置和商洽工作,提出意见和建议,报告情况,交流经验的重要工具。

第三条 公文处理分为收文办理和发文办理。

收文办理一般包括签收、登记、分发、传递、拟办、批办、承办、催办、查办、立卷、归档、销毁等程序。

发文办理一般包括拟稿、审核、签发、会签、缮印、校对、用印、登记、分类、立卷、归档、销毁等程序。

第四条 部机关各级负责人应当高度重视公文处理工作,严格遵守本办法,并对本单位公文处理工作加强指导和检查。

第五条 部办公厅是部公文处理的管理部门,主管部机关并负责指导下级单位的公文处理工作。

部办公厅和机关各司(局)应配备专职或兼职文秘人员负责公文处理工作。

第六条 部机关工作人员要发扬深入实际、联系群众、调查研究、实事求是和认真负责的工作作风,克服官僚主义、形式主义和文牍主义,逐步实现办公自动化，努力提高公文处理工作的效率和质量。行文要少而精，注重实际效用。

第七条 公文处理必须做到及时、准确、安全，并严格执行国家有关保密的规定，确保国家秘密安全。公文的收发、分办、传递、用印、立卷、归档和销毁等各个环节，必须分工明确、职责清楚。

第二章 公文种类

第八条 部机关公文，依据不同内容和要求，分别采用：建设部文件、建设部函、中华人民共和国建设部令、中华人民共和国建设部公告、内部传真电报、中共建设部党组文件、建设部办公厅文件、建设部办公厅函、建设部司发文、建设部司函、中共建设部直属机关委员会文件、建设情况通报等形式印发。

第九条 以部名义向上级报送的请示、意见、报告，向下级传达贯彻党和国家的方针政策，发布指导性。指令性意见，印发部的政策性文件和标准、规范，以及其他必须以部文件形式办理的事项，用建设部文件。其他以部名义办理的事项，用建设部函或建设部办公厅文件、函。

发布本部的部门规章，用中华人民共和国建设部令。

向中共中央及其有关部门的请示、报告，向部机关、部直属单位传达贯彻党中央的重要决定和指示，重大活动的安排和部署，人事任免、聘用和奖惩，用中共建设部党组文件。

印发本部领导讲话和需要通报的事项、情况，用建设情况通报。

本办法第二十七条规定的以司（局）名义办理的事项用建设部司发文或司函。

以直属机关党委名义办理的事项用中共建设部直属机关委员会文件。

第十条 部常用的公文种类主要包括：

（一）令（命令）

适用于依照有关法律、行政法规发布建设部制定的部门规章；宣布施行重大强制性行政措施。

（二）决定

适用于对重要事项或者重大行动做出安排；撤销下级机关不适当的决定。

（三）通知

适用于转发上级机关和不相隶属机关的公文；发布标准、规范和不含处罚条款的规定；传达要求下级机关办理和有关单位需要周知或者共同执行的事项；批转下级机关的公文；任免和聘用干部。

（四）通报

适用于表彰先进，批评错误，传达重要精神或情况。

（五）公告

适用于向国内外宣布重要事项或法定事项，应当遵守或者周知的事项。

（六）报告

适用于向上级机关汇报工作，反映情况，答复上级机关的询问。

（七）意见

适用于对重要问题提出见解和处理办法。

（八）请示

适用于向上级机关请求指示、批准。

（九）批复

适用于答复下级机关的请示事项。

（十）函

适用于不相隶属机关之间相互商洽工作，询问和答复问题；向有关主管部门请求批准。

（十一）会议纪要

适用于记载和传达会议情况和议定事项。

（十二）建设情况通报

适用于印发部领导讲话和需要通报的事项、情况。

（十三）内部传真电报

适用于紧急事项的通知或通报。

第三章 公文格式

第十一条 建设部文件、中共建设部党组文件一般由发文机关、秘密等级和保密期限、紧急程度、发文字号、签发人、标题、主送机关、正文、附件、印章、成文日期、附注、主题词、抄送机关、印发机关和印发日期等部分组成。

（一）公文眉首，一般是指首页横线以上，包括发文机关、发文字号、秘密等级、紧急程度、签发人等内容。眉首部分，上报的公文占1/2，其他公文占1/3。

（二）发文机关应当写全称或规范化简称；联合行文，主办机关应当排列在前。

（三）发文字号，包括机关代字、年份、序号，一般置于发文机关名称之下、横线之上。联合行文，只标明主办机关发文字号。

（四）公文秘密等级分为绝密、机密、秘密三个等级，注在文件首页右上角。绝密、机密公文应当标明份数序号。

（五）公文紧急程度分为特急、急件两种，注在公文首页右上角。上注紧急程度，下注秘密等级。

（六）上报的公文，要在文件首页，发文机关名称之下、横线之上右侧注明签发人、会签人的姓名；横线之上左侧注明发文字号；其中"请示"还应当在末页注明公文的承办人的姓名和联系电话。

（七）公文标题，一般应标明发文机关名称、公文主要内容、种类。标题文字应力求扼要简短，除法规名称加书名号外，一般不用标点符号。

（八）公文主送机关是主要受理公文的机关。公文主送机关名称应当用全称或规范化简称，位于正文的左上方顶格排印。公文主送机关名称的排列，原则上应根据发文的内容和对象确定，一般应是先地方后中央，先部机关后部直属单位。

没有抬头的公文，主送机关注在分送栏中位于抄送机关之上。

（九）成文日期一般以领导人最后签发日期为准；联合行文，以最后签发机关领导人的签发日期为准。电报，以发出日期为准。特殊情况可以印发日期为准。公文除会议纪要、电报外，应当加盖印章。联合上报的公文，由主办机关加盖印章。联合下发的公文，联合发文机关都应当加盖印章。印章应盖在成文日期的中央位置。

（十）公文如有附件，应在正文之下（空一行）、公文落款之上注明附件顺序和名称。公文和附件要装订在一起；不能装订在一起的，应在附件首页的左上角注明公文的发文字号。

（十一）公文附注（如"此件不公开报道"等）注在公文落款（印章）之下，并用括号括起来。

（十二）主题词，标引在公文末页左下端，分送栏之上，按类别词、类属词、地区、文种的顺序排列，数量不超过5个词。

（十三）分送栏，设在公文末页下端、公文印发机关栏之上。抄送机关按照党、政、军、群的顺序排列。

（十四）印发机关栏，设在文件末页最后一行。印发机关统称建设部办公厅秘书处。印发日期一般为送印日期。

第十二条　办公厅文件一般由公文名称、发文字号、标题、主送机关、正文、附件、印章、成文日期、主题词、抄送机关、印发机关和日期等部分组成。眉首印机关全称，位置占首页的1/3。

第十三条　建设部函、建设部办公厅函，眉首印机关全称，发文字号放在横线右下角、标题之上。秘密等级和紧急程度注在横线左下角、标题之上。分送栏在文件末尾。

第十四条 建设部司发文（司函）、中共建设部直属机关委员会文件，文头由办公厅统一印制，一般由发文字号、标题、主送机关、正文、附件、印章、成文日期、抄送机关等部分组成。

第四章 行 文 规 则

第十五条 部可以向国务院行文报告工作、请求指示；可以向各省、自治区、直辖市建委（建设厅）发出业务指导性文件；可以向部直属单位发出指导性文件；可以向国务院各部委、各直属机构行文；可以同国务院各部门和各省、自治区、直辖市人民政府以及同级人民团体联合行文；可以根据国务院授权答复省、自治区、直辖市人民政府请示国务院的有关业务问题，但无权作指示、交任务。

第十六条 部办公厅可以向各省、自治区、直辖市人民政府办公厅、建委（建设厅），国务院各部委、各直属机构办公厅（室），部直属单位，部内各司（局），以及其他不相隶属的单位行文。

第十七条 各司（局）可以向各省、自治区、直辖市建委（建设厅）业务处（室）行文，也可以向国务院各部委、各直属机构的职能司（局）和各省、自治区、直辖市人民政府的职能部门，以及部属有关单位行文。

各司（局）向部报告工作，请求指示，由司（局）向部长或分管副部长写签报，不必行文。

第十八条 部机关各司（局）之间除人事任免外一般不互相行文；必须行文时，可采用便函。部机关司局的下行公文，凡须部内有关各司局按照执行或知晓的，可一并主送或抄送。

第十九条 行文以不越级为原则，应按隶属关系逐级上报或下达。部的下行公文只发到省、自治区、直辖市及计划单列市建委（建设厅），国务院各部委、直属机构建设司（局、总公司），新疆生产建设兵团建设局，解放军总后营房部，部直属单位，部机关司（局）。

凡属下列情况之一的可以越级行文：

（一）逐级转送将会造成损失的特别紧急事项；

（二）上级机关认为必须直接下达到有关单位或者指定越级上报的事项；

（三）对个别具体问题的查询、联系或答复。

越级发送的公文，应同时抄送被越过的单位。

第二十条　向上级机关的请示，应主送一个机关，不得多头主送。

第二十一条　请示的公文应一文一事；除领导同志直接交办的事项外，请示不得直接送领导个人，更不能送领导同志秘书，也不能同时抄送下级机关；不得将请示的事项夹在报告中。

第二十二条　部门之间、司（局）之间对有关问题未经协商一致，不得各自向下行文。如擅自行文，上级机关有权责令纠正或撤销。

第二十三条　要严格控制印制和发送文件的数量。不照抄照转上级来文；不代替下级机关和业务部门发文；会议已解决的问题不再发文；不发"例行性"文件；能用司发文或办公厅文件解决问题的就不以部名义发文；可发可不发的公文，一律不发。

第五章　公文拟制

第二十四条　拟制公文应当做到：

（一）符合法律、行政法规、部门规章及党和国家的方针、政策。

（二）全面、准确地反映客观实际情况，提出的政策、措施切实可行。

（三）完整、准确地体现发文机关的意图，并同现行有关公文相衔接。

（四）观点明确，条理清楚，内容充实，结构严谨，表述贴切，文字精练，书写工整，标点准确，篇幅力求简短。

（五）人名、地名、数字、引文准确。引用公文应先引标题，后引发文字号。日期应写具体年、月、日。

（六）结构层次序数，第一层为"一"，第二层为"（一）"，第三层为"1."，第四层为"（1）"。

（七）必须使用国家法定计量单位。

（八）用词用字准确、规范。文内使用简称时，一般应先用全称，并注明简称。

第二十五条　公文中的数字，除成文日期、部分结构层次序数和词、词组、惯用语、缩略语，具有修辞色彩语句中作为词素的数字必须使用汉字外，应当使用阿拉伯数码。

第二十六条　公文拟制要坚持质量第一，注重效率的原则。公文拟制的承办司（局）和承办人是确保公文质量的基础。起草重要公文，应当由承办司（局）主要领导人亲自动手或亲自主持、指导，进行调查研究和充分论证，征求有关地方、部门的意见，司（局）务会议讨论研究。拟发部文或部办公厅文件的公文文稿，承办司局必须经司（局）长审核签署意见后，送部办公厅核稿。

第二十七条　司发文（司函）适用于司（局）职责范围内办理的以下事项：

（一）传达贯彻部党组和部领导的有关指示、精神；

（二）转发有关主管部门的文件、规定；

（三）安排、布置具体业务工作；

（四）与有关部门的业务司（局）联系、商洽工作；

（五）对有关地方、单位请示的具体问题，作出说明和解释；

（六）交流信息，推广经验，总结工作。

司发文（司函）不得发布政策性文件，不得批复地方建设行政主管部门向部请示的工作。

第二十八条　凡涉及部内两个以上司（局）的职权范围的事项或涉及国务院其他部门的事项，应当发部文或部办公厅文。部文或部办公厅文，应当由职权为主的司（局）起草，并按照本办法第七章的规定做好会签工作。

第六章　公文审核

第二十九条　公文实行严格地审核把关制度。办公厅设专人负责部发文、党组发文、办公厅发文的核稿工作。司（局）也要有专人负责文稿的审核工作。

第三十条　部发文、党组发文、办公厅发文的文稿，由主办司（局）负责核稿的同志审核后，经司（局）长复核签字，送办公厅核稿同志，重要的发文须经办公厅主任或副主任审核后报分管部领导。

第三十一条　司（局）发文由承办处室送本司（局）负责核稿的同志审核后报司局长或分管副司局长签发。

第三十二条　各司（局）及办公厅负责核稿的主要内容是：

（一）是否需要行文；

（二）报批程序是否符合规定；

（三）是否符合法律、行政法规、部门规章及党和国家的方针、政策；

（四）是否完整准确地体现发文机关的意图，并同现行有关公文相衔接；

（五）涉及有关部门、地区业务的事项，是否经过协商、会签；

（六）所提措施和办法是否切实可行；

（七）文种使用、公文格式、文字表述等是否符合本办法的有关规定。

第三十三条　代拟的部发文、党组发文、办公厅发文文稿，需要进行修改完善时，一般由主办司（局）负责修改完善。

第七章 公文会签

第三十四条 要严格执行部发文和司发文的协商会签制度。公文文稿内容如涉及其他部门或地区业务的事项，主办部门应积极主动做好协商、会签工作。

第三十五条 部发文涉及其他部门的，由我部领导先签署意见，然后再送往会签的部门。

有分歧意见时，我部主办司（局）主要负责同志应主动与协办部门业务司（局）协商，尽可能协商解决问题；经协商仍不能取得一致意见时，由我部部长或分管副部长出面协商；确难取得一致意见的，应按国务院要求，注明各方意见和理据并提出建设性意见报国务院协调或裁定。

第三十六条 部发文、司发文涉及本部有关司（局）时，主办司（局）要主动征求有关司（局）的意见，认真进行协商和会签；未经协商和会签的文稿，不得送办公厅核搞；经协商不能达成一致意见的，应报经分管副部长或部长协调一致后方能发文。

意见不一致的公文不得印发。

第八章 公文签发

第三十七条 建设部党组文件，由部党组书记签发，或由党组书记委托副书记签发。报党中央的公文要注明签发人。

第三十八条 建设部文件，一般的由分管副部长签发；重要的经分管副部长审核同意后报部长签发。

报国务院的公文，经分管副部长审核后，由部长签发；部长出国出差期间，由部长委托的副部长签发；报国务院的公文要注明签发人。

第三十九条 建设部办公厅文件，一般由主任或分管副主任签发；重要的经主任或副主任审核，并报经部长或副部长同意后印发。

第四十条 司发文一般由司（局）长或分管副司（局）长签发；重要的经司（局）长或分管副司（局）长审核，并报经分管部领导同意后印发。

第四十一条 联合行文，先由主办部门领导人签发，再送其他部门领导人签发。

第四十二条 审批公文，主批人应当明确签署意见，并写上姓名和审批日期。其他审批人有不同意见时，应当明确表示；实行圈阅的，圈阅则表示同意。

第四十三条 已经领导人签发的文稿，一般不得修改；需作修改时，应报签发的领导人同意。

第四十四条 部发文文摘的运转程序是：

（一）司（局）代拟的部发文、党组发文、办公厅发文文稿，由司（局）综合处（办公室）登记并经本司（局）核稿同志审核后，送司局长审核。

（二）司（局）长审核后，由综合处（办公室）送办公厅秘书处。如涉及其他业务司（局），应先送有关司（局）会签后，再送办公厅秘书处。

（三）办公厅秘书处收到各司（局）送来的发文文稿应予签收登记。拟发建设部函、办公厅文件、办公厅函的文稿由办公厅核稿同志审核后，送分管部领导或厅领导签发。

（四）拟发建设部文件、中共建设部党组文件的文稿，经办公厅核稿同志审核并送办公厅主任或分管副主任复核后，由秘书处送部领导秘书。

部领导秘书收到办公厅秘书处送来的公文文稿，签收登记后送部领导审批；部领导签发的文稿，由秘书登记后退办公厅秘书处编号付印。

第四十五条 司发文文稿，由司（局）综合处（办公室）核稿同志审核后送司（局）长或副司（局）长签发，综合处（办公室）负责编号并送付印刷。

第九章 公文校对、印刷和封发

第四十六条 部机关印刷厂对机关各单位送付印刷的公文文稿应予登记，并根据确认的紧急程度安排打印。

第四十七条 送部机关印刷厂的公文一般3个工作日内印出，急件2个工作日内印出，特急件1个工作日内印出或按要求时限印出。

第四十八条 送印的公文由主办单位拟稿同志负责催办和校对，特殊情况也可委托本单位其他同志催办和校对。

第四十九条 公文须按主送和抄送机关发送。办公厅负责部发文、党组发文、办公厅发文的封发。

司（局）印发的文（司函）应在发送有关单位的同时报送分管部领导，并抄送办公厅备案。

第五十条 部发文印发后，因工作需要增印份数或发现印刷中有文字错误需要重新印刷的，需由办文司（局）的司（局）长提出意见，并经办公厅主任或副主任批准。涉及内容更改需要重新印刷的，需经原签发的部领导批准。

司发文印发后，因工作需要增加份数或发现有文字错误及其他原因需要重新印刷的，参照上款规定办理。

第十章 公文签收、批办和管理

第五十一条 中共中央文件、国务院文件、中共中央办公厅文件、国务院办公厅文件由办公厅秘书处专人负责签收、分发和管理。机关司（局）和各直属单位也要由专人或兼职人员负责公文的管理。当年的中共中央文件、中共中央办公厅文件和秘书处分发的其他资料，一般在翌年3月底前清退给秘书处统一组织销毁，个别需要留用的须重新办理借阅手续。

第五十二条 需要办理的公文，办公厅审核后应当及时提出拟办意见，按部领导分工和司（局）职能分工呈递或批办。重要公文，送部长或副部长阅批。一般性公文直接分送主管司（局）办理。需两个以上司（局）办理的公文，由主办司（局）商其他有关司（局）办理。对重要的或紧急的公文，办公厅要限定办理时间。做到紧急公文跟踪催办、查办，重要公文重点催办、查办，一般公文定期催办、查办。

第五十三条 办公厅秘书处负责部机关公文办理的催办、查办和对机关司（局）抄送办公厅备案文件的监督。

第五十四条 各司（局）对承办的公文，要严格按照规定的时限办理，不得延误、推诿。各司（局）综合处（办公室）负责本司（局）公文办理的催办工作。

第五十五条 部机关司（局）印发的公文，有下列情形之一的，由办公厅主任或副主任报经部领导同意后，可以改变或者撤销：

（一）超越发文司（局）权限的；

（二）违反法律、行政法规、部门规章规定的；

（三）司（局）之间对同一事项的规定不一致，经协调后认为应当改变或者撤销的；

（四）应当协调而未协调，印发的公文被认为不适当而应当予以改变或者撤销的；

（五）其他应当改变或撤销的公文。

第五十六条 外交部的密码电报，由办公厅秘书处签收后交外事司办理。密码电报传阅或办理完毕要及时退办公厅秘书处保管。

第五十七条 答复来电，必须密电来密电复，明电来明电复，不准同一件事既发密电又发明电，或打电话、发文件。

第五十八条 确定电报的秘密等级和紧急程度要严格掌握。秘密等级分绝密、机密和秘密。紧急程度分特提、特急、加急、平急。

第五十九条　中共中央文件一般不准翻印。如需翻印，须经原发文机关批准。

国务院的绝密文件不准翻印。其他国务院文件需要翻印的，须经办公厅主任或副主任批准。翻印时，应注明翻印机关、时间、份数和印发范围。

密码电报不准翻印。

建设部密级文件一般不准翻印。如需翻印，须经办公厅主任或副主任批准。其他文件，除公开发表的外，应按内部文件管理。

第六十条　传递秘密公文，必须采取保密措施，确保安全。利用计算机、传真机等传输秘密公文，必须采用加密装置。绝密级公文不得利用计算机、传真机传输。

第十一章　公文立卷、归档和销毁

第六十一条　公文办理完毕，应根据《中华人民共和国档案法》和有关规定，及时将定稿公文、正本和有关材料整理立卷。电报随同文件一起立卷。

第六十二条　部发文、党组发文、办公厅发文由办公厅秘书处将文稿交由档案处立卷归档。法律（送审稿）、行政法规（送审稿）和部令在部文、部令正式印发或发布后的一周内，由政策法规司向办公厅档案处移交。

司（局）发文以及以部名义召开的会议、经部批准由司（局）召开的会议的会议材料，应由承办司（局）在当年6月底前将上一年发交的文稿及会议材料等整理立卷送办公厅档案处。

个人不得保存应归档的公文。

第六十三条　卷内文件材料必须齐全、系统、准确，需说明情况的案卷，应在备考表中填写清楚。

第六十四条　联合办理的公文，原件由主办单位立卷，其他单位保存复制件。

第六十五条　公文复制件作为正式文件使用时，应当加盖复制机关证明章，视同正式文件妥善保管。

第六十六条　没有归档和存查价值的公文，经过鉴别和主管领导批准，可以定期销毁。销毁秘密公文，应当进行登记，由二人监销，保证不丢失、不漏销。

第十二章　附　　则

第六十七条　法律（送审稿）、行政法规（送审稿）和部门规章的制定及部门规章的修改和废止，按国家的有关规定执行。

第六十八条 部直属单位不能以部机关名义行文,必须以部机关名义行文时,须向办公厅、有关司(局)呈送书面报告。部直属单位不得向地方建设行政主管部门行文。

第六十九条 本办法由建设部办公厅负责解释。

第七十条 本办法自印发之日起施行。

建设部 1996 年 5 月 14 日印发的《建设部机关公文处理实施细则》(建办〔1996〕267 号)同时废止。

审计机关行政公文处理办法

(2002 年 1 月 1 日起施行)

第一章 总 则

第一条 为了规范审计机关行政公文处理工作,根据《中华人民共和国审计法》和《国家行政机关公文处理办法》(国发〔2000〕23 号),制定本办法。

第二条 本办法所称审计机关行政公文,是指审计机关在行政管理工作中形成的具有法定效力和规范体式的文书。

第三条 本办法所称的公文处理,是指公文的制发、办理、管理、立卷、归档、销毁等一系列相互关联的工作。

第四条 审计机关的办公厅(室)是公文处理的管理机构,主管本机关并负责指导下级机关的公文处理工作。

审计机关的各内设机构,应当指定公文管理人员。

第五条 公文处理工作必须严格执行国务院《国家行政机关公文处理办法》,做到准确、及时、安全。

第六条 审计机关通过计算机网络发出的电子公文经密码确认后,与纸质文件具有同等效力。要充分利用审计机关计算机网络等现代办公手段,扩大电子公文的应用范围,逐步减少纸质公文,提高公文处理效率。

各级审计机关要保障计算机网络的安全畅通,及时准确地收发信息,做到设备、制度、人员落实。

第七条 各级审计机关的负责人应当高度重视公文处理工作,模范遵守本办法并加强对本机关公文处理工作的领导和检查。

第二章 公文种类

第八条 审计机关的行政公文种类主要包括:

(一)命令(令)

适用于依照有关法律、行政法规发布部门规章;宣布施行重大强制性行政措施;嘉奖有关单位及人员。

(二)决定

适用于对重要事项或者重大行动做出安排,奖惩有关单位及人员,变更或者撤销下级机关不适当的决定事项。

(三)公告

适用于宣布重要事项或者法定事项。

(四)通告

适用于公布社会各有关方面应当遵守或者周知的事项。

(五)通知

适用于批转下级机关的公文,转发上级机关和不相隶属机关的公文,传达要求下级机关办理和需要有关单位周知或者执行的事项,任免人员。

(六)通报

适用于表彰先进,批评错误,传达重要精神或者情况。

(七)报告

适用于向上级机关汇报工作,反映情况,答复上级机关的询问。

(八)请示

适用于向上级机关请求指示、批准。

(九)批复

适用于答复下级机关的请示事项。

(十)意见

适用于对重要问题提出见解和处理办法。

(十一)函

适用于不相隶属机关之间商洽工作,询问和答复问题,请求批准和答复审批事项。

(十二)会议纪要

适用于记载、传达会议情况和议定事项。

第三章 公 文 格 式

第九条 公文一般由秘密等级和保密期限、紧急程度、发文机关标识、发文字号、签发人、标题、主送机关、正文、附件说明、成文日期、印章、附注、附件、主题词、抄送机关、印发机关和印发日期等部分组成。

（一）涉及国家秘密的公文应当标明密级和保密期限，其中，"绝密"、"机密"级公文还应当标明份数序号。

（二）紧急公文应当根据紧急程度分别标明"特急"、"急件"。

（三）发文机关标识应当使用发文机关全称或者规范化简称；联合行文，主办机关排列在前。

（四）发文字号应当包括机关代字、年份、序号。联合行文，只标明主办机关发文字号。

（五）上行文应当注明签发人、会签人姓名。其中，"请示"应当在附注处注明联系人的姓名和电话。

（六）公文标题应当准确简要地概括公文的主要内容并标明公文种类，一般应当标明发文机关。公文标题中除法规、规章名称加书名号外，一般不用标点符号。

（七）主送机关指公文的主要受理机关，应当使用全称或者规范化简称、统称。

（八）下发行政规章用"发布"；下发本机关产生的其他公文用"印发"；下发隶属机关的公文用"批转"；下发上级、同级或不相隶属机关的公文用"转发"。批转、转发公文，只将事由写清楚，不必照抄原标题。

（九）公文如有附件，应当注明附件顺序和名称。

（十）公文除"会议纪要"和以电报形式发出的以外，应当加盖印章。联合上报的公文，由主办机关加盖印章；联合下发的公文，发文机关都应该加盖印章。

（十一）成文日期以负责人签发的日期为准，联合行文以最后签发机关负责人的签发日期为准。电报以发出日期为准。

（十二）公文如有附注（需要说明的其他事项），应当加括号标注。

（十三）公文应当标注主题词。上行文按照上级机关的要求标注主题词。

（十四）抄送机关指除主送机关外需要执行或知晓公文的其他机关，应当使用全称或者规范化简称、统称。

（十五）文字从左至右横写、横排。在民族自治地方，可以并用汉字和通用的少数民族文字（按其习惯书写、排版）。

第十条 公文排版规格及各要素标识规则，参照《国家行政机关公文格式》国家标准（GB/T 9704—1999）执行。

第十一条 公文用纸一般采用国际标准 A4 型（210mm×297mm），左侧装订。张贴的公文用纸大小，根据实际需要确定。

第十二条 电子公文的格式与纸质公文的格式相同，按审计署制定的模版规格制作。

第四章 行 文 规 则

第十三条 行文应当确有必要，注重效用。

第十四条 审计机关的行文关系应当根据各自的隶属关系和职权范围确定，一般不得越级请示和报告。

第十五条 署机关行文的权限。

（一）以审计署名义行文：

1. 向国务院报告、请示工作；
2. 答复省、自治区、直辖市人民政府等请示国务院的有关审计业务问题；
3. 就审计工作发布审计规章、决定、公告和通告；
4. 就审计工作对地方审计机关及署派出派驻机构发布指示、布置工作，答复请示；
5. 就有关工作向省部级单位发出函件。

（二）以审计署办公厅名义行文：

1. 就审计业务对地方审计机关及署派出派驻机构布置工作计划，答复一般性问题的请示，交流情况和经验；
2. 通知召开会议、举办培训班等；
3. 代表审计署就有关工作向地方或外部门厅（司、局）级单位发出函件。

（三）署机关各司局可以本司局名义，就具体工作事项向地方审计厅（局）、署派出派驻机构发信函，但不得正式行文、直接布置任务和要求直接报送文件。

第十六条 省级审计机关及署派出派驻机构应经过办公厅向署报送文件，不得多头报送或直接向有关业务司局报送文件，也不得未经署领导允许直接向领导同志个人报送文件。

第十七条 同级审计机关依据职权可以相互行文和向下一级审计机关行文；除依法行使审计监督职责发出审计文书，以函的形式商洽工作、询问和答复问题、审批事项外，未经本级政府授权不得向下一级政府正式行文。

审计机关的派出派驻机构，可以在主管机关授权范围内对外行文。

各级审计机关的内设机构除办公厅（室）外不得对外正式行文。

第十八条　向下级审计机关的重要行文应当同时抄送其上级审计机关和本级人民政府。

第十九条　拟制公文，对涉及其他机关职权范围内的事项，应当与有关机关会商，取得一致意见后方可行文；经会商意见仍不一致的，应据实上报各方理据，提出建设性意见，并与有关部门会签后报请上级机关协调或裁定。

第二十条　同级审计机关、上级审计机关与下一级人民政府可以联合行文；审计机关与相应的党组织和军队机关可以联合行文；审计机关与同级人民团体和具有行政职能的事业单位也可以联合行文。

第二十一条　联合行文应当明确主办部门。须经政府审批的事项，应经政府同意后行文，文中应当注明经政府同意。

第二十二条　"请示"应当一文一事，不得越级；情况特殊，确需越级请示的，应当抄送被越过的上级机关；一般只写一个主送机关，需要同时送其他机关的，应当用抄送形式，但不得抄送其下级机关。

"报告"不得夹带请示事项。

第二十三条　受双重领导的审计机关同时向本级人民政府和上级审计机关行文，应当写明主送机关和抄送机关。上级审计机关向受双重领导的下级审计机关行文，必要时应当抄送其另一上级机关。

第二十四条　对下级审计机关不适当的行文，有管辖权的上级审计机关应当予以纠正或撤销。

第五章　发文办理

第二十五条　发文办理指以本机关名义制发公文的过程，包括草拟、审核、复核（业务文书）、签发、核查、缮印、用印、登记、分发等程序。

第二十六条　草拟公文应当做到：

（一）符合国家的法律、法规及其他有关规定。如果提出新的政策、规定等，要切实可行并加以说明。

（二）情况确实，观点明确，表述准确，结构严谨，条理清楚，直述不曲，字词规范，标点正确，篇幅力求简短。

（三）公文的文种应当根据行文目的、发文机关的职权和与主送机关的行文关系确定。

（四）拟制紧急公文，应当体现紧急的原因，并根据实际需要确定紧急程度。

（五）人名、地名、数字、引文准确。引用公文应当先引用标题，后引发文字号。引用外文应当注明中文含义。日期应当写明具体的年、月、日。

（六）结构层次序数，第一层为"一、"，第二层为"（一）"，第三层为"1."，第四层为"（1）"。

（七）应当使用国家法定计量单位。

（八）文内使用非规范化简称，应当先用全称并注明简称。使用国际组织外文名称或其缩写形式，应当在第一次出现时注明准确的中文译名。

（九）公文中的数字，除成文日期、部分结构层次序数和在词、词组、惯用语、缩略语、具有修辞色彩语句中作为词素的数字必须使用汉字外，应当使用阿拉伯数字。

第二十七条　公文送负责人签发前，应当由拟文单位、会签单位办公室进行审核。

第二十八条　以本机关名义制发的公文，由主要负责人或者经主要负责人授权的其他负责人签发。

第二十九条　公文正式印制前，文秘部门应当进行核查，核查的重点是：审批、签发手续是否完备，附件材料是否齐全，是否符合行文规则，格式是否统一、规范等。如果发现文件内容有误需要对文稿进行实质性修改，应按程序复审。

对已送印的公文文稿，印制过程中如发现有疑义，应当报文秘部门处理；必须做改动的，送签发人审阅同意后方能修改。

第三十条　草拟、修改和签批公文使用的笔墨，必须符合存档的要求。不得在装订线外书写。

第三十一条　缮印公文必须手续完备，印制符合规定格式，字迹清晰、纸面整洁、装订端正牢固；对公文原稿应当注意保护，不得涂抹和损坏；校对要准确无误。

第三十二条　纸质文件加盖发文机关的公章方能生效。

第三十三条　发送密级纸质公文，应当在信封上标明秘密等级。绝密公文应当加盖专用密封章或指定专人传递。密码电报不得密电明复、明电密电混用。

第三十四条　电子公文的发文比照纸质公文的发文规定办理。发送密级电子公文必须通过审计机关加密的计算机网络系统，绝密级文件不得用网络传输。

第六章 收文办理

第三十五条 收文办理指对收到公文的办理过程，包括签收、登记、审核、拟办、批办、承办、催办等程序。

第三十六条 各级审计机关收到公文后，要签收、登记，并检查核对。如发现问题，要及时与发文单位联系处理。外出参加会议带回的公文（包括重要资料），交本机关文秘部门按收文办理。未经文秘部门登记分发的公文，各部门不予办理。

第三十七条 收到文件后要区分阅件与办件，阅件及时送有关领导和部门传阅，上级机关交办事项的文件呈负责人批示后送有关部门处理。

收到下级审计机关上报的办件，文秘部门应当进行审核。审核的重点是：是否应由本机关办理；是否符合行文规则；涉及其他部门或地区职权的事项是否已协商、会签；文种使用、公文格式是否规范。符合本办法规定的办件，应当及时送负责人批示办理，需要两个以上部门办理的应当明确主办部门。批办公文应当确定办理时限。对不符合本办法规定的公文，经办公厅（室）负责人批准后，可以退回呈报单位并说明理由。

第三十八条 承办部门收到公文后应当按时限要求办理，确有困难的，应当及时向批办领导说明。对不属于本单位职权范围或者不宜由本单位办理的，应当及时退回交办的领导并说明理由。

第三十九条 公文办理中遇有涉及其他部门职权的事项，主办部门应当主动与有关部门协商；如有分歧，主办部门负责人负责协调，如仍不能取得一致，可以报请上级机关协调或裁定。

第四十条 审批公文时，对有具体请示事项的，主批人应当明确签署意见、姓名和审批日期，其他审批人圈阅视为同意；没有请示事项的，圈阅表示已阅知。

第四十一条 送负责人批示或者交有关部门办理的公文，各级文秘部门要负责催办，做到紧急公文跟踪催办，重要公文重点催办，一般公文定期催办。

第四十二条 下载打印电子公文要从严控制。下载打印的文件骑缝加盖本机关公章，以对其真实合法性负责，并应按照纸质公文进行管理。

第七章 公文归档

第四十三条 公文办理完毕后，应当由公文主办部门根据《中华人民共和国档案法》和其他有关规定，及时整理（立卷）、归档。

个人不得保存应当归档的公文。

第四十四条　归档范围内的公文，应当根据其相互联系、特征和保存价值等整理（立卷），要保证归档公文的齐全、完整，能正确反映本机关的主要工作情况，便于保管和利用。

第四十五条　联合办理的公文，原件由主办机关整理（立卷）、归档，其他机关保存复制件或其他形式的公文副本。

第四十六条　本机关负责人兼任其他机关职务，在履行所兼职务职责过程中形成的公文，由其兼职机关整理（立卷）、归档。

第四十七条　归档范围内的公文应当确定保管期限，按照有关规定定期向档案部门移交。

第四十八条　电子公文的归档按照国家档案部门的有关规定办理。

第八章　公 文 管 理

第四十九条　审计机关的文秘部门应当建立健全本机关公文处理的有关制度，并经常进行检查，督促落实。

第五十条　上级审计机关的公文，除绝密和注明不准翻印的以外，经下一级审计机关负责人或者办公室主任批准，可以翻印。翻印密级文件时，应当注明翻印的机关、时间、份数和印发范围。密码电报不得翻印、复制。

第五十一条　公文复制件作为正式公文使用时，要注明复制机关并加盖复制机关印章，视同正式公文妥善保管。

第五十二条　不具备归档和存查价值的公文，经过鉴别并经过审计机关办公厅（室）负责人批准，可以销毁。

第五十三条　销毁秘密公文应当到指定场所由二人以上监销，保证不丢失、不漏销。其中，销毁绝密公文（含密码电报）应当进行登记。

第五十四条　机关合并时，全部公文应当随之合并管理。机关撤销时，需要归档的公文整理（立卷）后按有关规定移交档案部门。

审计机关工作人员调离工作岗位时，应当将本人暂存、借用的公文按照有关规定移交、清退。

第五十五条　密码电报的使用和管理，按照有关规定执行。

第五十六条　电子公文及各种载体比照纸质公文的办法管理，具体办法另行制定。

第九章 附　则

第五十七条　审计机关审计规章方面的公文，依照有关规定处理。外事方面的公文，按照外交部的有关规定处理。

第五十八条　公文处理中涉及电子公文的未尽事宜另行规定。

第五十九条　各级审计机关的办公厅（室）对上级机关和本级机关下发公文的贯彻落实情况，应当进行督促检查并建立督查制度。有关规定另行制定。

第六十条　本办法自2002年1月1日起施行。1996年12月17日审计署发布，1997年1月1日起施行的《审计机关公文处理的规定》同时废止。

审计业务文书按有关规定办理。

各级审计机关可结合当地政府的要求和本地的实际情况，制定实施细则。

第六十一条　本办法由审计署办公厅负责解释。

交通部公文处理办法

（1994年5月16日交通部交办发〔1994〕453号文发布）

第一章　总　则

第一条　根据国务院办公厅《国家行政机关公文处理办法》（国办发〔1993〕81号）制定本办法。

第二条　本办法适用于交通部机关、部属行政机关公文及各省、自治区、直辖市、计划单列市交通部报部公文。

部直属及双重领导企事业单位公文处理参照本办法执行。

第三条　交通部办公厅是交通部公文处理的管理机构，主管部机关并负责指导下级行政机关的公文处理工作。

第四条　部机关厅司局及部属行政机关应设立文秘部门或者配备符合职位要求的专职干部负责公文处理工作。

第五条　公文处理必须做到及时、准确、安全、保密，并努力提高公文处理工作的效率和质量；行文要少而精，注重效用；必须严格执行国家保密法律、法规和有关保密规定，确保国家保密安全。

第六条　公文处理工作应贯彻"党政分开"的原则。

第二章 公文种类

第七条 交通部公文种类主要包括：

（一）令

适用于部依照有关法律规定发布交通法规，宣布施行重大强制性行政措施等。

（二）决定

适用于对重要事项或者重大行动做出安排。

（三）指示

适用于对下级机关布置工作，阐明工作活动的指导原则和要求。

（四）公告、通告

"公告"适用于向国内外宣布重要事项或者法定事项。

"通告"适用于在一定范围内公布应当遵守或者周知的事项。

（五）通知

适用于发布行政规章；转发上级机关和不相隶属机关的公文，批转下级机关的公文；传达要求下级机关办理和有关单位需要周知或者共同执行的事项；任免和调配干部。

（六）通报

适用于表彰先进，批评错误，传达重要精神或者情况。

（七）报告

适用于向上级机关汇报工作，反映情况，提出建议，答复上级机关的询问。

（八）请示

适用于向上级机关请示指示、批准。

（九）批复

适用于答复下级机关请示事项。

（十）函

适用于不相隶属机关之间相互商洽工作、询问和答复问题；向有关主管部门请示批准等。

（十一）会议纪要

适用于记载和传达会议情况和议定事项。

第八条 部机关行政公文划分为"文件"、"专用文件"和"签报"。

（一）"文件"分为《交通部令》、《交通部文件》、《交通部函》、《交通部办公厅文件》和交通部×××司（局）文件。

（二）"专用文件"指在一定业务范围内使用、有特定版头和处理程序的公文。属须部批准的常规性审批公文，主管司局应尽量采用"专用文件"形式。目前，部"专用文件"有：《交通部任免通知》、《交通部出国人员政审批件》、《交通部出国任务通知书》、《交通部办理海员证批件》。

（三）"签报"是部机关各职能部门向直接上级请示问题或报告工作的一种形式。"签报"必须由主办单位负责人亲笔签名，不加盖印章，送主管领导人原件批回。不得同时抄送几位领导人和抄送其他单位。

第三章　公文格式

第九条　公文一般由发文机关、秘密等级、紧急程度、发文字号、签发人、标题、主送机关、正文、附件、印章、成文时间、主题词、抄送机关等部分组成。

（一）发文机关应当写全称或者规范简称；联合行文，主办机关排列在前。

（二）公文密级、缓急标志要清楚。"绝密"、"机密"公文应当标明份数序号。

（三）发文字号包括机关代字、年份、序号。联合行文，可只标主办机关发文字号。

（四）上报的公文，应当在发文字号右侧注明签发人姓名。

（五）公文标题应当准确简要地概括公文的主要内容和公文种类。标题中除法律、规章名称加书名号外，一般不用标点符号。

（六）主、抄送单位如用简称，应用规范简称。抄送单位排列顺序为：国务院各部门，各省、自治区、直辖市、计划单列市人民政府及其部门，部直属单位，部内有关司局。

（七）公文如有附件（不包括被批转、报送件），应在正文之后，年月日之前，注明附件的名称和件数。

（八）公文除会议纪要外，应当加盖印章。联合上报的非法规性文件，由主办机关加盖印章。联合下发的公文，联合发文机关都应当加盖印章。

（九）成文时间，以领导人签发的日期为准；联合行文，以最后签发机关领导人签发日期为准。

（十）部及厅、司、局公文应当标注主题词（见部公文主题词表）；上报的公文，应当按照上级机关的公文主题词表标注主题词。

第四章 行文规则

第十条 各级行政机关的行文关系，应当根据各自的隶属关系和职权范围确定。

第十一条 部在职权范围内，可向国务院各部门，各省、自治区、直辖市、计划单列市政府及交通厅（局、委、办），部直属及双重领导企事业单位行文。

第十二条 属部机关厅司局职权范围的事项，应由各厅、司、局自行发文；须部审批的事项，经部领导同意后，也可由厅、司、局发文，文中注明经部领导同意。

部机关厅、司、局之间遇有问题应当面协商，除人员任免、奖惩、调动外，原则上不互相行文。

部机关各司局不应以司局名义向国务院各部门及省、自治区、直辖市政府行文。

第十三条 具有行政管理职能的部船检局、救捞局、无线电管理委员会等，向部请示或者报告可使用签报形式，可代部起草公文稿。

部属单位受部机关有关司局委托代为拟办的公文稿，须经有关司局领导人审核签字，并按公文处理程序办理。

第十四条 地方交通部门、部直属和双重领导企事业单位要求部解决具体问题时，应按部机关职权范围，直接行文报送有关厅司局处理。

第十五条 部属下级机关和企事业单位一般不得越级请示。

第十六条 "请示"应当一文一事；一般只主送一个上级机关，如需同时送其他机关，应当用抄送形式，但不得同时抄送下级机关。除领导直接交办的事项外，"请示"不得直接送领导者个人。

第十七条 "报告"、"纪要"、"简报"中不得夹带请示事项。

第十八条 同级政府、同级政府各部门、上级政府部门与下一级政府可以联合行文；政府及其部门与同级党委、军队机关及其部门可以联合行文；政府部门与同级人民团体和行使行政职能的事业单位也可以联合行文。

联合行文应当确有必要，单位不宜过多。

第十九条 经批准在报刊上全文发布的交通法规，应当视为正式公文依照执行，可不再行文。同时，由发文机关印制少量文本，供存档备查。

第五章 公文办理

第二十条 公文办理分为收文和发文。收文办理一般包括传递、签发、登记、分发、拟办、批办、承办、催办、立卷、归档、销毁等程序；发文办理一般包括拟稿、审核、签发、缮印、校对、用印、登记、分发、立卷、归档、销毁等程序。

第二十一条 收文办理应注意事项：

（一）登记包括：来文机关、文号、标题、来文日期、收文编号等。一般事务性来文可视情况确定是否登记。

部及办公厅的收文，由文书处或者机要处负责签收、拆封、登记、分办；部内各司局的收支，由其办公室或综合处负责拆封、登记、分办；注明领导同志亲启件，原封登记后送领导人或其秘书签收。上下级机关送领导亲启的信函由领导本人拆阅。

（二）凡送部并需办理的公文，由办公厅根据内容和性质，提出拟办意见，分送部领导批示或送有关司局办理；主送部内各司局的公文，由其办公室或综合处分办。

（三）承办单位应按时限要求抓紧办理，不得延误、推诿。对不属于本单位职权范围或不适宜由本单位办理的，应当迅速退回交办的文秘部门并说明理由。

（四）文秘部门应当建立拟办、分办公文的检查催办制度，并负责检查催办。

第二十二条 发文程序：

（一）部发文程序：主办司局承办人拟稿——处室领导核稿——司局办公室核稿——司局领导人审核——办公厅文书处核稿（上报党中央、国务院的，经厅领导核稿）——部领导审阅签发——文书处登记编号——缮印——文书处封发。

（二）厅发文程序：与部发文程序基本相同，由办公厅主任或副主任签发。重要公文必要时由部领导审阅后发。

（三）司局发文程序：主办处室承办人拟稿——处室领导核稿——司局办公室核稿——司局领导人签发——会签——司局办公室编号——缮印——主办司局封发。

（四）"专用文件"发文程序：承办人拟稿——处室领导核稿——司局办公室核稿——部授权的司局领导签发——司局办公室编号——缮印——主办司局封发。

第二十三条 拟办公文应当做到：

（一）符合国家的方针、政策和法规以及部的方针、政策和有关规定。

（二）情况确实，观点明确，条理清楚，文字精练，书写工整，标点正确，篇幅力求简短。

（三）人名、地名、数字、引文准确。引用公文应当先引标题，后引发文字号。日期应当写具体的年、月、日。

（四）结构层次序数，第一层为"一、"，第二层为"（一）"，第三层为"1."，第四层为"（1）"。

（五）必须使用国家法定计量单位。

（六）用词用字准确、规范。文内使用简称，一般应当先用全称，并注明规范简称。

（七）根据内容和行文对象，正确使用公文种类，送领导审核的文稿，应附来文和必要的相关文件。

（八）拟稿人根据实际需要，确定主、抄送单位，分别标明正文和附件印数。

第二十四条　公文中的数字，除成文时间、部分结构层次序数和词、词组、惯用语、缩略语、具有修辞色彩语句中作为词素的数字必须使用汉字外，应当使用阿拉伯数码。

第二十五条　公文稿中凡有涉及其他单位的问题，主办单位应当主动与有关单位协商、会签。会签应注意以下事项：

（一）会签文稿均以会签单位领导人签字为有效。

（二）部内会签，由主办司局送转会签。有关司局如有不同意见，应当协商一致后再报部领导。如经充分协商仍不能取得一致意见，应如实报部领导。

（三）部外会签（包括会印），由主办司局指定专人承办。部外单位对会签稿有重大修改，应重新送部领导审批。

（四）部外单位送我部会签或会衔的文稿，先由主办司局提出意见，然后按部发文程序办理。

（五）上报的公文，如有关部门意见不一致，应当在文中如实反映。

第二十六条　公文送领导人签发之前，应当由文秘部门审核。审核的重点是：是否需要行文，是否符合国家的法律、法规和方针、政策及部的有关规定，是否与有关部门协商、会签，文字表述、文种使用、公文格式等是否符合本办法的有关规定。

在不改变原意的情况下，核稿人可对文稿进行删节和文字加工。需对文稿进行较大修改时，应提出修改意见商经办人（主办单位）修改。

公文经部领导签发后，文书处应注意部领导对文稿内容有无修改，必要时做适当文字处理。

会签单位和核稿人应注意保持稿面的整洁。稿面不洁、字迹潦草、涂改勾划较乱的，由经办人清稿（并将原稿附后）。

第二十七条　公文签发：

部发文，一般的按部领导分工，由主管部领导签发；上报的或重要的下发公文，由部长或授权副部长签发。有的公文可由部领导授权的厅司局领导签发。

厅司局发文，由厅司局领导人签发；厅司局领导人不在时，由主管部领导授权主持厅司局工作者签发。

第二十八条　审批公文，主批人应有明确意见，并签署姓名和审批时间。其他审批人圈阅，视为同意。公文签发人对所签发的公文内容全面负责。

第二十九条　拟办、修改和签批公文，用笔用墨必须符合存档要求。不得在文稿装订线外书写。

第三十条　缮校：

（一）部机关发文，由文印室负责缮印。缮印过程中，如需修改原稿时，司局发文应与司局核稿人联系，部发文应与办公厅核稿人联系；如属重要修改，应请示原签发人同意。

（二）校对，部发文由文印室负责前二校，经办人负责三校；其他公文均由经办人负责校对。部上报的公文，付印前应经办公厅核稿人看样。

第三十一条　拟办公文，应逐步淘汰书写方式，使用计算机、四通打字机等打印在公文稿纸上。"签报"第二页可使用16开或A4型白纸，一般每页18行至20行，每行22至25个字，排列要疏密有致。字体应为3号宋体或楷体。

第三十二条　上报的公文如不符合本办法第十五条、第十六条、第二十三条第一项、第二十五条第五项的规定，上级机关的文秘部门可退回呈报单位。

第三十三条　上级行政机关的行政公文，除绝密和注明不准翻印的以外，经下一级机关负责人或办公厅（室）主任批准，可以翻印，但应当注明翻印的机关、时间、份数和印发范围。密码电报不得翻印、复制，不得密电明复、明电密复。

第三十四条　传递秘密公文，必须采取保密措施，确保安全。利用计算机、传真机等传输秘密公文，必须采用加密装置。绝密级公文不得利用计算机、传真机传输。

第六章　公文立卷、归档和销毁

第三十五条　公文办完后，应当根据《中华人民共和国档案法》、《交通文件材料立卷归档办法》及有关规定，及时立卷、归档。个人不得保存应当归档的公文。

第三十六条 没有归档和存查价值的公文，经过鉴别和司局或处室主管领导批准，可以定期销毁。销毁秘密公文，应当进行登记，由二人监销。

第七章 附 则

第三十七条 交通法规方面的公文，依照《交通法规制定程序规定》（部1992年第38号令）处理。

第三十八条 本办法由部办公厅负责解释。

第三十九条 本办法自1994年6月1日起施行。部及办公厅其他有关公文处理的规定，凡与本办法不一致的，以本办法为准。

全国税务机关公文处理实施办法

(2004年10月9日国家税务总局国税发〔2004〕132号)

第一章 总 则

第一条 为使全国各级税务机关的公文处理工作规范化、制度化、科学化，提高公文处理工作的质量和效率，根据国务院发布的《国家行政机关公文处理办法》（国发〔2000〕23号），制定本实施办法。

第二条 税务机关的公文（包括电报，下同），是税务机关在税务管理过程中形成的具有法定效力和规范体式的公务文书，是传达贯彻党和国家的方针政策、依法行政、施行税务行政措施和进行税务公务活动的重要工具。

第三条 公文处理指公文的办理、管理、整理、归档等一系列相互关联、衔接有序的工作。

第四条 公文处理应当坚持实事求是、精简、高效的原则，做到及时、准确、安全。

第五条 公文处理必须严格执行国家保密法律、法规和其他有关规定，确保国家秘密的安全。

第六条 各级税务机关的负责人应当高度重视公文处理工作，模范遵守本实施办法并加强对本机关公文处理工作的领导和检查。

第七条 各级税务机关的办公厅（室）是公文处理的管理机构，主管本机关的公文处理工作并负责指导下级机关的公文处理工作。

第八条　公文由文秘部门统一收发、分办、传递、缮印、用印、整理、归档和销毁。各级税务机关的办公厅（室）应当设立文秘部门或者配备专职人员负责公文处理工作。

第九条　各级税务机关应当为公文处理工作创造必要的条件，通过开展业务知识和专业知识培训，提高文秘人员的素质，充分调动文秘人员的工作积极性。文秘人员应当忠于职守，具备相关专业知识。

第十条　各级税务机关要发扬深入实际、联系群众、调查研究、实事求是和认真负责的工作作风，克服官僚主义、形式主义和文牍主义，不断改进办公手段，全面实行公文处理信息化，努力提高公文处理工作的质量和效率。

第十一条　各级税务机关的公文处理工作，应当贯彻"党政分开"的原则。

第二章　公文种类

第十二条　税务机关的公文种类主要有：命令（令）、决定、公告、通告、通知、通报、报告、请示、批复、意见、函、会议纪要。

第十三条　命令（令），适用于依照有关法律、行政法规发布税务规章；宣布施行重大强制性行政措施；嘉奖有关单位及人员。命令（令）一般不分主送、抄送。命令（令）属下行文。

（一）命令（令），根据作用可分为发布令、行政令和嘉奖令。

（二）发布令、行政令以机关名义发出，自局长任期开始编流水号，文末标明局长职务，署签名章，注明发令日期，不加盖机关印章。

（三）嘉奖令以机关名义发出，使用机关公文的发文字号，加盖机关印章。

（四）发布税务规章，应当按税务规章产生的程序进行。

1. 税务规章起草完成后，由政策法规部门进行审核。
2. 经局务会议集体审议通过。
3. 由局长签署《国家税务总局令》发布。
4. 在《国家税务总局公报》或者《国务院公报》和有关新闻媒体刊播。
5. 一般在执行前30日以上发布。
6. 自发布后30日内向国务院备案。

第十四条　决定，适用于对重要事项或者重大行动做出安排，奖惩有关单位及人员，变更或者撤销下级机关不适当的决定事项。具有普遍的指导性、行政的约束性和相对的稳定性。决定分为部署性决定和组织人事性决定。决定属下行文。

第十五条　公告，适用于向国内外宣布重要事项。具有庄重性和告知对象的广泛性。公告根据内容分为法规性公告、政策性公告、人事任免公告和重大事件公告。税务机关应当依照有关法律、法规向国内外公布需征纳双方知晓的重要税收事项。公告可通过媒体公布或发布，无主送、抄送。

第十六条　通告，适用于公布社会各有关方面应当遵守或者需要周知的事项。具有约束性和告知对象的区域性。通告一般分为规定性通告和周知性通告。通告面向社会并具有一定的约束力，可采用张贴或媒体刊播的形式公布，无主送、抄送。

第十七条　通知，适用于批转下级机关的公文，转发上级机关和不相隶属机关的公文；发布规范性公文；传达要求下级机关办理和有关单位需要周知或者执行的事项；任免人员。通知是税务机关经常使用的公文文种，具有使用范围的广泛性、受文单位的专指性和较强的时效性。同时，还具有行文简便、写法灵活、种类多样的特点。通知一般分为指示性通知、发布和转发性通知、事务性通知和知照性通知。通知主要是上级机关对下级机关行文时使用，属下行文；向有关单位知照某些事项时（如告知机构变更和召开会议等），也可作平行文用。

第十八条　通报，适用于表彰先进，批评错误，传达重要精神或者情况。具有宣传、教育、沟通信息的作用。通报分为表扬性通报、批评性通报和情况通报。通报要有针对性，通报的事实要真实准确。通报属下行文。

第十九条　报告，适用于向上级机关汇报工作、反映情况，答复上级机关询问。其主要作用是使上级机关了解本机关、本系统某个阶段的工作和活动情况。报告根据内容分为综合性报告和专题性报告。报告属上行文。

第二十条　请示，适用于向上级机关请求指示、批准事项。具有鲜明的隶属性。请示一般分为政策性请示、核准重大问题请示和具体事务请示。请示属上行文。下级机关向上级机关提出请示时应当做到：

（一）凡属职权范围内的一般问题不随意请示。

（二）请示必须在事前。

（三）请示必须一文一事，一般只写一个主送机关；需要同时送其他机关的，应当采用抄送形式，但不得抄送其下级机关。

（四）在公文末页附注处注明联系人的姓名和电话。

（五）文末应当有请示语。

第二十一条　批复，适用于答复下级机关请示的事项。具有答复事项专指性的特征。批复一般分为政策性批复、核准重大问题的批复和具体事务性批复。批复属下行文，上级机关批复下级机关的请示时，必须明确肯定地表态，若予否定，应写明理由。批复一般只送请示单位，若批复的事项需有关单位执行或者周知，可抄送有关单位。若请示的问题具有普遍性、且涉及有关政策的调整，可使用"通知"文种行文，不再单独批复请示单位。

第二十二条 意见，适用于对重要问题提出见解和处理办法。意见一般分为参考建议性意见、表明意向性意见、工作指导性意见。意见可以用于上行文、下行文和平行文。作为上行文，应当按请示性公文的程序和要求办理；上级机关应当对下级机关报送的"意见"作出处理或者给予答复。作为下行文，文中对贯彻执行有明确要求的，下级机关应当遵照执行；无明确要求的，下级机关可以参照执行。作为平行文，提出的意见供对方参考。

第二十三条 函，适用于不相隶属机关之间商洽工作、询问和答复问题、请求批准和答复审批事项。具有在不相隶属机关之间使用的灵活性和广泛性。函分为告知函、商洽函、询问函、请求批准函和答复函。函属平行文，有隶属关系的上下级机关之间不得使用函。请求批准函仅用于向平级机关或有关主管部门请求批准相关事项。

第二十四条 会议纪要，适用于记载、传达会议情况和议定事项。由标识、编号、纪要事项、出席人、签发人、发送单位等部分组成。国家税务总局的会议纪要分为局务会议纪要、局长办公会议纪要和局领导专题会议纪要。

第三章 公文格式

第二十五条 公文一般由秘密等级和保密期限、紧急程度、发文机关标识、发文字号、签发人、标题、主送机关、正文、附件说明、成文日期、印章、附注、附件、主题词、抄送机关、印发机关和印发日期等部分组成。

第二十六条 秘密等级和保密期限。涉及国家秘密的公文应当分别标明密级（绝密、机密、秘密）和保密期限。其中，"绝密"、"机密"级公文还应当标明份数序号。

"绝密"是指：含有最重要的国家秘密，泄露会使国家的安全和利益遭受特别严重损害的公文。"机密"是指：含有重要的国家秘密，泄露会使国家的安全和利益遭受严重损害的公文。"秘密"是指：含有一般的国家秘密，泄露会使国家安全和利益遭受损害的公文。

"绝密"、"机密"、"秘密"等级应当分别标注在公文首页的右上角。标注密级时，应当在标注密级程度的同时标注保密期限，具体写法为"密级★保密期限"。

保密期限是指：保守国家秘密的时间界限。国家秘密的保密期限，除有特殊规定者外，绝密级事项不超过30年，机密级事项不超过20年，秘密级事项不超过10年。

特殊规定是指：发文机关可以对保密范围中的某类事项的保密期限，规定为"长期"或确定保密的最短期限。如"秘密★6个月"、"机密★5年"、"绝密★长期"。

第二十七条　紧急程度。紧急公文应当根据紧急程度分别标明"特急"、"急件"。其中，电报应当分别标明"特提"、"特急"、"加急"、"平急"。公文的紧急程度应当标注在公文首页的右上角。如需同时标明密级的公文，密级应当标注在紧急程度的上面。

紧急公文中的"特急"是指：内容重要并特别紧急，已临近规定的办结时限，需特别优先传递处理的公文。"急件"是指：内容重要并紧急，需打破工作常规，优先传递处理的公文。

电报中的"特提"，适用于极少数当日要办的十分紧急事项，注明"特提"等级的电报，发电单位要提前通知收文单位机要部门；"特急"适用于3日内要办的紧急事项；"加急"适用于5日内要办的较急事项；"平急"适用于10日内要办的稍缓事项。

第二十八条　发文机关标识。发文机关标识是指公文的文头，应当使用发文机关全称或者规范化简称；联合行文，主办机关排列在前。

公文文头一般由发文机关全称加"文件"二字组成，也可只用发文机关全称作文头。公文文头在首页上端居中套红。

第二十九条　发文字号。发文字号由发文机关代字、年份（公元全称）、序号组成。一般标注在文头之下、横线上方居中位置。凡标注签发人的公文，发文字号不再居中，与签发人在同一行，移至左侧。机关代字应保持相对稳定，不得经常变动。年份应使用公元全称，去掉"年"字，并用六角括号"〔　〕"括起；年份和序号一律使用阿拉伯数码；序号前一律不加虚位"0"，除命令（令）外不加"第"字。

联合行文，一般标注主办机关发文字号，也可以协商确定，但只能标注一个机关的发文字号。

明码、密码电报由办公厅（室）按明电和密电的有关规定分别编号处理。

国家税务总局公文的发文字号包括：

（一）令第××号。适用于：发布税务规章，宣布施行重大强制性行政措施，嘉奖有关单位和人员。

（二）国税发〔公元年份〕××号。适用于：向上级机关请示、报告和提出意见；对税收政策和征管办法的调整与补充，以及执行中重要问题的明确和解释；向下级机关部署全局性的税收工作，制订工作制度，提出指导性意见；下达年度税收计划和税务经费安排；对税收收入及重要工作的完成情况和重大事件的情况通报；对下级机关或个人给予重大奖励、表彰或批评、惩处；机构的设置、变动；转发上级机关的重要文件；与平级机关或有关团体单位的联合发文；其他有关重要事项的通知。

（三）国税函〔公元年份〕××号。适用于：向下级机关部署局部的、阶段性的或临时性的工作；对税收政策和征管办法执行中一般问题的明确和解释；对年度税收计划作局部调整；对税务经费作局部和临时性的安排；对税务日常工作有关情况的通报；一般性的表扬或批评；与平级机关商洽事宜、答复问题或报送需要平级机关核批的事项；转发平级机关与税收工作有关的文件；对下级机关的请示事项予以批复；对人大议案、建议和政协提案的答复等。

（四）国税任字〔公元年份〕××号。适用于：按照干部管理权限，任免干部行政职务。

（五）国税办发〔公元年份〕××号。适用于：代表总局向各级税务机关布置日常性的事务工作，通报有关情况；发布局机关内部适用的各类制度规定；通报局机关内部的有关情况。

（六）国税办函〔公元年份〕××号。适用于：代表总局向平级单位的有关部门或其他单位行文，通报有关情况，商洽事宜；代表总局向上级机关的有关部门报送有关情况，提出意见和建议；代表总局向下级机关征求意见；代表总局下发各类会议、培训通知，向有关单位发出邀请；代表总局向有关单位提供证明。

各省、自治区、直辖市和计划单列市国家税务局、地方税务局的发文字号，可参照总局公文的发文字号，根据工作需要确定。

第三十条　签发人、会签人。向有行政隶属关系的上级机关行正式公文，应当在首页文头之下、横线以上，与发文字号平行的右侧位置注明签发人、会签人姓名；联合上报的公文，应当注明联合单位签发人的姓名。

第三十一条　公文标题。公文标题应当准确简要地概括公文的主要内容并标明公文种类，一般由发文机关、发文事由和文种组成。上报的公文和联合行文，一般不标明发文机关。公文标题中除法规、规章和规范性文件名称加书名号外，一般不用标点符号。

转发上级机关的公文，不能以上级机关公文的发文字号作为标题；如其标题过长，可以根据主要事由自拟标题。

第三十二条　主送机关。主送机关指公文的主要受理机关，应当使用全称或者约定俗成、为社会所公认的规范化简称、统称。主送机关应当视公文内容明确具体的发送范围，顶格标列于标题之下、正文的上一行。

在主送和抄送中，税务机关的名称应当使用"×××国家税务局、×××地方税务局"，不得使用简称。

在公文的正文中，税务机关的名称可以使用规范化简称。规范化简称为"×××国税局、×××地税局"，不得使用"国税、地税，国、地税局，国地税"等。

第三十三条 公文附件。公文附件指附属于公文正文的其他材料，具有对公文进行补充说明或提供相关资料等作用，是公文的重要组成部分。公文如有附件，应当在正文之后、成文日期之前注明附件名称。附件应当与正文装订在一起，附件有2件或者2件以上的，在附件首页用阿拉伯数码标明序号；如果不能合订，在附件首页分别标明公文的发文字号和附件的序号。如果附件不需打印或者不发，应当注明。

印发规章等公文或转发公文时，正文标题中已经标明所印发、转发的公文标题或主要内容的，文末不再将所印发或转发的公文列为附件。

第三十四条 公文印章。公文除"会议纪要"和以电报形式发出的以外，应当加盖发文机关印章。联合上报的公文，由主办机关加盖印章；联合下发的公文，联合发文机关都要加盖印章。电报应当署签发人姓名，不需加盖发文机关印章，但应当在电报首页右上角"签批盖章"处加盖机关"发电专用章"。

第三十五条 成文日期。成文日期以负责人签发的日期为准，联合行文以最后签发机关负责人的签发日期为准，电报以发出日期为准。

成文日期应当用汉字写全公元年、月、日，不得用阿拉伯数码书写。

第三十六条 公文附注。公文附注指需要说明的其他事项。公文附注在公文印章和成文日期之下，版记之上。公文如有附注，应当加括号标注。

第三十七条 公文主题词。公文应当标注主题词。上行文按照上级机关的要求标注主题词。主题词由类别词、类属词、区域词和文种组成。标注主题词应当注意以下几点：

（一）主题词一般应当根据公文内容，参照国家税务总局印发的《税务公文主题词表》标注。

（二）标注主题词的顺序依次为类别词、类属词、区域词和文种。

（三）标注主题词，最多不超过6个。

（四）主题词顶格标注在公文抄送栏的上方。电报可不标注主题词。

（五）各地报送给当地党委、政府的文件，按当地党委、政府的有关规定标注主题词。

（六）未列入《税务公文主题词表》的新的专用名词和新开征的"税种"名称，可以作为自由词标注主题词。

第三十八条　抄送机关。抄送机关指除主送机关外需要执行或知晓公文的其他机关，应当使用全称或者规范化简称、统称。

抄送机关按上级机关、平级机关、下级机关次序排列；同级机关之间一般按照党委、人大、政府、政协、军队、法院、检察院、人民团体、民主党派等次序排列。

抄送机关应当根据工作需要确定，不得随意扩大范围。抄送栏设于主题词之下、印发机关之上。

第三十九条　印发机关和印发日期。印发机关和印发日期分别标注在公文末页下端左、右两侧，在印发日期之下可以标明公文印数。

第四十条　排版方式。文字从左至右横写、横排。在民族自治地方，可以并用汉字和通用的少数民族文字（按其习惯书写、排版）。

第四十一条　公文的印刷版记一般包括主题词、抄送机关、印发机关、印发时间、文件份数、打印、校对人员单位和姓名等。版记末行可从左到右标明打印、校对人员姓名和文件份数，校对人员姓名之前应当注明主办单位。主题词，抄送栏，印发机关和印发日期，打印和校对人员单位、姓名四部分，应用横线隔标注在公文最后一页底端。

第四十二条　税务机关的公文中各组成部分的标识规则，按照《国家行政机关公文格式》（GB/T9704—1999）国家标准执行的同时，可参照本实施办法所附国家税务总局机关公文格式（式样）。

第四十三条　税务公文统一使用国际标准 A4 型（210mm×297mm）纸张。公文所附表格用纸和张贴的公文用纸大小，根据实际需要确定。

第四章　行 文 规 则

第四十四条　行文应当确有必要，注重效用。对于可发可不发的公文，即无实质内容、无具体措施、无针对性、无指导性、缺乏可操作性的公文，坚决不发。对必须印发的公文严格控制发文数量与发文范围，杜绝乱发滥送，避免重复行文。

第四十五条　各级税务机关应当根据各自的隶属关系和工作需要，在自己的职权范围内行文。超越职权范围的，应当会签有关单位或者与其他机关联合行文。

第四十六条　各级税务机关在自己的职权范围内，可以向同级政府各部门和下一级政府的相关业务部门行文；除以函的形式商洽工作、询问和答复问题、审批事项外，一般不得向下一级政府正式行文。

第四十七条 各级税务机关的办公厅（室）根据机关负责人授权可以代本级机关行文。

第四十八条 各级税务机关的内设机构除办公厅（室）和法律规定具有独立执法权的机构外不得对外正式行文。

第四十九条 各级税务机关的内设机构根据工作需要，可以在规定的职权范围内，向下级机关的相关部门和其他机关的有关部门行非正式公文。即，对外行文时使用"便函"。便函适用于：商洽工作，通报情况，询问和答复一般事务性问题。

税务机关各内设机构所发便函的版头，由税务机关名称和内设机构名称组成，不加"文件"字样。便函的发文字号按内设机构代字自行编号，成文日期上加盖内设机构印章，无版记。

第五十条 各级税务机关可以与同级政府各部门和下一级政府联合行文；可以与相应的党组织和军队机关联合行文；可以与同级人民团体和具有行政职能的事业单位联合行文。

第五十一条 联合行文应当明确主办部门。须经政府审批的事项，经政府同意后，也可以由税务机关行文，文中应当注明经政府同意。

第五十二条 同级机关之间对有关问题未经协商一致，不得各自向下行文。如擅自行文，上级机关应当责令纠正或者撤销。

第五十三条 属于提请党委、政府所属主管部门职权范围内解决的具体事务，税务机关在办理与之有关的公文时，应当按照部门职权范围直接报送该主管部门处理。

第五十四条 向上级机关行文一般不得抄送下级机关；向下级机关的重要行文，应当同时抄送直接上级机关；向上级机关和下级机关行文可以抄送同级机关；向同级机关行文可以抄送其他同级机关。

转发上级机关、同级机关和不相隶属机关的公文，如无补充内容，可以采用翻印形式，不抄送被转发机关。

第五十五条 本办法第五十条、第五十二条、第五十四条所称"同级"是指：2个及2个以上机关的行政级别处于同等地位的机关。同一系统内级别相同的机关，非同一系统的级别相同或相似的机关、人民团体和事业单位等都属于"同级"。

第五十六条 除上级机关负责人直接交办的事项外，不得以机关名义向上级机关负责人报送请示类公文。

第五十七条 "报告"与"请示"应当严格分开,"报告"中不得夹带请示事项。

第五十八条 受双重领导的机关向上级机关行文,应当标明主送机关和抄送机关,由主送机关负责答复。上级机关向受双重领导的下级机关行文,必要时应当抄送其另一上级机关。

第五十九条 各级税务机关一般不得越级行文。因特殊情况(如重大灾害、重大案件、重大事故等)必须越级行文时,应当抄送被越过的上级机关(下级机关反映其直接上级机关和领导人的问题的除外)。上级机关批复越级上报的请示时,也应当抄送被越过的机关。

第六十条 机关负责人的讲话,不以正式公文形式下发。对使用电话、广域网络或发便函即可办理的事项,不发正式公文。

第六十一条 各级税务机关除答复人大议案、建议和政协提案外,一般不对个人行文。

第六十二条 各级税务机关应当按照各级人大、政协的要求和有关规定,认真办理人大代表的议案、建议和政协委员的提案。

国家税务总局局内各单位应遵循以下规定,办理全国人大代表的议案、建议和全国政协委员的提案:

(一)承办单位办理人大议案、建议和政协提案,应当严格执行《中华人民共和国全国人民代表大会议事规则》和《政协全国委员会提案工作条例》及其有关规定,认真答复,提高办理质量,注重实效。

(二)承办单位收到人大议案、建议和政协提案后应当在规定时限内答复。对一些难度大、不能如期办复的,应当先向代表、委员说明原因,同时函告有关部门。

(三)凡审查意见为分别办理的,由承办单位分别答复代表或委员。审查意见指明主办和会办单位的,会办单位应当在规定时间内将会办意见交主办单位,并由主办单位答复。

(四)办理人大议案、建议和政协提案,应当分别按照全国人大办公厅和全国政协办公厅规定的复文格式行文,注明联系单位及电话,加盖机关印章。

(五)对人大议案、建议和政协提案的答复,复文时应当分别按照全国人大办公厅和全国政协办公厅的要求确定主送、抄送及其份数。

(六)答复人大议案、建议和政协提案时,应在答复文的首页右上角注明分类代码。所提问题已经解决或基本解决的,用"A"标明;所提问题正在解决或列入规划逐步解决的,用"B"标明;所提问题因目前条件限制或其他原因须待以后解决的,用"C"标明;所提问题留作参考的,用"D"标明。

(七)复文形式。凡审查意见指明主办或分别办理的人大议案、建议和政协提案应当使用"国税函"答复代表或委员;凡审查意见指明会办的,应当使用"国税办函"答复主办单位。

第六十三条 党组织系统和国家行政系统的公文分别按照中共中央、国务院有关公文处理的规定办理。在公文格式上,发文机关标识、发文字号和印章不得混用;不以行政机关名义向党的组织发布命令、决定,除特殊情况外,不就具体行政事务向党的组织直接报告工作,请求指示。

党的组织不向行政机关请示或者报告工作,除特殊情况外,不直接向行政机关下达命令或者决定,一般应向行政机关中的党委或党组行文。

第五章 发文办理

第六十四条 发文办理指以本机关名义制发公文的过程,包括草拟、审核、签发、复核、校对、缮印、用印、登记、封发等程序。

第六十五条 草拟公文是指办公人员按照公文办理意图起草公文初稿的过程。

草拟公文的一般程序是:

(一)主办部门领导向拟稿人交代清楚行文意图、行文依据、主要事由和有关要求。

(二)拟稿人根据部门领导的要求拟制公文标题、正文、附件以及需要说明的相关资料。

(三)拟稿人根据公文内容和公文处理的有关规定确定公文文种、发文字号、密级、缓急程度、主抄送单位、会签单位、拟稿人单位姓名和联系电话等内容。

草拟公文的基本要求是:

(一)符合国家的法律、法规及其他有关规定。如提出新的政策、规定等,要切实可行并加以说明。

(二)情况确实,观点明确,表述准确,结构严谨,条理清楚,直述不曲,字词规范,标点正确,篇幅力求简短。

(三)公文的文种应当根据行文目的、发文机关的职权和与主送机关的行文关系确定。

(四)拟制公文,如涉及国家秘密,应当根据国家保密法和有关规定,分别标明"绝密"、"机密"、"秘密"等级和具体的保密期限。草拟的公文，在引用标有密级公文的标题、文号或内容时，必须按所标引的公文的密级标注密级。回复标有密级的来文，必须按来文的密级标注密级。

（五）拟制紧急公文，应当体现紧急的原因，根据实际需要确定紧急程度，并提前2个工作日送办公厅（室）审核。办理紧急公文应当遵循以下规定：

1. 对标明"特急"、"急件"字样的紧急公文，规定了具体办理时限的，按规定时限办结；没有规定具体办理时限的，分别在3个工作日和5个工作日内办结。

2. 对外单位来文中提出具体办理时限要求的，在时限要求内办结。确有困难不能按时完成的，应当向来文单位及时说明原因。

3. 对下级机关请示问题的批复，一般在7个工作日内办结。

4. 向下级布置工作或下达任务的紧急公文，应当在文中明确时限要求。

5. 对需要紧急发出的公文，由公文主办部门的办文人员随文跟踪办理。

（六）人名、地名、数字、引文应当准确规范。引用公文应当先引标题，后用圆括号引发文字号。引用外文，应当注明中文含义。日期应当写明具体的年、月、日，不能写"去年"、"上月"、"昨天"，或者不写年只写月、日。年份要完整表述，如"2004年"不能写成"04年"。

（七）结构层次序数应当规范。第一层为"一、"，第二层为"（一）"，第三层为"1."，第四层为"（1）"。

（八）应当使用国家法定计量单位。

（九）文内使用非规范化简称，应当先用全称并注明简称。使用国际组织外文名称缩写或其他缩写形式，应当在第一次出现时注明准确的中文译名。

（十）公文中的数字，除成文日期、部分结构层次序数和词、词组、惯用语、缩略语、具有修辞色彩语句中作为词素的数字必须使用汉字外，应当使用阿拉伯数字。

第六十六条 本机关主办部门起草的公文，涉及其他内设机构职权范围内的事项，主办部门应当主动与有关职能部门协商、会签。

（一）涉及税务规章和税收政策、征管制度的规范性公文，应当会签法规部门。

（二）涉及调整税收征管业务流程的公文，应当会签征管部门。

（三）涉及计算机软件调整或修改的公文，应当会签信息部门。

（四）涉及调整机构、人员、编制的公文，应当会签人事部门。

（五）涉及财务支出事项的公文，应当会签财务部门。

第六十七条 凡需会签的公文，主办部门应当与会办部门取得一致意见后行文，送办公厅（室）审核。

（一）办文如有意见分歧，主办部门应当主动与会办部门协商，会办部门应当予以配合。经协商不能取得一致意见的，主办部门应当列明各方意见及理据，提出建设性意见，并与有关部门会签后报请机关负责人协调或裁定。

（二）对会签的公文，会办部门如无不同意见，由部门负责人签署姓名和日期；如有不同意见，应当提出书面会签意见，经会办部门负责人签字后送主办部门。

（三）遇有重大问题的会签公文，会办部门应当充分讨论后提出会签意见。

（四）对会签的公文，会办部门一般应当在3个工作日内提出会签意见。急件应当在1个工作日内会签，特急件应当随到随签。

第六十八条 本机关起草的公文，涉及其他单位职权范围的，应商得其他单位同意或征求意见。会签前，本机关负责人应当在文头稿纸签发栏内明确签署意见，再送有关单位。如需紧急办理的，可派人持会签文直接送该单位。如需会签的单位较多，可将会签文复印后分头送达。

如会签单位返回修改意见，本机关对起草的公文作出相应调整的，应当再次送本机关负责人明确签署意见。

第六十九条 对由外单位主办和联合行文的外单位来会签的公文，应当由办公厅（室）提出拟办意见交有关部门办理。本机关主办部门对来文应当按办文程序提出会签意见，报机关负责人审签后，将会签文稿复印一份备查。

对由外单位主办的联合行文和外单位来会签的公文，如无不同意见的，由机关负责人签署姓名和日期；如有修改意见的，应当在来文中进行修改，并征得来文单位同意后，由机关负责人签署姓名和日期；如不同意会签的，机关负责人不签署姓名，并由主办部门向来文单位说明理由，将来文退回。

第七十条 公文送办公厅（室）审核前，主办部门的文秘人员和负责人应当进行审核。审核的重点是：

（一）是否符合国家法律、法规及有关规定，提出新的政策、规定和措施等是否可行。

（二）是否需要会签其他职能部门或者有关单位。

（三）公文文种的选用是否适当，拟制的公文是否符合行文规则和公文格式的有关要求。

（四）文稿的结构是否严谨，层次是否清楚，观点是否正确，情况是否真实，数据是否准确等。

第七十一条　公文送机关负责人签发前，应当由办公厅（室）进行审核。

公文由主办部门负责人审稿签名后，送办公厅（室）审核。需要机关内有关部门会签的公文，会签后送办公厅（室）审核。办公厅（室）审核公文的重点是：

（一）是否确需行文以及行文的级别、方式是否妥当。

（二）涉及其他职能部门或者外单位的问题，是否与其协商、会签。

（三）是否符合行文规则和公文处理程序，是否符合文种使用和公文格式的有关规定。

（四）是否符合国家法律、法规及有关规定，提出的政策、规定是否与已发布文件矛盾或者重复。

（五）遣词造句、文字表达、标点符号、层次序数等是否准确规范。

（六）密级确定是否符合有关规定，发送范围是否适当，主题词标引是否正确，有关材料和资料是否齐备等。

第七十二条　以机关名义制发的公文，由机关负责人签发。其中，以本机关名义制发的上行文，由主要负责人或者主持工作的负责人签发；以本机关名义制发的平行文或下行文，由主要负责人或者由主要负责人授权的其他负责人签发；对涉及重要税收政策或重大问题的，由其他负责人审阅后送主要负责人签发。

（一）以本机关名义制发的命令（令）、公告、通告和人事任免的通知由机关主要负责人签发。

（二）会议纪要由会议主持人签发。

（三）需要外单位会签的公文，应当先经本机关负责人审签。

（四）联合行文须经所有发文机关负责人签发。其中，联合制发的上行文，由机关主要负责人或者主持工作的负责人签发。

（五）电报由机关主要负责人或者由主要负责人授权的其他负责人签发。

（六）签发公文应当符合存档要求。不得使用圆珠油笔和铅笔，不得使用蓝黑色和黑色以外其他颜色的墨水。

第七十三条　以办公厅（室）名义制发的公文，由办公厅（室）主任签发，或者授权副主任签发；如有需要，送机关负责人签发。

第七十四条　签批公文，签发人应当明确签署意见，并签署姓名和审批日期。其他审签人圈阅后签署姓名和日期，视为同意。

（一）未经办公厅（室）审核的公文，机关负责人不予签发。

（二）文稿经负责人核准签发后，即定稿生效，具有法定效力。

（三）签发后的公文，未经签发人同意，不得改动。

（四）拟稿人不得签发自己草拟的公文。

第七十五条　文秘部门应当在公文正式印制和发出前进行复核。复核的重点是：审批、签发手续是否完备，附件材料是否齐全，格式是否统一、规范等。不符合要求的公文，不予缮印和发出。

经复核需要对文稿进行实质性修改的，应当由办公厅（室）负责人复审后，征得签发人同意。

第七十六条　公文签发后，由办公厅（室）统一登记、编号、缮印。主办部门应当提供拟缮印的公文电子版，并以签发公文的原稿为蓝本，同打印的清样进行校对。

校对的重点是：校正与原稿不符的部分；补正被遗漏的部分；校正错别字词；校正标点符号、公式、图表方面的错漏；纠正格式方面的差错；查找公文中的疏漏。校对中发现问题后应当向公文审核人员反映，对实质内容的改动须征得签发人同意。

校对应当使用国家专业标准《校对符号及其用法》中规定的符号。改错用引线引到页面白边处再加批改，引线不要相互交叉；说明性的文字不可与原文中的文字相混淆。

第七十七条　对完成拟制程序的公文，由办公厅（室）按照规定的标准格式统一缮印。缮印时要注意以下几点：

（一）缮印文件以负责人签发的原稿为依据，不得改动。

（二）印制的版面、格式符合规定。

（三）字迹清晰，页面整洁美观，页码不错不漏，双面印刷，左侧装订。

（四）公文所附的文件如为热敏传真纸，应复印后发送、存档。

第七十八条　印制成正式文本的公文，由办公厅（室）统一加盖印章。用印时要注意以下几点：

（一）检查原稿上有无负责人签字。有负责人签字并确认符合规定的，方可在制成的公文上加盖机关印章。

（二）加盖印章的公文份数是否与原稿标明印刷份数相同，多余份数不加盖印章。

（三）用印时，印章上沿不压正文，下沿压盖在落款年月之上，骑年盖月。联合行文需加盖3个及3个以上印章时，应当将各发文机关全称或规范化简称排在成文日期和正文之间，主办机关印章在前，各印章应当在本机关名称上加盖。

（四）印模效果应呈正面图样，清晰端正。

第七十九条　公文印成发出前，办公厅（室）应当对所发公文的份数、序号及发往单位、日期、文号、标题、密级、附件和封发情况等进行登记。

第八十条 制成的公文登记后,办公厅(室)应当按主送、抄送去向分别装封和发出。封发时应注意以下几点:

(一)清点公文份数。

(二)对发送范围、密级、时限、有无附件、是否用印等逐项检查,准确无误后再装封。

(三)收件机关的名称、地址、邮编要书写准确、清晰。

(四)对于急件、密件,要在封套上加盖"急件"、"密件"戳记并进行登记。

(五)装封时,封口要严,不得用书钉装订,使用浆糊不得粘住封内公文。

第八十一条 公文发出后,因发现错误需要追回的,办公厅(室)应当及时通知发送范围内的所有单位,有关单位应当配合做好公文收回工作。

第六章 收文办理

第八十二条 收文办理指对收到公文的处理过程,包括签收、登记、审核、拟办、批办、承办、督查催办等程序。

第八十三条 收文人员收到公文后,应当在对方投递单或送文簿上签字以示收到。签收时要注意以下几点:

(一)清点实收文件,与对方的投递单或送文簿核对,查看是否相符,包装和封口是否牢固,确认无误后再签收。

(二)如发现错投应当及时退回或转投,有散包或被拆后重封等现象的应当立即追查原因。

(三)收到绝密级公文后,必须在机要室存放并专人保管。

(四)本机关内设机构收到外单位来文应当交办公厅(室)签收。

第八十四条 公文签收无误后,收文人员应当对来文进行登记。登记的内容主要包括:收文编号、日期、来文机关、文号、标题、密级、紧急程度、附件、份数、处理情况等。

第八十五条 对下级税务机关上报并需要办理的公文,办公厅(室)应当对来文的合法性、规范性进行审核。

来文出现以下情况的,应予退回:不应当由本机关办理的;与有关法律、法规及规章相抵触的;文种使用不当,违反行文规则的;未注明签发人,文头与机关代字相矛盾的;未用印或用印有误,未注明附件或附件有缺漏的等。

对来文标有"特急"或"急件"字样的,收文部门应当优先进行审核,及时送下一环节办理。

第八十六条　经签收、登记后，需要本机关办理的公文，应当由办公厅（室）提出拟办意见。拟办意见应当明确、具体。如不宜提出具体拟办意见，应呈请机关负责人批示。

（一）收到上级机关下发或交办的公文，由办公厅（室）负责人提出拟办意见，报本机关负责人批示后交有关部门办理。

（二）收到平级机关发送的公文，由办公厅（室）文秘人员提出拟办意见，送办公厅（室）负责人审核后交有关部门办理。其中，重要公文报机关负责人批示后交有关部门办理。

（三）收到下级机关上报的需要办理的公文，办公厅（室）文秘人员应当在审核后提出拟办意见，送办公厅（室）负责人审核后交有关部门办理。对不符合规定的公文，经办公厅（室）负责人批准后，可以退回原发文单位并说明理由。

（四）收到需要2个或2个以上部门办理的公文，办公厅（室）提出拟办意见时应当明确主办部门。紧急公文，应当明确办理时限。

第八十七条　机关负责人对办公厅（室）呈请批示的公文应当提出批办意见。如对拟办意见无异议，负责人圈阅视为同意。如拟办意见为呈请负责人阅示的，或者对拟办意见有补充以及不同意拟办意见的，负责人应当作出明确的批示。

第八十八条　承办部门收到交办的公文后应当及时办理，不得延误、推诿。紧急公文应当按时限要求优先办理，确有困难的，应当及时向交办的文秘部门说明。对不属于本单位职权范围或者不宜由本单位办理的，应当及时退回交办的文秘部门并说明理由。

第八十九条　公文办理中遇有涉及其他部门职权范围内的事项，主办部门应当主动与有关部门协商。如有分歧，主办部门主要负责人要出面协调，如仍不能取得一致意见，可以报请上级机关协调或者裁定。

第九十条　审批公文时，对有具体请示事项的，主批人应当明确签署意见、姓名和审批日期，其他审批人圈阅视为同意；没有请示事项的，圈阅表示已阅知。

第九十一条　经机关负责人批示或者交有关部门办理的公文，文秘部门要负责督查催办。紧急公文应当跟踪督查催办，重要公文应当重点督查催办，一般公文应当定期督查催办。

对需要查办落实的事项，规定时限的，按规定时限完成；未规定时限的，应当尽快办结;对有特殊要求的,要特事特办。情况特殊需要延长查办时间的,要及时报告原因和办理进展情况。

第七章 公文归档

第九十二条 公文办理完毕后,应当根据《中华人民共和国档案法》及其有关规定和《全国税务机关档案管理办法》(国税发〔1996〕64号)、《全国税务机关归档文件整理办法(试行)》(国税发〔2000〕204号)的规定,及时将公文定稿、正本和有关材料交本部门文秘人员整理、归档。

个人不得保存应当归档的公文。

第九十三条 归档范围内的公文,应当根据其相互联系、特征和保存价值等进行整理,保证归档公文的齐全、完整,正确反映本机关的主要工作情况,便于保管和利用。

第九十四条 归档范围内的公文,应当以"件"为单位进行分类、排列、编号、编目、装订、装盒。首页右上部空白处加盖"归档章",打印文件目录。

归档文件整理的具体方法,按照全国档案行业标准《归档文件整理规则》的规定执行。

第九十五条 联合办理的公文,原件由主办机关整理、归档,其他机关保存复制件或其他形式的公文副本。

第九十六条 本机关负责人兼任其他机关职务,在履行所兼职责过程中形成的公文,由其兼职机关整理、归档。

第九十七条 税务机关公文的归档范围和保管期限,按照《全国税务机关档案管理办法》(国税发〔1996〕64号)及其有关规定执行。每年6月30日前将本部门上一年度办理完毕的公文、材料经整理后集中向本机关档案室移交。

第九十八条 拟制、修改和签批公文,书写及所用纸张和字迹材料应当符合存档要求。归档公文的用纸应当是中性纸,字迹材料应当是墨汁、碳素或蓝黑墨水。

第九十九条 重要会议形成的文件,包括光盘、软盘、录音带、录像带、照片等有关材料,应当由会议组织人员按照归档要求编写说明后,交本机关文秘部门整理、归档。

第八章 公文管理

第一〇〇条 公文由办公厅(室)及文秘部门或专职文秘人员统一收发、审核、用印、归档和销毁。

第一〇一条　办公厅（室）及文秘部门应当建立健全公文管理的有关制度。各地税务机关可以按照本实施办法的规定，结合本地实际，制订相关的公文保密、档案管理、督查督办、公文目标管理等制度，定期对执行情况进行检查，切实做好公文管理工作。

第一〇二条　上级机关的公文，除密码电报、绝密级和注明不准翻印的以外，经机关负责人或者办公厅（室）负责人批准，可以翻印。翻印的公文，应当加盖印章，标注翻印的机关、日期、份数和发送范围。翻印的公文视同正式公文管理。

第一〇三条　公文的报送。各级税务机关报送上级税务机关的公文，不得同时报送上级税务机关内设机构；邮寄时，收件人（单位）应与公文主送单位一致。各地税务机关报送国家税务总局的公文，数量为1份。

第一〇四条　传递秘密公文，必须采取保密措施，确保安全。利用计算机、传真机等传输秘密公文，必须采用加密装置。绝密级公文不得利用计算机、传真机传输。

第一〇五条　公开发布行政机关公文，应当经发文机关批准。经批准公开发布的公文，同发文机关正式印发的公文具有同等效力，各级税务机关可以不再行文。同时，发文机关应当印制少量文本，供存档备查。

第一〇六条　公文复印件作为正式公文使用时，应当加盖复印机关证明章，视同正式公文保管。

第一〇七条　公文被撤销，视作自始不产生效力；公文被废止，视作自废止之日起不产生效力。

第一〇八条　不具备归档和存查价值的公文，经办公厅（室）负责人批准，可以销毁。

第一〇九条　销毁秘密公文应当到指定场所由2人以上监销，保证不丢失，不漏销。有条件的地区也可委托当地保密局销毁。其中，销毁绝密级公文（含密码电报）应当进行登记。

第一一〇条　机关合并时，全部公文应当随之合并管理。机关撤销时，需要归档的公文整理后按有关规定移交档案部门。工作人员调离工作岗位时，应当将本人暂存、借用的公文按有关规定移交、清退。

第一一一条　绝密级公文，必须严格按照现行保密法律法规的规定执行。同时，应当遵守以下规定：

（一）税务机关制发绝密级公文时，应根据工作需要，确定公文的发送单位和知悉人员的范围，并在公文中予以注明。

（二）税务机关必须严格按照公文规定的范围组织阅读和传达，并对接触和知悉绝密公文内容的人员做出文字记载。

（三）中共中央、国务院下发的绝密级公文按发文渠道收回，经登记、审批后监销。税务机关制发的绝密级公文由制发单位统一收回，经登记、审批后监销。

第一一二条　各级税务机关的办公厅（室）负责明码电报和密码电报的收发与管理。

第一一三条　密码电报必须严格按照国家保密法及其有关规定使用和管理。密码电报不得翻印、复制，不得密电明复、明电密电混用。在明码电报和公文中，不得直接引用密码电报的文号、日期和内容，不得将密码电报作为普通公文的附件。

第一一四条　机关的印章由办公厅（室）统一管理。使用机关的印章，应当由机关负责人或者授权办公厅（室）负责人签字。机关内设机构的印章，由内设机构自行管理。

第九章　电子公文

第一一五条　电子公文是指在计算机网络系统中形成的具有规范格式的公文的电子数据。税务机关制发的电子公文在税务系统内部具有行政效力，可以作为本系统、本机关内部处理公务的依据。

第一一六条　各级税务机关应当通过税务系统内部建立的公文处理计算机应用系统，按照本实施办法和有关规定进行电子公文的办理、管理、整理和归档。

公文处理计算机应用系统的管理由各级税务机关办公厅（室）负责；技术支持与维护由各级税务机关的技术部门负责。

第一一七条　税务系统内部发送的会议通知、培训通知、商洽函、告知函、内部工作制度、工作报告和情况通报等布置性、告知性、事务性公文，可以用电子公文替代纸质文件。既有电子公文，又有纸质文件的，以纸质文件为准。需要对税务系统以外的其他单位发送的公文，应当制成纸质文件。

第一一八条　利用计算机网络系统处理秘密、机密级公文，必须按照国家有关规定，报保密主管部门审批，确保涉密公文的安全。

绝密级公文不得利用计算机网络系统进行处理。

第一一九条　电子公文应当按照《全国税务机关档案管理办法》（国税发〔1996〕64号）确定的范围，将处理过程中形成的不同电子版本归入税务档案数据库。具有永久和长期保存价值的电子公文，应当同时将电子公文的最终版本制成纸质文件归档。

第一二〇条 电子公文在归档时应当对标题、发文字号、发文日期、发文单位、密级、主题词、类别、保管期限进行标引。有相应纸质文件的，还应标引纸质文件的档号。

第一二一条 公文处理系统中形成的电子公文数据应当备份。

第十章 附 则

第一二二条 税务专业文书、执法文书按有关规定处理。外事方面的公文，按照外交部的有关规定处理。

第一二三条 各省、自治区、直辖市和计划单列市国家税务局、地方税务局可以根据本实施办法，结合本地区公文处理工作的实际，制定本单位公文处理的具体办法。

第一二四条 本实施办法由国家税务总局办公厅负责解释。

第一二五条 本实施办法自2004年11月1日起施行。2000年11月30日国家税务总局印发的《全国税务机关公文处理办法（试行）》、《全国税务机关公文处理办法实施细则（试行）》（国税发〔2000〕194号）同时废止。

水利部公文处理实施办法

（水办〔2001〕91号，2001年3月16日发布，即日起实施）

第一章 总 则

第一条 为认真贯彻实施《国家行政机关公文处理办法》，使水利部的公文（包括电报，下同）处理工作规范化、制度化、科学化，制定本办法。

第二条 本办法所称公文，是水利部门在公务活动中所形成的具有法定效力和规范体式的文书。

第三条 部机关、部直属单位的公文，以及地方水行政主管部门报送水利部的公文，适用本办法。

第四条 公文处理是指公文的办理、管理、整理（立卷）、归档等一系列相互关联、衔接有序的工作。

第五条 公文处理应当坚持实事求是、精简、高效的原则，做到及时、准确、安全。

第六条 公文处理必须严格执行国家保密法律、法规和其他有关规定，确保国家秘密的安全。

第七条 各单位（部门）的负责人应当高度重视公文处理工作，模范遵守本办法并加强对公文处理工作的领导和检查。

第八条 水利部办公厅是水利部公文处理的管理机构，主管部机关的公文处理工作并指导水利系统的公文处理工作。

第九条 各单位（部门）应当设立文秘部门或者配备专职人员负责公文处理工作。

第二章 公文种类

第十条 水利部的公文种类主要有：

（一）命令（令）

适用于依照有关法律、法规发布行政规章；宣布施行重大强制性行政措施；嘉奖有关单位及人员。

（二）决定

适用于对重要事项或者重大行动做出安排，奖惩有关单位及人员，变更或者撤销下级机关不适当的决定事项。

（三）通告

适用于公布社会各方面应当遵守或者周知的事项。

（四）通知

适用于批转下级机关的公文，转发上级机关和不相隶属机关的公文；发布规章；传达要求下级机关办理和需要有关单位周知或者执行的事项；任免人员。

（五）通报

适用于表彰先进，批评错误，传达重要精神或者情况。

（六）报告

适用于向上级机关汇报工作，反映情况，答复上级机关的询问。

（七）请示

适用于向上级机关请求指示、批准。

（八）批复

适用于答复下级机关请示事项。

（九）意见

适用于对重要问题提出见解和处理办法。

（十）函

适用于不相隶属机关之间相互商洽工作、询问和答复问题、请求批准和答复审批事项。

（十一）会议纪要

适用于记载、传达会议情况和议定事项。

第三章 公文格式

第十一条 公文一般由秘密等级和保密期限、紧急程度、发文机关标识、发文字号、签发人、标题、主送机关、正文、附件说明、成文日期、印章、附注、附件、主题词、抄送机关、印发机关和印发日期等部分组成。

（一）涉及国家秘密的公文，应当依照《水利工作中国家秘密及其密级具体范围的规定》等有关法规，标明密级和保密期限，其中，"绝密"、"机密"级公文还应当标明份数序号。

（二）紧急公文应当根据紧急程度分别标明"特急"、"急件"。其中电报应当分别标明"特提"、"特急"、"加急"、"平急"。

（三）发文机关标识应当使用发文机关全称或者规范化简称；联合行文，主办机关排列在前。行政机关与同级或相应的党的机关、军队机关、人民团体联合行文，按照党、政、军、群的顺序排列。

（四）发文字号应当包括机关代字、年份、序号。联合行文，只标注主办机关发文字号。

（五）上行文应当注明签发人、会签人姓名。其中，"请示"应当在附注处注明联系人的姓名和电话。水利部拟请上级机关批转的文件，要同时报送代拟写的批复稿，并按附件标注办法附"代拟稿"。

（六）公文标题应当准确简要地概括公文的主要内容并标明公文种类，一般应当标明发文机关。公文标题中除法规、规章名称加书名号外，一般不用标点符号。

（七）主送机关指公文的主要受理机关，应当使用全称或者规范化简称、统称。

（八）公文如有附件，应当注明附件顺序和名称。

（九）公文除"会议纪要"和以电报形式发出的以外，应当加盖印章。联合上报的公文，由主办机关加盖印章；联合下发的公文，发文机关都应当加盖印章。

（十）成文日期以负责人签发的日期为准，联合行文以最后签发机关负责人的签发日期为准。电报以发出日期为准。

（十一）公文如有附注（需要说明的其他事项），应当加括号标注。

（十二）公文应当标注主题词。上行文按照上级机关的要求标注主题词。

（十三）抄送机关指除主送机关外需要执行或知晓公文的其他机关，应当使用全称或者规范化简称、统称。

（十四）文字从左至右横写、横排。在民族自治地方，可以并用汉字和通用的少数民族文字（按其习惯书写、排版）。

第十二条　公文中各组成部分的标识规则，参照《国家行政机关公文格式》国家标准执行。

第十三条　公文用纸采用国际标准 A4 型（210mm×297mm），左侧装订。张贴的公文用纸大小，根据实际需要确定。

第四章　行 文 规 则

第十四条　行文应确有必要，注重效用。

第十五条　行文关系根据隶属关系和职权范围确定，一般不得越级请示和报告。

第十六条　水利部依据本部门职权可与国务院其他部门互相行文，也可向省（自治区、直辖市、计划单列市）人民政府的相关部门行文；除以函的形式商洽工作、询问和答复问题、审批事项外，一般不向省级人民政府正式行文。如需行文，应报请国务院批转或由国务院办公厅转发。因特殊情况需向省级人民政府正式行文的，应报经国务院批准，并在文中注明经国务院同意。

水利部内设行政机构（包括有行政管理职能的专业局）除办公厅外，不得向部直属单位以外的单位行文；不得制发政策性和规范性文件或审批下达应当由水利部审批下达的事项；与相应的其他机关进行工作联系确需行文时，只能以函的形式行文。

流域机构可向有关的省（自治区、直辖市、计划单列市）人民政府相关业务部门行文，除以函的形式外，一般不得向省级人民政府行文。

其他部直属单位不得向省（自治区、直辖市、计划单列市）人民政府及其部门行文。涉及属地管理事项，确需行文的，按照地方政府办公厅（室）的有关规定办理。

国家防汛抗旱总指挥部办公室的行文范围，根据其职责范围确定。

"函的形式"是指公文格式中区别于"文件格式"的"信函格式"。以"函的形式"行文应注意选择使用与行文方向一致、与公文内容相符的文种。

第十七条　水利部可与国务院其他部门、省（自治区、直辖市）人民政府、相应的党组织和军队机关联合行文，与同级人民团体和具有行政职能的事业单位也可以联合行文。

水利部办公厅可与国务院其他部门办公厅（室）、省（自治区、直辖市）人民政府办公厅（室）、相应的党组织和军队机关的办公厅（室）联合行文，与同级人民团体办公厅（室）和具有行政职能的事业单位的办公厅（室）也可以联合行文。

部直属单位可向部联合行文。

第十八条　联合行文应当明确主办部门。

第十九条　报送水利部的公文，须经水利部办公厅统一处理。

第二十条　未经协商一致，各有关单位不得各自向下行文。如擅自行文，上级应当责令纠正或撤销。

第二十一条　向下级机关的重要行文，应当同时抄送直接上级机关。

第二十二条　"请示"应当一文一事；一般只写一个主送机关，如需同时送其他机关的，应当用抄送形式，但不得抄送其下级机关。

"报告"不得夹带请示事项。

第二十三条　除上级机关负责人直接交办的事项外，不得以机关名义向上级机关负责人报送"请示"、"意见"和"报告"。

第二十四条　受双重领导的机关向上级机关行文，应当写明主送机关和抄送机关。上级机关向受双重领导的下级机关行文，必要时应当抄送其另一上级机关。

第五章　发文办理

第二十五条　发文办理指以本机关名义制发公文的过程，包括草拟、审核、签发、复核、缮印、用印、登记、分发等程序。

第二十六条　草拟公文应当做到：

（一）符合国家的法律、法规及其他有关规定。如提出新的政策、规定等，要切实可行并加以说明。

（二）情况确实，观点明确，表述准确，结构严谨，条理清楚，直述不曲，字词规范，标点正确，篇幅力求简短。

（三）公文的文种应当根据行文目的、发文的职权和与主送机关的行文关系确定。

（四）拟制紧急公文，应当体现紧急的原因，并根据实际需要确定紧急程度。

（五）人名、地名、数字、引文准确。引用公文应当先引标题，后引发文字号。引用外文应当注明中文含义。日期应当写明具体的年、月、日。

（六）结构层次序数，第一层为"一、"，第二层为"（一）"，第三层为"1."，第四层为"（1）"。

（七）应当使用国家法定计量单位。

（八）文内使用非规范化简称，应当先用全称并注明简称。使用国际组织外文名称或其缩写形式，应当在第一次出现时注明准确的中文译名。

（九）公文中的数字，除成文日期、部分结构层次序数和在词、词组、惯用语、缩略语、具有修辞色彩语句中作为词素的数字必须使用汉字外，应当使用阿拉伯数字。

第二十七条　拟制公文，对涉及其他部门职权范围内的事项，应在充分协商并取得一致意见后方可行文；如有分歧，经协调仍不能取得一致时，主办部门可以列明各方理据，提出建设性意见，并与有关部门会签后报请上级机关协调或裁定。

第二十八条　公文送负责人签发前，应当由办公厅（室）进行审核。审核的重点是：是否需要行文，行文方式是否妥当，是否符合行文规则和拟制公文的有关要求，公文格式是否符合本办法的规定等。

联合行文一般由主办单位首先签署意见，协办单位依次会签。一般不使用复印件会签。

第二十九条　以本单位的名义制发的上行文，由主要负责人或者主持工作的负责人签发；以本单位名义制发的下行文或平行文，由主要负责人或者由主要负责人授权的其他负责人签发。

第三十条　公文正式印制前，文秘部门应当进行复核，重点是：审批、签发手续是否完备，附件材料是否齐全，格式是否统一、规范等。

经复核需要对文稿进行实质性修改的，应按程序复审。

第三十一条　各单位拟发文件，不得夹杂在内部请示、报告中一起呈领导签发。

第六章　收文办理

第三十二条　收文办理指对收到的公文的办理过程，包括签收、登记、审核、拟办、批办、承办、催办等程序。

第三十三条　收到下级机关上报的需要办理的公文，文秘部门应当进行审核。审核的重点是：是否应由本机关办理；是否符合行文规则；内容是否符合国家法律、法规及其他有关规定；文种使用、公文格式是否规范。

第三十四条　经审核，对符合本办法规定的公文，文秘部门应当及时提出拟办意见送负责人批示或者交有关部门办理，需要两个以上部门办理的应当明确主办部门。紧急公文，应当明确办理时限。对不符合本办法规定的公文，经办公厅（室）负责人批准后，可以退呈报单位并说明理由。

第三十五条　承办部门收到交办的公文后应当及时办理，不得延误、推诿。紧急公文应当按时限要求办理，确有困难的，应当及时予以说明。对不属于本单位职权范围或者不宜由本单位办理的，应当及时退回交办的文秘部门并说明理由。

第三十六条　收到上级机关下发或交办的公文，由文秘部门提出拟办意见，送负责人批示后办理。

第三十七条　公文办理过程中遇有涉及其他部门职权的事项，主办部门应当主动与有关部门协商；如有分歧，主办部门主要负责人要出面协调，如仍不能取得一致，可以报请上级协调或裁定。

第三十八条　审批公文时，对有具体请示事项的，主批人应当明确签署意见、姓名和审批日期，其他审批人圈阅视为同意；没有请示事项的，圈阅表示已阅知。

第三十九条　送负责人批示或者交有关部门办理的公文，文秘部门要负责催办，做到紧急公文跟踪催办，重要公文重点催办，一般公文定期催办。

第七章　公文归档

第四十条　公文办完后，应当根据《中华人民共和国档案法》和其他有关规定，及时整理（立卷）、归档。

个人不得保存应当归档的公文。

第四十一条　归档范围内的公文，应当根据其相互联系、特征和保存价值整理（立卷），要保证归档公文的齐全、完整，能正确反映本机关的主要工作情况，便于保管和利用。

第四十二条　联合办理的公文，原件由主办机关整理（立卷）、归档，其他单位保存复制件或其他形式的公文副本。

第四十三条　本机关负责人兼任其他机关职务，在履行所兼职务职责过程中形成的公文，由其兼职机关整理（立卷）、归档。

第四十四条　归档范围内的公文应当确定保管期限，按照有关规定定期向档案部门移交。

第四十五条 拟制、修改和签批公文，书写及所用纸张和字迹材料必须符合存档要求（不能使用纯蓝墨水、红墨水、圆珠笔、铅笔）。

第八章 公文管理

第四十六条 公文由文秘部门或专职人员统一收发、审核、用印、归档和销毁。

第四十七条 文秘部门应当建立健全本机关公文处理的有关制度。

第四十八条 上级机关的公文，除绝密级和注明不准翻印的以外，下一级机关经负责人或者办公厅（室）主任批准，可以翻印。翻印时，应当注明翻印的机关、日期、份数和印发范围。

第四十九条 公开发布行政机关的公文，必须经发文机关批准。经批准公开发布的公文，同发文机关正式印发的公文具有同等效力。

第五十条 公文复印件作为正式公文使用时，应该加盖复印机关的证明章。

第五十一条 公文被撤销，视作自始不产生效力；公文被废止，视作自废止之日起不产生效力。

第五十二条 不具备归档和存查价值的公文，经过鉴别并经办公厅（室）负责人批准，可以销毁。

第五十三条 销毁秘密公文应当到指定场所由二人以上监销，保证不丢失、不漏销。其中，销毁绝密公文（含密码电报）应当进行登记。

第五十四条 机关合并时，全部公文应当随之合并管理。机关撤销时，需要归档的公文整理（立卷）后按有关规定移交档案部门。

工作人员调离工作时，应当将本人暂存、借用的公文按照有关规定移交、清退。

第五十五条 密码电报的使用和管理，按照有关规定执行。

第九章 附 则

第五十六条 行政法规、规章方面的公文，依照有关规定处理。外事方面的公文，按照外交部的有关规定处理。

第五十七条 公文处理中涉及电子文件的有关规定另行制定。统一规定发布之前，可制定本单位的试行规定。

第五十八条 各级办公厅（室）对上级机关和本机关下发公文的贯彻落实情况应当进行督促检查并建立督查制度。

第五十九条 本办法自发布之日起施行，1994年9月27日印发的《水利部机关公文处理实施办法》同时废止。

附录：

其他部委行政机关公文处理规定篇目

公安机关公文二维条码信息表示规范（中华人民共和国公安部办公厅 2007 年 3 月 30 日发布，2007 年 6 月 1 日施行）

农业部公文处理办法（农办发〔1995〕32 号，1995 年 12 月 14 日发布，1996 年 1 月 1 日施行）

农业部农产品质量安全中心公文处理办法（农质安发〔2004〕8 号，2004 年 3 月 24 日发布，即日起施行）

文化部行政许可公文处理暂行办法（文办发〔2004〕21 号，2004 年 6 月 30 日发布，2004 年 7 月 1 日起施行）

八 省级党政机关公文处理规定

山东省党的机关公文处理暂行规定

(鲁办发〔2005〕19号,2005年8月8日印发,即日起施行)

第一章 总 则

第一条 为促进山东省各级党的机关(以下简称党的机关)公文处理工作的规范化、制度化、科学化,根据《中国共产党机关公文处理条例》、《中央文件发布、阅读、管理工作暂行规定》及有关规定,结合我省实际,制定本规定。

第二条 党的机关的公文,是党的机关实施领导、处理公务的具有特定效力和规范格式的文书,是传达贯彻党的路线方针政策,发布决策、部署工作、请示和答复问题,报告和通报情况的重要载体。

第三条 公文处理是包括公文拟制、办理、管理、整理归档在内的一系列衔接有序的工作。

第四条 公文处理应坚持实事求是的原则,按照行文机关要求和公文处理规定进行,做到规范统一、准确及时、安全保密。

第五条 党的机关办公室(厅)主管本机关的公文处理工作。其主要任务:负责本机关公文的制发、收文处理及公文的管理;负责本机关公文处理规章制度的制定与实施;负责公文处理工作的督促检查及安全保密;负责对下级机关公文处理工作的业务指导,组织业务研讨和培训。

第六条 党的机关办公室(厅)设立秘书部门或配备秘书人员具体负责公文处理工作。要建立公文处理工作责任制和激励机制,落实岗位职责,并对工作中做出突出成绩的单位和个人予以表彰。

第七条 党的机关办公自动化、信息化建设根据有关要求结合本单位实际进行。中央、省委文件的网络传输按照中央办公厅、省委办公厅的统一部署组织实施。

第八条 从事党的机关公文处理工作的秘书人员应为中共党员,一般具有大专以上学历；应具有较高的政治和业务素质，勤于学习，作风严谨，遵守纪律，忠于职守，乐于奉献。

第九条 省委办公厅负责对全省党的机关公文处理工作进行业务指导和督促检查。

第二章 公文种类

第十条 党的机关公文种类主要有：

（一）决议 用于经会议讨论通过的重要决策事项。

（二）决定 用于对重要事项作出决策和安排。

（三）指示 用于对下级机关布置工作，提出开展工作的原则和要求。

（四）意见 用于对重要问题提出见解和处理办法。

（五）通知 用于发布党内规章、任免干部、传达上级机关的指示、转发上级机关和不相隶属机关的公文、批转下级机关的公文、发布要求下级机关办理和有关单位共同执行或周知的事项。

（六）通报 用于表彰先进、批评错误、传达重要精神、交流重要情况。

（七）公报 用于公开发布重要决定或重大事件。

（八）报告 用于向上级机关汇报工作、反映情况、提出建议，答复上级机关的询问。

（九）请示 用于向上级机关请求指示、批准。

（十）批复 用于答复下级机关的请示。

（十一）条例 用于党的中央组织制定规范党组织的工作、活动和党员行为的规章制度。

（十二）规定 用于对特定范围内的工作和事务制定具有约束力的行为规范。

（十三）函 用于机关之间商洽工作、询问和答复问题，向无隶属关系的有关主管部门请求批准等。

（十四）会议纪要 用于记载会议主要精神和议定事项。

办法 用于对规范某项工作、活动等提出具体意见和要求。

细则 用于对条例、规定、办法等进行解释或说明，对贯彻条例、规定、办法等作出详细而具体的规定。

第三章 公文格式

第十一条 党的机关公文一般由版头、份号、密级、紧急程度、发文字号、签发人、横隔线、标题、主送机关、正文、附件、发文机关署名、成文日期、印章、印发传达范围、主题词、抄送机关、印制版记组成。

（一）版头　由发文机关全称或规范化简称加"文件"二字或加圆括号标明文种组成。联合行文，版头一般用主办机关名称，也可并用联署机关名称。

（二）份号　公文印制份数的顺序号。标注密级的公文应标明份号。

（三）密级　公文的秘密等级。根据秘密程度分为"绝密"、"机密"、"秘密"。

（四）紧急程度　公文送达和办理的时间要求。紧急文件分别标明"特急"、"加急"，紧急电报分别标明"特提"、"特急"、"加急"、"平急"。

（五）发文字号　由发文机关代字、发文年度和发文顺序号组成。联合行文，一般只标明主办机关的发文字号。

（六）签发人　上报公文应标注"签发人"。"签发人"后面标注签发人姓名。联合上报的公文，同时标注联署机关签发人姓名。

（七）横隔线　隔开公文版头部分与公文主体部分的一条一般为中间带有实心五角星的红色横线。

（八）标题　由发文机关全称或规范化简称、公文主题和文种组成。

（九）主送机关　主要受理公文的机关。主送机关名称应用全称、规范化简称或同类型机关的统称。决议、决定、意见、规定、会议纪要等文种不标注主送机关。

（十）正文　公文的主体。用来表述公文的内容。

（十一）附件　公文正文的说明、补充或参考材料。公文如有附件，在文尾标注，也可在正文中涉及附件内容处标注"（见附件）"或"（附后）"。

批转的下级机关公文和转发的上级、同级机关的公文，不属公文附件，在批转、转发"通知"之后另页排印，不加附件标注。

（十二）发文机关署名　公文制发机关名称。发文机关署名应使用全称或规范化简称。公文一般以机关名义署名，特殊情况需要以机关领导人署名的，应写明职务。

（十三）成文日期　公文制成的时间。一般署会议通过日期或领导同志签发日期，联合行文，署最后签发机关领导同志签发日期；特殊情况署印发日期。

（十四）印章　公文发生效力的凭据。除有固定版头的普发性公文、无主送机关的公文和会议纪要外，公文一律加盖发文机关印章。

（十五）印发传达范围　公文发放、传达的范围。一般用于普发性公文。

（十六）主题词　反映公文内容、公文主题及公文种类的词。主题词按中共中央办公厅秘书局编制的《公文主题词表》标注。《公文主题词表》中未涉及的词，根据公文内容拟定，后加"△"。

（十七）抄送机关　指除主送机关以外的其他需要告知公文内容的上级、下级和不相隶属机关。

（十八）印制版记　由公文印发（翻印）机关名称、印发（翻印）日期和印制（翻印）份数组成。

第十二条　公文汉字从左至右横排。公文用纸幅面规格可采用16开型（长260毫米，宽184毫米），也可采用国际标准A4型（长297毫米，宽210毫米）。

第十三条　党的机关公文版头主要形式及适用范围：

（一）《中共××委文件》　适用于各级党委发布、传达贯彻党的方针政策，作出重要工作部署，转发上级机关的文件，批转下级机关的重要报告、请示等。

（二）《中国共产党××委员会（　）》　适用于各级党委通知重要事项、任免干部、批复下级机关的请示，向上级机关报告、请示工作等。

（三）《中共××委办公室（厅）文件》、《中共××委办公室（厅）（　）》适用于各级党委办公室（厅）根据授权，传达本级党委或领导机关的指示，答复下级党委或部门的请示，转发上级机关的公文，批转下级机关的报告、请示，发布有关事项，向上级机关报告、请示工作等。

（四）《中共××部文件》、《中共××部（　）》　适用于党委各部委发布本部委职权范围内的事项，向上级机关报告、请示工作等。

（五）《中共××党组（党委）文件》、《中共××党组（　）》、《中共××党委（　）》　适用于各级国家机关、人民团体、企事业单位等部门党组（党委）对本机关和直属单位的党组织部署工作，向上级党委报告、请示工作等。

第十四条　党的机关制发电报，执行电报制发的格式规范。

第四章　行　文　规　则

第十五条　行文应确有需要，可发可不发的公文不发。凡法律法规已有明确规定的不另发文，已全文公开播发见报的一般不另印发文件。

第十六条　行文要注重针对性、可操作性。贯彻落实上级机关文件精神的行文，要结合本地区、本部门、本单位实际提出具体贯彻落实意见，不得照抄照转、层层转发。

第十七条　党的各级机关行文关系根据各自隶属关系和职权范围确定。

（一）向上级机关行文，应主送一个上级机关，如需其他上级和相关的上级机关阅知，可以抄送。不得越级向上级机关行文，尤其不得越级请示问题；因特殊情况必须越级行文时，应同时抄送被越过的上级机关。

向上级机关行文，不得主送、并报或抄送上级机关领导同志个人，不得主送上级机关办公室（厅）。向上级机关的重要行文，不得以本机关办公室（厅）的名义。涉及机关工作情况、请示事项类行文，不以机关领导同志个人名义向上级机关行文。

（二）报党委的文件如有必要同时报政府，主送单位应写"党委、政府"；报政府的文件如有必要同时报党委，主送单位应写"政府并报党委"。

主送"党委、政府"的文件，由党委办公室（厅）负责办理；主送"政府并报党委"的文件，由政府办公室（厅）负责办理。

（三）同级党的机关、党的机关与同级其他机关必要时可联合行文。联合行文时，联署机关对有关问题应协商一致，未经协商一致，不得使用联合行文名义，也不得各自向下行文。

减少不必要的联合行文。纯属党委或政府职权范围内的工作，一般不以党委、政府或党委办公室（厅）、政府办公室（厅）名义联合行文。

（四）党委及其部委职权范围内的工作，以党委及其部委名义行文；非党的机关的部门或单位以本部门、单位党组织名义向党的机关行文；党委工作部门向下级党委相关部门的重要行文，经党委领导同志审签后，文中可表述"已经×党委负责同志同意"。

（五）向下级机关的重要行文，应同时抄送直接上级机关。

（六）不相隶属机关之间商洽工作、询问和答复问题，向无隶属关系的有关主管部门请求批准等，一般用函行文。

第十八条　受双重领导的机关向上级机关行文，应写明主送机关和抄送机关；对于下级机关的请示事项，由主送机关负责答复。上级机关向受双重领导的下级机关行文，应抄送其另一上级机关。

第十九条　向上级机关请示问题，应一文一事，不得在非请示公文中夹带请示事项。

请示事项涉及其他部门业务范围时，应经协商并取得一致意见后上报；经协商未能取得一致意见时，应在请示中写明。

党委各部委应向本级党委请示问题，向上级党委主管部门请示重大问题，需经本级党委同意或授权。

各级党的机关受理下级机关的请示事项，需要请示上级机关时，另以本机关名义行文，不得以转报形式将下级机关的请示上报上级党的机关。

第二十条　各级党的机关应严格按照行文规则行文。对不符合行文规则的上报公文,上级机关的秘书部门可退回下级呈报机关。

第五章 公文起草

第二十一条 起草公文应做到:

(一)符合党的路线、方针、政策和国家法律、法规及上级机关的指示精神,完整、准确地体现发文机关的意图,并同现行有关公文内容相衔接。

(二)全面、准确地反映客观实际情况,提出的政策、措施切实可行。

(三)观点明确,条理清晰,内容充实,结构严谨,表述准确。

(四)文字精练,用语准确,篇幅简短,文风端正。

(五)人名、地名、时间、数字、引文准确。汉字和标点符号的用法符合国家发布的标准方案,计量单位和数字用法符合国家主管部门的规定。

(六)公文中引用的内容必须准确无误,必要时用括号加以标注。引用公文应先引标题,后引发文字号。引用公文标题使用简称时,先用全称,并注明简称。

(七)文种、格式使用正确,主、抄送单位标注及密级划定准确。

第二十二条 公文一般由发文机关起草,也可授权有关部门、单位代起草文稿。

部门、单位代党的机关起草文稿,一般应经党委授权或党委领导同志授意;未经党委授权或党委领导同志授意,有关单位认为有必要以党的机关名义行文时,应先行书面请示党委同意。

下级机关请求上级机关批转公文,应书面写明理由、行文依据和会签情况。

第二十三条 起草重要公文应由领导同志亲自主持、指导,进行调查研究和充分论证,并征求有关部门的意见。办公室(厅)和有关部门要按照领导同志要求,做好公文起草相关工作。

第二十四条 书写公文应使用符合档案管理要求的纸张材料,书面修改和签批公文要使用钢笔、毛笔和碳素笔、蓝黑墨水,不使用铅笔、圆珠笔和纯蓝、红色墨水等,签批、修改时应在公文纸左侧留出装订位置。

第六章 公文校核

第二十五条 公文文稿送领导同志审批之前,应由党的机关办公室(厅)进行校核。党的机关办公室(厅)及部门、单位应设立专门岗位或确定专门人员负责文稿校核工作。公文校核的基本任务是协助机关领导同志保证公文质量。

第二十六条 公文校核的内容是:

（一）报批程序是否符合规定；

（二）是否确需行文；

（三）文稿内容是否符合党的路线、方针、政策和国家法律、法规及上级机关指示精神，是否完整、准确地体现发文机关意图，并同现行有关公文精神相衔接；

（四）涉及有关部门业务的事项是否经过协调并取得一致意见；

（五）文稿中所提措施和办法是否切实可行；

（六）文稿中人名、地名、时间、数字、引文和文字表述、密级、紧急程度、印发传达范围、主题词是否准确恰当，汉字、标点符号、计量单位、数字用法及文种使用、公文格式是否符合要求。

第二十七条　文稿如需作较大修改，应与起草部门协商或请其修改。经协商仍不能取得一致意见时，应报请领导同志审定。

第二十八条　联合行文由联署机关的秘书部门进行校核。党委、政府联合行文，公文内容属党委职责范围、起草单位为党委部门的，先由党委办公室（厅）校核办理；公文内容属政府职责范围、起草单位为政府部门的，先由政府办公室（厅）校核办理。

第二十九条　部门、单位代党的机关起草的文稿，统一由本部门、单位专门岗位或有关人员审核，并经主要责任人审签后，再送党的机关办公室（厅）按程序办理，不得直接送党的机关领导同志个人。未经党的机关办公室（厅）审核的文稿，党的机关领导同志不予受理，由党的机关办公室（厅）退有关部门按程序办理。

第三十条　已经党的机关领导同志审定的文稿，在印发之前秘书部门应再作校核。经校核如需作实质性修改的，须报原审批领导同志复审。

第七章　公文签发

第三十一条　公文须经本机关领导同志审批签发。重要公文由机关主要领导同志签发；涉及某一方面工作的公文由分管领导同志签发。经党委会议讨论通过的公文，由主要领导同志或主要领导同志委托的领导同志签发。

党委办公室（厅）根据党委授权制发的公文，一般由党委秘书长或办公室（厅）主任签发。根据公文内容，有的可请党委分管领导同志签发，有的可请党委主要领导同志签发。

第三十二条　联合行文，由其他联署机关的领导同志会签后，送主办机关领导同志签发。党委、政府联合行文，内容主要涉及党委职责范围的，由党委办公室（厅）组织会签；内容主要涉及政府职责范围的，由政府办公室（厅）组织会签。

第三十三条　党委工作部门代党委及党委、政府起草或要求以党委及党委、政府名义转（印）发的文稿，送党委办公室（厅）组织会签；政府部门代党委、政府起草或要求以党委、政府名义转（印）发的文稿，送政府办公室（厅）组织会签。

部门联合代党委、政府起草文稿或要求以党委、政府名义转（印）发文件时，须由各有关部门会签。会签意见不一致时，主办部门应同有关部门协商形成一致意见后再报党委办公室（厅）或政府办公室（厅），经协商仍不能达成一致意见的，应加以说明并将不同意见一并报送。

第三十四条　领导同志签发公文，应明确签署意见，并写上姓名和时间；若圈阅，则视为同意。圈阅公文应注明圈阅时间。

第八章　公文发布

第三十五条　各级党委机关公文的发布须经党委批准，除党委办公室（厅）根据党委授权可向下级党委行文外，其他任何部门和单位不得向下级党委以及同级党委各部门、单位党组（党委）发布指示性公文。凡越权发布的公文，受文单位不予受理。

第三十六条　党的机关公文按一定的发布层次或根据文件内容和工作需要，在一定范围发布。中央文件的发布层次一般划分为"发至省军级"、"发至市地师级"和"发至县团级"。文件明确规定具体阅读范围的，以一定形式发布。

省委文件的发布层次一般划分为"发至市"、"发至市级"、"发至县"、"发至县级"。省委明确规定小范围阅读的文件，阅读范围一般以主送形式标注或另附说明。

中央、省委文件需向社会广泛宣传的标注"此件公开发布"。

市级以下党的机关的文件发布层次自行确定。

第三十七条　各级党委文件密级的确定、变更和解除，由党委授权办公室（厅）审核办理，并负责向各地区各部门通报。

第三十八条　公开发布各级党委文件须经各级党委批准。未经批准，任何单位不得擅自公开发布文件全文、摘要和消息稿。

（一）各级党委制发的标注"此件公开发布"的文件印发后，由其党委办公室（厅）适时通知有关新闻单位播发。

（二）未标注"此件公开发布"的文件如需公开发布，有关单位须书面请示文件制发机关，按照先党内后党外的原则，一般在文件印发一个月后，由文件制发机关通知有关新闻单位播发。

第三十九条　党的机关文件的印发按照有关规定组织实施。

（一）中央发至省军级以上的文件由中央办公厅统一印发；发至市地师级以下的文件，由省委办公厅按照中央办公厅秘书局提供的文件样本版式统一翻印，翻印份数报中央办公厅核定。

（二）省委制发的文件由省委办公厅统一印发。其中机密级以下文件通过党委信息网络传输，需要翻印的由受文单位按传输件样本版式统一翻印，翻印份数报省委办公厅核定。

（三）各市委制发的文件由各市委办公室（厅）统一印发或传输。

网上传输和公开发布的文件，印发少量份数，供各受文单位存档。

通过密码通信传输的《中共中央发电》、《中共中央办公厅发电》、《鲁发电》、《鲁办发电》由党委机要局按照文件发布层次和有关规定办理。

第四十条　发行文件严格按照文件印发级别和有关规定执行。

（一）发至省军级的中央文件，发副省级以上及其他相当于副省职级的党员干部所在单位。

（二）发至市地师级的中央文件，发副市（厅）级及其他相当于副市（厅）级以上单位。

（三）发至县团级的中央文件，发到副县（处）级及其他相当于副县（处）级以上单位。

（四）发至市的省委文件，发正市（厅）级及其他相当于正市（厅）级以上单位。

（五）发至市级的省委文件，发副市（厅）级及其他相当于副市（厅）级以上单位。

（六）发至县的省委文件，发正县（处）级及相当于正县（处）级以上单位。

（七）发至县级的省委文件与发至县团级的中央文件分发范围相同。

（八）省委文件注明"可登党刊"的，登《山东通讯》，发至基层党委或党支部；注明"可自行翻印发至村党组织"的，由各市党委自行翻印发至村党组织。

第四十一条　中央和省委文件的发送，省领导同志、省直各部门、各市、有关大企业、驻济高等院校、省驻外机构等单位，由省委办公厅直接发送；市属各县（市、区）及驻地高等院校、中央及省属单位等，分别由各市党委办公室（厅）代发。

第四十二条　省委办公厅负责全省中央、省委文件的核发工作，其中中央文件报中央办公厅核准。发文份数一般每年调整一次。收文单位需要调整发文份数的，一般于年底前向发文单位书面申请，经发文单位同意，于次年初作出调整。

第四十三条　省以下党的机关形成的文件，其印发级别和分发范围自行确定。

第九章　发文办理

第四十四条　公文发文办理包括公文的核发、登记、印制（传输）和分发等程序。

（一）核发　秘书部门在公文正式印发（传输）前，对公文的审批手续、文种、密级、格式等进行复核。

（二）登记　记录发文字号、签发人、印发范围和公文印制（传输）份数等。发文登记须由专人办理。

（三）印制

1. 公文字体、字号使用应规范统一。公文版头根据字数多少选用合适的字体。

2. 公文中的数字除作为词素构成定型的词、词组、惯用语、成语、缩略语、概数等必须使用汉字外，其他数字使用阿拉伯数字。公文结构层次序数依次用汉字、汉字加圆括号、阿拉伯数字、阿拉伯数字加圆括号。

3. 公文必须由机关内部打字（文印）室（所）或经省、市保密委员会办公室（保密局）批准定点的印刷厂印制。涉密公文在印制过程中要采取严格保密措施，尽量减少接触人员，绝密级公文要指定专人录入、校对、印刷、装订。承印单位对印刷废版、废页及不应归档的软盘等必须及时监销。

（四）传输　省委印发的机密级以下文件，对具备密码传输条件的单位实行网上传输。

第四十五条　发送和传递公文进行编号、登记，并严格履行交接手续。发送涉密公文，使用《发文通知单》登记。《发文通知单》一式两联，一联随公文发出，一联留存备查。涉密公文要在封、包、袋上标明所装公文的最高密级、编号和收文单位名称，有时限要求的，标明紧急程度。发送绝密级公文，使用由防透视材料制作的、周边缝有韧线的专用信封，信封的封口及中封处应加盖密封章或加密封条；使用公文袋封装时，公文袋的接缝处应使用双线缝纫，袋口应用铅志进行双道密封。

第四十六条 涉密公文必须通过机要交通、机要通信或指定专人送达，不得通过普通邮政或其他渠道传递；设有机要文件交换站的城市，在市内传递涉密公文，可以通过机要文件交换站进行。机密级以上公文和密码电报，须由机要交通和机要人员专车递送。传递绝密级公文实行2人护送制。

第四十七条 涉密公文通过计算机网络、传真机传输，必须采用加密装置。电传公文不得明电、密电混用。密码电报不得明传、翻印、复制，回复密码电报必须用密传，明电、密电不得混用。因工作需要确需复印密码电报时，须经本机关、单位领导同志批准，由本机关、单位机要处（室）负责复印，并视同原电报管理。

第四十八条 在同一城区内，公文的分发可视情况采取集中交换、直接递送、市内互寄、单位自取等办法进行。

第十章 收文办理

第四十九条 公文收文办理包括公文的签收、登记、分送、阅读、传阅、注办、拟办、请办、承办和催办等程序。

（一）签收 接收公文履行签字手续。收到公文时应逐件清点，以签字或盖章方式签收，并注明签收日期，紧急公文应注明签收的具体时间。签收公文中发现收文份数不符或其他问题，要及时向发文机关查询，并采取相应处理措施。

（二）登记 对公文的特征和办理情况作记载。登记内容主要包括收文日期、份数、公文标题、密级、发文字号、发文机关、分发日期及办理情况等。

（三）分送 秘书部门按照有关规定或根据公文内容确定的范围组织分送。

1. 上级机关的发文，凡标注印发级别的，按该印发级别规定的范围及时限要求分送；未标注印发级别的，根据收文内容及有关要求确定分送范围。

2. 下级及其他相关机关的公文材料，经筛选分类后分送。凡需要办理的作办件办理；对于阅件，根据收文内容及相关要求，合理确定分送范围，内容相同的情况报告类公文，可综合后分送。

（四）传阅（批） 秘书部门根据领导同志批示或授权，将公文送有关领导同志阅知或批示。办理公文传阅（批）应有专人负责，并按照传阅（批）范围和一定的程序进行。传阅按领导同志排序由前向后递送，传批按领导同志排序由后向前递送。公文传阅、传批应严格履行登记和交接手续，随时掌握公文去向，避免漏传、误传、横传。

（五）注办 秘书部门对上级发文提出办理意见。秘书部门收到上级机关的发文，先行按规定的范围和时限要求组织分送，对于需要提出贯彻落实意见的，随时予以注办，提出注办意见，按程序送领导同志审签。领导同志收到阅件已有批示的，按领导同志批示意见办理。

（六）拟办　秘书部门对需要办理的公文提出办理意见，并提供必要的背景材料，送领导同志批示。主送"党委、政府"的文件，由党委办公室（厅）负责办理；主送"政府并报党委"的文件，由政府办公室（厅）负责办理。

（七）请办　办公室（厅）根据授权或有关规定将需要办理的公文报请机关主管领导同志批示或请有关主管部门研究办理。对需要两个及两个以上部门办理的，应指明主办部门。

（八）承办　主管部门对需要办理的公文进行办理。承办部门接到转办公文后要及时办理，并将办理结果向批办部门报告。

公文办理过程中，凡属承办部门职权范围内可以全权答复的事项，承办部门应直接答复呈文机关，同时抄送批办机关销案；凡涉及其他部门业务范围的事项，承办部门应主动与有关部门协商办理；凡须报请上级机关审批的事项，承办部门应提出处理意见并代拟批复文稿，一并送请上级机关审批。

（九）催办　秘书部门对公文承办情况进行督促检查。催办贯穿于公文处理的各个环节。对紧急或重要公文应及时催办，对一般公文应定期催办，并随时或定期向交办部门反馈办理情况。

第十一章　公文阅读

第五十条　阅读文件严格按照文件印发级别和有关规定执行。

（一）中央发省、部和军队各大单位主要负责同志或党委（党组）书记的文件，供省委主要负责同志阅读，传达范围严格按照文件要求执行。发至省军级的中央文件，供副省级以上及其他相当职级的党员干部阅读；发至市地师级的中央文件供副市地（厅）级以上及其他相当职级的党员干部阅读；发至县团级的中央文件，供副县（处）级及其他相当职级的党员干部阅读。

（二）发至市的省委文件，供正厅级以上及其他相当职级的党员干部阅读。根据工作需要，可传达到副厅级现职党员干部。

发至市级的省委文件与发至市地师级的中央文件阅读范围相同。

发至县的省委文件，供正县（处）级以上及其他相当职级的党员干部阅读。根据工作需要，可传达到现职副县（处）级党员干部。

发至县级的省委文件与发至县团级的中央文件阅读范围相同。

（三）发至县团级的中央文件、发至县级的省委文件注明可登党刊的，登

《山东通讯》，发至基层党委或党支部，供党刊发放范围的党员干部等阅读；公开播报的中央、省委文件，由各级各单位组织党员干部群众传达学习；属于专业性或特殊性文件，按文件标明的范围阅读或传达；中央、省委印发的文件扩大阅读或传达范围的，按扩大后的阅读、传达范围执行。

（四）驻鲁的中央委员、中央候补委员、中央纪律检查委员会委员，以及党内的全国人大常委会委员，可阅读中央发至省军级以下、省委发至市以下的文件。

（五）在基层工作的省委委员、省委候补委员、省纪委委员、党内的省人大常委会委员和省政协常委会委员，可阅读中央发至市地师级、省委发至市以下的文件。

（六）离退休干部按离退休前的职级阅读相应印发级别的文件，一般由党的组织关系所在单位组织传达或在机要阅文室阅读。

（七）企事业单位阅读中央、省委文件的范围按照干部管理权限确定。

（八）担任领导职务的党外人士阅读中央、省委文件，除仅限于党内阅读的外，原则上与担任同级职务的党员干部相同，一般在机要阅文室阅读或组织传达。限于党内阅读的文件，需要向各级民主党派传达的由同级党委统战部负责组织实施。

第五十一条　市以下党的机关形成的文件，其阅读、传达范围自行确定。

第十二章　公　文　报　送

第五十二条　下级机关向上级机关报送公文，统一由其秘书部门编号、登记后报送上级机关办公室（厅）按程序办理。除机关领导同志要求直接报送的公文外，下级机关主送上级机关的公文，不得直接送上级机关领导同志个人。

第五十三条　各级党的机关向上级党的机关报送各类简报类公文，应报上级党的机关办公室（厅）备案，凡未备案的，除特殊情况外，上级党的机关办公室（厅）不予受理。

第五十四条　上级机关对下级机关违反程序报送或报送的行文不规范的公文，可退回下级机关重新报送。

第五十五条　严格按要求的份数报送公文。各市党委、省直各部门党组（党委）等报省委的情况报告35份、请示5份。未明确要求报送份数的，由行文单位根据文件内容确定报送份数。通过党委信息网络传输的电子公文，报送份数与收文单位临时商定。

第五十六条　省以下各级党的机关要求有关单位报送文件份数自行确定。

第十三章 公文管理

第五十七条 党的机关公文由机要秘书人员接收、管理，文件交接和签收要严格履行手续。设立党委（党组）的县（处）级以上单位应建立机要保密室和机要阅文室，并按有关规定配备专职的机要工作人员和必要的安全保密设施。

第五十八条 党的机关公文一般只发组织，不发个人。任何个人不得私自留存、销毁党的文件，未经批准不得擅自携带文件外出。

第五十九条 党的机关公文的印发、传达范围应按照发文机关的要求执行。下级机关需要变更上级机关公文的印发、传达范围，须报经发文机关批准。

第六十条 公开发布的党的机关公文以及电子公文等，同发文机关正式印发的公文具有同等效力。涉密公文公开发布后即行解密。

第六十一条 建立文件管理责任人制度。各市委秘书长，各部门、单位分管领导同志为文件管理工作的第一责任人。

第六十二条 严格绝密级文件管理，确保绝对安全。

（一）文件实行专人专柜保管，由本单位秘书部门指定 1 名文件专管人员，负责绝密级文件的签收、保管和清退。文件专管人员名单报省委办公厅备案。

（二）绝密级文件不得传输、复制和汇编。阅读、传达绝密级文件要在符合保密要求的场所进行，文件不得摘录和借阅，其内容不得公开引用，传达时不得录音、录像和记录。

第六十三条 复制、汇编文件严格执行有关规定。机密、秘密级文件确需复制或汇编的，应从严控制并严格履行报批手续。复制和汇编的文件应予编号、登记并视同原文件管理。摘录引用涉密公文内容形成的公文，按原公文的密级和知悉范围管理。

（一）复制、汇编发至省军级的中央文件，由省委办公厅报中央办公厅批准。

（二）复制、汇编发至市地师级以下的中央文件和省委、省委办公厅文件，报省委办公厅批准。

（三）文件翻印件应注明翻印机关名称、翻印日期和份数；复印件应加盖复印机关戳记；文件汇编本的密级按编入文件的最高密级标注，发送范围按编入文件的最高发布层次确定。

第六十四条 存储文件的磁盘、光盘及介质按所存文件的最高密级管理。未经公文制发单位批准，任何单位不得将文件在计算机系统中存储、传输。

第六十五条 会议形成的公文一般在会议结束时即行收回。经会议主持机关准许，与会人员带回本机关的公文，应及时交本机关公文管理人员管理。

第六十六条　各级各单位要建立健全文件清退和销毁制度，对标有密级的文件定期进行清理、清退和销毁。

（一）中央、省委绝密级文件，由省委办公厅按季度统一组织清退。省委办公厅印发清退通知清单，各单位按规定的时限，由文件专管人员通过机要交通或机要通信退省委办公厅。

（二）中央及省委机密、秘密级文件，驻济各单位由省委办公厅直接清退；各市、有关企业及驻地各单位，委托各市、有关大企业党委办公室（厅）负责清退，省委办公厅派员现场检查核实。

（三）中央、省委未标注密级的文件，按内部文件管理，省里不统一组织清退、销毁。

（四）清退的中央、省委文件，其中中央绝密级文件由省委办公厅按年度退中央办公厅，其他文件由负责清退文件的单位按年度根据有关规定销毁。

销毁涉密公文，必须严格履行清点、登记手续，并经主管领导审核批准。销毁涉密载体，应当确保秘密信息无法还原。销毁纸介质涉密载体，采用焚毁、化浆等方法处理，粉碎销毁涉密公文，使用符合保密要求的碎纸机；化浆销毁送保密部门指定的厂家销毁，并由送件单位2人以上押运和监销。销毁磁介质、光盘等秘密载体，采用物理或化学方法彻底销毁。

未经清退核实的公文，有关单位和个人一律不得擅自销毁。禁止将公文作为废品出售。

第六十七条　机关合并时，全部公文应随之合并管理。机关撤销时，需要归档的公文按照有关规定移交档案部门管理，其他公文按照有关规定销毁；临时设置的机构，当任务终了时，其公文集中移交同级党的机关办公室（厅）或有关部门管理。

工作人员调离工作岗位或退休时，本人所保管、借用的公文按照有关规定移交、清退。

第六十八条　密码电报按照有关规定管理。省委办公厅通过密码加密传输的文件按《山东省党委信息网公文传输管理暂行办法》管理。

第六十九条　各级各单位于每年5月底前将文件管理情况向上级机关作出书面报告。省委办公厅按年度通报全省文件管理情况。

第七十条　各级各单位制发文件的管理，自行制定管理办法。

第十四章 公文整理归档

第七十一条 公文办理完毕后，秘书部门应按照《中华人民共和国档案法》及其他有关规定，及时将公文的定稿、正本、有关材料及软盘收集齐全，进行整理归档。

公文整理归档工作接受同级档案部门指导、协调和监督。

第七十二条 党的机关形成的公文，由直接处理公文的部门负责整理，并按归档制度于次年第一季度归档于本机关档案室。两个及两个以上机关联合办理的公文，原件由主办机关整理归档，相关机关保存复制件。

第七十三条 机关领导同志兼任其他机关职务的，在履行所兼任职务过程中形成的公文，由其兼职的机关整理归档。机关以及临时设置机构撤销时，其工作中形成的公文的整理归档按本规定第六十七条要求办理。

第七十四条 上级机关印发的公文，根据工作需要，下级机关及其部门、单位可留存1~2份备查。中央、省委绝密级公文各级各单位一律不留存。

第十五章 公 文 保 密

第七十五条 处理公文必须严格遵守《中华人民共和国保守国家秘密法》及国家秘密载体保密管理的有关规定。公文保密应遵循严格管理、严格防范、确保安全、方便工作的原则。

第七十六条 党内涉密公文的密级按其内容及如泄露可能对党和国家安全和利益造成危害的程度划分为"绝密"、"机密"、"秘密"。"绝密"是最重要的国家秘密，泄露会使国家安全和利益遭受特别严重损害；"机密"是重要的国家秘密，泄露会使国家安全和利益遭受严重损害；"秘密"是一般的国家秘密，泄露会使国家安全和利益遭受损害。

第七十七条 发文机关在拟制公文时，应根据公文内容和工作需要，严格划分密与非密的界限。对于需要保密的公文，要准确标注密级，严格限制涉密人员；难以划分密与非密界限无法确定公文密级的，应申请上级或同级保密部门研究确定。公文密级的变更和解除由发文机关或其上级机关决定。

第七十八条 使用计算机打印涉密公文，必须采取保密防范措施。载有涉密公文的计算机软盘、硬盘和光盘等，应与同密级的纸质公文一样按保密要求严格管理。

第七十九条 泄露或出卖党和国家秘密公文、资料，丢失涉密公文或通过计算机及其网络泄密的，应按照有关规定，追究有关责任人的责任。

涉密公文出现失控等，要立即报告本机关领导，并积极采取补救措施。绝密级公文及密码电报出现失控或缺失、泄密，除及时报告本机关领导同志并采取补救措施外，要及时报告上级发文单位和同级保密及公安部门。

第十六章 附 则

第八十条 本规定适用于中国共产党山东省各级机关及部门、单位党组织。过去我省有关党的机关公文处理工作的规定，凡与本规定相抵触的，以本规定为准。

第八十一条 本规定所指"以上"、"以下"均含本级。

第八十二条 本规定由中共山东省委办公厅负责解释。

第八十三条 本规定自印发之日起施行。

山东省实施《国家行政机关公文处理办法》细则

（山东省政府办公厅1994年4月13日发布，1994年5月1日施行）

第一章 总 则

第一条 本实施细则根据国务院2000年8月24日发布的《国家行政机关公文处理办法》，结合我省实际情况制定。

第二条 本实施细则适用于全省各级人民政府和政府各部门及其所属单位的公文处理工作。

第三条 国家行政机关（以下简称行政机关）的公文（包括电报，下同），是行政机关在行政管理过程中形成的具有法定效力和规范体式的文书，是依法行政和进行公务活动的重要工具。

第四条 公文处理指公文的办理、管理、整理（立卷）、归档等一系列相互关联、衔接有序的工作。

第五条 公文处理应当坚持实事求是、精简、高效的原则，做到及时、准确、安全。

第六条 公文处理必须严格执行国家保密法律、法规和其他有关规定，确保国家秘密的安全。

第七条 各级行政机关的负责人应当高度重视公文处理工作，模范遵守

《国家行政机关公文处理办法》及本实施细则,加强对本机关公文处理工作的领导和检查。

第八条 各级行政机关的办公厅(室)是公文处理的管理机构,主管本机关的公文处理工作并指导下级机关的公文处理工作。

第九条 各级行政机关的办公厅(室)应当设立文秘部门或者配备专职人员负责公文处理工作。文秘人员应当忠于职守、廉洁正派,具备较高文化素质和相关专业知识。

第二章 公文种类

第十条 行政机关的公文种类主要有:

(一)命令(令)

适用于依照有关法律公布行政法规和规章;宣布施行重大强制性行政措施;嘉奖有关单位及人员。

(二)决定

适用于对重要事项或者重大行动做出安排,奖惩有关单位及人员,变更或者撤销下级机关不适当的决定事项。

(三)公告

适用于向国内外宣布重要事项或者法定事项。

(四)通告

适用于公布社会各有关方面应当遵守或者周知的事项。

(五)通知

适用于批转下级机关的公文,转发上级机关和不相隶属机关的公文,传达要求下级机关办理和需要有关单位周知或者执行的事项,任免人员。

(六)通报

适用于表彰先进,批评错误,传达重要精神或者情况。

(七)议案

适用于各级人民政府按照法律程序向同级人民代表大会或人民代表大会常务委员会提请审议事项。

(八)报告

适用于向上级机关汇报工作,反映情况,答复上级机关的询问。

(九)请示

适用于向上级机关请求指示、批准。

(十)批复

适用于答复下级机关的请示事项。

（十一）意见

适用于对重要问题提出见解和处理办法。

（十二）函

适用于不相隶属机关之间商洽工作，询问和答复问题，请求批准和答复审批事项。

（十三）会议纪要

适用于记载、传达会议情况和议定事项。

第三章　公 文 格 式

第十一条　公文一般由秘密等级和保密期限、紧急程度、发文机关标识、发文字号、签发人、标题、主送机关、正文、附件说明、成文日期、印章、附注、附件、主题词、抄送机关、印发机关和印发日期等部分组成。

（一）涉及国家秘密的公文应当标明密级和保密期限，其中，"绝密"、"机密"级公文还应当标明份数序号。

（二）紧急公文应当根据紧急程度分别标明"特急"、"急件"。其中电报应当分别标明"特提"、"特急"、"加急"、"平急"。

（三）发文机关标识应当使用发文机关全称或者规范化简称；联合行文，主办机关排列在前。

（四）发文字号应当包括机关代字、年份、序号。联合行文，只标明主办机关发文字号。

（五）上行文应当注明签发人、会签人姓名。其中，"请示"应当在附注处注明联系人的姓名和电话。

（六）公文标题应当准确简要地概括公文的主要内容并标明公文种类，一般应当标明发文机关。公文标题中除法规、规章名称加书名号外，一般不用标点符号。

（七）主送机关指公文的主要受理机关，应当使用全称或者规范化简称、统称。

（八）公文如有附件，应当注明附件顺序和名称。

（九）公文除"会议纪要"和以电报形式发出的以外，应当加盖印章。联合上报的公文，由主办机关加盖印章；联合下发的公文，发文机关都应当加盖印章。

（十）成文日期以负责人签发的日期为准，联合行文以最后签发机关负责人的签发日期为准。电报以发出日期为准。

（十一）公文如有附注（需要说明的其他事项），应当加括号标注。

（十二）公文应当标注主题词。上行文按照上级机关的要求标注主题词。

（十三）抄送机关指除主送机关外需要执行或知晓公文的其他机关，应当使用全称或者规范化简称、统称。

（十四）文字从左至右横写、横排。

第十二条　公文中各组成部分的标识规则，参照《国家行政机关公文格式》国家标准执行。

第十三条　公文用纸一般采用国际标准 A4 型（210mm×297mm），左侧装订。张贴的公文用纸大小，根据实际需要确定。

第四章　行　文　规　则

第十四条　行文应当确有必要，注重效用。

第十五条　行文关系根据隶属关系和职权范围确定，一般不得越级请示和报告。

第十六条　政府各部门依据部门职权可以相互行文和向下一级政府的相关业务部门行文；除以函的形式商洽工作、询问和答复问题、审批事项外，一般不得向下一级政府正式行文；确实需要向下一级政府正式行文的，文稿必须经同级政府办公厅（室）文秘部门审核并送政府领导审签，文中注明经同级政府同意字样。

部门内设机构、议事协调机构不得对外正式行文。

第十七条　同级政府、同级政府各部门、上级政府部门与下一级政府可以联合行文；政府与同级党委和军队机关可以联合行文；政府部门与相应的党组织和军队机关可以联合行文；政府部门与同级人民团体和具有行政职能的事业单位也可以联合行文。联合行文单位不宜过多。

第十八条　属于部门职权范围内的事务，应当由部门自行行文或联合行文。联合行文应当明确主办部门。须经政府审批的事项，经政府同意也可以由部门行文，文中应当注明经政府同意。

第十九条　属于主管部门职权范围内的具体问题，应当直接报送主管部门处理。

第二十条　部门之间对有关问题未经协商一致，不得各自向下行文。如擅自行文，上级机关应当责令纠正或撤销。

第二十一条　向下级机关或者本系统的重要行文，应当同时抄送直接上级机关。

第二十二条 "请示"应当一文一事；一般只写一个主送机关，需要同时送其他机关的，应当用抄送形式，但不得抄送其下级机关。

"报告"不得夹带请示事项。

请示事项不得以"意见"上报。下级机关向上级机关报送"意见"，适用于报请上级机关予以批转或转发。

第二十三条 除上级机关负责人直接交办的事项外，不得以机关名义向上级机关负责人报送"请示"、"意见"和"报告"。

第二十四条 受双重领导的机关向上级机关行文，应当写明主送机关和抄送机关。上级机关向受双重领导的下级机关行文，必要时应当抄送其另一上级机关。

第二十五条 对上级行政机关的来文，如无具体贯彻意见，可按保密要求原文翻印下发，不再重复行文转发，受文单位应按照执行。

第五章 发文办理

第二十六条 发文办理指以本机关名义制发公文的过程，包括草拟、审核、签发、复核、缮印、用印、登记、分发等程序。

第二十七条 草拟公文应当做到：

（一）符合国家的法律、法规及其他有关规定。如提出新的政策、规定等，要切实可行并加以说明。

（二）情况确实，观点明确，表述准确，结构严谨，条理清楚，直述不曲，字词规范，标点正确，篇幅力求简短。

（三）公文的文种应当根据行文目的、发文机关的职权和与主送机关的行文关系确定。

（四）拟制紧急公文，应当体现紧急的原因，并根据实际需要确定紧急程度。

（五）人名、地名、数字、引文准确。引用公文应当先引标题，后引发文字号。引用外文应当注明中文含义。日期应当写明具体的年、月、日。

（六）结构层次序数，第一层为"一、"，第二层为"（一）"，第三层为"1."，第四层为"（1）"。

（七）应当使用国家法定计量单位。

（八）文内使用非规范化简称，应当先用全称并注明简称。使用国际组织外文名称或其缩写形式，应当在第一次出现时注明准确的中文译名。

（九）公文中的数字，除成文日期、部分结构层次序数和在词、词组、惯用语、缩略语、具有修辞色彩语句中作为词素的数字必须使用汉字外，应当使用阿拉伯数字。

第二十八条　拟制公文，对涉及其他部门职权范围内的事项，主办部门应当主动与有关部门协商，取得一致意见后方可行文；如有分歧，主办部门的主要负责人应当出面协调，仍不能取得一致时，主办部门可以列明各方理据，提出建设性意见，并与有关部门会签后报请上级机关协调或裁定。

第二十九条　政府职能部门拟以政府名义或政府办公厅（室）名义行文，应代拟文稿。

政府职能部门代同级政府或政府办公厅（室）草拟的文稿，应由本部门办公室按本实施细则的要求审核，必要时送有关部门会签，经本部门主要负责人审阅签字后，送政府办公厅（室）的文秘部门按规定程序审理和送签。

第三十条　公文送负责人签发前，应当由办公厅（室）文秘部门进行审核。审核的重点是：是否确需行文；内容是否符合国家的法律、法规和方针、政策及有关规定，涉及其他部门和地区职权的事项是否已协商、会签；行文方式是否妥当，是否符合行文规则和拟制公文的有关要求，公文格式是否符合《国家行政机关公文处理办法》的规定等。经审核，对符合规定的文稿，文秘部门应及时按程序送负责人审签。

第三十一条　以本机关名义制发的上行文，由主要负责人或者主持工作的负责人签发；以本机关名义制发的下行文或平行文，由主要负责人或者由主要负责人授权的其他负责人签发。

第三十二条　公文正式印制前，文秘部门应当进行复核，重点是：审批、签发手续是否完备，附件材料是否齐全，格式是否统一、规范等。

经复核需要对文稿进行实质性修改的，应按程序复审。

第六章　收文办理

第三十三条　收文办理指对收到公文的办理过程，包括签收、登记、审核、拟办、批办、承办、催办等程序。

第三十四条　收到下级机关上报的需要办理的公文，文秘部门应当进行审核。审核的重点是：是否应由本机关办理；是否符合行文规则；内容是否符合国家法律、法规及其他有关规定；涉及其他部门或地区职权的事项是否已协商、会签；文种使用、公文格式是否规范。

第三十五条　经审核，对符合本办法规定的公文，文秘部门应当及时提出拟办意见送负责人批示或者交有关部门办理，需要两个以上部门办理的应当明确主办部门。紧急公文，应当明确办理时限。对不符合《国家行政机关公文处理办法》规定的公文，经办公厅（室）负责人批准后，可以退回呈报单位并说明理由。

第三十六条　承办部门收到交办的公文后应当及时办理，不得延误、推诿。紧急公文应当按时限要求办理，确有困难的，应当及时予以说明。对不属于本单位职权范围或者不宜由本单位办理的，应当及时退回交办的文秘部门并说明理由。

第三十七条　收到上级机关下发或交办的公文，由文秘部门提出拟办意见，送负责人批示后办理。

第三十八条　公文办理中遇有涉及其他部门职权的事项，主办部门应当主动与有关部门协商，有关部门应尽快研究提出意见。如有分歧，主办部门主要负责人要出面协调，如仍不能取得一致，可以报请上级机关协调或裁定。报请上级机关协调或裁定时要如实反映各方意见。

第三十九条　审批公文时，对有具体请示事项的，主批人应当明确签署意见、姓名和审批日期，其他审批人圈阅视为同意；没有请示事项的，圈阅表示已阅知。

第四十条　送负责人批示或者交有关部门办理的公文，文秘部门要负责催办，做到紧急公文跟踪催办，重要公文重点催办，一般公文定期催办。

第七章　公文归档

第四十一条　公文办理完毕后，应当根据《中华人民共和国档案法》和其他有关规定，及时整理（立卷）、归档。

个人不得保存应当归档的公文。

第四十二条　归档范围内的公文，应当根据其相互联系、特征和保存价值等整理（立卷），要保证归档公文的齐全、完整，能正确反映本机关的主要工作情况，便于保管和利用。

第四十三条　联合办理的公文，原件由主办机关整理（立卷）、归档，其他机关保存复制件或其他形式的公文副本。

第四十四条　本机关负责人兼任其他机关职务，在履行所兼职务职责过程中形成的公文，由其兼职机关整理（立卷）、归档。

第四十五条　归档范围内的公文应当确定保管期限，按照有关规定定期向档案部门移交。

第四十六条　拟制、修改和签批公文，书写及所用纸张和字迹材料必须符合存档要求。

第八章　公文管理

第四十七条　公文由文秘部门或专职人员统一收发、审核、用印、归档和销毁。

第四十八条　文秘部门应当建立健全本机关公文处理的有关制度。

第四十九条　上级机关的公文，除绝密级和注明不准翻印的以外，下一级机关经负责人或者办公厅（室）主任批准，可以翻印。翻印时，应当注明翻印的机关、日期、份数和印发范围。

第五十条　公开发布行政机关公文，必须经发文机关批准。经批准公开发布的公文，同发文机关正式印发的公文具有同等效力。

第五十一条　公文复印件作为正式公文使用时，应当加盖复印机关证明章。

第五十二条　公文被撤销，视作自始不产生效力；公文被废止，视作自废止之日起不产生效力。

第五十三条　不具备归档和存查价值的公文，经过鉴别并经办公厅（室）负责人批准，可以销毁。

第五十四条　销毁秘密公文应当到指定场所由两人以上监销，保证不丢失、不漏销。其中，销毁绝密公文（含密码电报）应当进行登记。

第五十五条　机关合并时，全部公文应当随之合并管理。机关撤销时，需要归档的公文整理（立卷）后按有关规定移交档案部门。

工作人员调离工作岗位时，应当将本人暂存、借用的公文按照有关规定移交、清退。

第五十六条　密码电报的使用和管理，按照有关规定执行。

第九章　附　则

第五十七条　行政法规、规章方面的公文，依照有关规定处理。外事方面的公文，按照外交部的有关规定处理。

第五十八条　公文处理中涉及电子文件的有关规定另行制定。统一规定发布之前，各级行政机关可以制定本机关或者本地区、本系统的试行规定。

第五十九条　各级行政机关的办公厅（室）对上级机关和本机关下发公文的贯彻落实情况应当进行督促检查并建立督查制度。有关规定另行制定。

第六十条　本实施细则自2001年1月1日起施行。1994年4月13日省政府办公厅发布，1994年5月1日起施行的《山东省实施〈国家行政机关公文处理办法〉细则》同时废止。

山东省人民政府办公厅关于向省政府报送公文有关问题的通知

(鲁政办发〔2002〕47号)

各市人民政府、省政府各部门、各直属机构、各大企业、各高等院校：

根据省政府领导同志的指示，现就各地、各部门向省政府报送公文工作中的有关问题通知如下：

一、关于一般不直接向省政府领导同志个人报送公文的问题

根据国务院的规定，省政府已明确要求：除省政府领导同志交办的事项外，各地、各部门不得将需要省政府审批的公文直接报送省政府领导同志个人。但在实际工作中，一些地方和部门仍未认真执行这一规定，有的将公文多头分送，有的使用《呈阅件》、《请阅件》和白头信函等形式代替需要省政府审批的公文，致使原有的公文运转程序被打乱，省政府领导同志接到非规范渠道送达的公文大量增加，有时多次收到同一公文，这样既牵扯领导同志精力，又易造成领导同志间重复批示，影响了省政府的正常工作秩序。最近，省政府领导同志对此再次指示，要求省政府办公厅督促各地、各部门认真贯彻落实公文处理的有关规定。为此，进一步提出以下要求：

（一）除省政府领导同志交办的事项和需要直接报送省政府领导同志的绝密事项以及少数特别紧急的涉外事项、重大突发事件外，各地、各部门一律不得将需要省政府审批的公文，以市政府、省政府部门或负责人的名义直接报送省政府领导同志个人，也不得以《呈阅件》、《请阅件》、白头信函等形式代替需要省政府审批的公文直接报送省政府领导同志个人。

（二）需要直接向省政府领导同志报送的情况报告，一般不得多头分送，情况紧急确需分送的，应注明已分送的领导同志。落实省政府领导同志批示的情况报告，应报送省政府或省政府办公厅，由办公厅按规定呈送省政府有关领导同志。

二、关于将不规范的公文退回呈报单位重新办理的问题

省政府办公厅对收到的各类公文要加强审核把关，对不符合公文处理规定的公文，如越级上报的公文，未经主要负责人审签的公文，涉及其他部门职能而未

进行协商的公文，多头主送的公文，请示事项以报告形式报送的公文，以《呈阅件》等形式代替请示、报告的非正式公文，以及存在明显质量问题和行文规则、报送程序不符合规定的公文，报经办公厅分管领导批准后，退回呈报单位并说明理由。

省政府领导同志秘书收到需要省政府审批而直接报送领导同志个人的公文，应转省政府办公厅处理。省政府办公厅接到上述来文，要按规定认真审核，属应退回呈报单位的按规定退回。

三、关于通过省政府计算机专网报送简报的问题

2001年，省政府办公厅核定了各单位经批准出刊、报送的简报名称和发送范围，并明确规定：除机密级以上（含机密级）的简报，均应通过省政府计算机网络传递，省政府办公厅不再受理未经批准出刊、报送的简报，不再受理纸质形式报送的简报。各地、各部门要认真遵守上述规定，一律不得再印送纸质简报，更不得将各类简报直接报送省政府领导同志个人。违反上述规定报送的简报，省政府办公厅及省政府领导同志秘书可以不予处理和送阅。

省政府办公厅将根据上述要求，定期对各地、各部门向省政府报送公文、简报的情况进行综合分析，对违反上述规定的地方和部门进行通报。

二〇〇二年九月十四日

北京市实施《国家行政机关公文处理办法》细则

（京政发〔2001〕12号，2001年3月27日发布，2001年5月1日起施行）

第一章 总　则

第一条　为使本市国家行政机关（以下简称行政机关）的公文处理工作规范化、制度化、科学化，提高公文处理工作的质量和效率，根据国务院发布的《国家行政机关公文处理办法》（以下简称《办法》），结合本市实际，制定本细则。

第二条　本细则适用于本市各级行政机关的公文处理工作。

第三条　行政机关的公文（包括电报，下同）是行政机关在行政管理过程中形成的具有法定效力和规范体式的文书，是依法行政和进行公务活动的重要工具。

第四条 公文处理指公文的办理、管理、整理（立卷）、归档等一系列相互关联、衔接有序的工作。

第五条 公文处理应当坚持实事求是、精简、高效的原则，做到及时、准确、安全；必须严格执行国家保密法律予以法规和其他有关刊规定。

第六条 各级行政机关的负责人应当高度重视公文处理工作，模范遵守《办法》及本细则，并加强对本机关公文处理工作的领导和检查。

第七条 各级行政机关的办公厅（室）是公文处理的管理机构，主管本机关的公文处理工作并指导下级机关的公文处理工作。

第八条 各级行政机关的办公厅（室）应当设立文秘部门或者配备专职人员负责公文处理工作。

第二章 文公种类

第九条 行政机关的公文种类主要有：

（一）命令（令）

适用于依照有关法律公布行政法规和规章；宣布施行重大强制性行政措施；嘉奖有关单位及人员。

（二）决定

适用于对重要事项或者重大行动做出安排；奖惩有关单位及人员；变更或者撤销下级机关不适当的决定事项。

（三）公告

适用于向国内外宣布重要事项或者法定事项。

（四）通告

适用于公布社会各有关方面应当遵守或者周知的事项。

（五）通知

适用于批转下级机关的公文，转发上级机关和不相隶属机关的公文；传达要求下级机关办理和需要有关单位周知或者执行的事项；任免人员。

（六）通报

适用于表彰先进，批评错误，传达重要精神或者情况。

（七）议案

适用于各级人民政府按照法律程序向同级人民代表大会或者人民代表大会常务委员会提请审议事项。

（八）报告

适用于向上级机关汇报工作，反映情况，答复上级机关的询问。

（九）请示

适用于向上级机关请求指示、批准。

（十）批复

适用于答复下级机关的请示事项。

（十一）意见

适用于对重要问题提出见解和处理办法；明确要求下级机关贯彻执行；报请上级机关予以批转或者转发。

（十二）函

适用于不相隶属机关之间商洽工作，询问和答复问题，请求批准和答复审批事项。

（十三）会议纪要

适用于记载、传达会议情况和议定事项。

第三章　公　文　格　式

第十条　公文一般由秘密等级、保密期限、紧急程度、发文机关标识、发文字号、签发人、标题、主送机关、正文、附件说明、成文日期、印章、附注、附件、主题词、抄送机关、印发机关和印发日期等部分组成。

（一）涉及国家秘密的公文，应当在首页右上方标明密级和保密期限。密级与保密期限并排，中间以"★"隔开；"绝密"、"机密"级公文应当在首页左上方标明份数序号。

（二）涉及国家秘密的公文，如有具体保密期限应当明确标注；凡未标明或者未通知保密期限的国家秘密事项，其保密期限按照绝密级事项30年、机密级事项20年、秘密级事项10年认定。

（三）紧急公文，应当根据紧急程度在首页右上方分别标明"特急"、"急件"。其中电报应当根据紧急程度分别标明"特提"、"特急"、"加急"、"平急"。

（四）发文机关标识，应当使用发文机关全称或者规范化简称。联合行文，主办机关名称应当排列在前；如联合行文机关过多，应当保证公文首页显示正文。

（五）发文字号，包括发文机关代字、年份、序号，应当在首页发文机关标识下方标明，年份、序号使用阿拉伯数码标识。联合行文，只标明主办机关发文字号；非主办机关可以在会签文稿时，自编文号，内部掌握，以便传递、整理（立卷）和归档。

（六）上报的公文，应当注明签发人、会签人姓名。签发人姓名平行排列于发文字号右侧。联合上报的公文，主办机关签发人姓名排列在前，其他机关签发人姓名在主办单位签发人姓名之下，按发文机关顺序依次排列。

（七）公文标题，应当准确简要地概括公文的主要内容并标明公文种类，一般应当标明发文机关。公文标题中除法规、规章名称加书名号外，一般不使用标点符号。

（八）主送机关，指公文的主要受理机关，应当使用全称或者规范化简称、统称。

（九）公文附件，指对正式公文具有补充、说明性的附加文字材料，应当在正文之后、成文日期之前注明附件顺序和名称。附件顺序使用阿拉伯数码，附件名称后不加标点符号。

（十）公文除"会议纪要"和以电报形式发出的以外，应当加盖印章。联合上报的公文，由主办机关加盖印章；联合下发的公文，发文机关都应当加盖印章。单一机关制发的公文在落款处不署发文机关名称，用印应当上不压正文，下压成文日期；联合行文需加盖两个以上印章时，主办机关印章在前，其他机关印章按序排列。

（十一）成文日期，以本机关负责人签发的日期为准，联合行文以最后签发机关负责人的签发日期为准；会议决定的事项以会议通过日期为准；电报以发出日期为准。成文日期使用汉字，并标全年、月、日；零写为"〇"。

（十二）公文附注，指需要说明的其他事项，应当加括号在成文日期左下方标注。

（十三）公文应当标注主题词。上报的公文按照上级机关的要求标注主题词。主题词在公文的抄送栏之上标注。

（十四）抄送机关，指除主送机关外需要执行或者知晓公文的其他机关，应当使用全称或者规范化简称、统称。

（十五）印发机关名称和印制日期，应当在抄送栏之下标明，无抄送机关在主题词之下标明。

（十六）上报的请示性公文，应当在印发机关名称和印制日期之下注明联系人的姓名和电话。

（十七）文字从左至右横写、横排。

第十一条 公文中各组成部分的标识规则，参照《国家行政机关公文格式》国家标准及《北京市国家行政机关实施〈国家行政机关公文格式〉印制标准（试行）》执行。

第十二条 公文用纸一般采用国际标准 A4 型（210 毫米×297 毫米），左侧装订。张贴的公文用纸大小，根据实际需要确定。

第四章 行 文 规 则

第十三条 行文应当确有必要，注重效用。

第十四条 行文关系根据隶属关系和职权范围确定，一般不得越级请示和报告。

第十五条 下级机关应当向直接上级机关请示和报告；因特殊情况必须越级请示和报告的，应当抄送被越过的上级机关，并注明理由。向下级机关的重要行文，应当同时抄送直接上级机关。

第十六条 向上级机关报送公文，内容应当为需要报告的重大事项，上级机关要求报告办理情况的事项，须经上级机关审批或者决定的事项。

第十七条 政府及其各部门应当主动处理职权范围内的事务。属于政府部门直接办理的事项，同级政府其他部门和下一级政府应当直接向主管部门行文。须经政府审批的事项，经政府批准也可以由政府部门行文，文中应当注明经政府批准。

第十八条 凡本部门职权范围内能够解决或者通过部门间协商可以解决的事项，一般不要请示上级机关；凡本部门发文或者若干部门联合发文能够解决的事项，不得要求上级机关批转或者转发。

第十九条 政府部门在职权范围内可以相互行文，可以向下一级政府的相关业务部门行文。政府部门除以函的形式商洽工作、询问和答复问题、审批事项外，一般不得向下一级政府正式行文；如需行文，应当报请本级政府批转或者由本级政府办公厅（室）转发；因特殊情况确需直接向下一级政府正式行文的，应当报经本级政府同意，并在文中注明经政府同意。

第二十条 政府部门内设机构除办公厅（室）外，不得对外正式行文。部门内设机构不得向本部门以外的其他机关制发政策性和规范性文件，不得代替部门审批下达应当由部门审批下达的事项；与相关的其他机关联系工作确需行文，应当以函的形式行文。

第二十一条 政府部门下属单位应当以政府部门名义向同级政府报送公文。

第二十二条 同级政府、同级政府各部门、上级政府部门与下一级政府可以联合行文；政府与同级党委和军队机关可以联合行文；政府部门与相应的党组织和军队机关可以联合行文；政府部门与同级人民团体和具有行政职能的事业单位也可以联合行文。

第二十三条　联合行文机关不宜过多。行政机关联合行文应当明确主办机关，主办机关排列在前、先签署意见，其他机关依次会签；一般不使用复印件会签。行政机关与同级或者相应的党的机关、军队机关、人民团体联合行文；按照党、政、军、群的顺序排列。

第二十四条　部门之间对有关问题未经协商一致；或者未经上级机关批准裁决的，不得各自向下行文。如擅自行文，上级机关应当责令纠正或者撤销。

第二十五条　"请示"应当一文一事；一般只写一个主送机关；需要同时抄送其他机关的，应当用抄送形式；但不得抄送其下级机关，也不得抄送个人。

第二十六条　"请示"与"报告"必须严格分开，不得在"报告"中夹带请求批示或者批准的事项。

第二十七条　请求上级机关批转或者发文的事项，应当在"请示"中说明发文依据、理由，并附代拟稿。

第二十八条　除上级机关负责人直接交办的事项并要求直接报送外，不得以机关名义向上级机关负责人报送"请示"、"意见"和"报告"。

第二十九条　受双重领导的机关向上级机关行文，应当写明主送机关和抄送机关。上级机关向受双重领导的下级机关行文，必要时应当抄送其另一上级机关。

第三十条　不相隶属机关之间商洽工作、询问和答复问题，向有关主管部门请求批准，或者有关主管部门向来文机关答复请求批准的事项，应当使用"函"不得使用"请示"或者"批复"。

第五章　发 文 办 理

第三十一条　发文办理指以本机关名义制发公文的过程，包括草拟、审核、签发、复核、缮印、用印、登记、分发等程序。

第三十二条　草拟公文应当做到：

（一）符合国家法律、法规、规章及其他有关规定。如提出新的政策、规定等，要与现行政策、规定衔接，应当切实可行并加以说明。

（二）情况确实，观点明确，表述准确，结构严谨，条理清楚，直述不曲，字词规范，标点正确，篇幅力求简短。

（三）公文的文种应当根据行文目的、发文机关的职权以及与主送机关的行文关系确定。

（四）拟制紧急公文，应当体现紧急的原因，并根据实际需要确定紧急程度。

（五）人名、地名、数字、引文准确。引用公文应当先引标题，后引发文字号。引用外文应当注明中文含义。日期应当写明具体的年、月、日。

（六）结构层次序数，第一层为"一、"，第二层为"（一）"，第三层为"1."第四层为"（1）"。

（七）应当使用国家法定计量单位。

（八）公文使用非规范化简称，应当先使用全称并注明简称；使用国际组织外文名称或者其缩写形式，应当在第一次出现时注明准确的中文译名。

（九）公文中的数字，除成文日期、部分结构层次序数和在词、词组、惯用语、缩略语、具有修辞色彩语句中作为词素的数字必须使用汉字外，应当使用阿拉伯数字。

第三十三条　拟制公文，对涉及其他部门职权范围内的事项，主办部门应当主动与有关部门协商，协办部门要积极配合，取得一致意见后方可行文；如有分歧，主办部门的主要负责人应当出面协调。经协调仍不能取得一致时，主办部门可以列明各方理据，提出建设性意见，并与有关部门会签后报请上级机关协调或者裁定。

上报的请示性公文，主办部门应当附上与其他部门协商一致或者不同意见的书面材料。

第三十四条　公文送负责人签发前，应当由办公厅（室）进行审核。审核的重点是：是否确需行文，行文方式是否妥当，是否符合《办法》及本细则规定的公文种类、公文格式、行文规则和拟制公文的有关要求。

第三十五条　以本机关名义制发的上报公文，由主要负责人（指行政机关的正职或者主持工作的负责人）签发。以本机关名义制发的命令（令）由本机关正职负责人签发，制发的决定、公告、通告由主要负责人签发，制发的其他公文由主要负责人或者由其授权的其他负责人签发。

第三十六条　会签公文，主办机关应当送会签机关文秘部门按公文办理程序会签。

第三十七条　公文正式印制前，文秘部门应当进行复核。复核的重点是：审批、签发手续是否完备，附件材料是否齐全，公文格式是否统一、规范等。经复核需要对文稿进行实质性修改的，应当按程序复审。

第六章　收文办理

第三十八条　收文办理指对收到公文的办理过程，包括签收、登记、审核、拟办、批办、承办、催办等程序。

第三十九条　文秘部门对收到的公文应当及时登记、审核。审核的重点是：是否应当由本机关办理；是否符合行文规则；内容是否符合国家法律、法规及其他有关规定；涉及其他部门或者地区职权范围内的事项是否已协商、会签；使用公文文种、公文格式是否规范。

第四十条　经审核，对符合《办法》及本细则规定的公文，文秘部门应当及时提出拟办意见报负责人批示、阅知，或者转请有关部门办理、阅知。对属于部门职权范围内的事项或者经上级机关授权、委托由部门办理的事项，应当直接转请有关部门办理；需要两个以上部门办理的公文，应当明确主办部门；紧急公文，应当明确办理时限。

对不符合《办法》及本细则规定的公文，经本机关办公厅（室）负责人批准后，退回呈报部门并说明理由。

第四十一条　承办部门收到交办的公文，应当及时处理，并将办理情况告知交办部门或者呈报部门，不得延误、推诿。紧急公文应当按时限要求办理，确有困难的，应当及时予以说明。对不属于本部门职权范围或者不宜由本部门办理的，应当及时退回交办部门并说明理由。

第四十二条　报负责人批示的公文，负责人应当及时批示。负责人审批公文时，对有具体请示事项的，主批人应当明确签署意见、姓名和审批日期，其他审批人圈阅视为同意；对没有请示事项的，圈阅表示已阅读。

第四十三条　负责人批示或者转请有关部门提出办理意见的公文，批示或者办理后，不得随意横传，应当及时退回文秘部门，由文秘部门按规定程序处理。

第四十四条　报负责人批示或者转请有关部门办理的公文，文秘部门要负责催办，做到紧急公文跟踪催办，重要公文重点催办，一般公文定期催办，防止积压、延误。

第四十五条　市政府各部门对市政府文件、市政府办公厅文件和市政府负责人批示、市政府办公厅交办公文的办理：

（一）市政府文件、市政府办公厅文件中要求报告执行情况，凡明确提出时限要求的，主管部门应当按时限要求及时将执行情况书面报告市政府办公厅。

（二）对市政府办公厅分发或者翻印的国务院文件、国务院办公厅文件，应当认真贯彻。确需由市政府行文作具体部署的，主管部门应当结合本市实际，提出贯彻意见，并代拟文稿报送市政府办公厅。

（三）对市政府负责人批请有关部门研究提出意见或者市政府办公厅转请有关部门研究提出意见的公文，凡明确提出时限要求的，应当按规定时限要求办理。紧急公文应当在1至2个工作日内、非紧急公文应当在5个工作日内将书面意见报送市政府办公厅；确因情况特殊不能按时办理完毕的，应当及时向市政府办公厅报告。突发事件以及国家法律、法规另有规定的事项除外。

对需要贯彻执行的国务院文件、国务院办公厅文件，依照上述原则办理。

第四十六条　市政府办公厅建立执行《办法》及本细则的报告制度和通报制度，报告和通报有关情况。

第四十七条　各区、县政府和市政府各工作部门向市政府、市政府办公厅报送公文为一式5份。一般公文不超过3000字。

第七章　公文归档

第四十八条　公文办理完毕后，应当根据《中华人民共和国档案法》和《机关档案工作条例》等有关规定，及时将公文形成过程中的正本、定稿、重要稿件和有关材料整理（立卷）、归档。其中与公文并办的电报随同公文一起整理（立卷）。个人不得保存应当归档的公文。

第四十九条　归档范围内的公文，应当根据其相互联系、特征和保存价值等整理（立卷），要保证归档公文的齐全、完整，能正确反映本机关的主要工作情况，便于保管和利用。

第五十条　联合办理的公文，原件由主办机关整理（立卷）、归档，其他机关保存复制件或者其他形式的公文副本。

第五十一条　本机关负责人兼任其他机关职务，在履行所兼职务职责过程中形成的公文，由其兼职机关整理（立卷）、归档。

第五十二条　归档范围内的公文，要确定保管期限，按照有关规定定期向档案部门移交。

第五十三条　拟制、修改和签批公文，书写及所用纸张和字迹材料必须符合存档要求。

第八章　公文管理

第五十四条　公文由文秘部门或者专职文秘人员统一收发、审核、用印、归档和销毁。

第五十五条　文秘部门应当建立健全本机关公文处理的有关制度。

第五十六条　上级机关的公文，除绝密级和注明不准翻印的以外，下一级机关经负责人或者办公厅（室）主任批准，可以翻印。翻印时，应当注明翻印的机关、日期、份数和印发范围。

未经市政府转发、翻印或者市政府办公厅同意，不得自行转发、翻印国务院文件、国务院办公厅文件。

第五十七条　公开发布行政机关公文，必须经发文机关批准。经批准公开发布的公文，同发文机关正式印发的公文具有同等效力。

第五十八条　传递秘密公文，必须采取保密措施，确保安全。利用计算机、传真机等传输秘密公文，应当安装加密装置；绝密级公文不得使用计算机、传真机传输。

第五十九条　公文复印件作为正式公文使用时，应当加盖复印机关证明章，视同正式公文管理。

第六十条　公文被撤销，视作自始不产生效力；公文被废止，视作自废止之日起不产生效力。

第六十一条　机关合并时，全部公文应当随之合并管理。机关撤销时，需要归档的公文整理（立卷）后按有关规定移交档案部门。

第六十二条　工作人员调离工作岗位时，应当将个人暂存、借用的公文按照有关规定移交、清退。

第六十三条　不具备归档和存查价值的公文，应当经过鉴别和办公厅（室负责人批准），定期销毁。

第六十四条　销毁秘密公文，应当到指定地点由两人以上监销，保证不丢失、不漏销。其中，销毁绝密（含密码电报）、机密级公文应当严格履行登记手续。

第六十五条　密码电报的使用和管理，按照有关规定执行。

第六十六条　行政机关印章的使用和管理，应当严格按照国务院及市政府的有关规定执行。使用印章，必须经本机关行政负责人批准。

（一）市政府、市政府办公厅印章的使用：需要使用"北京市人民政府"印章的公文，必须经市长、副市长批准，或者经市政府常务会讨论通过，并经市政府秘书长签发。需要使用"北京市人民政府办公厅"印章的公文，必须经市政府办公厅主任或者主管副主任批准；内容重要的公文，必须报请市长、副市长或者市政府秘书长批准。

（二）市政府专用印章的使用：需要使用"北京市人民政府出国任务审批专用章"、"北京市人民政府土地登记专用章"、"北京市人民政府建设用地专用章"、"北京市人民政府行政复议专用章"、"北京市人民政府办理建议提案专用章"和市政府其他专用章的公文，必须经主管副市长或者市政府授权的市政府负责人批准。

第九章 附　　则

第六十七条　外事、行政规章方面的公文，除应当遵守《办法》及本细则外，还应当依照有关部门的规定办理。

第六十八条　本市固有企业、事业单位公文处理工作，可以参照《办法》及本细则执行。

第六十九条　公文处理中涉及电子文件的有关规定另行制定。统一规定发布之前，各级行政机关可以制定本机关或者本地区、本系统的试行规定。

第七十条　各级行政机关的办公厅（室）对上级机关和本机关下发公文的贯彻落实情况应当进行督促检查并建立督查制度。有关规定另行制定。

第七十一条　本细则执行中的具体问题，由市政府办公厅负责解释。

第七十二条　本细则自2001年5月1日起施行。1994年9月28日市政府办公厅发布，1994年10月1日起施行的《北京市实施〈国家行政机关公文处理办法〉细则》同时废止。

上海市国家行政机关公文处理实施细则

（上海市人民政府办公厅1996年1月5日发布）

第一章　总　　则

第一条　为使本市各级国家行政机关（以下简称行政机关）的公文处理工作规范化、制度化、科学化，根据《国家行政机关公文处理办法》和本市实际情况，制定本细则。

第二条　行政机关的公文（包括电报，下同），是行政机关在行政管理过程中所形成的具有法定效力和规范体式的公务文书，是传达贯彻党和国家的方针、政策，发布行政法规和规章，施行行政措施，请示和答复问题，指导、布置和商洽工作，报告情况，交流经验的重要工具。

第三条　各级行政机关要发扬深入实际、联系群众、调查研究、实事求是和认真负责的工作作风，克服官僚主义、形式主义和文牍主义。

第四条　各级行政机关要逐步改善办公条件，积极推进办公自动化建设，推广应用计算机电子公文，努力减少纸质公文的数量，提高公文处理工作的效率和公文质量。行文要少而精，注重效用。

第五条　各级行政机关的办公厅、办公室、秘书处是公文处理的管理机构。其主要职责是：

（一）制订、落实公文处理业务规范，做好本机关的公文处理工作。

（二）对下级机关的公文处理工作进行指导，组织经验交流和业务培训。

（三）负责公文办理过程中的督查工作，推动行政机关各项决策和部署的贯彻落实。

（四）会同有关部门搞好办公自动化建设。

（五）负责公文处理中的安全保密工作，开展经常性的保密教育和保密检查，落实安全保密措施。

（六）完成与公文处理有关的其他工作。

第六条　各级行政机关要重视公文处理工作，各级行政机关的办公厅、办公室应当设立文秘部门或者配备专职文秘人员负责公文处理工作。文秘人员应当忠于职守，公正廉洁，掌握有关专业知识和操作技能。

第七条　公文由文秘部门统一收发、分办、传递、用印、立卷、归档和销毁。通过会议等途径发出的公文，收文者应当及时交本单位文秘部门登记处理。

第八条　各级行政机关的公文处理工作，应当贯彻"党政分开"的原则。

第九条　公文处理工作必须做到及时、准确、安全，并严格执行保密法律、法规和有关保密规定，保守国家秘密。

第二章　公 文 种 类

第十条　行政机关的公文种类主要包括命令（令）、议案、决定、指示、公告、通告、通知、通报、报告、请示、批复、函、会议纪要，具体适用范围如下：

（一）"命令（令）"适用于依照有关法律、法规的规定发布规章，施行重大强制性行政措施，奖励有关单位和人员，撤销下级机关不适当的决策。

（二）"议案"适用于各级人民政府按照法律程序，向同级人民代表大会或者人民代表大会常务委员会提请审议事项。

（三）"决定"适用于对重要事项或者重大行动做出安排，奖惩有关单位和人员。

（四）"指示"适用于对下级机关布置工作，阐明有关指导原则。

（五）"公告"适用于向国内外宣布重要事项或者法定事项。"通告"适用于在一定范围内公布应当遵守或者周知的事项。

（六）"通知"适用于批转下级机关的公文，转发上级机关和不相隶属机关的公文，发布规章，传达要求下级机关办理和有关单位需要周知或者共同执行的事项，任免和聘用干部。

（七）"通报"适用于表彰先进，批评错误，传达重要精神或者情况。

（八）"报告"适用于向上级机关汇报工作，反映情况，提出意见或者建议，答复上级机关的询问。

（九）"请示"适用于向上级机关请求指示、批准。

（十）"批复"适用于答复下级机关请示事项。

（十一）"函"适用于不相隶属机关之间相互商洽工作、询问和答复问题，向不相隶属的有关主管部门请求批准等。

（十二）"会议纪要"适用于记载、传达会议情况和议定事项。

第三章 公 文 格 式

第十一条 公文一般由公文名称、秘密等级、紧急程度、份数序号、发文字号、签发人、标题、主送机关、正文、附件说明、成文日期、印章、附件、附注、主题词、抄送机关、印发机关、印发日期等部分组成。

公文各组成部分的要求如下：

（一）公文名称置于首页上方，一般由发文机关名称加公文种类或"文件"两字组成。联合行文，公文名称中的主办机关应当排列在前。

（二）秘密公文，应当按照国家秘密密级具体范围的规定，在首页右上角分别标明"绝密"、"机密"、"秘密"。

（三）紧急公文，应当在首页右上角秘密等级之上分别标明"特急"、"急件"；紧急电报应当分别标明"特急"、"加急"、"平急"。

（四）公文的份数序号，置于首页左上角。公文的发文字号，包括机关代字、年份、序号，置于公文名称之下并居中；联合行文，只标明主办机关发文字号。

（五）上报的公文，应当在发文字号的右侧注明"签发人：×××"。联合上报的公文，只需注明主办机关签发人姓名。

（六）公文标题，应当完整、准确、简要，即一般应当标明发文机关名称、公文主要内容和公文种类。标题中除法规、规章名称加书名号以及并列的几个机关名称之间可加顿号外，一般不用标点符号。批转或转发的公文，标题中不冠发文机关名称，但应当在文末或标题之下写明。会议通过的文件，应当在标题之下、正文之上注明会议名称和通过日期。

（七）除"公告"、"通告"、"会议纪要"外，公文应当标明主送机关名称

（同类型机关可用统称）。主送机关名称一般置于标题之下、正文之上，顶格写；"命令"的主送机关名称也可置于公文末页主题词栏之下、抄送栏之上。

（八）公文如有附件，应当在正文之下（间隔一行，空两格）、成文日期之上加附件说明，标明附件顺序和名称，或在正文相关处用括注标明"见附件"等字样。但正文标题中已标明所批转、转发、印发、报送、转报、发布的文件的，不加附件说明，也不标注"见附件"等字样。附件应当在用印页之后另起一页，并尽可能与正文装订在一起；如附件篇幅较长，制作复杂，可分别装订，并在附件首页的左上角注明发文字号。

（九）成文日期，以领导人签发的日期为准；联合行文，以最后签发机关领导人的签发日期为准。如领导人签发后，因故不能及时发文，时间耽搁超过20天的，成文时间可由承办单位确定。电报的成文日期，以发出日期为准。成文日期应当写明年、月、日。

（十）除"会议纪要"和翻印的文件外，公文应当加盖印章，"命令（令）"一般加盖发文机关领导人的签名章。联合上报的非法规性文件，由主办机关加盖印章。联合下发的公文，联合发文机关都应当加盖印章。用印应当端正、清晰，上不压正文，下压成文日期。用印页如无正文，应当在页首用括注标明"此页无正文"。

（十一）附注（如"此件发至县团级"、"此件可登报"等）应当置于成文日期左下方并加上括号。

（十二）主题词置于公文末页抄送栏之上，词目之间应当有一个字的间隔。上报的公文，应当按照上级机关的要求标引主题词。公文的主题词一般不超过5个。标引顺序是先标类别词，再标反映公文内容的类属词，最后标反映公文形式的类属词。

（十三）抄送机关名称置于主题词栏之下。

（十四）印发机关名称和印发日期置于抄送栏之下，印发日期以送印日期为准。如需注明印数，应当注在印发栏之下并居右。

第十二条　公文应当在每页下方外口用阿拉伯数码标注页数。

第十三条　公文的文字从左至右横写、横排。公文用纸一般为16开型（长260毫米、宽184毫米），也可以采用国际标准A4型（长297毫米、宽210毫米），一律左侧装订。张贴的公文用纸大小，根据实际需要确定。

第十四条　计算机电子公文的储存格式和传输规范，应当符合统一的行政机关公文处理通用软件标准。

第四章 行 文 规 则

第十五条 各级行政机关的行文关系，应当根据各自的隶属关系和职权范围确定。

第十六条 在行政机关的公文中，不应有向党的组织作指示、布置任务的内容。

第十七条 政府各部门在本部门职权范围内，可以互相行文，可以向下一级政府的有关业务部门行文；也可以根据本级政府授权和职权规定，向下一级政府行文。

第十八条 向下级机关的重要行文，如实施办法、实施细则等规范性文件或涉及计划、财政、机构、人事、劳动工资、物价等内容的公文，应当同时抄送直接上级机关，但转发该机关的公文除外。政府各部门向下一级政府的重要行文，应当抄送本级政府。

第十九条 同级政府、同级政府各部门、上级政府部门与下一级政府可以联合行文；政府及其部门与同级党委、军队机关及其部门可以联合行文；政府部门与同级人民团体和行使行政职能的事业单位也可以联合行文。

联合行文应当确有必要，单位不宜过多。

第二十条 行文请示要求做到：

（一）一文一事，具有可操作性。

（二）除第十九条所列情形之外，一般只主送一个机关（包括向有关主管部门请求批准的"函"）；如需同时送其他机关，可以用抄送形式，但不得同时抄送下级机关。

（三）除领导直接交办的事项应当写明缘由并通过办公厅、办公室、秘书处转报外，不得直接送领导者个人。

（四）一般不得越级请示，因特殊情况必须越级请示时，应当抄送被越过的上级机关，并在文中写明越级的理由。

（五）按规定应由主管部门审批或先行审核的请示事项，应当报送主管部门处理，不得越过主管部门直接向政府请示。

（六）受双重领导的机关向上级机关请示，应当写明主送机关和抄送机关，由主送机关负责答复。上级机关向受双重领导的下级机关行文，必要时应当抄送其另一上级机关。

（七）要求批转的请示，应当代拟批转机关的通知稿。

第二十一条 "报告"中不得夹带请示事项，不应出现"请批复"、"请审批"等字样。

第二十二条 经批准在报刊上全文发布的规章,应当视为正式公文依照执行。同时,由发文机关印制少量文本,供存档备查。

第二十三条 凡是能通过当面协商、电话联系等方式解决的事务性问题,不必行文。对下级机关的请示事项,除按规定必须正式行文批复的外,可采取抄告领导同志批示等方式予以答复。

第二十四条 属于部门职权范围的事项,应当由部门自行发文或者由几个部门联合发文,不要报请政府批转、转发。一年一度需要重点布置的工作,无特殊情况,一般也应当由有关主管部门发文。须经政府审批的事项,经政府同意后,也可以由部门发文,文中可以注明已经政府同意。

第五章 公文办理

第二十五条 公文办理分为收文办理和发文办理。收文办理一般包括传递、签收、登记、分发、拟办、批办、承办、督查、立卷、归档、销毁等程序;发文办理一般包括拟稿、审核、签发、登记、缮印、校对、用印、发送、立卷、归档、销毁等程序。

第二十六条 需要办理的公文,文秘部门应当根据内容和性质,及时提出拟办意见送本机关领导人审批或者者交有关部门办理,内容涉及几个部门或者地区的,应当确定一个主办机关。紧急公文,应当提出办理时限。

第二十七条 承办单位接文后,应当抓紧办理并及时答复办理结果,不得延误、推诿。对不属于本单位职权范围或者不适宜由本单位办理的公文,应当迅速退回交办的文秘部门并说明理由。

第二十八条 凡涉及其他部门或者地区的问题,主办机关应当主动与有关部门或者地区协商、会签,有关部门或者地区应当积极协作配合。上报的公文,经过反复协商,如有关部门或者地区意见仍不一致,应当向上级机关如实反映。部门或者地区之间对有关问题未经协商一致,不得各自向下行文,如擅自行文,上级机关有权责令纠正或者撤销。

第二十九条 上报的公文,应当符合上级机关规定的报送份数。如有附件,且附件篇幅较长、制作复杂,可适当减少附件的报送份数。

第三十条 要建立督查工作网络,健全督查工作制度,加大督查力度,提高督查质量。

督查的重点是:

(一)重要文件的贯彻落实情况;

（二）重大决策、重要部署以及发展规划等的贯彻实施情况；

（三）重要会议议定事项的执行情况；

（四）领导同志重要批示的贯彻落实情况；

（五）人大、政协关注以及市民关心的热点问题。

对列入督查的事项，要按照职责分工确定承办单位，提出具体办理要求，并根据轻重缓急，做到紧急事项跟踪督查，重要事项重点督查，一般事项定期督查。承办单位对督查事项应按要求指定专人办理，并在规定时限反馈有关情况。对确有特殊原因不能按期办结的，要向交办的文秘部门说明情况并提出进一步办理的意见。

第三十一条 草拟公文要求做到：

（一）符合法律、法规、规章，党和国家的方针、政策及本市的有关规定，所提措施和办法切实可行。如提出新的政策性措施或者超出现行规定范围的，应当加以说明。

（二）情况属实，观点明确，表述正确，层次清楚，前后照应，文字精练，篇幅力求简短。

（三）用字用词准确、规范，标点妥帖，字迹清楚。使用简称应当前后一致，一般先用全称，加以说明后再使用简称。

（四）人名、地名、单位名称、数字、时间准确。除成文日期、部分结构层次序数和词、词组、惯用语、缩略语、具有修辞色彩语句中作为词素的数字必须使用汉字外，公文中的数字应当使用阿拉伯数码。

（五）引文准确无误，删节得当，必要时注明出处。引用公文应当列出标题，并在标题之后用括号注标明发文字号。

（六）根据公文内容和行文规则，准确把握发文规格，正确使用文种。

（七）结构层次序数，第一层为"一、"，第二层为"（一）"，第三层为"1."，第四层为"（1）"。

（八）使用国家法定计量单位。

一些政策性强、涉及面广的重要公文在草拟过程中，要广泛征询各方面的意见，组织有关部门和专家进行论证。

第三十二条 公文送领导人签发之前，必须由文秘部门进行审核。审核的重点是：

（一）有无必要行文，发文规格是否恰当。

（二）是否符合公文的审批程序和行文规则；需要与有关部门或者地区协商、会签的，是否经过协商、会签。

（三）公文内容是否符合法律、法规、规章，党和国家的方针、政策及本市的有关规定；与本机关过去发出且继续生效的公文有无矛盾；是否具有可操作性。

（四）文种使用是否准确，公文格式是否规范。

（五）层次是否清楚，布局是否合理，文意是否周全，表述是否简洁、通顺、确切。

第三十三条　公文应当按签发权限送本机关领导人签发。

（一）政策性强、涉及面广的重要公文，包括重要的"请示"、"报告"，由正职领导人或者主持日常工作的副职领导人签发。

（二）内容属于副职领导人分管范围的公文，可由副职领导人签发；如同时涉及其他副职领导人分管范围的，应当先送其他副职领导人审核或者会签。

（三）属于履行手续的公文和内容已经会议决定的公文，经授权，可由秘书长或者办公厅、办公室主任签发。

第三十四条　审批公文，主批人应当签署明确意见以及姓名、日期。其他审批人圈阅，应当视为同意。

第三十五条　草拟、修改和签发、批办公文，书写工具和材料必须符合存档要求。不得在文稿装订线外书写。

第三十六条　上报的公文如有下列情况，上级机关的文秘部门可退回呈报单位并提出处理意见：

（一）请示内容不符合法律、法规、规章，党和国家的方针、政策及本市的有关规定，又不作必要说明的。

（二）不符合"党政分开"原则的。

（三）无特殊情况越级请示或者越过主管部门直接向政府请示的。

（四）涉及其他部门或者地区的事项，未与这些部门或者地区充分协商，或虽经协商但仍不一致，未能如实反映的。

（五）请示事项可以在来文单位职权范围内自行解决或者可以与其他部门、地区协商解决的。

（六）一文多事、多头主送、不盖公章和其他明显违反《国家行政机关公文处理办法》以及本细则有关规定的。

第三十七条　秘密公文，必须由机要通信部门或者指定的人员传递，并建立严格的签收、登记制度。其中，绝密级公文一律由机要人员或者指定的专职人员负责签收和管理。利用计算机、传真机等传输秘密公文，必须采用加密装置，但绝密级公文不得利用计算机传输。

上级机关的秘密公文,除绝密级和注明不准翻印的以外,经下一级机关领导人或者办公厅、办公室主任批准,可以翻印。翻印时,应当注明翻印的机关、日期、份数和印发范围。密码电报不得翻印、复制,密电不得明复,明电、密电不得混用。

第三十八条　各级文秘部门接收计算机电子公文后,作为正式公文先行办理;收到正式公文后,应当将计算机电子公文办理过程中产生的有关材料并入正式公文,继续办理或者归档。

第六章　公文立卷、归档和销毁

第三十九条　公文办理完毕,应当根据《中华人民共和国档案法》和有关规定,及时收集公文定稿、正本和会签稿、重要修改稿等,保证有关材料的齐全、完整。

第四十条　公文立卷,应当根据其相互联系、特征和保存价值分类整理,以便保管和利用。电报随同文件一起立卷。

第四十一条　联合办理的公文,原件由主办单位立卷,其他单位保存复制件。

第四十二条　公文复制件作为正式文件使用时,应当加盖复制机关证明章,并视同正式文件妥善保管。

第四十三条　案卷应当确定保管期限,按照有关规定定期移交档案部门归档。个人不得保存应当归档的公文。

第四十四条　没有归档价值和存查价值的公文,经过鉴别和主管领导人批准,可以定期销毁。销毁秘密公文,应当进行登记,并由两人监销,确保不丢失、不漏销。

第七章　附　　则

第四十五条　本市政府规章方面的公文,依照《上海市人民政府规章制定程序的规定》处理。本市外事方面的公文,由有关部门根据本市实际,参照国家有关部门和本办法的规定处理。

本市各企业、事业单位、人民团体有关公文的处理,可以参照执行本办法。

第四十六条　本市行政机关计算机电子公文的具体处理办法,另行制定。

第四十七条　本细则由上海市人民政府办公厅负责解释。

第四十八条　本细则自发布之日起施行。1987年12月15日上海市人民政府办公厅发布的《上海市国家行政机关公文处理办法实施细则》同时废止。

天津市实施《国家行政机关公文处理办法》细则

(2001年4月20日津政发〔2001〕30号文件发布即日起施行)

第一章 总 则

第一条 为使我市行政机关的公文处理工作规范化、制度化、科学化，提高公文处理工作的效率和公文质量，根据《国家行政机关公文处理办法》（国发〔2000〕23号），结合我市实际情况，制定本细则。

第二条 行政机关的公文（包括电报，下同），是行政机关在行政管理过程中形成的具有法定效力和规范体式的文书，是依法行政和进行公务活动的重要工具。

第三条 公文处理指公文的办理、管理、整理（立卷）、归档等一系列相互关联、衔接有序的工作。

第四条 公文处理应当坚持实事求是、精简、高效的原则，做到及时、准确、安全。

第五条 公文处理必须严格执行国家保密法律、法规和其他有关规定，确保国家秘密的安全。

第六条 各级行政机关的负责人应当高度重视公文处理工作，模范遵守国家和本市有关公文处理的规定，加强对本机关公文处理工作的领导和检查。

第七条 各级行政机关的办公厅（室）是公文处理的管理机构，主管本机关的公文处理工作并指导下级机关的公文处理工作。

第八条 各级行政机关的办公厅（室）应当设立文秘部门或者配备专职人员负责公文处理工作。

第二章 公文种类

第九条 行政机关的公文种类主要有：

（一）命令（令）

适用于依照有关法律公布行政法规和规章，宣布施行重大强制性行政措施，嘉奖有关单位及人员。

（二）决定

适用于对重要事项或者重大行动做出安排，奖惩有关单位及人员，变更或者撤销下级机关不适当的决定事项。

（三）公告

适用于向国内外宣布重要事项或者法定事项。

（四）通告

适用于公布社会各有关方面应当遵守或者周知的事项。

（五）通知

适用于批转下级机关的公文，转发上级机关和不相隶属机关的公文，传达要求下级机关办理和需要有关单位周知或者执行的事项，任免人员。

（六）通报

适用于表彰先进，批评错误，传达重要精神或者情况。

（七）议案

适用于各级人民政府按照法律程序向同级人民代表大会或人民代表大会常务委员会提请审议事项。

（八）报告

适用于向上级机关汇报工作、反映情况，答复上级机关的询问。

（九）请示

适用于向上级机关请求指示、批准。

（十）批复

适用于答复下级机关的请示事项。

（十一）意见

适用于对重要问题提出见解和处理办法。

（十二）函

适用于不相隶属机关之间商洽工作，询问和答复问题，请求批准和答复审批事项。

（十三）会议纪要

适用于记载、传达会议情况和议定事项。

第三章 公 文 格 式

第十条 公文一般由秘密等级和保密期限、紧急程度、发文机关标识、发文字号、签发人、标题、主送机关、正文、附件说明、成文日期、印章、附注、附件、主题词、印刷份数、抄送机关、印发机关和印发日期等部分组成。

（一）涉及国家秘密的公文应当在公文首页右上角标明"绝密"、"机密"

或"秘密"等秘密等级。根据保密需要，可在其后标明保密期限，并在秘密等级和保密期限之间用"★"相隔。其中，"绝密"、"机密"级公文还应当标明份数序号。

（二）紧急公文应当根据紧急程度分别标明"特急"、"急件"。需同时标注秘密等级的，秘密等级在上，紧急程度在下。电报应当分别标明"特提"、"特急"、"加急"、"平急"。

（三）发文机关标识应当由发文机关全称或者规范化简称加"文件"两字组成，用大字套红居中印在公文首页上端。一些特定的公文，发文机关标识可以不加"文件"二字，只标发文机关全称或规范化简称。

联合行文，主办机关名称排列在前，"文件"两字置于所有发文机关名称右侧上下居中位置，并保证公文首页有正文内容；也可使用主办机关一家的发文机关标识。

（四）发文字号应当包括机关代字、年份、序号，并依此顺序居中排列。年份、序号用阿拉伯数字标识。年份应标全称，用"〔 〕"括入。

联合行文，只标明主办机关发文字号。

（五）上行文应当在公文首页发文字号右侧注明签发人姓名。签发人必须是发文机关的主要负责人；主要负责人不在时，可由指定的负责人签发。

联合上报的公文需注明联合上报各机关签发人姓名。

（六）公文标题应当准确简要地概括公文的主要内容并标明公文种类，一般应当标明发文机关。公文标题中除法律、法规、规章名称加书名号外，一般不用标点符号。

使用规范公文版头的公文，标题中的发文机关名称也可以省略。

（七）主送机关指公文的主要受理机关，应当使用全称或者规范化简称、统称。"令"的主送机关应标注在公文末页主题词之下、抄送之上。

（八）公文如有附件，应当在正文之后空一行、退两格注明附件顺序和名称。附件一般应与公文正文装订在一起，并在附件左上角标注"附件"，其顺序和名称应与附件说明标注内容相一致。如附件与公文正文不能一起装订，应在附件首页左上角标注公文的发文字号，并在其后标注附件名称及其序号。

（九）公文除"会议纪要"和以电报形式发出的以外，应当加盖发文机关印章。用印位置上不压正文，下骑年盖月，印章图案及文字尽量不盖压成文日期。命令（令）、议案加盖发文机关主要负责人的印章，用印位置在成文日期上方。

当正文之后的空白处容不下印章位置时，应采取调整字距、行距的方式，勿使印章与正文同处一页，不得采取标识"此页无正文"的方式解决。

联合行文，联合发文机关都应当加盖印章，主办机关印章排列在前。联合机关只有两个时，印章横向排列盖压在成文日期上；联合机关在三个以上时，印章多行排列，每行最多三个，分别盖压在各自机关名称或规范化简称之上，成文日期标注在最后一排印章右下方。

（十）成文日期以负责人签发的日期为准，联合行文以最后签发机关负责人的签发日期为准。电报以发出日期为准。成文日期用汉字标注在正文结尾的右下方。会议纪要的成文日期标注在标题之下、正文之前并用圆括号括入。

对成文日期有特殊要求的除外。

（十一）公文如有附注（需要说明的其他事项），应当加括号标注在成文日期之下、主题词之上。"请示"还应在附注处注明联系人的姓名和电话。

（十二）公文应当标注主题词。主题词由反映公文主要内容的规定词组组成，标注在公文末页成文日期之下、抄送机关之上。上行文应当按照上级机关的要求标注主题词。

（十三）印刷份数加括号标注在主题词下一行、抄送机关横线之上右侧位置。

（十四）抄送机关指除主送机关外需要执行或知晓公文的其他机关，应当使用全称或者规范化简称、统称，标注在主题词之下。

（十五）印发机关和印发日期，标注在公文末页下端、抄送机关横线以下位置。

（十六）文字从左至右横写、横排。

第十一条　公文中各组成部分的标识规则，参照国家标准《国家行政机关公文格式》（GB/T 9704—1999）执行。

第十二条　公文用纸一般采用国际标准 A4 型（210mm×297mm），左侧装订。张贴的公文用纸大小，根据实际需要确定。

第四章　行　文　规　则

第十三条　行文应当确有必要，注重效用。

第十四条　行文关系根据隶属关系和职权范围确定，一般不得越级请示和报告。

第十五条　本级政府可以向政府各部门和下级政府行文。政府各部门依据部门职权可以相互行文和向下一级政府的相关业务部门行文，除以函的形式商洽工作、询问和答复问题、审批事项外，一般不得向下一级政府正式行文。

同级政府之间、同级政府各部门之间、上级政府部门与下一级政府之间不得用"请示"请求审批事项，不得用"批复"答复批准事项。

部门内设机构除办公厅（室）外不得对外正式行文。

第十六条　同级政府、同级政府各部门、上级政府部门与下一级政府可以联合行文，政府与同级党委和军队机关可以联合行文，政府部门与相应的党组织和军队机关可以联合行文；政府部门与同级人民团体和具有行政职能的事业单位也可以联合行文。

第十七条　属于部门职权范围内的事务，应当由部门自行行文或联合行文。联合行文应当明确主办部门。须经政府审批的事项，经政府同意也可以由部门行文，文中应当注明经政府同意。

第十八条　属于主管部门职权范围内的具体问题，应当直接报送主管部门处理。

第十九条　部门之间对有关问题未经协商一致，不得各自向下行文。如擅自行文，上级机关应当责令纠正或撤销。

第二十条　向下级机关或者本系统的重要行文，应当同时抄送直接上级机关。

第二十一条　"请示"应当一文一事，一般只写一个主送机关，需要同时送其他机关的，应当用抄送形式，但不得抄送其下级机关。

不得越级"请示"。因特殊情况必须越级请示时，应当抄送被越过的上级机关。政府各局和直属单位向政府报送请示时，有必要的应同时抄送其主管委办。

"报告"不得夹带请示事项。

第二十二条　除上级机关负责人直接交办的事项外，不得以机关名义正式行文向上级机关负责人报送"请示"、"意见"和"报告"。

第二十三条　受双重领导的机关向上级机关行文，应当主送一个上级机关，同时抄送另一上级机关。上级机关向受双重领导的下级机关行文，必要时应当抄送其另一上级机关。

第五章　发文办理

第二十四条　发文办理指以本机关名义制发公文的过程，包括草拟、审核、签发、复核、缮印、用印、登记、分发、投送等程序。

第二十五条　草拟公文应当做到：

（一）符合国家的法律、法规及其他有关规定。如提出新的政策、规定等，要切实可行并加以说明。

（二）情况确实，观点明确，表述准确，结构严谨，条理清楚，直述不曲，字词规范，标点正确，篇幅力求简短。

（三）公文的文种应当根据行文目的、发文机关的职权和与主送机关的行文关系确定。

（四）拟制紧急公文，应当体现紧急的原因，并根据实际需要确定紧急程度。

（五）人名、地名、数字、引文要准确。引用公文应当先引标题，后引发文字号。引用外文应当注明中文含义。日期应当写明具体的年、月、日。

（六）结构层次序数，第一层为"一、"，第二层为"（一）"，第三层为"1."，第四层为"（1）"。

（七）应当使用国家法定计量单位。

（八）文内使用非规范化简称，应当先用全称并注明简称。使用国际组织外文名称或其缩写形式，应当在第一次出现时注明准确的中文译名。

（九）公文中的数字，除成文日期、部分结构层次序数和在词、词组、惯用语、缩略语、具有修辞色彩语句中作为词素的数字必须使用汉字外，应当使用阿拉伯数字。

公文中的年份应写全称。使用阿拉伯数字时，一组数字不能移行。

第二十六条　拟制公文，对涉及其他部门职权范围内的事项，主办部门应当主动与有关部门协商，取得一致意见后方可行文；如有分歧，主办部门的主要负责人应当出面协调，仍不能取得一致时，主办部门可以列明各方理据，提出建设性意见，并与有关部门会签后报请上级机关协调或裁定。

第二十七条　公文送负责人签发前，应当由办公厅（室）进行审核。审核的重点是：是否确需行文，行文方式是否妥当，是否符合行文规则和拟制公文的有关要求，公文格式是否符合本细则的规定等。

对不符合规定的公文要予以修改、协调或退起草部门。

第二十八条　以本机关名义制发的上行文，由主要负责人或者主持工作的负责人签发；以本机关名义制发的下行文或平行文，由主要负责人或者由主要负责人授权的其他负责人签发。

第二十九条　公文正式印制前，文秘部门应当进行复核，重点是：审批、签发手续是否完备，附件材料是否齐全，格式是否统一、规范等。

经复核需要对文稿进行实质性修改的，应按程序复审。

第六章　收文办理

第三十条　收文办理指对收到公文的办理过程，包括签收、登记、审核、拟办、批办、承办、催办等程序。

第三十一条 文秘部门应做好签收工作，对来文逐件清点，重要的逐页查点，对紧急公文还应注明签收时间。

第三十二条 公文签收后应认真进行登记，将公文标题、密级、发文字号、紧急程度、来文单位、发往单位、件数、收发时间及处理情况等逐项登记清楚，以便查询。

未经文秘部门登记直接报送领导的公文，领导同志应交文秘部门登记后再作批示。除特殊情况外，未经文秘部门登记的公文，承办部门不予办理。

第三十三条 收到下级机关上报的需要办理的公文，文秘部门应当进行审核。审核的重点是：是否应由本机关办理；是否符合行文规则；内容是否符合国家法律、法规及其他有关规定；涉及其他部门或地区职权的事项是否已协商、会签，文种使用、公文格式是否规范。

第三十四条 经审核，对符合本细则规定的公文，文秘部门应当及时提出拟办意见并附有关材料送负责人批示或者交有关部门办理，需要两个以上部门办理的应当明确主办部门。紧急公文，应当明确办理时限。对不符合本细则规定的公文，经办公厅（室）负责人批准后，可以退回呈报单位并说明理由及要求。

第三十五条 承办部门收到交办的公文后应当及时办理，不得延误、推诿。紧急公文应当按时限要求办理，确有困难的，应当及时予以说明。对不属于本单位职权范围或者不宜由本单位办理的，应当及时退回交办的文秘部门并说明理由。

第三十六条 收到上级机关下发或交办的公文，由文秘部门提出拟办意见，送负责人批示后办理。

第三十七条 公文办理中遇有涉及其他部门职权的事项，主办部门应当主动与有关部门协商；如有分歧，主办部门主要负责人要出面协调；仍不能取得一致，可以报请上级机关协调或裁定。

第三十八条 审批公文时，对有具体请示事项的，主批人应当明确签署意见、姓名和审批日期，其他审批人圈阅视为同意，没有请示事项的，圈阅表示已阅知。

第三十九条 送负责人批示或者交有关部门办理的公文，文秘部门要负责催办，做到紧急公文跟踪催办，重要公文重点催办，一般公文定期催办，并应及时反馈办理情况。

第七章 公文归档

第四十条 公文办理完毕后，应当根据《中华人民共和国档案法》和其他有关规定，及时整理（立卷）、归档。

个人不得保存应当归档的公文。

第四十一条 各级行政机关的业务部门收到上级机关业务部门的公文，办毕后，由业务部门收集齐全并整理立卷，定期移交本机关档案管理部门。

第四十二条 会议公文的立卷工作应按下列各项进行：

（一）凡本机关召开或主办的重要会议形成的公文（包括录音、录像、照片等有关资料），应由会议组织人员负责立卷、归档。

（二）凡部门用本机关名义召开会议形成的公文，应由会议召开部门立卷。

（三）外出开会人员带回的文件（包括重要资料），应由本机关文书处理部门立卷。

第四十三条 归档范围内的公文，应当根据其相互联系、特征和保存价值等整理（立卷），要保证归档公文的齐全、完整，能正确反映本机关的主要工作情况，便于保管和利用。

第四十四条 联合办理的公文，原件由主办机关整理（立卷）、归档，其他机关保存复制件或其他形式的公文副本。

第四十五条 本机关负责人兼任其他机关职务，在履行所兼职务职责过程中形成的公文，由其兼职机关整理（立卷）、归档。

第四十六条 归档范围内的公文应当确定保管期限，按照有关规定定期向档案部门移交。

第四十七条 拟制、修改和签批公文，书写及所用纸张和字迹材料必须符合存档要求。

第八章 公文管理

第四十八条 公文由文秘部门或专职人员统一收发、审核、用印、归档和销毁。

第四十九条 文秘部门应当建立健全本机关公文处理的有关制度。

第五十条 上级机关的公文，除绝密级、机密级和注明不准翻印的以外，下一级机关经负责人或者办公厅（室）主任批准，可以翻印。翻印时，应当注明翻印的机关、日期、份数和印发范围。对翻印公文的管理应视同正式公文。

第五十一条　公开发布行政机关公文，必须经发文机关批准。经批准公开发布的公文，同发文机关正式印发的公文具有同等效力。

第五十二条　公文复印件作为正式公文使用时，应当加盖复印机关证明章。

第五十三条　公文被撤销，视作自始不产生效力；公文被废止，视作自废止之日起不产生效力。

第五十四条　不具备归档和存查价值的公文，经过鉴别并经办公厅（室）负责人批准，可以销毁。

第五十五条　销毁秘密公文应当到指定场所由两人以上监销，保证不丢失、不漏销。其中，销毁绝密公文（含密码电报）应当进行登记。

第五十六条　机关合并时，全部公文应当随之合并管理。机关撤销时，由原机关负责将需要归档的公文整理（立卷）后按有关规定移交档案部门，不得丢失、销毁。

工作人员调离工作岗位时，应当将本人暂存、借用的公文按照有关规定移交、清退。

第五十七条　密码电报的使用和管理，按照有关规定执行。

第九章　附　　则

第五十八条　行政法规、规章方面的公文，依照有关规定处理。外事方面的公文，按照外交部的有关规定处理。

第五十九条　公文处理中涉及电子文件的有关规定另行制定。统一规定发布之前，各级行政机关可以制定本机关或者本地区、本系统的试行规定。

第六十条　各级行政机关的办公厅（室）对上级机关和本机关下发公文的贯彻落实情况应当进行督促检查并建立督查制度。有关规定另行制定。

第六十一条　本细则自发布之日起施行。1996年3月21日天津市人民政府办公厅印发、1996年5月1日起施行的《天津市实施〈国家行政机关公文处理办法〉细则》（津政办发〔1996〕21号）同时废止。

附录：

其他省级党政机关公文处理规定篇目

中共山东省委办公厅公文处理工作规范

中共山东省委办公厅关于向省委报送公文有关问题的通知（厅字〔1997〕15号，1997年11月25日印发）

中共山东省委办公厅关于公文处理有关问题的通知（厅字〔2001〕6号，2001年2月28日印发）

中共山东省委、山东省人民政府关于进一步转变作风深入开展调查研究的意见（鲁办〔2001〕24号，2001年12月19日印发）

省委办公厅、省政府办公厅关于进一步精简会议、文件和减少领导同志事务性活动的意见（厅字〔2001〕16号，2001年7月26日印发）

中共山东省委办公厅关于重申党委部门不得对下级党委发布指示性公文的通知（2003年10月30日）

省委办公厅、省政府办公厅关于进一步减少党政联合行文的通知（2003年11月3日）

山东省党政机关绝密级公文管理规定（厅字〔2000〕4号，2000年2月14日印发）

山东省党委信息网电子公文传输管理暂行办法（2005年6月14日）

中共山东省委办公厅关于改进公文处理有关工作的措施（2005年5月15日）

中共山东省委办公厅关于落实"三个体系"要求，进一步做好公文处理工作的实施意见（2005年8月12日）

重庆市行政机关规范性文件审查登记办法（2004年4月1日市人民政府第26次常务会议审议通过，2004年4月7日发布，2007年7月1日起施行）

天津市行政规范性文件管理规定（2007年11月26日经市人民政府第105次常务会议通过，2007年12月17日发布，2008年2月1日起施行）

天津市电子政务管理办法（2004年6月21日经市人民政府第30次常务会议通过，2004年6月26日公布，自2004年8月1日起施行）

九 执法机关公文处理规定

人民法院公文处理办法

(1996年4月发布)

第一章 总　则

第一条　为加强人民法院的公文处理工作，使之规范化、制度化、科学化，以提高公文处理工作的效率和公文质量，制定本办法。

第二条　人民法院的公文（包括电报，不含诉讼文书），是人民法院在审判工作和行政管理过程中形成的具有法定效力和规范体式的公务文书，是贯彻党的方针、政策，执行国家法律，发布司法解释，指导、布置和商洽工作，请示和答复问题，报告情况，交流经验的重要工具。

第三条　各级人民法院办公厅（室）是公文处理的管理机构，主管本机关并指导下级人民法院的公文处理工作。

第四条　各级人民法院办公厅（室）应设立文秘部门或者配备专职文秘人员，负责公文处理工作。

文秘人员应当忠于职守，廉洁正派，具备法律和文秘等专业知识。

第五条　公文处理必须准确、及时，保守国家秘密。

第二章　公文种类

第六条　人民法院公文的种类主要有：

一、命令（令）

适用于授予司法警察警衔、奖励有关人员。

二、议案

适用于各级人民法院依照法律程序向同级人民代表大会及其常务委员会提请审议事项。

三、报告

适用于向同级人民代表大会及其常委会、上级机关汇报工作，反映情况，提出意见或者建议，答复上级机关的询问。

四、决定

适用于对重要事项或重大行动做出安排。

五、规定

适用于对特定范围内的工作制订带有规范性的措施。

六、公告　通告

公告适用于向国内外宣布重要事项。

通告适用于在一定范围内公布应当遵守或周知的事项。

七、通知

适用于发布规章，转发公文，要求下级法院办理和需要周知或共同执行的事项，任免和聘用干部。

八、通报

适用于表彰先进，批评错误，传达重要精神或情况。

九、批复

批复包括司法解释批复、司法行政批复及其他批复。

司法解释批复适用于最高人民法院答复高级人民法院就审判工作中具体应用法律问题的请示。

司法行政批复适用于最高人民法院批准设立、变更、撤销地方人民法院和专门法院。中级人民法院批准设立、变更、撤销人民法庭等。

其他批复适用于上级法院答复下级法院除司法解释批复、司法行政批复以外的请示事项。

十、请示

适用于向上级机关请求指示或批准。

十一、函

适用于法院之间或法院同其他机关商洽工作，询问或答复问题，向有关主管部门提出请求批准等。

十二、会议纪要

适用于记载、传达会议精神和议定事项。

第三章　公文发布的主要形式及适用范围

第七条　人民法院发布公文的主要形式及适用范围如下：

一、《×××人民法院文件》 主要用于传达贯彻党的方针、政策或重要工作部署，发布重要的决定、通知等。

二、《×××人民法院》 主要用于人事任免、重要会议及其他事项的通知、除司法解释以外的批复和命令、议案、请示、报告、通报、函等。

三、《中华人民共和国最高人民法院批复》 用于对审判工作中具体应用法律问题所作的司法解释。

四、《×××人民法院办公厅（室）文件》 主要用于最高人民法院、高级人民法院的办公厅（室）根据院领导授权，传达或代本法院发布某些事项，发布该办公厅（室）职权范围内的事项。

五、人民法院各部门行文，一般使用本法院信笺版头。

第四章 公 文 格 式

第八条 公文一般由发文机关、秘密等级★保密期限、紧急程度、发文字号、签发人、标题、主送机关、正文、附件、印章、成文时间、附注、主题词、抄送机关、印发单位和时间等部分组成。

一、发文机关应写全称或规范化简称。人民法院与公安、司法行政等机关联合发文，人民法院一般应排列在前。

二、秘密公文应分别标明"绝密"、"机密"、"秘密"和秘密标识"★"及保密期限。绝密、机密公文还应标明份数序号。

三、紧急公文应分别标明"特急"、"急"，紧急电报应分别标明"特急"、"加急"、"平急"。

四、发文字号，包括机关代字、年份、序号。联合发文，只标明主办机关发文字号。

五、上报的公文，应当在首页注明签发人姓名。

六、公文标题一般应标明发文机关、公文的主要内容和公文种类。标题中除法规规章名称和转发公文加书名号外，一般不用标点符号。

七、会议通过的公文，应在标题之下，正文之前注明会议名称和通过日期。

八、请示一般只写一个主送机关，如需同时送其他机关，应用抄送形式，但不得同时抄送下级机关。

九、公文如有附件，应在正文之后、成文时间之前注明附件顺序和标题。

十、公文除会议纪要外，应当加盖印章。联合上报的非法规性公文，由主办机关加盖印章。联合下发的公文，联合发文机关都应当加盖印章。

十一、成文时间以领导人签发的日期为准。联合行文以最后签发机关领导人的签发日期为准。电报以发出日期为准。

十二、公文应标注主题词。

十三、公文应在末页下方标明印发单位、时间。

十四、文字从左至右横写、横排。少数民族文字按其习惯书写、排版。在民族自治地方，可并用汉字和通用的少数民族文字。

第九条 公文纸一般为十六开型（长260毫米、宽184毫米）。有条件的单位，可根据工作需要采用国际标准A4型（长297毫米、宽210毫米）。张贴公文用纸大小，根据实际需要确定。公文应左侧装订。

第五章 行文规则

第十条 各级人民法院的行文关系，应根据各自的隶属关系和职权范围确定。

第十一条 人民法院办公厅（室）可以对下级人民法院和其他机关行文。人民法院其他各部门可在自己的权限内互相行文，可以与其他机关的业务对口部门行文，但不得直接对上、下级人民法院或其他机关行文。上、下级人民法院的对口部门可以互相行文。

第十二条 向下级人民法院的重要行文，应同时抄送上一级人民法院，必要时也可抄送有关机关。

第十三条 各级人民法院不得越级请示，但因特殊情况必须越级请示时，应同时抄送被越过的上级人民法院。"请示"应一文一事。

第十四条 "报告"中不得夹带请示事项。

第六章 公文办理

第十五条 公文办理分收文和发文。收文办理一般包括传递、签收、登记、分发、拟办、批办、承办、催办、查办、立卷、归档、销毁等程序；发文办理一般包括拟稿、审核、签发、缮印、校对、用印、登记、分发、立卷、归档、销毁等程序。

第十六条 需要办理的公文，办公厅（室）应根据公文内容和性质，提出拟办意见呈送院领导批示，或直接交有关业务部门办理。紧急公文，应提出办理期限。

第十七条 需要办理的公文，承办单位应当抓紧办理，不得延误、推诿。对不属于本单位职权范围的，应当迅速退回交办的办公厅（室）并说明理由。

第十八条 经院领导批示或者交有关部门办理的公文，办公厅（室）要负责催办、查办，及时了解办理情况并向院领导报告。对下发的重要公文，应当及时了解和反馈执行情况。

第十九条 草拟公文应当做到：

一、符合国家法律、法规和党的方针、政策。

二、情况确实、观点明确、条理清楚、文字精练、书写工整、标点准确。

三、人名、地名、数字、引文准确。引用公文，应先引标题，报引发文字号。日期应根据公文内容写明具体的年、月、日，年份应写全称。

四、结构层次序数，第一层为"一、"，第二层为"（一）"，第三层为"1."，第四层为"（1）"。

五、使用国家法定计量单位。

六、公文中使用简称，第一次应写明全称，并在括号内注明简称。

第二十条 公文中的数字，除成文时间、部分结构层次序数和词、词组、惯用语、缩略语、具有修辞色彩语句中作为词素的数字和法律原本使用汉字的法条必须使用汉字外，应当使用阿拉伯数码。五位以上数字，尾数零多的，可以万、亿为单位；一个用阿拉伯数码书写的多位数不能移行。在同一公文中，数字的使用应前后一致。

第二十一条 以本法院名义草拟的公文在送院领导签发之前，应送办公厅（室）审核。审核的重点：是否需要行文，公文内容、文种使用、公文格式等是否符合本办法的要求。

第二十二条 以本法院名义草拟的公文，由主管院领导签发。重要的或涉及面广的，由院长签发。

第二十三条 院领导审批公文，主批人应当明确签署意见，写上姓名和时间。其他审批人圈阅，应当视为同意。

第二十四条 人民法院办理公文涉及其他单位的，应主动与其协商或会签。上报的公文涉及其他单位的，应当如实反映有关方面的意见。

第二十五条 草拟、修改和签批公文，必须使用钢笔或毛笔，所用墨水必须符合存档要求。不得在文稿装订线外书写。

草拟公文必须使用统一印制的拟稿纸，并按拟稿纸中规定的项目填写。

第二十六条 翻印、转发上级人民法院的公文，除绝密和注明不准翻印的以外，一般需经印发公文的下一级人民法院领导批准。翻印时，要注明翻印的机关、时间和印发范围。密码电报按有关规定执行，非机要部门不得翻印、复制。

第二十七条 传递秘密公文时，必须采取保密措施，确保安全。利用计算机、传真机等传输秘密公文，必须使用加密装置。绝密级公文不得利用计算机、传真机传输。

第七章 公文立卷、归档和销毁

第二十八条 公文处理部门，应根据《中华人民共和国档案法》及其实施办法和人民法院行政文书立卷、归档的有关规定，及时将公文定稿、正本和有关材料整理立卷、归档。电报随同文件一起立卷、归档。

公文立卷必须做到齐全、完整，使案卷内容能正确反映主要工作情况。

第二十九条 由人民法院和其他机关联合办理的公文，原件由主办机关立案、归档，协办机关保存复制件。

第三十条 公文复制件作为正式文件使用的，应加盖复制机关证明章。复制秘密文件必须履行批准手续，对复制件应视同正式文件，妥善保管。

第三十一条 应归档的案卷，必须根据人民法院行政文书档案保管期限的有关规定确定保管期限，定期向档案部门移交。个人不得保存应存档的公文。

第三十二条 没有存档和存查价值的公文，经过鉴别后由主管领导批准，定期销毁。销毁秘密公文，要进行登记。由两人监销，保证不丢失、不漏销。

第八章 附 则

第三十三条 各省、自治区、直辖市高级人民法院和解放军军事法院可根据本办法，结合实际情况，制订实施办法，并报最高人民法院办公厅备案。

第三十四条 本办法自 1996 年 5 月 1 日起施行。《人民法院公文处理暂行规定》同时废止。各级人民法院制订的有关公文处理规定与本办法不一致的，以本办法为准。

人民法院公文主题词表

一、审判（379 个）
（一）刑事审判（138 个）
刑事　刑事审判　刑事案件　犯罪
大案要案　经济犯罪　少年犯罪　刑事类推
刑事责任　犯罪客体　犯罪主体　刑事责任能力
刑事责任年龄　法人犯罪　正当防卫　紧急避险
犯罪既遂　犯罪预备　犯罪未遂　犯罪中止

共同犯罪　犯罪集团　刑罚　管制
拘役　有期徒刑　无期徒刑　死刑
罚金　剥夺政治权利　没收财产　驱逐出境
量刑　罪犯　自首　数罪并罚
刑期计算　刑期折抵　缓刑　减刑
假释　追诉时效　赦免　反革命
组织越狱　间谍　特务　放火
爆炸　投毒　危害公共安全　破坏交通工具
破坏交通设备　破坏通讯设备　破坏电力设备　交通肇事
重大责任事故　走私　投机倒把　逃套外汇
伪造货币　伪造有价证券　伪造有价票证　偷税
抗税　假冒商标　假冒专利　盗伐林木
滥伐林木　故意杀人　过失杀人　故意伤害
过失重伤　卖淫嫖娼　刑讯逼供　诬告陷害
强奸妇女　奸淫幼女　卖淫　拐卖人口
绑架妇女儿童　拐卖妇女儿童　非法拘禁　非法搜查
侮辱　诽谤　报复陷害　伪证
侵犯通信自由　破坏选举　侵犯财产　抢劫
抢夺　敲诈勒索　盗窃　惯窃
诈骗　惯骗　贪污　挪用公款
绑架勒索　妨害公务　拒不执行判决裁定　扰乱社会秩序
流氓　脱逃　窝藏　包庇
制造贩卖假药　招摇撞骗　赌博　淫秽物品
毒品　窝赃　销赃　破坏珍贵文物
偷越国（边）境　侮辱国旗国徽　传授犯罪方法　妨害婚姻家庭
重婚　破坏军人婚姻　虐待　遗弃
拐骗儿童　渎职　受贿　行贿
介绍贿赂　泄露国家秘密　玩忽职守　徇私枉法
私放罪犯　破坏邮电通讯　军人违反职责　走私毒品
贩卖毒品　运输毒品

（二）民事审判（64 个）

民事审判　民事案件　民事纠纷　民事权益
财产　人身　公民　未成年人

民事权利能力　民事行为能力　监护　宣告失踪
宣告死亡　选民资格　认定财产无主　返还财产
个体工商户　农村承包经营户　债权　债务
个人合伙　法人　企业法人　社会团体法人
联营　民事法律行为　民事权利　民事责任
代理　委托代理　法定代理　指定代理
财产所有权　留置权　买卖　出租
抵押　转让　借贷关系　不当得利
知识产权　著作权　专利权　商标专用权
人身权　健康权　姓名权　肖像权
荣誉权　发现权　发明权　名誉权
婚姻　离婚　抚养　收养
扶养　遗产　继承　遗嘱
遗赠　遗赠抚养协议　房地产　房屋承租

（三）经济审判（34个）

经济审判　经济纠纷案件　经济合同　经济合同纠纷
购销合同　加工承揽合同　货物运输合同
建设工程承包合同　仓储保管合同　供用电合同　财产租赁合同
借款合同　财产保险合同　联营合同　技术合同
农村承包合同　承包经营合同　租赁经营合同　涉外经济合同
易货贸易合同　保险合同　合伙合同　结算合同
赠与合同　企业破产　金融　票据
股票　债券　期货　违约金
赔偿金　涉外仲裁　科技纠纷

（四）行政审判（66个）

行政审判　行政案件　国家行政机关　国家公务员
行政行为　行政责任　行政处分　行政处罚
行政处理　行政赔偿　行政复议　公安
海关　商检　土地管理　地质矿产
能源　行政执行　交通缉查　野生动植物保护
计划生育　渔业　盐业　水利资源
盐政　行政强制措施　路征　技术监督
专利　畜牧　房屋拆迁　河道

邮电　科技　交通　卫生
医药　环境保护　工业　经贸
农业　林业　文化　教育
统计　体育　民政　城市规划
城乡建设　计量　物价　工商
劳动　文物　财政　审计
税务　水利　企业管理　铁路
民航　人事　新闻出版　广播影视
旅游　气象

（五）海事审判（17个）
交通审判　海事审判　海事案件　海商案件
海商　船舶　船舶所有权　船舶抵押权
海上货物运输合同　定期租船合同　共同海损　海事
海上保险合同　海上旅客运输合同　海上拖航合同　船舶碰撞
海难救助

（六）审判程序（60个）
刑事诉讼　民事诉讼　行政诉讼　诉讼
诉讼程序　告诉　起诉　刑事自诉
受理　上诉　审理　申诉
抗诉　冻结　申请再审　来信来访
扣押　查封　执行　执行程序
执行工作　委托执行　执行中止　执行终结
执行回转　担保　案件管辖　审判组织
回避　诉讼当事人　证据　期间
送达　判决　裁定　调解
财产保全　先予执行　强制措施　诉讼费用
第一审程序　简易程序　第二审程序　特别程序
督促程序　公示催告程序　企业法人破产还债程序
审判监督　审判监督程序　死刑复核程序　诉讼文书
司法协助　涉外　涉港澳台　涉港
涉澳　涉台　刑事附带民事诉讼
行政附带民事诉讼　死刑核准

二、政策法规（14个）

司法解释　应用法学　人民司法　法律
司法统计　政策　法规　细则
规章　制度　法制建设　法规清理
法规汇编　案例选编

三、文秘（117个）

秘书　信息　宣传　保密
档案　保卫　调查　查办
讲话　谈话　发言　汇报
观察　指示　批转　转发
建议　提案　政法会议　党组会议
审判委员会　院务会议　院长办公会　座谈会
赔偿委员会　工作会议　电话会议　会议简报
会议审批　办公室工作　公文处理　大事记
法院志　体制改革　机要通信　图书资料
统计　报表　法制宣传　新闻发布
报刊工作　保密期限　防火防盗　值班记录
印章　法院年鉴　安全保卫　机要工作
机要机构　机要干部　机要室　密码
密码研究　密码装置　密码通报　加密通信
密码电报　密码工作　密语代号　机要交通
保密工作　保密教育　保密纪律　保密制度
保密检查　国家秘密　通信保密　失泄密事件
机要秘书　秘书工作　会务工作　督查工作
信息工作　调研工作　政策研究　协调工作
业务研究　业务指导　文件印刷　文件管理
印信管理　精简文件　精简会议　处理来信
信访工作　接待来访　办信　要信摘报
综合治理　档案工作　档案管理　文书档案
诉讼档案　办公自动化　计算机　计算机网络
公文主题词表　传真机　传真通信　加密机
复印机　技术保护　图书　图书馆
图书工作　档案室　档案利用　资料

资料工作　报刊　报刊工作　报刊发行
报纸　刊物　人民法院报　出版
发行

四、政工（128个）

人事　教育　监察　监察工作
纪检　纪检工作　思想政治　机构
编制　法官　女法官　干部
陪审员　特邀陪审员　检察官　组织机构
职称　奖惩　任免　招聘
调配　换届　工资　老干部
廉政建设　职业道德　队伍建设　干部政策
领导班子　干部考核　福利待遇　党的建设
专业技术人员　离退休人员　党纪政纪　违法违纪
举报　执法执纪　培训　招生
法律业大　培训中心　咨询委员会　法官委员会
法官衔级　司法警察　法警工作　法警警衔
法官学院　法官协会　女法官协会　专业人才
专业技术培训　目标管理　岗位培训　岗位责任制
劳动模范　劳动竞赛　雇佣劳动　劳动保护
安全生产　事故　工伤事故　分配制度
分配原则　分配政策　分配包干　收入分配
劳动报酬　消费基金　工龄　浮动工资
计时工资　计件工资　效益工资　工资政策
工资制度　工资制度改革　工资标准　调整工资
奖金　保险　福利　待遇
政治待遇　工资待遇　生活待遇　津贴
统筹　奖励　奖励制度　处罚
评定　职称　职能　职务
人才交流　出国进修　出国留学　教学管理
考试　表彰　表彰先进　先进集体
学籍管理　教师进修　教学研讨　法学研究
定职　定级　调级　考核
聘任　退休　辞职　辞退

公务员制度　机关工作制度　机关作风　机构设置
机构调整　机构改革　事业单位　工会
工会工作　共青团工作　妇女工作　青年工作

五、计财装备技术（63个）

财务　装备　技术　管理
法医　经费　通信　通讯
审计　两庭建设　人民法院　审判法庭
财务计划　经费补助　财务检查　财经纪律
着装　枪支弹药　警械　物资
计算机　诉讼费　公告费　预算
预算执行　拨付预付资金　决算　决算草案
刑场建设　罚没收入　基建　车辆
囚车　行政管理　后勤工作　机关事务管理
财务管理　房产管理　车辆管理　膳食管理
物资管理　办公用品　差旅费　作息时间
宴会　工作餐　产业　产业政策
第三产业　经营机制　经营方式　经营活动
利润分配　盈利　亏损　司法行政
会计管理　有价证券　流动资金　会计人员
会计机构　固定资产　基金

六、外事（19个）

外事　条约　出访　来访
考察　会见　会谈　接见
邀请　国际公约　协定　司法协助
送达　协议　谈判　国际会议
留学　接待　讲学

七、文种（72个）

命令　令　议案　决定
决议　规定　会议纪要　请示
报告　批复　答复　条例
通报　规则　通知　函
要点　总结　工作报告　公告
通告　布告　电报　公报

解答　意见　公约　批示
转发件　批转件　印发件　准则
章程　办法　纪要　工作方案
工作计划　工作部署　守则　草案
方案　汇编　汇集　记录
简报　快报　提纲　纲要
大事记　宣言　会议文件　会议资料
复电　复文　贺电　慰问电
慰问信　贺信　祝词　致敬信
公开信　致词　开幕词　闭幕词
发言　号召书　倡议书　建议书
聘书　参考材料　司法建议　调查报告

八、法制（187个）

宪法　香港基本法　澳门基本法　刑法
民法通则　婚姻法　继承法　经济合同法
涉外经济合同法　公司法　企业破产法　专利法
反不正当竞争法　商标法　行政法　保密法
边界管理法　标准化法　兵役法　财政法
出版法　出入境管理法　档案法　工会法
国防法　国籍法　仲裁法　赔偿法
海关法　环境保护法　劳动法　农业法
企业法　商法　海商法　土地法
选举法　外国人出入境管理法
中国公民出入境管理法　海洋法　航空法
统计法　债权法　草原法　森林法
保险法　个人所得税法　消费者权益保障法　教师法
会计师法　法院组织法　法官法　刑事诉讼法
民事诉讼法　行政诉讼法　法律保护　法律监督
法律适用　少年法庭　法制　法制观念
法制教育　行政法规　地方法规　军事法规
社会主义法制　立法　立法工作　立法机关
立法建议　执法　政法　政法工作
权利　义务　权限　权益

公民权　选举权　被选举权　劳动权
法院　法院工作　审判工作　检察
检察机关　检察工作　司法　司法工作
司法机关　公证　国家公证　公证工作
公证机关　仲裁　仲裁机关　仲裁工作
法律制裁　公安　公安工作　公安机关
公安干警　武警　国家安全　国家安全工作
国家安全机关　立案　案件处理　治安工作
社会治安　社情动态　治安管理　保卫工作
警卫　警卫工作　涉外案件　恶性案件
查封　事件　重大事件　反动组织
黑社会组织　计算机犯罪　窃密　暴乱
动乱　骚乱　骚乱事件　闹事
械斗　游行　罢工　劫持
外逃　叛逃　非法组织　合法组织
防范措施　禁毒工作　投案　报案
敌情　谍报　侦察　侦破
证据　证件　拘留　逮捕
严打　危险品　人口　常住人口
城镇人口　非农业人口　农村人口　农业人口
暂住人口　流动人口　人口政策　人口理论
人口普查　人口统计　户口　户籍管理
出入境管理　签证　护照　出国人员
出国审查　边防检查　交通监理　交通法规
消防　消防工作　当事人　辩护制度
律师　劳改工作　劳动改造　劳教工作
劳动教养　刑满就业　刑满释放　监督劳动
监督改造　监狱管理

人民法院公文主题词标引说明

为了适应办公自动化的需要，根据《人民法院公文处理办法》，结合人民法院公文存贮和检索工作的实际情况，编制本表。

主题词是指能够表达公文基本内容，并经过规范化处理的名词或名词性词组。制定主题词表，便于运用计算机储存和检索，提高人民法院公文、档案的管理水平。

一、《人民法院公文主题词表》共设979个主题词，用于对人民法院的主要公文进行主题标引。

二、主题词按"先内容后形式，先主要后次要"的顺序标引。一份公文最多不能超过七个主题词。具体标引方法是：

1. 根据公文内容的主题，选择一个主题词，标在一组主题词的首位。
2. 根据公文的具体内容，选择一至五个主题词，标在一组主题词的中间。
3. 根据公文的种类，选择一个主题词，标在一组主题词的末尾。

三、标引主题词不受分类区域限制。类别标题不作为主题词使用。如选不出十分贴切的主题词时，可按照"宜宽不宜窄"的原则，选择相似的主题词。

四、主题词由公文拟稿人根据公文的基本内容标引，并由负责审核公文的领导人审核。

五、主题词位置印在正文之后、抄送栏之上，每个主题词之间应间隔一个字。

六、各高级人民法院如确属需要，可根据本地的具体情况，在本表的基础上进行增补，增补的主题词只能供下发公文时使用。上报公文必须按上级机关制定的主题词表进行标引。上报最高人民法院的公文，必须按本主题词表进行标引。

（发布日期：1996年4月9日　实施日期：1996年5月1日）

司法部机关公文处理办法

（司法部1994年印发）

第一章　总　　则

第一条　为做好司法部机关公文的处理工作，根据国务院办公厅《国家行政机关公文处理办法》等有关规定，结合司法部实际情况，制定本办法。

第二条　司法部机关公文是司法行政系统传达贯彻党和国家的方针、政策，发布司法行政规章，请示和答复问题，指导、布置和商洽工作，报告情况，交流经验的重要工具。

第三条　司法部机关公文处理工作由部办公厅和各司（局）办公室具体承担。文秘人员应当忠于职守，廉洁正派，具备有关专业知识。

第四条　处理公文应当发扬深入实际、联系群众、调查研究、实事求是和认真负责的工作作风，克服官僚主义、形式主义和文牍主义，提高工作效率和质量。做到准确、及时、安全。

第五条　公文处理工作必须严格执行国家有关保密规定，确保国家秘密安全。

第二章　公文的主要种类

第六条　司法部发文

（一）司法部党组文件

1. 司法部党组向党中央、中央办公厅和中央政法委员会的请示、报告；
2. 司法部党组关于人事任免的决定；
3. 其他需要以司法部党组名义发出的文件。

（二）司法部部令

1. 经国务院批准，由我部发布的司法行政法规；
2. 发布有关司法行政工作的规章。

（三）司法部文件

1. 对司法行政工作具有重要指导意义的文件；
2. 涉及司法行政全面工作的全国性会议的报告；
3. 重要决定、决议及情况通报；
4. 不以部令形式发布的规章；
5. 有重要指导意义的会议纪要、通知和经上级机关批准后需在全系统内执行的重要请示、报告。

（四）司法部请示

以司法部名义向党中央、中央办公厅、国务院、国务院办公厅、中央政法委员会等请求指示、批准的文件。

（五）司法部报告

以司法部名义向党中央、中央办公厅、国务院、国务院办公厅、中央政法委员会等汇报工作，反映情况，提出意见或者建议的文件。

（六）司法部通知

1. 有关专项业务工作的比较重要的指导文件；

2. 转发上级机关、同级机关发布的与我部工作有直接关系的文件；

3. 人事奖惩决定。

（七）司法部函

1. 向中央国家机关综合职能部门报送有关材料的函件；

2. 与有关部门商洽工作、询问和答复问题的函件；

3. 对省、自治区、直辖市司法厅（局）、部直属单位、部归口管理单位及其他所属单位请示的批复、答复；

4. 外事活动中需以部名义发至地方有关部门的活动安排计划及其他联系函件。

（八）会议纪要

1. 司法部党组会议纪要；

2. 司法部部长办公会议纪要；

3. 司法部部务会议纪要。

（九）电报

1. 密码电报；

2. 内部传真电报。

第七条 司法部情况反映和简报

（一）司法部情况反映

1.《司法部情况反映》刊载司法行政工作中比较重要的情况和动态。

2.《司法部情况反映（增刊）》刊载需要向党中央、国务院反映的司法行政工作的重大情况和动态。

3.《司法部情况反映（要情专刊)》刊载监狱、劳教所发生的重大情况和问题以及其他业务工作涉及的重要事情等。

4.《司法部情况反映（特刊)》刊载需要向中央政治局常委反映的司法行政工作的重大情况和动态。

（二）司法部重要信息要目

刊载部党组、部领导和全国司法行政系统重要工作情况，专报中央办公厅、国务院办公厅。

（三）司法部机关工作周报

刊载每周中央领导同志对司法行政工作的指（批）示和部党组、部领导及部机关的重要活动。

（四）司法行政工作简报

刊载中央、国务院领导同志对司法行政工作的重要指示、批示；司法部对全国工作的部署；各地司法行政工作的新情况、新措施、新经验等。

第八条　司法部办公厅发文

（一）司法部办公厅文件

用于印发部机关各司局的年度工作要点；印发和转发同级或下级机关及地方有关部门的文件；印发部机关各司局召开的专业性会议纪要；以部名义召开的全国性会议和重要活动的通知；部机关各专项工作领导小组（委员会）和非常设机构人员组成变动情况的通知；以及办公厅职能范围内需要发出的文件。

（二）司法部办公厅函

用于以办公厅名义就某个具体问题对有关单位进行答复、询问或商榷的正式公函。

（三）司办通报

刊载部领导在专业会议和视察各地工作时的讲话及重要的调查报告；经部领导批示同意刊载的部机关司局长在重要专业会议上的讲话。

（四）信访摘报

用于向部领导报告人民群众来信来访中反映的重大情况和重要批评、建议、问题等。

（五）值班报告

刊载各地司法行政机关向部总值班室报告的各种重要情况。

（六）领导参阅

刊载各地、各部门、社会各界及部内职能部门对司法行政工作的重要建议和意见及需要提供部领导决策时参考的材料。

（七）港台报刊摘编

刊载港台地区报刊对中央重大决策和法制建设问题的反映、言论。

第九条　司法部政治部文、函

（一）司法部政治部文件

用于以政治部名义印发的司法行政系统政治工作计划、安排、通知、通报、请示、报告等。

（二）司法部政治部函

用于以政治部名义向有关部门和所属单位就政治工作的某个具体事宜的联系、协商等。

第十条　司法部机关各司局文、函

（一）各业务司局向本业务系统下发有关某个具体问题的一般性通知。

（二）各司局就有关具体事宜向同级机关、下级机关和地方有关部门发出的函件。

第三章　公文的格式

第十一条　公文一般由发文机关、秘密等级、缓急程度、发文字号、签发人、标题、主送机关、正文、附件、印章、成文时间、附注、主题词、抄送机关、印制份数、印发单位和时间等部分组成。

第十二条　发文机关应当写全称或规范化简称。如"中华人民共和国司法部"、"司法部办公厅文件"。与有关部委联合行文，一般情况下，主办机关排列在前，但与党政领导机关联合行文，领导机关排列在前。

第十三条　公文需要划密级的，应当根据《司法行政工作中国家秘密及其密级具体范围的规定》分别标明"绝密"、"机密"、"秘密"字样。

第十四条　紧急公文应当分别标明"特急"、"急件"。紧急电报应当分别标明"特急"、"加急"、"平急"。

第十五条　发文字号，包括机关代字、年号、序号。几个单位联合行文只标明主办机关发文字号。部机关公文发文字号确定如下：

司发党〔199×〕××号（司法部党组文件）

司发〔199×〕××号（司法部文件）

司发请〔199×〕××号（司法部请示）

司发报〔199×〕××号（司法部报告）

司发通〔199×〕××号（司法部通知）

司发函〔199×〕××号（司法部函）

司办字〔199×〕××号（办公厅文件）

(9×) 司办函××号（办公厅函）

司政〔199×〕××号（政治部文件）

司政函〔199×〕××号（政治部函）

司政×〔199×〕××号（政治部所属各部函）

(9×) 司劳改字××号（劳改局）

(9×) 司劳教字××号（劳教局）

(9×) 司教字××号（教育司）

(9×) 司宣字××号（宣传司）

(9×) 司法字××号（法规司）

(9×) 司律字××号（律师司）

（9×）司公字××号（公证司）

（9×）司基字××号（基层司）

（9×）司外字××号（外事司）

（9×）司协字××号（司法协助局）

（9×）司计字××号（计财司）

（9×）司行字××号（行政司）

司党字〔199×〕××号（机关党委）

司纪字〔199×〕××号（机关纪委）

（9×）司老干字××号（老干局）

司纪监字〔199×〕××号（纪检、监察局）

（9×）司审字××号（审计室）

第十六条　司法部党组文件、司法部文件、司法部请示、司法部报告、司法部通知、司法部办公厅文件、司法部政治部文件及含有比较重要内容的司法部函，应当注明签发人姓名。如经两名以上领导人审阅，还应当注明×××已阅、×××签发。

第十七条　公文的标题应当准确简要地概括公文的主要内容，一般应当标明发文机关、公文种类。如"司法部关于为北京市海淀区司法局记集体一等功的决定"。标题中除法规、规章名称和转发文件加书名号外，一般不加标点符号。

第十八条　会议通过的文件如决定等，应当在标题之下，正文之前注明会议名称和通过日期。

第十九条　请示只写一个主送机关。如需同时送其他机关，应当用抄送形式。

第二十条　公文如有附件，应当在正文之后，发文机关名称之前按顺序写明附件标题。

第二十一条　文件（函）除会议纪要外，一律加盖印章。联合行文应当按联合行文机关顺序加盖印章。联合上报的非法规性文件，由主办机关加盖印章。加盖印章的当页若无正文，则应当标注无正文说明。

第二十二条　文件成文时间以签发机关领导人签发的日期为准。联合行文以最后签发机关领导人签发日期为准。电报以发出日期为准。

第二十三条　公文需要加附注的，如"此件发至基层劳改单位"应当注在成文时间的左下、抄送单位的上方，并加括号。

第二十四条　公文一般应当根据内容标注主题词，上行文应当标注上级机关规定的主题词。主题词的内容由核稿部门确定。主题词标注在抄送单位前行横线以上。司法部文件应当标注主题词。

第二十五条　公文需抄送有关机关的应标明抄送机关名称。抄送机关应当按照比较规范的顺序排列。本系统按照各省、自治区、直辖市司法厅（局）、计划单列市司法局，部机关、各直属单位、各归口管理单位的顺序排列。

第二十六条　公文一般应当在抄送机关下方标明印发单位、时间、份数、录入员、责任校对。司法部文件的主题词、抄送机关、份数、印发单位、时间、录入员、责任校对在末页下方。

第二十七条　公文纸一般用十六开型（长260mm、宽184mm）。国际会议文件用纸采用国际标准A4型（长297mm、宽210mm）。左侧装订。

第二十八条　公文的发文机关一般用长宋体，标题用2号标准宋体，主送机关、主题词用3号黑体，发文字号、签发、正文、印发单位、时间用3号仿宋体，抄送机关用5号黑体，抄送机关名称、印制份数、录入、责任校对用5号书宋体。"按语"二字用3号黑体，按语正文用3号楷体。信件一般用3号楷体。

第四章　行　文　规　则

第二十九条　司法部可向各省、自治区、直辖市司法厅（局）及部直属单位行文。

第三十条　司法部向下级司法行政机关的重要行文，应当抄送其所在地的人民政府，向受双重领导的下级机关行文，必要时应当抄送其另一上级机关。

第三十一条　凡需要与中央、国家机关有关部门会签联合行文的，在未取得一致意见时不得单独行文。

第三十二条　"请示"应当一文一事。一般只写一个主送机关，如需同时送其他机关，应当用抄送形式，但不得同时抄送同级或下级机关。除领导直接交办的事项外，"请示"不得直接送领导者个人。"报告"中不得夹带请示事项。

第三十三条　司法部各司局一般不得下发涉及政策、法律问题的文件和有重要指导意义、要求全系统遵照执行的规范性文件，也不得印制《××司（局）文件》的红头文纸。因特殊情况，需以司（局）名义发出公文的，应当经主管部门批准。

第五章　公文的起草

第三十四条　起草公文必须符合国家的法律、法规和党的方针政策，必须贯彻党的基本路线，坚持四项基本原则，坚持改革开放，坚持为经济建设服务。

第三十五条　起草公文要观点明确，论据充分，条理清楚，表达简练准确，切实可行。

第三十六条　在起草法律、法规的过程中，应当征求有关中央机关、地方司法行政部门和专家、学者的意见。必要时聘请有关专家、学者参加。

第三十七条　公文起草必须按照司法部机关公文格式和行文规则拟制，做到规范化、程序化。

第三十八条　应当使用统一印制的拟稿纸，并按拟稿纸中规定的项目，如密级、主送单位、抄送单位、拟稿单位、拟稿人、核稿人、公文标题、附件等逐项填写，再送审核、签发。

第三十九条　人名、地名、数字、引文要准确。时间应写具体年、月、日。公文中的数字，除成文时间、部分结构层次序数和词、词组、惯用语、缩略语、具有修辞色彩语句中作为词素的数字必须使用汉字外，应当使用阿拉伯数码。计量单位要一律使用国家法定的三位分节法。在同一公文中，数字和计量单位的使用应当前后一致，相关的数字要吻合。引用公文应当注明发文时间、机关、标题和文号，发文字号应当加括号。用词要规范、准确。严禁使用不规范的字和词。

第四十条　起草公文应当书写工整，使用钢笔或毛笔，不得使用铅笔和圆珠笔。所用墨水必须符合存档要求。字迹不得潦草，有条件的应当逐步实行微机打印。文稿要清洁整齐，改编、摘编类文稿一般应当整理抄正。送审文稿一定要签署送审单位领导的具体意见。请示文稿一定要用规定的请示报告单。

第四十一条　在公文中结构层次序数分别表述为：第一层为"一"，第二层为"（一）"，第三层为"1."，第四层为"（1）"。

第四十二条　法律、法规和规章文稿由法规司会同各主管业务司（局）起草。

第六章　公文的核稿

第四十三条　部发文、办公厅发文和《司办通报》等统一由办公厅部长办公室核稿。政治部和其他各司局文、函的审核由发文单位确定。

第四十四条　公文审核的主要内容：

（一）是否应当发文；

（二）公文的法律、政策问题；

（三）公文格式；

（四）文字、标点符号；

（五）公文种类、发送范围；

（六）公文的密级。

第四十五条 核稿人对文稿进行全面审核把关,提出修改建议或直接对文字作少量修改。部发重要文稿应当送办公厅领导核阅。文稿需要作较大修改的,退回起草单位重新修改再送审核。对公文文稿的审核、修改意见,一般应当写在发文稿纸指定的区域或者拟稿纸的右侧及天头、地角空白处。

第四十六条 办公厅部长办公室核稿盖核稿章后送交部领导签发。未经核稿的文稿,秘书处不予印发。

第四十七条 部发规章和规章性文件,各司局应当先送法规司进行法律政策审核后再送办公厅核稿。

第七章 公文的签发

第四十八条 部党组发文(电)由部党组书记或副书记签发;部发文(电)由部长或主管部长签发;办公厅发文由办公厅领导签发;各职能部门和综合部门发文由各部门领导签发。

第四十九条 部发规章和重要的规章性文稿,法规司和办公厅核稿后,由办公厅安排党组会议、部长办公会议或者部务会议审议。审议结果有重要修改的,各司局修改后重新送核。

第五十条 司法部情况反映和简报由部长办公室起草、编辑,由办公厅领导签发。内容特别重要的,由部领导签发。部内各职能部门和综合部门所发简报,由各职能部门领导签发。

第五十一条 经领导签发过的文稿,未经签发领导同意,拟稿单位不得任意修改。

第八章 公文的印制

第五十二条 部机关公文统一由办公厅秘书处组织印制。印制公文应当做到及时、准确、安全。

送印公文文稿必须由部长办公室及各司局办公室人员送交办公厅秘书处。

第五十三条 送印公文文稿必须先编发文序号,确定印制份数。

(一)司法部党组文件由办公厅机要处编发文序号、确定印制份数;

(二)《司法部党组会议纪要》、《司法部部长办公会议纪要》、《司法部部务会议纪要》由部长办公室编发文序号,确定印制份数;

(三)司法部令由法规司编发文序号,确定印制份数;

(四)司法部文件、函、请示、报告、通知由办公厅秘密处编发文序号、确定印刷份数;

（五）办公厅发文由办公厅部长办公室编发文序号、确定印制份数；

（六）各司局文函由各司局编发文序号、确定印制份数；

（七）各类简报等由编写单位编序号、确定印制份数。

第五十四条 部机关各种公文的印制时间根据以下情况确定：

（一）公文根据缓急程度分为特急件、急件、正常件。特急件的印制时间为 24 小时或者按限定的时间完成；急件的印制时间为 2 日；正常件的印制时间为 7 日。公文印制的缓急程度由拟文单位提出、秘书处最后确定。

（二）电报、《司法部机关工作周报》、《司法部情况反映（增刊）》、《司法部情况反映（要情专刊）》、《司法部情况反映（特刊）》、《值班报告》按特急件印制。其中电报 2 小时内完成。《司法部机关工作周报》一般情况下应当每星期一下午印制，星期二上午送部领导。

（三）《司法部党组会议纪要》、《部长办公会议纪要》、《部务会议纪要》、《领导参阅》按急件印制，在领导签发后 2 日内完成。

（四）各类简报除标明急件外，一般按正常件印制。但《司法部情况反映》、《党群信息》一般应当在 3 日内完成。

（五）《司法行政工作简报》及其他印制数量较多或篇幅较长的公文，在 10 日内完成。

第五十五条 印制公文应当认真做好文稿的审核登记工作。办公厅秘书处承印的公文文稿必须经过核稿部门审稿并由规定的领导人签发。文稿必须整洁，材料齐全，密级、急缓明确。符合印制要求的予以登记送印。不符合要求的不予印制。

第五十六条 各种公文的印制应当按时完成，特别要保证特急件、急件按时完成。

第五十七条 印制公文严格按照《司法部机关公文格式》（样本）规定的格式印制。

第五十八条 校对工作的职责是对照原稿和公文格式（样本）纠正录入和改版环节出现的错误以及文件格式不规范的问题，在付印前发现、纠正各种差错，以确保公文质量。对于原稿中出现的明显差错可商核稿、拟稿人员进行修改。凡属较大的更改都应当向签发公文的部领导报告。

第五十九条 公文校对实行三校制。在部机关文印室印制的公文，一校、二校由拟文单位负责（劳改局、劳教局送印的部发文暂由秘书处代校）。校对应当按照原稿逐字逐句进行。部发文件的三校工作由办公厅秘书处负责，其他公文的三校由各拟文单位负责。送部机关印制厂印制的公文，一、二、三校由印刷厂负责，如拟文单位需要对清样进行审核的应当在送印时注明。三校是通体校对的最后一次，是最后一次的版面技术加工。三校应当对整个公文进行全面检查，包括封面、扉页、目录、正文标题、成文时间、送发单位等，以求内容精确，无所缺漏。校对文稿必须按规定的校对符号进行校改，不得使用铅笔。校对完成后应当签署校对人姓名、时间及具体意见。

第六十条　为确保印文质量，坚持对文稿实行核校（即责任校对）。一是将最后一次校样与印出的清样相核对，只核对改动部分，不再通篇校对。二是对印出的公文成品在送发前再作最后一次审核。部发文件的核校和最后审核工作由办公厅秘书处负责，其他由各拟文单位负责。

第六十一条　印制人员在印制公文时应当按照秘书处文印通知单的要求印制，付印的清样要有校对人员签字。印制公文应当清晰、整洁。公文图文区尺寸应当符合规定标准（210×140mm），天头不小于30mm，地角不少于20mm，订口不小于25mm，翻口不小于19mm。公文印完后应当按要求用印和装订，防止漏用、错用印章和出现白页。

第六十二条　印制公文应当严格遵守保密规定。印制绝密件应当严格按照限定份数印制，不准多印，有密级的公文不得擅自留存。印刷废页及蜡纸要及时销毁。上级机关的秘密公文，除绝密和注明不准翻印的以外，经部、厅领导批准可以翻印。翻印时，应当注明翻印的机关、时间、份数和印发范围。密码电报不得翻印、复制，不准密电明复、明电密复、明密电混用。

第九章　公文的送发

第六十三条　部机关公文的送发工作由办公厅机要处负责。

部发文件由秘书处直接交机要处分发。办公厅文件和各司局文件由办公厅办公室或者各司局办公室封装后送机要处送发。

第六十四条　公文分发应当按文件拟稿时规定的发送单位和份数逐一核对，防止错发和漏发。

第六十五条　急件、机密件送发应当进行登记。急件、特急件必须按规定的时限发出或者送达。绝密件交机要专送。

第六十六条　根据《法规规章备案规定》以司法部部令形式发布的规章，法规司应当于规定发布之日起三十日内报国务院备案。报送备案的规章包括规章正式文本一式十五份，起草说明和盖有报送机关印章的备案报告一式五份。

第十章 公文的立卷、归档和销毁

第六十七条 公文的立卷、归档工作应当根据《中华人民共和国档案法》及其实施办法以及司法部办公厅关于公文立卷归档的有关规定办理。

第六十八条 公文的立卷由各拟文单位的办公室承担。公文的立卷必须做到齐全、完整。《司法部党组会议纪要》、《司法部部长办公会议纪要》、《司法部部务会议纪要》、《司法部机关工作周报》每期多印 20 份，交档案资料处年底装订成册送发部领导及党组成员。

第六十九条 归档的案卷应当按照有关规定确定保管期限，即永久卷、长期卷、短期卷，第二年年初第一季度交办公厅档案资料处。没有存档价值和存查必要的公文资料，经过鉴别后登记造册由主管领导批准，部保密办公室负责予以销毁。销毁秘密公文，要进行登记，由两人监销，保证不丢失，不漏销。

第十一章 附 则

第七十条 本办法从 1994 年 3 月 1 日起施行，部机关以往的有关公文处理的规定，与此办法不一致的，以本办法为准。

十 保密规定

中华人民共和国保守国家秘密法

(1988年9月5日第七届全国人民代表大会常务委员会第三次会议通过 现予公布,自1989年5月1日起施行)

第一章 总 则

第一条 为保守国家秘密,维护国家的安全和利益,保障改革开放和社会主义建设事业的顺利进行,制定本法。

第二条 国家秘密是关系国家的安全和利益,依照法定程序确定,在一定时间内只限一定范围的人员知悉的事项。

第三条 一切国家机关、武装力量、政党、社会团体、企业事业单位和公民都有保守国家秘密的义务。

第四条 保守国家秘密的工作,实行积极防范、突出重点、既确保国家秘密又便利各项工作的方针。

第五条 国家保密工作部门主管全国保守国家秘密的工作。县级以上地方各级保密工作部门在其职权范围内,主管本行政区域保守国家秘密的工作。中央国家机关在其职权范围内,主管或者指导本系统保守国家秘密的工作。

第六条 县级以上国家机关和涉及国家秘密的单位,根据实际情况设置保密工作机构或者指定人员,管理本机关和本单位保守国家秘密的日常工作。

第七条 在保守、保护国家秘密以及改进保密技术、措施等方面成绩显著的单位或者个人,应当给予奖励。

第二章 国家秘密的范围和密级

第八条 国家秘密包括符合本法第二条规定的下列秘密事项:
(一)国家事务的重大决策中的秘密事项;

（二）国防建设和武装力量活动中的秘密事项；
（三）外交和外事活动中的秘密事项以及对外承担保密义务的事项；
（四）国民经济和社会发展中的秘密事项；
（五）科学技术中的秘密事项；
（六）维护国家安全活动和追查刑事犯罪中的秘密事项；
（七）其他经国家保密工作部门确定应当保守的国家秘密事项。

不符合本法第二条规定的，不属于国家秘密。政党的秘密事项中符合本法第二条规定的，属于国家秘密。

第九条　国家秘密的密级分为"绝密"、"机密"、"秘密"三级。

"绝密"是最重要的国家秘密，泄露会使国家的安全和利益遭受特别严重的损害；"机密"是重要的国家秘密，泄露会使国家的安全和利益遭受严重的损害；"秘密"是一般的国家秘密，泄露会使国家的安全和利益遭受损害。

第十条　国家秘密及其密级的具体范围，由国家保密工作部门分别会同外交、公安、国家安全和其他中央有关机关规定。国防方面的国家秘密及其密级的具体范围，由中央军事委员会规定。关于国家秘密及其密级的具体范围的规定，应当在有关范围内公布。

第十一条　各级国家机关、单位对所产生的国家秘密事项，应当按照国家秘密及其密级具体范围的规定确定密级。对是否属于国家秘密和属于何种密级不明确的事项，由国家保密工作部门，省、自治区、直辖市的保密工作部门，省、自治区政府所在地的市和经国务院批准的较大的市的保密工作部门或者国家保密部门审定的机关确定。在确定密级前，产生该事项的机关、单位应当按照拟定的密级，先行采取保密措施。

第十二条　属于国家秘密的文件、资料，应当依照本法第九条、第十条、第十一条的规定标明密级，不属于国家秘密的，不应标为国家秘密文件、资料。

第十三条　对是否属于国家秘密和属于何种密级有争议的，由国家保密工作部门或者省、自治区、直辖市的保密工作部门确定。

第十四条　机关、单位对国家秘密事项确定密级时，应当根据情况确定保密期限。确定保密期限的具体办法由国家保密工作部门规定。

第十五条　国家秘密事项的密级和保密期限，应当根据情况变化及时变更。密级和保密期限的变更，由原确定密级和保密期限的机关、单位决定，也可以由其上级机关决定。

第十六条　国家秘密事项的保密期限届满的，自行解密；保密期限需要延长的，由原确定密级和保密期限的机关、单位或者其上级机关决定。国家秘密事项在保密期限内不需要继续保密的，原确定密级和保密期限的机关、单位或者其上级机关应当及时解密。

第三章 保 密 制 度

第十七条 属于国家秘密的文件、资料和其他物品的制作、收发、传递、使用、复制、摘抄、保存和销毁，由国家保密工作部门制定保密办法。采取电子信息等技术存取、处理、传递国家秘密的办法，由国家保密工作部门会同中央有关机关规定。

第十八条 对绝密级的国家秘密文件、资料和其他物品，必须采取以下保密措施：

（一）非经原确定密级的机关、单位或者其上级机关批准，不得复制和摘抄；

（二）收发、传递和外出携带，由指定人员担任，并采取必要的安全措施；

（三）在设备完善的保险装置中保存。经批准复制、摘抄的绝密级的国家秘密文件、资料和其他物品，依照前款规定采取保密措施。

第十九条 属于国家秘密的设备或者产品的研制、生产、运输、使用、保存、维修和销毁，由国家保密工作部门会同中央有关机关制定保密办法。

第二十条 报刊、书籍、地图、图文资料、声像制品的出版和发行以及广播节目、电视节目、电影的制作和播放，应当遵守有关保密规定，不得泄露国家秘密。

第二十一条 在对外交往与合作中需要提供国家秘密事项的，应当按照规定的程序事先经过批准。

第二十二条 具有属于国家秘密内容的会议和其他活动，主办单位应当采取保密措施，并对参加人员进行保密教育，规定具体要求。

第二十三条 军事禁区和属于国家秘密不对外开放的其他场所、部位，应当采取保密措施，除依照国家有关规定经过批准外，不得擅自决定对外开放或者扩大开放范围。

第二十四条 不准在私人交往和通信中泄露国家秘密。携带属于国家秘密的文件、资料和其他物品外出不得违反有关保密规定。不准在公共场所谈论国家秘密。

第二十五条 在有线、无线通信中传递国家秘密的，必须采取保密措施。不准使用明码或者未经中央有关机关审查批准的密码传递国家秘密。不准通过普通邮政传递属于国家秘密的文件、资料和其他物品。

第二十六条　未经有关主管部门批准，禁止将属于国家秘密的文件、资料和其他物品携带、传递、寄运至境外。

第二十七条　国家秘密应当根据需要，限于一定范围的人员接触。绝密级的国家秘密，经过批准的人员才能接触。

第二十八条　任用经管国家秘密事项的专职人员，应当按照国家保密工作部门和人事主管部门的规定予以审查批准。经管国家秘密事项的专职人员出境，应当经过批准任命的机关批准；国务院有关主管机关认为出境后将对国家安全造成危害或者对国家利益造成重大损失的，不得批准出境。

第二十九条　机关、单位应当对工作人员进行保密教育，定期检查保密工作。

第三十条　国家工作人员或者其他公民发现国家秘密已经泄露或者可能泄露时，应当立即采取补救措施并及时报告有关机关、单位；有关机关、单位接到报告后，应当立即作出处理。

第四章　法律责任

第三十一条　违反本法规定，故意或者过失泄露国家秘密，情节严重的，依照刑法第一百八十六条的规定追究刑事责任。违反本法规定，泄露国家秘密，不够刑事处罚的，可以酌情给予行政处分。

第三十二条　为境外的机构、组织、人员窃取、刺探、收买、非法提供国家秘密的，依法追究刑事责任。

第五章　附　　则

第三十三条　国家保密工作部门根据本法制定实施办法，报国务院批准后施行。

第三十四条　中央军事委员会根据本法制定中国人民解放军保密条例。

第三十五条　本法自1989年5月1日起施行。1951年6月公布的《保守国家机密暂行条例》同时废止。

国家秘密文件、资料和其他物品标志的规定

（1990年10月6日国家保密局、国家技术监督局令第3号发布）

第一条　国家秘密文件、资料和其他物品是指以文字、符号、图形、图像、

声音等形式载有国家秘密的物件,以下简称密件。

第二条 密件的密级和保密期限一经确定,应当立即作出明显并易于识别的标志。

第三条 书面形式的密件,其密级和保密期限的标志应当采用下列形式:

(一)在封面(或者首页)的左上角标明密级和保密期限;

(二)地图、图纸、图表在其标题之后或者下方标明密级和保密期限。

第四条 书面形式的密件,其国家秘密的标识为"★","★"前标密级,"★"后标保密期限。

第五条 书面形式密件中只有少量内容属于国家秘密的,除按本规定第三条、第四条标志外,还可以直接在属于国家秘密的段落之前标明密级,或者以文字指明哪些属于国家秘密事项。

第六条 非书面形式的密件,应当以能够明显识别的方式在密件上标明密级和保密期限;凡有包装(套、盒、袋等)的密件,还应当以恰当方式在密件的包装上标明。

第七条 密件的密级和保密期限变更后,应当在原标明位置的附近作出标志,原标志以明显方式废除。

在保密期限内解密的密件,应当以能够明显识别的方式标明"解密"的字样。

第八条 文件、资料汇编中有密件的,应当对各独立密件的密级和保密期限作出标志,并在封面或者首页以其中的最高密级和最长保密期限作出标志。

摘录、引用密件中属于国家秘密的内容,应当以其中的最高密级和最长保密期限作出标志。

第九条 本规定由国家保密局和国家技术监督局负责解释。

第十条 本规定自一九九一年一月一日起施行。

附件:

书面形式密件的标志方法举例

一、保密期限的具体标志方式分为以下四种:

(一)保密期限在一年及一年以上的,采用如下方式标志:

"机密★5年"

表示此件为机密级国家秘密,自密件产生之日起满五年后解密。

(二)保密期限在一年以内的,采用如下方式标志:

"秘密★6个月"

表示此件为秘密级国家秘密,自产生密件之日起满六个月后解密。

(三)保密期限为长期的,采用如下方式标志:

"绝密★长期"

表示此件为绝密级国家秘密,保密期限为长期,只有有关(中央)国家机关或者其授权的机关才能决定解密。

(四)保密期限不作标志的,采用如下方式:

"机密★"

表示此件为机密级国家秘密,各有关机关、单位对此件的保密期限可按二十年认定。

二、在属于国家秘密的段落前标明密级的,其方式参见例1;对属于国家秘密的文字的密级在密件中作文字说明的,其方式参见例2。

三、本附件例1、例2的文字引自《人民日报》,不属于国家秘密,仅为举例方便而作出国家秘密的标志。

印刷、复印等行业复制国家秘密载体暂行管理办法

(1990年4月9日由国家保密局、国家工商行政管理局、公安部、
新闻出版署、文化部、轻工业部制定)

第一章 总 则

第一条 为确保国家秘密的安全,根据《中华人民共和国保守国家秘密法》第十七条规定,特制定本办法。

第二条 印刷、复印等行业复制国家秘密载体,都应当遵守本办法。

本办法所称印刷行业,指一切从事营业性的排版、制版、印制、装订的印刷企业和个体工商户,以及非营业性的党政军机关、社会团体、企事业单位内部的印刷厂(含所、社,下同)。

本办法所称复印等行业,指从事营业性的复印、誊印、打字(含打字、油印、小胶印,下同)、晒图(含描图,下同)业务的企业和个体工商户。

本办法所称复制,包含了印刷,指用手工、照相、电子或印刷方法仿制原稿

的全部工艺过程。

本办法所称国家秘密载体，特指依法确定为国家秘密事项，标有密级的文件、资料、图表和书刊等，不包括电磁信息载体。

第三条　国家秘密载体的复制，实行依据准印手续到国家秘密载体定点复制单位（以下简称定点复制单位）复制的制度。

第四条　为了加强对国家秘密载体复制活动的管理，国家对印刷、复制等行业实行向政府保密工作部门注册备案的制度。

第二章　定点复制单位的确定

第五条　定点复制单位的审批应当从严掌握，按照有利保密和便于复制的原则确定。禁止将私营企业、个体工商户和外商投资企业确定为定点复制单位。

第六条　定点复制单位必须具备下列条件：

（一）接触国家秘密的人员政治可靠；

（二）存放国家秘密载体的设施安全可靠；

（三）厂房、车间或经营场所周围有良好的安全和保密环境；

（四）备有残、次、废品的销毁设备；

（五）内部保卫、保密制度健全落实；

（六）建立并能够实行严格的工作登记和监督检查制度；

（七）从事营业性复制业务的，应当是经所在地公安机关审查同意，经工商行政管理机关核准登记注册的企业。

第七条　定点复制单位的审批工作，由县级以上（含县，下同）各级政府的保密工作部门承办。

县级以上各级政府的保密工作部门在审查和批准定点复制单位时，应征求所在地县以上公安机关的意见；审批结果应当通报同级公安机关和工商行政管理机关。

第八条　定点复制单位一经确定，批准机关应当颁发《国家秘密载体复制许可证》（以下简称《许可证》），并告示有关机关、单位。

持证单位应当将《许可证》张挂于明显位置。

第九条　地、市级及其以上党政机关和人民解放军军以上机关、单位内部设置的以从事印制国家秘密载体为主要任务的机要印刷厂，视为定点复制单位；由其所在机关、单位的保密工作机构负责按本办法第六条所列条件进行审查，报请国家保密局或省、自治区、直辖市保密局核准，颁发《许可证》。审查和核准发证的工作，依照下列规定进行：

（一）中央、国家机关的机要印刷厂，由本机关的保密工作机构负责审查，报请国家保密局核准发证；

（二）省、自治区、直辖市党政机关的机要印刷厂，由本机关、单位的保密工作机构负责审查，报请所在地的省、自治区、直辖市保密局核准发证；

（三）地、市级党政机关的机要印刷厂，由其所的机关负责初审，本级政府的保密工作部门审查汇总，报请省或自治区保密局核准发证；

（四）人民解放军军以上机关、单位内部设置的机要印刷厂，其报批程序由解放军保密委员会办公室确定，国家保密局统一核发《许可证》。

第十条 本办法第九条以外的机关、单位内部办的非营业性印刷厂，凡已承担国家秘密载体印制任务的，均可到所在地的地、市级政府（包括城市中相当于地、市级的区政府）或行署的保密工作部门申报；经受理机关审查，对完全具备本办法第六条所列前六项条件的，批准为定点复制单位，颁发《许可证》，并报上一级政府的保密工作部门备案。

第十一条 国家秘密载体印制力量不足的地区，由县级或地级以上市（不含地级市，下同）的区政府的保密工作部门统筹考虑，会同同级公安、工商行政管理和有关的新闻出版、文化或轻工部门，对现有印刷企业或机关、单位内部办的非营业性印刷厂按本办法第六条所列各项条件进行审查，报经上一级政府的保密工作部门批准后，可将少量印刷厂确定为定点复制单位，由批准机关发给《许可证》。

第十二条 行署和地级及其以上市政府的保密工作部门，可以批准少量专营或兼营复印、誊印、打字或晒图的企业承担定点复制国家秘密载体的业务。其程序为：

（一）企业单位向所在地的县级或地级以上市的区政府的保密工作部门申请；

（二）县级或地级以上市的区政府的保密工作部门按本办法第六条所列各项条件进行审查并向上一级政府的保密工作部门转报；

（三）受理机关审批并颁发《许可证》。

第三章 国家秘密载体复制业务的委托承接

第十三条 委托复制国家秘密载体，必须出具准印手续。有下列情况之一者，应当办理并出具《国家秘密载体准印证》（以下简称《准印证》）。

（一）县、团级及其以上的机关、单位委托非自办定点复制单位复制的，由委印机关、单位的保密工作机构办理《准印证》。

（二）县、团级以下的机关、单位委托复制国家秘密载体，到所在地的县级或地级以上市的区政府的保密工作部门办理《准印证》。

（三）到本机关、单位驻地以外的省、自治区、直辖市委托复制的，凭本机关、单位保密工作机构开据的介绍信，到拟委托复制的定点复制单位所在地的县级或地级以上市的区政府的保密工作部门办理《准印证》。

第十四条　到本机关、单位自办的定点复制单位复制国家秘密载体的准印手续，由这些机关、单位的保密工作机构自行确定。

县、团级以上的机关、单位与定点复制单位在复制国家秘密载体方面有固定关系的，其准印手续的办理办法，可由委印机关、单位的保密工作机构与承印单位商定，但要保留文字记载。

第十五条　各机关、单位批准复制国家秘密载体和开据准印手续时，不得违反有关保密规定。

第十六条　定点复制单位承接复制国家秘密载体的委托时，应当查验准印手续或《准印证》。没有合法准印手续或《准印证》的，不得承接并应当向当地县级以上政府的保密工作部门报告。

第十七条　未持有《许可证》的印刷、复印等行业的任何单位和个体工商户，都不得承接国家秘密载体的复制业务；遇有这类委托时，除拒绝复制外，还应当向当地县级以上政府的保密工作部门报告。受理的保密工作部门应当及时通报所在地市、县公安机关。

第四章　管理与监督

第十八条　本办法发布前已开办的印刷、复印等行业的所有单位和个体工商户，除本办法第九条所列的机要印刷厂外，均应当在本办法施行之日起的一个月内到当地县级或地级以上市的区政府的保密工作部门办理注册备案手续。

第十九条　本办法发布后，凡申请开办印刷、复印等行业的企业和个体工商户，按照有关规定办理审批手续并在领到营业执照后的半个月内，应当到当地县级或地级以上市的区政府的保密工作部门办理注册备案手续。

第二十条　依照本办法第十八条、第十九条规定办理过注册备案手续的印刷、复印等行业的企业和个体工商户，遇有名称、住所、经营范围等主要登记事项变更，或者歇业、转业、合并、分立的，在工商行政管理机关办完变更登记后的半个月内，应当到当地县级或地级以上市的区政府的保密工作部门办理变更注册备案手续。

第二十一条 本办法发布后新组建的非营业性印刷单位，除属于本办法第九条所列的机要印刷厂外，在同意组建的批准文件生效后的半个月内，应当到当地县级或地级以上市的区政府的保密工作部门办理注册备案手续。

第二十二条 定点复制单位复制国家秘密载体时，应当按照下列规定进行管理：

（一）收存委托复制方的准印手续或《准印证》，并进行登记。

（二）排版、制版、印刷和装订等均不得向外委托给非定点复制单位协作完成。

（三）根据复制件的密级和委托方的要求，指定专门人员完成，限制接触范围，禁止无关人员介入。

（四）复制绝密级国家秘密载体时，参与人员由定点复制单位负责人审定，采取严格的保密措施。

（五）临时工不得接触国家秘密。

（六）对接触国家秘密的人员规定保密纪律。

（七）复制完成后，应当将原件和成品连同底片、纸型等移交委托方。定点复制单位不得擅自留存、转让或复制。

（八）印刷行业中的定点复制单位，应当指定专人保管和登记印件的原稿、校样、成品、半成品、印版（指活版和铅版）、纸型和底片等物品，各道工序履行严格的交接手续；印制完成后将所有涉密材料进行清点，除交委托单位外，其余由定点复制单位在其专、兼职保密或保卫工作人员的监督下及时销（拆）毁。

（九）复印等行业的定点复制单位，应当尽量缩短复制时间，对不能当即取走、确需过夜的，须放在安全可靠的文件柜内，并派人值班看守；复制完成后，残次产品应当当场销毁或交委托方带回处理。

（十）使用电子方法排版印制或打印国家秘密载体的，复制完成后其磁盘内的载体内容应当在委托方的监督下删除。

第二十三条 印刷、复印等行业在复制国家秘密载体方面，接受县级以上各级政府的保密工作部门的指导和监督。

对领有《许可证》的机要印刷厂印制国家秘密载体方面的管理，由其所在机关、单位的保密工作机构负责指导和监督。

第五章 奖 惩

第二十四条 凡认真执行本办法，对保护或者保守国家秘密有突出贡献的单位和人员，应当予以表彰和奖励。

第二十五条 对印刷、复印等行业中非定点复制单位承揽复制国家秘密载体业务的企业或个体工商户，工商行政管理机关应当根据《企业法人登记管理条例施行细则》第六十六条第四项或《私营企业暂行条例施行办法》第三十二条第三项以及《城乡个体工商户管理暂行条例实施细则》第十六条第三项的规定处罚。县级以上政府的保密工作部门根据其违反本办法规定的情况，予以批评教育、警告，对情节严重的可以建议工商行政管理机关吊销其营业执照。

第二十六条 对非营业性印刷单位中的非定点复制单位承揽复制国家秘密载体的，县级以上政府保密工作部门应当根据其情节轻重，参照前条规定处罚。

第二十七条 定点复制单位不按规定张挂《许可证》的，县级以上政府的保密工作部门应当责令其立即张挂；对拒不执行的吊销其《许可证》。

对定点复制单位中已不具备本办法第六条所列各项条件或不遵守本办法和其他有关保密规定的，县级以上政府的保密工作部门应当责令其停止复制活动，并没收全部非法复制品，情节严重的由发证机关吊销其《许可证》。

第二十八条 营业性印刷、复印等行业的企业和个体工商户违反本办法第十八、十九、二十条规定，不按规定向政府的保密工作部门办理注册备案手续的，县级或地级以上市的区政府的保密工作部门应当会同工商行政管理机关责令其立即补办手续，并视情节轻重，由工商行政管理机关处以五千元以下罚款。对拒不办理的，吊销其营业执照。

第二十九条 违反本办法规定造成泄露国家秘密的，应当依照有关保密法律、法规和规章追究当事人及其领导者的责任。

第六章 附　　则

第三十条 《国家秘密载体复制许可证》由国家保密局统一印制。《国家秘密载体准印证》由国家保密局规定统一格式。

第三十一条 本办法与新闻出版署等五部门（88）新出印字第1289号文件印发的《印刷行业管理暂行办法》第九条第四、五项有关秘密文件印制的管理规定不一致的，以本办法为准。

第三十二条 本办法自1990年8月1日起施行。

第三十三条 本办法由国家保密局负责解释。

关于国家秘密载体保密管理的规定

(2000年12月7日中共中央办公厅、国务院办公厅厅字〔2000〕58号通知转发《中共中央保密委员会办公室、国家保密局关于国家秘密载体保密管理的规定》)

第一章 总 则

第一条 为加强国家秘密载体的保密管理,确保国家秘密的安全,根据《中华人民共和国保守国家秘密法》及其实施办法,制定本规定。

第二条 本规定所称国家秘密载体(以下简称秘密载体),是指以文字、数据、符号、图形、图像、声音等方式记载国家秘密信息的纸介质、磁介质、光盘等各类物品。磁介质载体包括计算机硬盘、软盘和录音带、录像带等。

第三条 本规定适用于负责制作、收发、传递、使用、保存和销毁秘密载体的所有机关、单位(以下统称涉密机关、单位)。

第四条 秘密载体的保密管理,遵循严格管理、严密防范、确保安全、方便工作的原则。

第五条 涉密机关、单位应当指定专门机构或人员负责本机关、单位秘密载体的日常管理工作。

第六条 各级保密工作部门对所辖行政区域内涉密机关、单位执行本规定负有指导、监督、检查的职责。

上级机关对下级机关、单位执行本规定负有指导、监督、检查的职责。

涉密机关、单位的保密工作机构对本机关、单位执行本规定负有指导、监督、检查的职责。

第二章 秘密载体的制作

第七条 制作秘密载体,应当依照有关规定标明密级和保密期限,注明发放范围及制作数量,绝密级、机密级的应当编排顺序号。

第八条 纸介质秘密载体应当在本机关、单位内部文印室或保密工作部门审查批准的定点单位印制。

磁介质、光盘等秘密载体应当在本机关、单位内或保密工作部门审查批准的单位制作。

第九条 制作秘密载体过程中形成的不需归档的材料,应当及时销毁。

第十条　制作秘密载体的场所应当符合保密要求。使用电子设备的应当采取防电磁泄漏的保密措施。

第三章　秘密载体的收发与传递

第十一条　收发秘密载体，应当履行清点、登记、编号、签收等手续。

第十二条　传递秘密载体，应当选择安全的交通工具和交通路线，并采取相应的安全保密措施。

第十三条　传递秘密载体，应当包装密封；秘密载体的信封或者袋牌上应当标明密级、编号和收发件单位名称。

使用信封封装绝密级秘密载体时，应当使用由防透视材料制作的、周边缝有韧线的信封，信封的封口及中缝处应当加盖密封章或加贴密封条；使用袋子封装时，袋子的接缝处应当使用双线缝纫，袋口应当用铅志进行双道密封。

第十四条　传递秘密载体，应当通过机要交通、机要通信或者指派专人进行，不得通过普通邮政或非邮政渠道传递；设有机要文件交换站的城市，在市内传递机密级、秘密级秘密载体，可以通过机要文件交换站进行。

第十五条　传递绝密级秘密载体，必须按下列规定办理：

（一）送往外地的绝密级秘密载体，通过机要交通、机要通信递送。

中央部级以上，省（自治区、直辖市）、计划单列市厅级以上和解放军驻直辖市、省会（首府）、计划单列市的军级以上单位及经批准地区的要害部门相互来往的绝密级秘密载体，由机要交通传递。

不属于以上范围的绝密级秘密载体由机要通信传递。

（二）在本地传递绝密级秘密载体，由发件或收件单位派专人直接传递。

（三）传递绝密级秘密载体，实行两人护送制。

第十六条　向我驻外机构传递秘密载体，应当按照有关规定履行审批手续，通过外交信使传递。

第十七条　采用现代通信及计算机网络等手段传输国家秘密信息，应当遵守有关保密规定。

第四章　秘密载体的使用

第十八条　涉密机关、单位收到秘密载体后，由主管领导根据秘密载体的密级和制发机关、单位的要求及工作的实际需要，确定本机关、单位知悉该国家秘密人员的范围。任何机关、单位和个人不得擅自扩大国家秘密的知悉范围。

涉密机关、单位收到绝密级秘密载体后，必须按照规定的范围组织阅读和使用，并对接触和知悉绝密级秘密载体内容的人员做出文字记载。

第十九条　阅读和使用秘密载体应当在符合保密要求的办公场所进行；确需在办公场所以外阅读和使用秘密载体的，应当遵守有关保密规定。

阅读和使用绝密级秘密载体必须在指定的符合保密要求的办公场所进行。

第二十条　阅读和使用秘密载体，应当办理登记、签收手续，管理人员要随时掌握秘密载体的去向。

第二十一条　传达国家秘密时，凡不准记录、录音、录像的，传达者应当事先申明。

第二十二条　复制秘密载体，应当按照下列规定办理：

（一）复制绝密级秘密载体，应当经密级确定机关、单位或其上级机关批准；

（二）复制制发机关、单位允许复制的机密、秘密级秘密载体，应当经本机关、单位的主管领导批准；

（三）复制秘密载体，不得改变其密级、保密期限和知悉范围；

（四）复制秘密载体，应当履行登记手续；复制件应当加盖复制机关、单位的戳记，并视同原件管理；

（五）涉密机关、单位不具备复制条件的，应当到保密工作部门审查批准的定点单位复制秘密载体。

第二十三条　汇编秘密文件、资料，应当经原制发机关、单位批准，未经批准不得汇编。

经批准汇编秘密文件、资料时，不得改变原件的密级、保密期限和知悉范围；确需改变的，应当经原制发机关、单位同意。

汇编秘密文件、资料形成的秘密载体，应当按其中的最高密级和最长保密期限标志和管理。

第二十四条　摘录、引用国家秘密内容形成的秘密载体，应当按原件的密级、保密期限和知悉范围管理。

第二十五条　因工作确需携带秘密载体外出，应当符合下列要求：

（一）采取保护措施，使秘密载体始终处于携带人的有效控制之下；

（二）携带绝密级秘密载体应当经本机关、单位主管领导批准，并由两人以上同行；

（三）参加涉外活动不得携带秘密载体；因工作确需携带的，应当经本机关、单位主管领导批准，并采取严格的安全保密措施；禁止携带绝密级秘密载体参加涉外活动。

第二十六条　禁止将绝密级秘密载体携带出境；因工作需要携带机密级、秘密级秘密载体出境的，应当按照有关保密规定办理批准和携带手续。

携带涉密便携式计算机出境，按前款规定办理。

第五章　秘密载体的保存

第二十七条　保存秘密载体，应当选择安全保密的场所和部位，并配备必要的保密设备。

绝密级秘密载体应当在安全可靠的保密设备中保存，并由专人管理。

第二十八条　工作人员离开办公场所，应当将秘密载体存放在保密设备里。

第二十九条　涉密机关、单位每年应定期对当年所存秘密载体进行清查、核对，发现问题及时向保密工作部门报告。

按照规定应当清退的秘密载体，应及时如数清退，不得自行销毁。

第三十条　涉密人员、秘密载体管理人员离岗、离职前，应当将所保管的秘密载体全部清退，并办理移交手续。

第三十一条　需要归档的秘密载体，应当按照国家有关档案法律规定归档。

第三十二条　被撤销或合并的涉密机关、单位，应当将秘密载体移交给承担其原职能的机关、单位或上级机关，并履行登记、签收手续。

第六章　秘密载体的销毁

第三十三条　销毁秘密载体，应当经本机关、单位主管领导审核批准，并履行清点、登记手续。

第三十四条　销毁秘密载体，应当确保秘密信息无法还原。

销毁纸介质秘密载体，应当采用焚毁、化浆等方法处理；使用碎纸机销毁的，应当使用符合保密要求的碎纸机；送造纸厂销毁的，应当送保密工作部门指定的厂家销毁，并由送件单位两人以上押运和监销。

销毁磁介质、光盘等秘密载体，应当采用物理或化学的方法彻底销毁。

第三十五条　禁止将秘密载体作为废品出售。

第七章　罚　则

第三十六条　涉密人员或秘密载体的管理人员违反本规定，情节轻微的，由本机关、单位的保密工作机构给予批评教育；情节严重、造成重大泄密隐患的，保密工作部门应当给予通报批评，所在单位应当将其调离涉密岗位。

涉密机关、单位违反本规定造成泄密隐患的，由其所在行政区域的保密工作部门或所在系统的上级保密工作机构发出限期整改通知书;该机关、单位应当在接到通知书后 30 日内提出整改方案和措施,消除泄密隐患,并向保密工作部门和保密工作机构写出书面报告。

第三十七条　违反本规定泄露国家秘密的,按照有关规定给予责任人行政或党纪处分;情节严重构成犯罪的,依法追究刑事责任。

第八章　附　　则

第三十八条　用于记录秘密载体收发、使用、清退、销毁的登记簿,应当由有关部门指定专人妥善保管。

第三十九条　国家秘密设备和产品按照《国家秘密设备、产品的保密规定》管理。

第四十条　本规定由国家保密局负责解释。

第四十一条　本规定自 2001 年 1 月 1 日起施行,已有的秘密载体保密管理规定,凡与本规定不一致的,以本规定为准。

附录:

其他保密规定

中华人民共和国保守国家秘密法实施办法(国家保密局 1990 年 5 月 25 日颁布,1990 年 5 月 25 日实施)

中央和国家机关密码电报使用和管理的规定

国家保密局、海关总署《关于国家秘密文件、资料和其他物品出境的管理规定》

文献保密等级代码与标识 GB/T 7156—2003

国家保密局　计算机信息系统国际联网保密管理规定

国家保密局　计算机信息系统保密管理暂行规定

关于国家秘密载体保密管理的规定(厅字〔2000〕58 号,中共中央办公厅 2000 年 12 月 7 日印发)

十一　档案管理规定

中华人民共和国档案法（修正）

(1987年9月5日第六届全国人民代表大会常务委员会第二十二次会议通过，
根据1996年7月5日第八届全国人民代表大会常务委员会第二十次会议
《关于修改〈中华人民共和国档案法〉的决定》修正)

第一章　总　则

第一条　为了加强对档案的管理和收集、整理工作，有效地保护和利用档案，为社会主义现代化建设服务，制定本法。

第二条　本法所称的档案，是指过去和现在的国家机构、社会组织以及个人从事政治、军事、经济、科学、技术、文化、宗教等活动直接形成的对国家和社会有保存价值的各种文字、图表、声像等不同形式的历史记录。

第三条　一切国家机关、武装力量、政党、社会团体、企业事业单位和公民都有保护档案的义务。

第四条　各级人民政府应当加强对档案工作的领导，把档案事业的建设列入国民经济和社会发展计划。

第五条　档案工作实行统一领导、分级管理的原则，维护档案完整与安全，便于社会各方面的利用。

第二章　档案机构及其职责

第六条　国家档案行政管理部门主管全国档案事业，对全国的档案事业实行统筹规划，组织协调，统一制度，监督和指导。县级以上地方各级人民政府的档案行政管理部门主管本行政区域内的档案事业，并对本行政区域内机关、团体、企业事业单位和其他组织的档案工作实行监督和指导。乡、民族乡、镇人民政府应当指定人员负责保管本机关的档案，并对所属单位的档案工作实行监督和指导。

第七条　机关、团体、企业事业单位和其他组织的档案机构或者档案工作人员，负责保管本单位的档案，并对所属机构的档案工作实行监督和指导。

第八条　中央和县级以上地方各级各类档案馆，是集中管理档案的文化事业机构，负责接收、收集、整理、保管和提供利用各分管范围内的档案。

第九条　档案工作人员应当忠于职守，遵守纪律，具备专业知识。在档案的收集、整理、保护和提供利用等方面成绩显著的单位或者个人，由各级人民政府给予奖励。

第三章　档案的管理

第十条　对国家规定的应当立卷归档的材料，必须按照规定，定期向本单位档案机构或者档案工作人员移交，集中管理，任何个人不得据为己有。国家规定不得归档的材料，禁止擅自归档。

第十一条　机关、团体、企业事业单位和其他组织必须按照国家规定，定期向档案馆移交档案。

第十二条　博物馆、图书馆、纪念馆等单位保存的文物、图书资料同时是档案的，可以按照法律和行政法规的规定，由上述单位自行管理。档案馆与上述单位应当在档案的利用方面互相协作。

第十三条　各级各类档案馆，机关、团体、企业事业单位和其他组织的档案机构，应当建立科学的管理制度，便于对档案的利用；配置必要的设施，确保档案的安全；采用先进技术，实现档案管理的现代化。

第十四条　保密档案的管理和利用，密级的变更和解密，必须按照国家有关保密的法律和行政法规的规定办理。

第十五条　鉴定档案保存价值的原则、保管期限的标准以及销毁档案的程序和办法，由国家档案行政管理部门制定。禁止擅自销毁档案。

第十六条　集体所有的和个人所有的对国家和社会具有保存价值的或者应当保密的档案，档案所有者应当妥善保管。对于保管条件恶劣或者其他原因被认为可能导致档案严重损毁和不安全的，国家档案行政管理部门有权采取代为保管等确保档案完整和安全的措施；必要时，可以收购或者征购。前款所列档案，档案所有者可以向国家档案馆寄存或者出卖；向国家档案馆以外的任何单位或者个人出卖的，应当按照有关规定由县级以上人民政府档案行政管理部门批准。严禁倒卖牟利，严禁卖给或者赠送给外国人。向国家捐赠档案的，档案馆应当予以奖励。

第十七条 禁止出卖属于国家所有的档案。国有企业事业单位资产转让时，转让有关档案的具体办法由国家档案行政管理部门制定。档案复制件的交换、转让和出卖，按照国家规定办理。

第十八条 属于国家所有的档案和本法第十六条规定的档案以及这些档案的复制件，禁止私自携运出境。

第四章 档案的利用和公布

第十九条 国家档案馆保管的档案，一般应当自形成之日起满三十年向社会开放。经济、科学、技术、文化等类档案向社会开放的期限，可以少于三十年，涉及国家安全或者重大利益以及其他到期不宜开放的档案向社会开放的期限，可以多于三十年，具体期限由国家档案行政管理部门制订，报国务院批准施行。档案馆应当定期公布开放档案的目录，并为档案的利用创造条件，简化手续，提供方便。中华人民共和国公民和组织持有合法证明，可以利用已经开放的档案。

第二十条 机关、团体、企业事业单位和其他组织以及公民根据经济建设、国防建设、教学科研和其他各项工作的需要，可以按照有关规定，利用档案馆未开放的档案以及有关机关、团体、企业事业单位和其他组织保存的档案。利用未开放档案的办法，由国家档案行政管理部门和有关主管部门规定。

第二十一条 向档案馆移交、捐赠、寄存档案的单位和个人，对其档案享有优先利用权，并可对其档案中不宜向社会开放的部分提出限制利用的意见，档案馆应当维护他们的合法权益。

第二十二条 属于国家所有的档案，由国家授权的档案馆或者有关机关公布；未经档案馆或者有关机关同意，任何组织和个人无权公布。集体所有的和个人所有的档案，档案的所有者有权公布，但必须遵守国家有关规定，不得损害国家安全和利益，不得侵犯他人的合法权益。

第二十三条 各级各类档案馆应当配备研究人员，加强对档案的研究整理，有计划地组织编辑出版档案材料，在不同范围内发行。

第五章 法律责任

第二十四条 有下列行为之一的，由县级以上人民政府档案行政管理部门、有关主管部门对直接负责的主管人员或者其他直接责任人员依法给予行政处分；构成犯罪的，依法追究刑事责任：

（一）损毁、丢失属于国家所有的档案的；

（二）擅自提供、抄录、公布、销毁属于国家所有的档案的；

（三）涂改、伪造档案的；

（四）违反本法第十六条、第十七条规定，擅自出卖或者转让档案的；

（五）倒卖档案牟利或者将档案卖给、赠送给外国人的；

（六）违反本法第十条、第十一条规定，不按规定归档或者不按期移交档案的；

（七）明知所保存的档案面临危险而不采取措施，造成档案损失的；

（八）档案工作人员玩忽职守，造成档案损失的。

在利用档案馆的档案中，有前款第一项、第二项、第三项违法行为的，由县级以上人民政府档案行政管理部门给予警告，可以并处罚款；造成损失的，责令赔偿损失。

企业事业组织或者个人有第一款第四项、第五项违法行为的，由县级以上人民政府档案行政管理部门给予警告，可以并处罚款；有违法所得的，没收违法所得；并可以依照本法第十六条的规定征购所出卖或者赠送的档案。

第二十五条　携运禁止出境的档案或者其复制件出境的，由海关予以没收，可以并处罚款；并将没收的档案或者其复制件移交档案行政管理部门；构成犯罪的，依法追究刑事责任。

第六章　附　　则

第二十六条　本法实施办法，由国家档案行政管理部门制定，报国务院批准后施行。

第二十七条　本法自1988年1月1日起施行。

附件：

全国人民代表大会常务委员会关于修改
《中华人民共和国档案法》的决定

(1996年7月5日第八届全国人民代表大会常务委员会第二十次
会议通过，1996年7月5日中华人民共和国
主席令第71号公布，自公布之日起施行)

第八届全国人民代表大会常务委员会第二十次会议决定对《中华人民共和国档案法》作如下修改：

一、第十六条第二款修改为:"前款所列档案,档案所有者可以向国家档案馆寄存或者出卖;向国家档案馆以外的任何单位或者个人出卖的,应当按照有关规定由县级以上人民政府档案行政管理部门批准。严禁倒卖牟利,严禁卖给或者赠送给外国人。"

二、第十七条增加一款作为第二款:"国有企业事业单位资产转让时,转让有关档案的具体办法由国家档案行政管理部门制定。"

三、第十九条第二款修改为:"档案馆应当定期公布开放档案的目录,并为档案的利用创造条件,简化手续,提供方便。"

四、第二十四条修改为:"有下列行为之一的,由县级以上人民政府档案行政管理部门、有关主管部门对直接负责的主管人员或者其他直接责任人员依法给予行政处分;构成犯罪的,依法追究刑事责任:

(一)损毁、丢失属于国家所有的档案的;

(二)擅自提供、抄录、公布、销毁属于国家所有的档案的;

(三)涂改、伪造档案的;

(四)违反本法第十六条、第十七条规定,擅自出卖或者转让档案的;

(五)倒卖档案牟利或者将档案卖给、赠送给外国人的;

(六)违反本法第十条、第十一条规定,不按规定归档或者不按期移交档案的;

(七)明知所保存的档案面临危险而不采取措施,造成档案损失的;

(八)档案工作人员玩忽职守,造成档案损失的。

"在利用档案馆的档案中,有前款第一项、第二项、第三项违法行为的,由县级以上人民政府档案行政管理部门给予警告,可以并处罚款;造成损失的,责令赔偿损失。

"企业事业组织或者个人有第一款第四项、第五项违法行为的,由县级以上人民政府档案行政管理部门给予警告,可以并处罚款;有违法所得的,没收违法所得;并可以依照本法第十六条的规定征购所出卖或者赠送的档案。"

五、增加一条作为第二十五条:"携运禁止出境的档案或者其复制件出境的,由海关予以没收,可以并处罚款;并将没收的档案或者其复制件移交档案行政管理部门;构成犯罪的,依法追究刑事责任。"

本决定自公布之日起施行。

《中华人民共和国档案法》根据本决定作相应的修正,重新公布。

中华人民共和国档案法实施办法

(1990年10月24日国务院批准 1990年11月19日国家档案局第1号令发布 1999年5月5日国务院批准修订 1999年6月7日国家档案局第5号令重新发布)

第一章 总 则

第一条 根据《中华人民共和国档案法》(以下简称《档案法》)的规定,制定本办法。

第二条 《档案法》第二条所称对国家和社会有保存价值的档案,属于国家所有的,由国家档案局会同国家有关部门确定具体范围;属于集体所有、个人所有以及其他不属于国家所有的,由省、自治区、直辖市人民政府档案行政管理部门征得国家档案局同意后确定具体范围。

第三条 各级国家档案馆馆藏的永久保管档案分一、二、三级管理,分级的具体标准和管理办法由国家档案局制定。

第四条 国务院各部门经国家档案局同意,省、自治区、直辖市人民政府各部门经本级人民政府档案行政管理部门同意,可以制定本系统专业档案的具体管理制度和办法。

第五条 县级以上各级人民政府应当加强对档案工作的领导,把档案事业建设列入本级国民经济和社会发展计划,建立、健全档案机构,确定必要的人员编制,统筹安排发展档案事业所需经费。

机关、团体、企业事业单位和其他组织应当加强对本单位档案工作的领导,保障档案工作依法开展。

第六条 有下列事迹之一的,由人民政府、档案行政管理部门或者本单位给予奖励:

(一)对档案的收集、整理、提供利用做出显著成绩的;
(二)对档案的保护和现代化管理做出显著成绩的;
(三)对档案学研究做出重要贡献的;
(四)将重要的或者珍贵的档案捐赠给国家的;
(五)同违反档案法律、法规的行为作斗争,表现突出的。

第二章　档案机构及其职责

第七条　国家档案局依照《档案法》第六条第一款的规定，履行下列职责：

（一）根据有关法律、行政法规和国家有关方针政策，研究、制定档案工作规章制度和具体方针政策；

（二）组织协调全国档案事业的发展，制定发展档案事业的综合规划和专项计划，并组织实施；

（三）对有关法律、法规和国家有关方针政策的实施情况进行监督检查，依法查处档案违法行为；

（四）对中央和国家机关各部门、国务院直属企业事业单位以及依照国家有关规定不属于登记范围的全国性社会团体的档案工作，中央级国家档案馆的工作，以及省、自治区、直辖市人民政府档案行政管理部门的工作，实施监督、指导；

（五）组织、指导档案理论与科学技术研究、档案宣传与档案教育、档案工作人员培训；

（六）组织、开展档案工作的国际交流活动。

第八条　县级以上地方各级人民政府档案行政管理部门依照《档案法》第六条第二款的规定，履行下列职责：

（一）贯彻执行有关法律、法规和国家有关方针政策；

（二）制定本行政区域内的档案事业发展计划和档案工作规章制度，并组织实施；

（三）监督、指导本行政区域内的档案工作，依法查处档案违法行为；

（四）组织、指导本行政区域内档案理论与科学技术研究、档案宣传与档案教育、档案工作人员培训。

第九条　机关、团体、企业事业单位和其他组织的档案机构依照《档案法》第七条的规定，履行下列职责：

（一）贯彻执行有关法律、法规和国家有关方针政策，建立、健全本单位的档案工作规章制度；

（二）指导本单位文件、资料的形成、积累和归档工作；

（三）统一管理本单位的档案，并按照规定向有关档案馆移交档案；

（四）监督、指导所属机构的档案工作。

第十条　中央和地方各级国家档案馆，是集中保存、管理档案的文化事业机构，依照《档案法》第八条的规定，承担下列工作任务：

(一)收集和接收本馆保管范围内对国家和社会有保存价值的档案;
(二)对所保存的档案严格按照规定整理和保管;
(三)采取各种形式开发档案资源,为社会利用档案资料提供服务。

按照国家有关规定,经批准成立的其他各类档案馆,根据需要,可以承担前款规定的工作任务。

第十一条 全国档案馆的设置原则和布局方案,由国家档案局制定,报国务院批准后实施。

第三章 档案的管理

第十二条 按照国家档案局关于文件材料归档的规定,应当立卷归档的材料由单位的文书或者业务机构收集齐全,并进行整理、立卷,定期交本单位档案机构或者档案工作人员集中管理;任何人都不得据为己有或者拒绝归档。

第十三条 机关、团体、企业事业单位和其他组织,应当按照国家档案局关于档案移交的规定,定期向有关的国家档案馆移交档案。

属于中央级和省级、设区的市级国家档案馆接收范围的档案,立档单位应当自档案形成之日起满20年即向有关的国家档案馆移交;属于县级国家档案馆接收范围的档案,立档单位应当自档案形成之日起满10年即向有关的县级国家档案馆移交。

经同级档案行政管理部门检查和同意,专业性较强或者需要保密的档案,可以延长向有关档案馆移交的期限;已撤销单位的档案或者由于保管条件恶劣可能导致不安全或者严重损毁的档案,可以提前向有关档案馆移交。

第十四条 既是文物、图书资料又是档案的,档案馆可以与博物馆、图书馆、纪念馆等单位相互交换重复件、复制件或者目录,联合举办展览,共同编辑出版有关史料或者进行史料研究。

第十五条 各级国家档案馆应当对所保管的档案采取下列管理措施:
(一)建立科学的管理制度,逐步实现保管的规范化、标准化;
(二)配置适宜安全保存档案的专门库房,配备防盗、防火、防渍、防有害生物的必要设施;
(三)根据档案的不同等级,采取有效措施,加以保护和管理;
(四)根据需要和可能,配备适应档案现代化管理需要的技术设备。

机关、团体、企业事业单位和其他组织的档案保管,根据需要,参照前款规定办理。

第十六条 《档案法》第十四条所称保密档案密级的变更和解密,依照

《中华人民共和国保守国家秘密法》及其实施办法的规定办理。

第十七条　属于集体所有、个人所有以及其他不属于国家所有的对国家和社会具有保存价值的或者应当保密的档案，档案所有者可以向各级国家档案馆寄存、捐赠或者出卖。向各级国家档案馆以外的任何单位或者个人出卖、转让或者赠送的，必须报经县级以上人民政府档案行政管理部门批准；严禁向外国人和外国组织出卖或者赠送。

第十八条　属于国家所有的档案，任何组织和个人都不得出卖。

国有企业事业单位因资产转让需要转让有关档案的，按照国家有关规定办理。

各级各类档案馆以及机关、团体、企业事业单位和其他组织为了收集、交换中国散失在国外的档案、进行国际文化交流，以及适应经济建设、科学研究和科技成果推广等的需要，经国家档案局或者省、自治区、直辖市人民政府档案行政管理部门依据职权审查批准，可以向国内外的单位或者个人赠送、交换、出卖档案的复制件。

第十九条　各级国家档案馆馆藏的一级档案严禁出境。

各级国家档案馆馆藏的二级档案需要出境的，必须经国家档案局审查批准。各级国家档案馆馆藏的三级档案、各级国家档案馆馆藏的一、二、三级档案以外的属于国家所有的档案和属于集体所有、个人所有以及其他不属于国家所有的对国家和社会具有保存价值的或者应当保密的档案及其复制件，各级国家档案馆以及机关、团体、企业事业单位、其他组织和个人需要携带、运输或者邮寄出境的，必须经省、自治区、直辖市人民政府档案行政管理部门审查批准，海关凭批准文件查验放行。

第四章　档案的利用和公布

第二十条　各级国家档案馆保管的档案应当按照《档案法》的有关规定，分期分批地向社会开放，并同时公布开放档案的目录。档案开放的起始时间：

（一）中华人民共和国成立以前的档案（包括清代和清代以前的档案；民国时期的档案和革命历史档案），自本办法实施之日起向社会开放；

（二）中华人民共和国成立以来形成的档案，自形成之日起满30年向社会开放；

（三）经济、科学、技术、文化等类档案，可以随时向社会开放。

前款所列档案中涉及国防、外交、公安、国家安全等国家重大利益的档案，以及其他虽自形成之日起已满30年但档案馆认为到期仍不宜开放的档案，经上一级档案行政管理部门批准，可以延期向社会开放。

第二十一条　各级各类档案馆提供社会利用的档案，应当逐步实现以缩微品代替原件。档案缩微品和其他复制形式的档案载有档案收藏单位法定代表人的签名或者印章标记的，具有与档案原件同等的效力。

第二十二条　《档案法》所称档案的利用，是指对档案的阅览、复制和摘录。

中华人民共和国公民和组织，持有介绍信或者工作证、身份证等合法证明，可以利用已开放的档案。

外国人或者外国组织利用中国已开放的档案，须经中国有关主管部门介绍以及保存该档案的档案馆同意。

机关、团体、企业事业单位和其他组织以及中国公民利用档案馆保存的未开放的档案，须经保存该档案的档案馆同意，必要时还须经有关的档案行政管理部门审查同意。

机关、团体、企业事业单位和其他组织的档案机构保存的尚未向档案馆移交的档案，其他机关、团体、企业事业单位和组织以及中国公民需要利用的，须经档案保存单位同意。

各级各类档案馆应当为社会利用档案创造便利条件。提供社会利用的档案，可以按照规定收取费用。收费标准由国家档案局会同国务院价格管理部门制定。

第二十三条　《档案法》第二十二条所称档案的公布，是指通过下列形式首次向社会公开档案的全部或者部分原文，或者档案记载的特定内容：

（一）通过报纸、刊物、图书、声像、电子等出版物发表；

（二）通过电台、电视台播放；

（三）通过公众计算机信息网络传播；

（四）在公开场合宣读、播放；

（五）出版发行档案史料、资料的全文或者摘录汇编；

（六）公开出售、散发或者张贴档案复制件；

（七）展览、公开陈列档案或者其复制件。

第二十四条　公布属于国家所有的档案，按照下列规定办理：

（一）保存在档案馆的，由档案馆公布；必要时，应当征得档案形成单位同意或者报经档案形成单位的上级主管机关同意后公布；

（二）保存在各单位档案机构的，由各单位公布；必要时，应当报经其上级主管机关同意后公布；

（三）利用属于国家所有的档案的单位和个人，未经档案馆、档案保存单位同意或者前两项所列主管机关的授权或者批准，均无权公布档案。

属于集体所有、个人所有以及其他不属于国家所有的对国家和社会具有保存价值的档案，其所有者向社会公布时，应当遵守国家有关保密的规定，不得损害国家的、社会的、集体的和其他公民的利益。

第二十五条 各级国家档案馆对寄存档案的公布和利用，应当征得档案所有者同意。

第二十六条 利用、公布档案，不得违反国家有关知识产权保护的法律规定。

第五章 罚 则

第二十七条 有下列行为之一的，由县级以上人民政府档案行政管理部门责令限期改正；情节严重的，对直接负责的主管人员或者其他直接责任人员依法给予行政处分：

（一）将公务活动中形成的应当归档的文件、资料据为己有，拒绝交档案机构、档案工作人员归档的；

（二）拒不按照国家规定向国家档案馆移交档案的；

（三）违反国家规定擅自扩大或者缩小档案接收范围的；

（四）不按照国家规定开放档案的；

（五）明知所保存的档案面临危险而不采取措施，造成档案损失的；

（六）档案工作人员、对档案工作负有领导责任的人员玩忽职守，造成档案损失的。

第二十八条 《档案法》第二十四条第二款、第三款规定的罚款数额，根据有关档案的价值和数量，对单位为1万元以上10万元以下，对个人为500元以上5000元以下。

第二十九条 违反《档案法》和本办法，造成档案损失的，由县级以上人民政府档案行政管理部门、有关主管部门根据损失档案的价值，责令赔偿损失。

第六章 附 则

第三十条 中国人民解放军的档案工作，根据《档案法》和本办法确定的原则管理。

第三十一条 本办法自发布之日起施行。

文书档案案卷格式

The filing forms of administrative records

(国家质量监督检验检疫总局 2008 年发布)

目　次

前言
1. 范围
2. 术语和定义
   2.1　文书档案
3. 案卷卷皮格式
   3.1　硬卷皮格式
     3.1.1　硬卷皮外形尺寸
     3.1.2　案卷封面项目
     3.1.3　封面项目的填写方法
     3.1.4　卷脊项目
   3.2　软卷皮格式
     3.2.1　软卷皮外形尺寸
     3.2.2　软卷皮封面项目
     3.2.3　软卷皮封二项目
     3.2.4　软卷皮封三项目
   3.3　卷盒格式
     3.3.1　卷盒外形尺寸
     3.3.2　卷盒封面和卷脊格式
   3.4　填写要求
4. 卷内文件目录格式
   4.1　目录用纸幅面尺寸
   4.2　页边与文字区尺寸
   4.3　卷内文件目录项目
   4.4　卷内文件目录填写方法
5. 卷内备考表格式
   5.1　卷内备考表外形尺寸及页边与文字区尺寸
   5.2　卷内备考表项目

5.3 卷内备考表填写方法
6. 案卷各部分的排列格式
7. 文书档案案卷格式监制
附录A（规范性附录） 硬卷皮外形尺寸
附录B（规范性附录） 硬卷皮封面项目
附录C（规范性附录） 硬卷皮卷脊项目
附录D（规范性附录） 软卷皮封面项目
附录E（规范性附录） 软卷皮封二项目
附录F（规范性附录） 卷盒格式
  图F.1 卷盒外形尺寸
  图F.2 卷盒打开形态
  图F.3 卷盒关闭形态
附录G（规范性附录） 卷盒卷脊格式
附录H（规范性附录） 卷内文件目录格式
附录I（规范性附录） 档号章格式
附录J（规范性附录） 卷内备考表格式

前　　言

本标准从实施之日起代替 GB/T 9705—88。

本标准与 GB/T 9705—88 相比主要变化如下：

——标准的总体编排和结构按 GB/T 1.1—2000 进行了修改；

——增加了目次和前言；

——修改了硬卷皮封面和封底尺寸、软卷皮封皮和封底尺寸、卷盒尺寸和卷内目录用纸尺寸；

——增加"归档号"为硬卷皮卷脊项目；

——调整档号章项目，并增加档号章的填写要求。

本标准的附录A、附录B、附录C、附录D、附录E、附录F、附录G、附录H、附录I、附录J是规范性附录。

本标准由国家档案局提出并归口。

本标准起草单位：国家档案局、厦门市档案局。

本标准主要起草人：曹丽、宋扬、朱燕秋、丁德胜。

本标准于1988年9月5日首次发布，2008年第一次修订。

1. 范围

本标准规定了文书档案案卷格式的基本内容，并对其构成和填写方法提出要求。

本标准适用于我国各级档案馆（室）和文书处理部门。

2. 术语和定义

下列术语和定义适用于本标准。

2.1　文书档案（administrative archives）

反映党务、行政管理等活动的档案。

3. 案卷卷皮格式

文书档案案卷卷皮分两种，一种是硬卷皮，一种是软卷皮。

3.1　硬卷皮格式

3.1.1　硬卷皮外形尺寸

封面尺寸规格采用 310mm×220mm。

封底尺寸同封面尺寸。

封底三边（上、下、翻口处）要另有 70mm 宽的折叠纸舌。

卷脊可根据需要分别设 10、15、20mm 三种厚度。

用于成卷装订的卷皮，上、下侧装订处要各有 20mm 宽的装订纸舌（见附录 A）。

本标准推荐使用 250 克牛皮纸制作案卷硬卷皮。

3.1.2　案卷封面项目

封面项目包括：全宗名称、类目名称、案卷题名、时间、保管期限、件、页数、归档号、档号。各项目具体位置、尺寸（见附录 B）。

3.1.3　封面项目的填写方法

3.1.3.1　全宗名称

全宗名称等同于立档单位的名称。填写全宗名称必须用全称或通用简称。如"中国共产党中央委员会"简称为"中共中央"；"中华人民共和国外交部"简称为"外交部"；"河北省人民政府人事局"简称为"河北省人事局"。不得简称为"本部"、"本委"、"本省人事局"等。

3.1.3.2　类目名称

类目名称指全宗内分类方案的第一级类目名称。在一个全宗内应按统一的方案分类，并应保持分类体系的稳定性。

3.1.3.3　案卷题名

案卷题名即案卷标题，一般由立卷人自拟。案卷题名应当准确概括本卷文件的主要制发机关、内容、文种。文字应力求简练、明确。

3.1.3.4 时间：卷内文件所属的起止年月。

3.1.3.5 保管期限：立卷时划定的案卷保管期限，一般由立卷人填写。

3.1.3.6 件、页数：装订的案卷要填写总页数，不装订的案卷要填写本卷的总件数。

3.1.3.7 归档号：填写文书处理号，由立卷人填写。

3.1.3.8 档号的编制

封面档号由全宗号、目录号、案卷号组成。

全宗号：档案馆指定给立档单位的编号。

目录号：全宗内案卷所属目录的编号，在同一个全宗内不允许出现重复的案卷目录号。

案卷号：目录内案卷的顺序编号，在同一个案卷目录内不允许出现重复的案卷号。

3.1.4 卷脊项目

卷脊项目包括：全宗号、目录号、年度、案卷号、归档号，其排列格式尺寸见附录C。

3.2 软卷皮格式

使用软卷皮装订的案卷，必须装入卷盒内保存。

3.2.1 软卷皮外形尺寸

软卷皮设封皮和封底，其封皮和封底可根据需要采用长宽为 310mm × 220mm 的规格见附录 D。

3.2.2 软卷皮封面项目

软卷皮封面项目及填写方法均同硬卷皮格式。封面项目尺寸、位置见附录 D。

3.2.3 软卷皮封二项目

软卷皮封二印制项目包括：顺序号、文号、责任者、题名、日期、页号、备注。各项目具体位置、尺寸见附录 E。

软卷皮封二项目的填写方法同 4.4 卷内文件目录填写方法。

3.2.4 软卷皮封三项目

软卷皮封三项目包括：本卷情况说明、立卷人、检查人、立卷时间，其尺寸位置见附录 J。

软卷皮封三项目的填写方法同 5.3 卷内备考表填写方法。

3.3 卷盒格式

3.3.1 卷盒外形尺寸

采用310mm×220mm（长×宽），其高度可根据需要分别设置30mm、40mm或50mm的规格。在盒盖翻口处中部要设置绳带，使盒盖能紧扣住卷盒（见附录F图F.1、图F.2、图F.3）。

3.3.2 卷盒封面和卷脊格式

卷盒封面为空白面。

卷脊项目包括全宗名称、目录号、年度、起止卷号。

其中起止卷号填写××－×卷，其余项目的填写方法同硬卷皮格式。各项目具体位置、尺寸见附录G。

3.4 填写要求

填写案卷封面及卷脊时一律使用碳素墨水或蓝黑墨水字迹材料，字迹要求工整。

4. 卷内文件目录格式

4.1 目录用纸幅面尺寸

采用国际标准A4型（即长×宽为297mm×210mm）。

4.2 页边与文字区尺寸

卷内目录用纸上白边（天头）宽20±0.5mm

卷内目录用纸下白边（地脚）宽15±0.5mm

卷内目录用纸左白边（订口）宽25±0.5mm

卷内目录用纸右白边（翻口）宽15±0.5mm（见附录H）

4.3 卷内文件目录项目

包括：顺序号、文号、责任者、题名、日期、页号、备注。各项目具体位置、尺寸见附录H。

4.4 卷内文件目录填写方法

4.4.1 顺序号：以卷内文件排列先后顺次填写的序号，亦即件号。

4.4.2 文号：文件制发机关的发文字号。

4.4.3 责任者：对档案内容进行创造或负有责任的团体和个人，亦即文件的署名者。

机关团体责任者一般要著录全称，在全称字数太多的情况下可以著录统一规范的通用简称，不得著录"本市"、"本局"。个人责任者一般只著录姓名，必要时在姓名后著录对档案负有责任的职务、职称或其他身份，并用"（ ）"表示。

联合行文的责任者，应著录列于首位的责任者，立档单位本身是责任者的必须著录，被省略的责任者用"［等］"表示，两个责任者之间的间隔用"；"。

4.4.4 题名：即文件的标题，一般应照实抄录。没有标题或标题不能说明文件内容的文件，可自拟标题，外加"［ ］"号。

4.4.5 日期：文件的形成时间。填写时可省略"年"、"月"、"日"字。时间以8位数字表示，其中前4位表示年，中间2位表示月，后2位表示日，月日不足两位的，前面补"0"。

4.4.6 页号：卷内文件所在之页的编号。

4.4.7 单份装订的案卷应逐件加盖档号章。档号章的位置在每件文件首页上端空白处，归档章设置全宗号、年度、保管期限、件号等必备项，并可设置机构（问题）等选择项（见附录I）。

4.4.8 备注：留待对卷内文件变化时作说明之用。

5. 卷内备考表格式

5.1 卷内备考表外形尺寸及页边与文字区尺寸

均同卷内目录（见附录J）。

5.2 卷内备考表项目

包括：本卷情况说明、立卷人、检查人、立卷时间。各项目具体位置、尺寸见附录J。

5.3 卷内备考表填写方法

5.3.1 本卷情况说明：填写卷内文件缺损、修改、补充、移出、销毁等情况。案卷立好以后发生或发现的问题由有关的档案管理人员填写并签名、标注时间。

5.3.2 立卷人：由责任立卷者签名。

5.3.3 检查人：由案卷质量审核者签名。

5.3.4 立卷时间：立卷完成的日期。

6. 案卷各部分的排列格式

6.1 使用硬卷皮组卷，无论装订与否，其案卷各部分的排列格式均是：案卷封面—卷内文件目录—文件—备考表—封底。

6.2 使用软卷皮组卷，其案卷各部分按下列格式排列：软卷封面（含卷内文件目录）—文件—封底（含备考表），以案卷号排列次序装入卷盒保存。

7. 文书档案案卷格式监制

7.1 文书档案案卷的硬卷皮、软卷皮、卷盒、卷内文件目录、备考表的监制权属于各级档案局。

7.2 在卷皮封底的下部应印上"由××档案局监制"的字样。

（附录略）

归档文件整理规则

（中华人民共和国档案行业标准归档文件整理规则 DAT/22—2000
中华人民共和国国家档案局 2000 年 12 月 6 日批准，2001 年 1 月 1 日实施）

1. 范围

本标准规定了归档文件整理的原则和方法。

本标准适用于各级机关、团体和其他社会组织。

2. 定义

本标准采用下列定义。

2.1 归档文件

立档单位在其职能活动中形成的、办理完毕、应作为文书档案保存的各种纸质文件材料。

2.2 归档文件整理

将归档文件以件为单位进行装订、分类、排列、编号、编目、装盒，使之有序化的过程。

2.3 件

归档文件的整理单位。一般以每份文件为一件，文件正本与定稿为一件，正文与附件为一件，原件与复制件为一件，转发文与被转发文为一件，报表、名册、图册等一册（本）为一件，来文与复文可为一件。

3. 整理原则

遵循文件的形成规律，保持文件之间的有机联系，区分不同价值，便于保管和利用。

4. 质量要求

4.1 归档文件应齐全完整。已破损的文件应予修整，字迹模糊或易退变的文件应予复制。

4.2 整理归档文件所使用的书写材料、纸张、装订材料等应符合档案保护要求。

5. 整理方法

5.1 装订

归档文件应按件装订。装订时，正本在前，定稿在后；正文在前，附件在后；原件在前，复制件在后；转发文在前，被转发文在后；来文与复文作为一件时，复文在前，来文在后。

5.2 分类

归档文件可以采用年度—机构（问题）—保管期限或保管期限—年度—机构（问题）等方法进行分类。同一全宗应保持分类方案的稳定。

5.2.1 按年度分类

将文件按其形成年度分类。

5.2.2 按保管期限分类

将文件按划定的保管期限分类。

5.2.3 按机构（问题）分类

将文件按其形成或承办机构（问题）分类（本项可以视情况予以取舍）。

5.3 排列

归档文件应在分类方案的最低一级类目内，按事由结合时间、重要程度等排列。会议文件、统计报表等成套性文件可集中排列。

5.4 编号

归档文件应依分类方案和排列顺序逐件编号，在文件首页上端的空白位置加盖归档章并填写相关内容。归档章设置全宗号、年度、保管期限、件号等必备项，并可设置机构（问题）等选择项（见图 A1。图示中"＊"号栏为选择项，不选用时无须设置。下同）。

5.4.1 全宗号：档案馆给立档单位编制的代号。

5.4.2 年度：文件形成年度，以四位阿拉伯数字标注公元纪年，如 1978。

5.4.3 保管期限：归档文件保管期限的简称或代码。

5.4.4 件号：文件的排列顺序号。

件号包括室编件号和馆编件号，分别在归档文件整理和档案移交进馆时编制。室编件号的编制方法为：在分类方案的最低一级类目内，按文件排列顺序从"1"开始标注。

馆编件号按进馆要求标注。

5.4.5 机构（问题）：作为分类方案类目的机构（问题）名称或规范化简称。

5.5 编目

归档文件应依据分类方案和室编件号顺序编制归档文件目录。

5.5.1 归档文件应逐件编目。来文与复文作为一件时，只对复文进行编目。归档文件目录设置件号、责任者、文号、题名、日期、页数、备注等项目（见图A2）。

5.5.1.1 件号：填写室编件号。

5.5.1.2 责任者：制发文件的组织或个人，即文件的发文机关或署名者。

5.5.1.3 文号：文件的发文字号。

5.5.1.4 题名：文件标题。没有标题或标题不规范的，可自拟标题，外加"[　]"。

5.5.1.5 日期：文件的形成时间，以8位阿拉伯数字标注年月日，如19990909。

5.5.1.6 页数：每一件归档文件的页数。文件中有图文的页面为一页。

5.5.1.7 备注：注释文件需说明的情况。

5.5.2 归档文件目录用纸幅面尺寸采用国际标准A4型（长×宽为297mm×210mm）。

5.5.3 归档文件目录应装订成册并编制封面。归档文件目录封面可以视需要设置全宗名称、年度、保管期限、机构（问题）等项目（见图A3）。其中全宗名称即立档单位的名称，填写时应使用全称或规范化简称。

5.6 装盒

将归档文件按室编件号顺序装入档案盒，并填写档案盒封面、盒脊及备考表项目。

5.6.1 档案盒

5.6.1.1 档案盒封面应标明全宗名称。档案盒的外形尺寸为310mm×220mm（长×宽），盒脊厚度可以根据需要设置为20mm、30mm、40mm等（见图 A4（a））。

5.6.1.2　档案盒应根据摆放方式的不同，在盒脊或底边设置全宗号、年度、保管期限、起止件号、盒号等必备项，并可设置机构（问题）等选择项（见图 A4（b）、图 A4（c））。其中，起止件号填写盒内第一件文件和最后一件文件的件号，中间用"－"连接，盒号即档案盒的排列顺序号，在档案移交进馆时按进馆要求编制。

5.6.1.3　档案盒应采用无酸纸制作。

5.6.2　备考表

备考表置于盒内文件之后，项目包括盒内文件情况说明、整理人、检查人和日期（见图 A5）。

5.6.2.1　盒内文件情况说明：填写盒内文件缺损、修改、补充、移出、销毁等情况。

5.6.2.2　整理人：负责整理归档文件的人员姓名。

5.6.2.3　检查人：负责检查归档文件整理质量的人员姓名。

5.6.2.4　日期：归档文件整理完毕的日期。

（附录略）

（2000 年 12 月 6 日批准　2001 年 1 月 1 日实施）

附录：

其他档案管理相关文件篇目

机关档案工作业务建设实施办法

档案行政许可程序规定（国家档案局 2005 年 5 月 17 日发布，2005 年 7 月 1 日实施）

档案缩微品制作记录格式和要求（国家档案局〔2002〕29 号）

档案缩微品保管规范（国家档案局〔1999〕21 号，1999 年 5 月 31 日发布）

企业档案管理规定（国家档案局〔2002〕5 号）

机关文件材料归档和不归档的范围（1987 年 12 月 4 日国家档案局发布，自 1987 年 12 月 4 日起施行）

国家档案局　国家知识产权局关于加强知识产权档案管理的意见（国家档

案局 2009 年 3 月 10 日下发）

档案修裱技术规范（国家档案局〔2000〕25 号，2000 年 12 月 6 日批准，2001 年 1 月 1 日实施）

档案虫霉防治一般规则（国家档案局〔2007〕35 号，2007 年 6 月 6 日发布，2007 年 7 月 1 日实施）

磁性载体档案管理与保护规范（国家档案局 1996 年 2 月 26 日发布，1996 年 10 月 1 日实施）

文书档案保管期限表

国家电子政务工程建设项目文件归档范围和保管期限表

全宗卷规范 DA/T 12 – 1994

档案著录规则（国家档案局〔1999〕18 号）

档案主题标引规则（国家档案局〔1999〕19 号）

档号编制规则（国家档案局〔1994〕13 号）

档案工作基本术语（国家档案局〔2000〕1 号）

国家技术监督局标准档案管理办法（国家技术监督局令第 10 号发布）

照片档案管理规范（国家技术监督局批 1989 年 10 月 25 日批准，1990 年 7 月 10 日实施）

档案交接文件格式（1992 年 12 月 17 日发布，国家技术监督局 1993 年 7 月 1 日实施）

国家档案局《电子文件归档与电子档案管理办法》（GB/T 18894 – 2002）

文献档案资料数字化工作导则（2007 年 3 月 1 日实施）

国家档案局　电子公文归档管理暂行办法（国家档案局第 6 号令）

电子公文文档一体化业务流程管理规范

十二　电子公文处理规定

中华人民共和国电子签名法

(2004年8月28日第十届全国人民代表大会常务委员会第十一次会议通过)

第一章　总　　则

第一条　为了规范电子签名行为，确立电子签名的法律效力，维护有关各方的合法权益，制定本法。

第二条　本法所称电子签名，是指数据电文中以电子形式所含、所附用于识别签名人身份并表明签名人认可其中内容的数据。

本法所称数据电文，是指以电子、光学、磁或者类似手段生成、发送、接收或者储存的信息。

第三条　民事活动中的合同或者其他文件、单证等文书，当事人可以约定使用或者不使用电子签名、数据电文。

当事人约定使用电子签名、数据电文的文书，不得仅因为其采用电子签名、数据电文的形式而否定其法律效力。

前款规定不适用下列文书：

（一）涉及婚姻、收养、继承等人身关系的；

（二）涉及土地、房屋等不动产权益转让的；

（三）涉及停止供水、供热、供气、供电等公用事业服务的；

（四）法律、行政法规规定的不适用电子文书的其他情形。

第二章　数 据 电 文

第四条　能够有形地表现所载内容，并可以随时调取查用的数据电文，视为符合法律、法规要求的书面形式。

第五条　符合下列条件的数据电文，视为满足法律、法规规定的原件形式要求：

（一）能够有效地表现所载内容并可供随时调取查用；

（二）能够可靠地保证自最终形成时起，内容保持完整、未被更改。但是，在数据电文上增加背书以及数据交换、储存和显示过程中发生的形式变化不影响数据电文的完整性。

第六条　符合下列条件的数据电文，视为满足法律、法规规定的文件保存要求：

（一）能够有效地表现所载内容并可供随时调取查用；

（二）数据电文的格式与其生成、发送或者接收时的格式相同，或者格式不相同但是能够准确表现原来生成、发送或者接收的内容；

（三）能够识别数据电文的发件人、收件人以及发送、接收的时间。

第七条　数据电文不得仅因为其是以电子、光学、磁或者类似手段生成、发送、接收或者储存的而被拒绝作为证据使用。

第八条　审查数据电文作为证据的真实性，应当考虑以下因素：

（一）生成、储存或者传递数据电文方法的可靠性；

（二）保持内容完整性方法的可靠性；

（三）用以鉴别发件人方法的可靠性；

（四）其他相关因素。

第九条　数据电文有下列情形之一的，视为发件人发送：

（一）经发件人授权发送的；

（二）发件人的信息系统自动发送的；

（三）收件人按照发件人认可的方法对数据电文进行验证后结果相符的。

当事人对前款规定的事项另有约定的，从其约定。

第十条　法律、行政法规规定或者当事人约定数据电文需要确认收讫的，应当确认收讫。发件人收到收件人的收讫确认时，数据电文视为已经收到。

第十一条　数据电文进入发件人控制之外的某个信息系统的时间，视为该数据电文的发送时间。

收件人指定特定系统接收数据电文的，数据电文进入该特定系统的时间，视为该数据电文的接收时间；未指定特定系统的，数据电文进入收件人的任何系统的首次时间，视为该数据电文的接收时间。

当事人对数据电文的发送时间、接收时间另有约定的，从其约定。

第十二条　发件人的主营业地为数据电文的发送地点，收件人的主营业地为数据电文的接收地点。没有主营业地的，其经常居住地为发送或者接收地点。

当事人对数据电文的发送地点、接收地点另有约定的，从其约定。

第三章 电子签名与认证

第十三条 电子签名同时符合下列条件的，视为可靠的电子签名：

（一）电子签名制作数据用于电子签名时，属于电子签名人专有；

（二）签署时电子签名制作数据仅由电子签名人控制；

（三）签署后对电子签名的任何改动能够被发现；

（四）签署后对数据电文内容和形式的任何改动能够被发现。

当事人也可以选择使用符合其约定的可靠条件的电子签名。

第十四条 可靠的电子签名与手写签名或者盖章具有同等的法律效力。

第十五条 电子签名人应当妥善保管电子签名制作数据。电子签名人知悉电子签名制作数据已经失密或者可能已经失密时，应当及时告知有关各方，并终止使用该电子签名制作数据。

第十六条 电子签名需要第三方认证的，由依法设立的电子认证服务提供者提供认证服务。

第十七条 提供电子认证服务，应当具备下列条件：

（一）具有与提供电子认证服务相适应的专业技术人员和管理人员；

（二）具有与提供电子认证服务相适应的资金和经营场所；

（三）具有符合国家安全标准的技术和设备；

（四）具有国家密码管理机构同意使用密码的证明文件；

（五）法律、行政法规规定的其他条件。

第十八条 从事电子认证服务，应当向国务院信息产业主管部门提出申请，并提交符合本法第十七条规定条件的相关材料。国务院信息产业主管部门接到申请后经依法审查，征求国务院商务主管部门等有关部门的意见后，自接到申请之日起四十五日内作出许可或者不予许可的决定。予以许可的，颁发电子认证许可证书；不予许可的，应当书面通知申请人并告知理由。

申请人应当持电子认证许可证书依法向工商行政管理部门办理企业登记手续。

取得认证资格的电子认证服务提供者，应当按照国务院信息产业主管部门的规定在互联网上公布其名称、许可证号等信息。

第十九条 电子认证服务提供者应当制定、公布符合国家有关规定的电子认证业务规则，并向国务院信息产业主管部门备案。

电子认证业务规则应当包括责任范围、作业操作规范、信息安全保障措施等事项。

第二十条 电子签名人向电子认证服务提供者申请电子签名认证证书，应当提供真实、完整和准确的信息。

电子认证服务提供者收到电子签名认证证书申请后，应当对申请人的身份进行查验，并对有关材料进行审查。

第二十一条 电子认证服务提供者签发的电子签名认证证书应当准确无误，并应当载明下列内容：

（一）电子认证服务提供者名称；

（二）证书持有人名称；

（三）证书序列号；

（四）证书有效期；

（五）证书持有人的电子签名验证数据；

（六）电子认证服务提供者的电子签名；

（七）国务院信息产业主管部门规定的其他内容。

第二十二条 电子认证服务提供者应当保证电子签名认证证书内容在有效期内完整、准确，并保证电子签名依赖方能够证实或者了解电子签名认证证书所载内容及其他有关事项。

第二十三条 电子认证服务提供者拟暂停或者终止电子认证服务的，应当在暂停或者终止服务九十日前，就业务承接及其他有关事项通知有关各方。

电子认证服务提供者拟暂停或者终止电子认证服务的，应当在暂停或者终止服务六十日前向国务院信息产业主管部门报告，并与其他电子认证服务提供者就业务承接进行协商，作出妥善安排。

电子认证服务提供者未能就业务承接事项与其他电子认证服务提供者达成协议的，应当申请国务院信息产业主管部门安排其他电子认证服务提供者承接其业务。

电子认证服务提供者被依法吊销电子认证许可证书的，其业务承接事项的处理按照国务院信息产业主管部门的规定执行。

第二十四条 电子认证服务提供者应当妥善保存与认证相关的信息，信息保存期限至少为电子签名认证证书失效后五年。

第二十五条 国务院信息产业主管部门依照本法制定电子认证服务业的具体管理办法，对电子认证服务提供者依法实施监督管理。

第二十六条 经国务院信息产业主管部门根据有关协议或者对等原则核准后，中华人民共和国境外的电子认证服务提供者在境外签发的电子签名认证证书与依照本法设立的电子认证服务提供者签发的电子签名认证证书具有同等的法律效力。

第四章 法律责任

第二十七条 电子签名人知悉电子签名制作数据已经失密或者可能已经失密未及时告知有关各方、并终止使用电子签名制作数据，未向电子认证服务提供者提供真实、完整和准确的信息，或者有其他过错，给电子签名依赖方、电子认证服务提供者造成损失的，承担赔偿责任。

第二十八条 电子签名人或者电子签名依赖方因依据电子认证服务提供者提供的电子签名认证服务从事民事活动遭受损失，电子认证服务提供者不能证明自己无过错的，承担赔偿责任。

第二十九条 未经许可提供电子认证服务的，由国务院信息产业主管部门责令停止违法行为；有违法所得的，没收违法所得；违法所得三十万元以上的，处违法所得一倍以上三倍以下的罚款；没有违法所得或者违法所得不足三十万元的，处十万元以上三十万元以下的罚款。

第三十条 电子认证服务提供者暂停或者终止电子认证服务，未在暂停或者终止服务六十日前向国务院信息产业主管部门报告的，由国务院信息产业主管部门对其直接负责的主管人员处一万元以上五万元以下的罚款。

第三十一条 电子认证服务提供者不遵守认证业务规则、未妥善保存与认证相关的信息，或者有其他违法行为的，由国务院信息产业主管部门责令限期改正；逾期未改正的，吊销电子认证许可证书，其直接负责的主管人员和其他直接责任人员十年内不得从事电子认证服务。吊销电子认证许可证书的，应当予以公告并通知工商行政管理部门。

第三十二条 伪造、冒用、盗用他人的电子签名，构成犯罪的，依法追究刑事责任；给他人造成损失的，依法承担民事责任。

第三十三条 依照本法负责电子认证服务业监督管理工作的部门的工作人员，不依法履行行政许可、监督管理职责的，依法给予行政处分；构成犯罪的，依法追究刑事责任。

第五章 附 则

第三十四条 本法中下列用语的含义：

（一）电子签名人，是指持有电子签名制作数据并以本人身份或者以其所代表的人的名义实施电子签名的人；

（二）电子签名依赖方，是指基于对电子签名认证证书或者电子签名的信赖从事有关活动的人；

（三）电子签名认证证书，是指可证实电子签名人与电子签名制作数据有联系的数据电文或者其他电子记录；

（四）电子签名制作数据，是指在电子签名过程中使用的，将电子签名与电子签名人可靠地联系起来的字符、编码等数据；

（五）电子签名验证数据，是指用于验证电子签名的数据，包括代码、口令、算法或者公钥等。

第三十五条　国务院或者国务院规定的部门可以依据本法制定政务活动和其他社会活动中使用电子签名、数据电文的具体办法。

第三十六条　本法自 2005 年 4 月 1 日起施行。

电子公文传输管理办法

（国务院办公厅国办函〔2003〕65 号发布，2003 年 10 月 1 日起施行）

第一章　总　　则

第一条　根据《国家行政机关公文处理办法》的有关规定，为使国务院办公厅和各地区、各部门之间电子公文传输工作规范化，确保电子公文传输的安全有效，制定本办法。

第二条　电子公文是指通过国务院办公厅统一配置的电子公文传输系统处理后形成的具有规范格式的公文的电子数据。

第三条　电子公文传输指电子公文的生成、发送、接收过程。

第四条　国务院办公厅秘书局负责对电子公文传输工作进行指导和检查。各地区、各部门办公厅（室）主管本单位的电子公文传输工作。

第五条　电子公文与相同内容的纸质公文具有同等法定效力。

电子公文的处理应当符合《国家行政机关公文处理办法》的有关规定。

第二章　电子公文的传输

第六条　电子公文的传输应当在"全国政府系统办公业务资源网"平台上进行。各地区、各部门办公厅（室）按照系统命名规范，建立各自的公文发送、接收专门用户，并向国务院办公厅秘书局备案。

第七条　传输电子公文应当使用国务院办公厅统一提供的以下设备和软件：

（一）电子公文传输系统（包括：密码设备，公文发送、接收管理系统软件）；

（二）彩色激光打印机。

第八条　电子公文传输系统所用密钥、IC卡等密码设备应当按照中办机要局的要求管理：

（一）电子公文传输系统配用的"公章密钥库盘"、"系统管理卡"、"公章卡"、"用户卡"，是系统重要的保密部件，必须指定专人管理，正确使用，确保安全。

（二）国务院办公厅使用中办机要局制发的"公章密钥库盘"，各地区、各部门使用中办机要局制发的"系统管理卡"。

（三）各地区、各部门使用的"公章卡"和"用户卡"，由国务院办公厅负责制发。

（四）电子公文传输系统密码的安装及密钥的定期更换：省（区、市）人民政府与省（区、市）委机要局联系办理；国务院部门与中办机要局技术服务中心联系办理。

各省（区、市）人民政府、国务院各部门办公厅（室）应将密钥更换情况报国务院办公厅秘书局备案。

第九条　拟传输的公文由发送单位负责传输工作的部门通过电子公文传输系统生成电子公文，经部门负责人核批后，通过"全国政府系统办公业务资源网"发送至接收单位。

第十条　电子公文发送后，发送单位应当在24小时内对所发公文的接收情况进行查询；对接收单位退回的电子公文应及时签收，发现问题应及时与接收单位联系解决。

第十一条　接收电子公文的单位应当对公文的发送单位、公文的完整性和体例格式等审核无误后方可接收，对紧急公文应及时签收办理。对不能正常接收的电子公文，接收单位应及时与发送单位联系解决。

第三章　电子印章的制发与管理

第十二条　各地区、各部门的电子印章由国务院办公厅统一制作、颁发，不得擅自制作使用。对电子印章的管理等同于实物印章。

第十三条　各地区、各部门办公厅（室）应指定专人负责保管和使用电子印章。

第十四条　电子印章由指定人员在专用计算机上使用。

第四章 安全保密

第十五条 绝密级公文不得以电子公文的形式传输。

第十六条 电子公文传输工作人员不得向无关人员透露操作程序或提供电子印章软盘等相关设备和软件。

第十七条 用于电子公文传输的计算机及其相关设备应指定专人管理和维护，严禁与国际互联网联接。

第五章 其 他

第十八条 电子公文应当存放于指定的服务器，指定专人严格管理，未经文件运转部门负责人同意，不得修改、删除和打印。

第十九条 电子公文的归档按照国家档案部门的有关规定执行。

第二十条 各部门的电子简报传输工作参照此办法执行。

第二十一条 各地区、各部门在本地区或本系统内开展电子公文传输工作应当参照此办法，并遵循以下原则：

（一）保证电子公文及电子印章的完整性、安全性及严肃性；

（二）所使用的电子公文传输系统，须经国家安全保密主管部门认可；

（三）所使用的电子公文传输系统，必须与国办配发的电子公文传输系统具有良好的兼容性，经国务院办公厅秘书局认可后，方可投入使用。

第二十二条 本办法由国务院办公厅秘书局负责解释。

第二十三条 本办法自 2003 年 10 月 1 日起施行。

电子公文归档管理暂行办法

（国家档案局 2003 年 7 月 28 日公布，2003 年 9 月 1 日施行）

第一条 为了加强对电子公文的归档管理，有效维护电子公文的真实性、完整性、安全性和可识别性，根据《中华人民共和国档案法》、《中华人民共和国档案法实施办法》和《国家行政机关公文处理办法》，制定本办法。

第二条 本办法所称的电子公文，是指各地区、各部门通过由国务院办公厅统一配置的电子公文传输系统处理后形成的具有规范格式的公文的电子数据。

第三条 电子公文形成单位应指定有关部门或专人负责本单位的电子公文归档工作，将电子公文的收集、整理、归档、保管、利用纳入机关文书处理程序和相关人员的岗位责任。

机关档案部门应参与和指导电子公文的形成、办理、收集和归档等各工作环节。

第四条 副省级以上档案行政管理部门负责对电子公文的归档管理工作进行监督和指导。

电子公文的真实性、完整性、安全性和可识别性，移交前由形成部门负责，移交后由档案部门负责。

第五条 电子公文参照国家有关纸质文件的归档范围进行归档并划定保管期限。

第六条 电子公文一般应在办理完毕后即时向机关档案部门归档。

第七条 电子公文形成单位必须将具有永久和长期保存价值的电子公文，制成纸质公文与原电子公文的存储载体一同归档，并使两者建立互联。

第八条 需要永久和长期保存的电子公文，应在每一个存储载体中同时存有相应的符合规范要求的机读目录。

第九条 电子公文的收发登记表、机读目录、相关软件、其他说明等应与相对应的电子公文一同归档保存。

第十条 电子公文的归档应在"全国政府系统办公业务资源网电子邮件系统"平台上进行，各电子公文形成单位档案部门应配置足够容量和处理能力及相对安全的系统设备。

第十一条 电子公文形成单位应在运行电子公文处理系统的硬件环境中设置足够容量、安全的暂存存储器，存放处理完毕应归档保存的电子公文，以保证归档电子公文的完整、安全。

第十二条 电子公文形成单位应在电子公文处理系统中设置符合安全要求的操作日志，随时自动记录对电子公文实时操作的人员、时间、设备、项目、内容等，以保证归档电子公文的真实性。

第十三条 电子公文形成单位应在电子公文归档时对相关项目进行检查，检查项目包括与纸质公文核对内容、签章，审核电子公文收发登记表、操作日志及相关的著录条目等，确认电子公文及相关的信息和软件无缺损且未被非正常改动，电子公文与相应的纸质公文内容及其表现形式一致，处理过程无差错。

第十四条 归档电子公文的移交形式可以是交接双方之间进行存储载体传递或通过电子公文传输系统从网上交接。

第十五条 通过存储载体进行交接的归档电子公文，移交与接收部门均应对其载体和技术环境进行检验，确保载体清洁、无划痕、无病毒等。

第十六条　归档电子公文应存储到符合保管要求的脱机载体上。归档保存的电子公文一般不加密，必须加密归档的电子公文应与其解密软件和说明文件一同归档。

第十七条　归档的电子公文，应按本单位档案分类方案进行分类、整理，并拷贝至耐久性好的载体上，一式三套，一套封存保管，一套异地保管，一套提供利用。

第十八条　档案部门应加强对归档电子公文的管理，提供利用有密级要求的归档电子公文，应严格遵守国家有关保密的规定，采用联网的方式提供利用的，应采取稳妥的身份认定，权限控制及在存有电子公文的设备上加装防火墙等安全保密措施。

第十九条　超过保管期限的归档电子公文的鉴定和销毁，按照归档纸质文件的有关规定执行。对确认销毁的电子公文可以进行逻辑或物理删除，并应由档案部门列出销毁文件目录存档备查。

第二十条　其他类型电子公文的归档管理可参照本办法。

第二十一条　本办法未尽事宜，参照国家其他有关电子文件的标准和规定。

第二十二条　本办法由国家档案局负责解释。

第二十三条　本办法自 2003 年 9 月 1 日起施行。

机关公文二维条码使用规范

（中共中央办公厅秘书局、国务院办公厅秘书局 2005 年印发）

一、条码应当用于各单位制发的各类公文，如文件、简报、电报等。

二、各单位可于公文经本单位领导签发后、正式印制前，制作公文二维条码。

不需要批量印刷的公文，可将条码打印在公文的右下角或打印出条码标签贴在公文的右下角。

三、条码内容必须与所对应的公文相符。

多个单位的联合行文，条码中可只标明主办单位，其后加"等"。

四、条码各字段（除自定义字段外）内容中不得含有"^"和"｜"两种符号（此两种符号为条码字段专用分隔符）。

五、条码与其对应的公文具有同等的秘密等级、紧急程度，条码的生成、保存、运转、销毁等应视同其所对应的公文进行管理。

六、印制条码应确有必要，不得随意生成。印制过程中生成的多余条码应按规定销毁。

七、绝密级公文的条码，其公文标题字段不填写。

八、条码必须使用保密部门安检合格的系统和工具识读，禁止使用未经认可的系统和工具识读。

九、严禁在互联网系统或与互联网有物理联接的设备上识读秘密级以上的条码。

附录：

其他电子公文处理规定篇目

中共中央办公厅关于进一步加强信息工作的意见（1999年2月9日 中办发〔1999〕7号，1999年2月9日实施）

国家信息化领导小组关于我国电子政务建设指导意见（中办发〔2002〕17号）

国家质量技术监督局信息化工程监理规范

国家标准：信息与文献—文件管理流程—文件元数据—原则（ISO23081-1：2006）

国家质量监督检验检疫总局电子政务系统总体设计要求（2007年9月10日发布，2008年3月1日实施）

国家质量监督检验检疫总局基于xml的电子公文格式规范（2005年2月18日发布，2005年5月1日实施）

国家标准化管理委员会 国务院信息化工作办公室电子政务标准化指南

电子政务数据元素——公共数据元目录

电子文件管理细则

电子文件归档与管理规范（GB/T 18894-2002）

互联网信息服务管理办法（国务院令第292号，2008年9月20日国务院第31次会议通过 2000年9月25日施行）

十三　公文语言规范规定

标点符号用法

（中华人民共和国国家标准 GB/T15834—1995 国家技术监督局
1995 年 12 月 13 日发布，1996 年 6 月 1 日实施）

1. 范围

本标准规定了标点符号的名称、形式和用法。本标准对汉语书写规范有重要的辅助作用。

本标准适用于汉语书面语。外语界和科技界也参考使用。

2. 定义

本标准采用下列定义

句子　sentence
前后都有停顿，并带有一定的语调，表示相对完整意义的语言单位。

陈述句　declarative sentence
用来说明事实的句子。

祈使句　imperative sentence
用来要求听话人做某件事情的句子。

疑问句　interrogative sentence
用来提出问题的句子。

感叹句　exclamatory sentence
用来抒发某种强烈感情的句子。

复句、分句　complex sentence，clause
意思上有密切联系的小句子组织在一起构成一个大句子。这样的大句子叫复句，复句中的每个小句子叫分句。

词语　expression

词和短语（词组）。词，即最小的能独立运用的语言单位。短语，即由两个或两个以上的词按一定的语法规则组成的表达一定意义的语言单位，也叫词组。

3. 基本规则

3.1　标点符号是辅助文字记录语言的符号，是书面语的有机组成部分，用来表示停顿、语气，以及词语的性质和作用。

3.2　常用的标点符号有16种，分点号和标号两大类。

点号的作用在于点断，主要表示说话时的停顿和语气。点号又分为句末点号和句内点号。句末点号用在句末，有句号、问号、叹号3种，表示句末的停顿，同时表示句子的语气。句内点号用在句内，有逗号、顿号、分号、冒号4种，表示句内的各种不同性质的停顿。

标号的作用在于标明，主要标明语句的性质和作用。常用的标号有9种，即：引号、括号、破折号、省略号、着重号、连接号、间隔号、书名号和专名号。

4. 用法说明

4.1　句号

4.1.1　句号的形式为"。"。句号还有一种形式，即一个小圆点"．"，一般在科技文献中使用。

4.1.2　陈述句末尾的停顿，用句号。例如：

a）北京是中华人民共和国的首都。

b）虚心使人进步，骄傲使人落后。

c）亚洲地域广阔，跨寒、温、热三带，又因各地地形和距离海洋远近不同，气候复杂多样。

4.1.3　语气舒缓的祈使句末尾，也用句号。例如：

请您稍等一下。

4.2　问号

4.2.1　问号的形式为"？"。

4.2.2　疑问句末尾的停顿，用问号。例如：

a）你见过金丝猴吗？

b）他叫什么名字？

c）去好呢，还是不去好？

4.2.3 反问句的末尾,也用问号。例如:

a) 难道你还不了解我吗?

b) 你怎么能这么说呢?

4.3 叹号

4.3.1 叹号的形式为"!"。

4.3.2 感叹句末尾的停顿,用叹号。例如:

a) 为祖国的繁荣昌盛而奋斗!

b) 我多么想看看他老人家呀!

4.3.3 语气强烈的祈使句末尾,也用叹号。例如:

a) 你给我出去!

b) 停止射击!

4.3.4 语气强烈的反问句末尾,也用叹号。例如:

我哪里比得上他呀!

4.4 逗号

4.4.1 逗号的形式为","。

4.4.2 句子内部主语与谓语之间如需停顿,用逗号。例如:

我们看得见的星星,绝大多数是恒星。

4.4.3 句子内部动词与宾语之间如需停顿,用逗号。例如:

应该看到,科学需要一个人贡献毕生的精力。

4.4.4 句子内部状语后边如需停顿,用逗号。例如:

对于这个城市,他并不陌生。

4.4.5 复句内各分句之间的停顿,除了有时要用分号外,都要用逗号。例如:

据说苏州园林有一百多处,我到过的不过十多处。

4.5 顿号

4.5.1 顿号的形式为"、"。

4.5.2 句子内部并列词语之间的停顿,用顿号。例如:

a) 亚马逊河、尼罗河、密西西比河和长江是世界四大河流。

b) 正方形是四边相等、四角均为直角的四边形。

4.6 分号

4.6.1 分号的形式为";"。

4.6.2 复句内部并列分句之间的停顿,用分号。例如:

a) 语言,人们用来抒情达意;文字,人们用来记言记事。

b）在长江上，瞿塘峡像一道闸门，峡口险阻；巫峡像一条迂回曲折的画廊，每一曲，每一折，都像一幅绝好的风景画，神奇而秀美；西陵峡水势险恶，处处是急流，处处是险滩。

4.6.3 非并列关系（如转折关系、因果关系等）的多重复句，第一层的前后两部分之间，也用分号。例如：我国年满十八周岁的公民，不分民族、种族、性别、职业、家庭出身、宗教信仰、教育程度、财产状况、居住年限，都有选举权和被选举权；但是依照法律被剥夺政治权力的人除外。

4.6.4 分行列举的各项之间，也可以用分号。例如：

中华人民共和国行政区域划分如下：

（一）全国分为省、自治区、直辖市；

（二）省、自治区分为自治州、县、自治县、市；

（三）县、自治县分为乡、民族乡、镇。

4.7 冒号

4.7.1 冒号的形式为"："。

4.7.2 用在称呼语后边，表示提起下文。例如：

同志们，朋友们：

现在开会了。

4.7.3 用在"说、想、是、证明、宣布、指出、透露、例如、如下"等词语后边，表示提起下文。例如：

他十分惊讶地说："啊，原来是你！"

4.7.4 用在总说性话语的后边，表示引起下文的分说。例如：

北京紫禁城有四座城门：午门、神武门、东华门和西华门。

4.7.5 用在需要解释的词语后边，表示引出解释或说明。例如：

外文图书展销会

日期：10月20日至11月10日

时间：上午8时至下午4时

地点：北京朝阳区工体东路16号

主办单位：中国图书进出口总公司

4.7.6 总括性话语的前边，也可以用冒号，以总结上文。例如：

张华考上了北京大学，在化学系学习；李萍考进了中等技术学校，读机械制造专业；我在百货公司当售货员：我们都有光明的前途。

4.8 引号

4.8.1 引号的形式为双引号""""和单引号"''"。

4.8.2 行文中直接引用的话，用引号标示。例如：

a）爱因斯坦说："想象力比知识更重要，因为知识是有限的，而想象力概括着世界上的一切，推动着进步，并且是知识进化的源泉。"

b)"满招损，谦受益"这句格言，流传到今天至少有两千年了。

c）现代画家徐悲鸿笔下的马，正如有的评论家所说的那样，"神形兼备，充满生机"。

4.8.3 需要着重论述的对象，用引号标示。例如：

古人对于写文章有个基本要求，叫做"有物有序"。"有物"就是要有内容，"有序"就是要有条理。

4.8.4 具有特殊含意的词语，也用引号标示。例如：

a）从山脚向上望，只见火把排成许多"之"字形，一直连到天上，跟星光接起来，分不出是火把还是星星。

b）这样的"聪明人"还是少一点好。

4.8.5 引号里面还要用引号时，外面一层用双引号，里面一层用单引号。例如：

他站起来问："老师，'有条不紊'的'紊'是什么意思？"

4.9 括号

4.9.1 括号常用的形式是圆括号"（）"。此外还有方括号"［］"、六角括号"〔〕"和方头括号"【】"。

4.9.2 行文中注释性的文字，用括号标明。注释句子里某种词语的，括注紧贴在被注释词语之后；注释整个句子的，括注放在句末标点之后。例如：

a）中国猿人（全名为"中国猿人北京种"，或简称"北京人"）在我国的发现，是对古人类学的一个重大贡献。

b）写研究性文章跟文学创作不同，不能摊开稿纸搞"即兴"。（其实文学创作也要有素养才能有"即兴"。）

4.10 破折号

4.10.1 破折号的形式为"——"。

4.10.2 行文中解释说明的语句，用破折号标明。例如：

a）迈进金黄色的大门，穿过宽阔的风门厅和衣帽厅，就到了大会堂建筑的枢纽部分——中央大厅。

b）为了全国人民——当然包括自己在内——的幸福，我们每个人都要兢兢业业，努力工作。

4.10.3 话题突然转变，用破折号标明。例如：

"今天好热啊！——你什么时候去上海？"张强对刚刚进门的小王说。

4.10.4 声音延长，象声词后用破折号。例如：

"呜——"火车开动了。

4.10.5 事项列举分承，各项之前用破折号。例如：

根据研究对象的不同，环境物理学分为以下五个分支学科：

——环境声学；

——环境光学；

——环境热学；

——环境电磁学；

——环境空气动力学。

4.11 省略号

4.11.1 省略号的形式为"……"，六个小圆点，占两个字的位置。如果是整段文章或诗行的省略，可以使用十二个小圆点来表示。

4.11.2 引文的省略，用省略号标明。例如：

她轻轻地哼起了《摇篮曲》："月儿明，风儿静，树叶儿遮窗棂啊……"

4.11.3 列举的省略，用省略号标明。例如：

在广州的花市上，牡丹、吊钟、水仙、梅花、菊花、山茶、墨兰……春秋冬三季的鲜花都挤在一起啦！

4.11.4 说话断断续续，可以用省略号标示。例如：

"我……对不起……大家，我……没有……完成……任务"。

4.12 着重号

4.12.1 着重号的形式为"．"。

4.12.2 要求读者特别注意的字、词、句，用着重号标明。例如：

事业是干出来的，不是吹出来的。

4.13 连接号

4.13.1 连接号的形式为"—"，占一个字的位置，连接号还有另外三种形式，即长横"——"（占两个字的位置）、半字线"‐"（占半个字的位置）和浪纹"～"（占一个字的位置）。

4.13.2 两个相关的名词构成一个意义单位，中间用连接号。例如：

a）我国秦岭—淮河以北地区属于温带季风气候区，夏季高温多雨，冬季寒冷干燥。

b）复方氯化钠注射液，也称任—洛二氏溶液（Ringer‐Locke solution），用于医疗和哺乳动物生理学实验。

4.13.3 相关的时间、地点或数目之间用连接号表示起止。例如：

a）鲁迅（1881－1936）中国现代伟大的文学家、思想家和革命家。原名周树人，字豫才，浙江绍兴人。

b）"北京—广州"直达快车。

c）梨园乡种植的巨峰葡萄今年已进入了丰产期，亩产 1000 公斤～1500 公斤。

4.13.4 相关的字母、阿拉伯数字等之间，用连接号，表示产品型号。例如：

在太平洋地区，除了已建成投入使用的 HAW－4 和 TPC－3 海底光缆之外，又有 TPC－4 海底光缆投入运营。

4.13.5 几个相关的项目表示递进式发展，中间用连接号。例如：

人类的发展可以分为古猿—猿人—古人—新人这四个阶段。

4.14 间隔号

4.14.1 间隔号的形式为"·"。

4.14.2 外国人和某些少数民族人名内各部分的分界，用间隔号标示。例如：

列奥纳多·达·芬奇

爱新觉罗·努尔哈赤

4.14.3 书名与篇（章、卷）名之间的分界，用间隔号标示。例如：

《中国大百科全书·物理学》

《三国志·蜀志·诸葛亮传》

4.15 书名号

4.15.1 书名号的形式为双书名号"《》"和单书名号"〈〉"。

4.15.2 书名、篇号、报纸名、刊物名等，用书名号标志。例如：

a）《红楼梦》的作者是曹雪芹。

b）你读过鲁迅的《孔乙己》吗？

c）他的文章在《人民日报》上发表了。

d）桌上放着一本《中国语文》。

4.15.3 书名号里边还要用书名号时，外面一层用双书名号，里边一层用单书名号。例如：

《〈中国工人〉发刊词》发表于 1940 年 2 月 7 日。

4.16 专名号

4.16.1 专名号的形式为"＿＿＿"

4.16.2 人名、地名、朝代名等专名下面，用专名号标示。例如：

司马相如者，汉蜀郡成都人也，字长卿。

4.16.3 专名号只用在古籍或某些文史著作里面。为了跟专名号配合，这类著作里的书名号可以用浪线"﹏﹏﹏"。例如：

屈原放逐，乃赋离骚，左丘失明，厥有国语。

5. 标点符号的位置

5.1 句号、问号、叹号、逗号、顿号、分号和冒号一般占一个字的位置，居左偏下，不出现在一行之首。

5.2 引号、括号、书名号的前一半不出现在一行之末，后一半不出现在一行之首。

5.3 破折号和省略号都占两个字的位置，中间不能断开。连接号和间隔号一般占一个字的位置。这四种符号上下居中。

5.4 着重号、专名号和浪线式书名号标在字的下边，可以随字移行。

6. 直行文稿与横行文稿使用标点符号不同

6.1 句号、问号、叹号、顿号、分号和冒号放在字下偏右。

6.2 破折号、省略号、连接号和间隔号放在字下居中。

6.3 引号改用双引号"『 』"和单引号"「 」"。

6.4 着重号标在字的右侧，专名号和浪线式书名号标在字的左侧。

出版物上数字用法的规定

(中华人民共和国国家标准 GB/T15835—1995
国家技术监督局 1995 年 12 月 13 日发布，1996 年 6 月 1 日实施)

1. 范围

本标准规定了出版物在涉及数字（表示时间、长度、质量、面积、容积等量值和数字代码）时使用汉字和阿拉伯数字的体例。

本标准适用于各级新闻报刊、普及性读物和专业性社会人文科学出版物。

自然科学和工程技术出版物亦应使用本标准，并可制定专业性细则。

本标准不适用于文学书刊和重排古籍。

2. 引用标准

下列标准所包含的条文，通过在本标准中引用而构成为本标准的条文。本标准出版时，所示版本均为有效。所有标准都会被修订，使用本标准的各方应探讨使用下列标准最新版本的可能性。

GB/T 7408—94 　数据元和交换格式、信息交换、日期和时间表示法
GB 3100—93 　国际单位制及其应用
GB 3101—93 　有关量、单位和符号的一般原则
GB 7713—87 　科学技术报告、学位论文和学术论文的编写格式
GB 8170—87 　数值修约规则

3. 定义

本标准采用下列定义

物理量　physical quantity

用于定量地描述物理现象的量，即科学技术领域里使用的表示长度、质量、时间、电流、热力学温度、物质的量和发光强度的量。使用的单位应是法定计量单位。

非物理量　non-physical quantity

日常生活中使用的量，使用的是一般量词。如 30 元、45 天、67 根等。

4. 一般原则

4.1 　使用阿拉伯数字或是汉字数字，有的情形选择是唯一而确定的。

4.1.1 　统计表中的数值，如正负整数、小数、百分比、分数、比例等，必须使用阿拉伯数字。

示例：48 302 　 -125.03 　 34.05% 　 63%~68% 　 1/4 　 2/5 　 1:500

4.1.2 　定型的词、词组、成语、惯用语、缩略语或具有修辞色彩的词语中作为语素的数字，必须使用汉字。

示例：一律　一方面　十滴水　二倍体　三叶虫　星期五　四氧化三铁　一〇五九（农药内吸磷）　八国联军　二〇九师　二万五千里长征　四书五经　五四运动　九三学社　十月十七日同盟　路易十六　十月革命　"八五"计划　五省一市　五局三胜制　二八年华　二十挂零　零点方案　零岁教育　白发三千丈　七上八下　不管三七二十一　相差十万八千里　第一书记　第二轻工业局　一机部三所　第三季度　第四方面军　十三届四中全会

4.2 使用阿拉伯数字或是汉字数字,有的情形,如年月日、物理量、非物理量、代码、代号中的数字,目前体例尚不统一,对这种情形,要求凡是可以使用阿拉伯数字而且又很得体的地方,特别是当所表示的数目比较精确时,均应使用阿拉伯数字,遇特殊情形,或者为避免歧解,可以灵活变通,但全篇体例应相对统一。

5. 时间(世纪、年代、年、月、日、时刻)

5.1 要求使用阿拉伯数字的情况

5.1.1 公历世纪、年代、年、月、日

示例:公元前8世纪　20世纪80年代　公元前440年　公元7年　1994年10月1日

5.1.1.1 年份一般不用简写。如:1990年不应简作"九〇年"或"90年"。

5.1.1.2 引文著录、行文注释、表格、索引、年表等,年月日的标记可按GB/T 7408—94的5.2.1.1中的扩展格式。如:1994年9月30日和1994年10月1日可分别写作1994-09-30和1994-10-01,仍读作1994年9月30日、1994年10月1日。年月日之间使用半字线"-"。当月和日是个位数时,在十位上加"0"。

5.1.2 时、分、秒

示例:4时　15时40分(下午3点40分)　14时12分36秒

注:必要时,可按GB/T7408—94的5.3.1.1中的扩展格式。该格式采用每日24小时计时制,时、分、秒的分隔符为冒号":"。

示例:04:00(4时)　15:40(15时40分)　14:12:36(14时12分36秒)

5.2 要求使用汉字的情况

5.2.1 中国干支纪年和夏历月日

示例:丙寅年十月十五日　腊月二十三日　正月初五　八月十五中秋节

5.2.2 中国清代和清代以前的历史纪年、各民族的非公历纪年

这类纪年不应与公历月日混用,并应采用阿拉伯数字括注公历。

示例:秦文公四十四年(公元前722年)　太平天国庚申十年九月二十四日(清咸丰十年九月二十日,公元1860年11月2日)　藏历阳木龙年八月二十六日(1964年10月1日)　日本庆应三年(1867年)

5.2.3 含有月日简称表示事件、节日和其他意义的词组

如果涉及一月、十一月、十二月，应用间隔号"·"将表示月和日的数字隔开，并外加引号，避免歧义。涉及其他月份时，不用间隔号，是否使用引号，视事件的知名度而定。

示例1："一·二八"事变（1月28日）"一二·九"运动（12月9日）"一·一七"批示（1月17日）"一一·一〇"案件（11月10日）

示例2：五四运动　五卅运动　七七事变　五一国际劳动节　"五二〇"声明　"九一三"事件

6. 物理量

物理量量值必须用阿拉伯数字，并正确使用法定计量单位。小学和初中教科书、非专业性科技书刊的计量单位可使用中文符号。

示例：8736.80km（8736.80千米）　600g（600克）　100kg～150kg（100千克～150千克）　12.5m^2（12.5平方米）　外形尺寸是400mm×200mm×300mm（400毫米×200毫米×300毫米）　34℃～39℃（34摄氏度～39摄氏度）　0.59A（0.59安[培]）

7. 非物理量

7.1　一般情况下应使用阿拉伯数字。

示例：21.35元　45.6万元　270美元　290亿英镑　48岁11个月　1480人　4.6万册　600幅　550名

7.2　整数一至十，如果不是出现在具有统计意义的一组数字中，可以用汉字，但要照顾到上下文，求得局部体例上的一致。

示例1：一个人　三本书　四种产品　六条意见　读了十遍　五个百分点

示例2：截至1984年9月，我国高等学校有新闻系6个，新闻专业7个，新闻班1个，新闻教育专职教员274人，在校学生1561人。

8. 多位整数与小数

8.1　阿拉伯数字书写的多位整数和小数的分节

8.1.1　专业性科技出版物的分节法：从小数点起，向左和向右每三位数字一组，组间空四分之一个汉字（二分之一个阿拉伯数字）的位置。

示例：2 748 456　3.141 592 65

8.1.2　非专业性科技出版物如排版留四分空有困难，可仍采用传统的以千分撇","分节的办法。小数部分不分节。四位以内的整数也可以不分节。

示例：2,748,456 3,14159265 8703

8.2 阿拉伯数字书写的纯小数必须写出小数点前定位的"0"。小数点是齐底线的黑圆点"．"。

示例：0.46 不得写成 .46 和 0·46

8.3 尾数有多个"0"的整数数值的写法

8.3.1 专业性科技出版物根据 GB 8170—87 关于数值修约的规则处理。

8.3.2 非科技出版物中的数值一般可以"万"、"亿"作单位。

示例：三亿四千五百万可写成 345,000,000，也可写成 34,500 万或 3.45 亿，但一般不得写作 3 亿 4 千 5 百万。

8.4 数值巨大的精确数字，为了便于定位读数或移行，作为特例可以同时使用"亿、万"作单位。

示例：我国 1982 年人口普查人数为 10 亿 817 万 5288 人；1990 年人口普查人数为 11 亿 3368 万 2501 人。

8.5 一个用阿拉伯数字书写的数值应避免断开移行。

8.6 阿拉伯数字书写的数值在表示数值的范围时，使用浪纹式连接号"～"。

示例：150 千米～200 千米　 −36℃～−8℃　 2500 元～3000 元

9. 概数和约数

9.1 相邻的两个数字并列连用表示概数，必须使用汉字，连用的两个数字之间不得用顿号"、"隔开。

示例：二三米　一两个小时　三五天　三四个月　十三四吨　一二十个　四十五六岁　七八十种　二三百架次　一千七八百元　五六万套

9.2 带有"几"字的数字表示约数，必须使用汉字。

示例：几千年　十几天　一百几十次　几十万分之一

9.3 用"多"、"余"、"左右"、"上下"、"约"等表示的约数一般用汉字。如果文中出现一组具有统计和比较意义的数字，其中既有精确数字，也有用"多""余"等表示的约数时，为保持局部体例上的一致，其约数也可以使用阿拉伯数字。

示例1：这个协会举行全国性评奖十余次，获奖作品有一千多件。协会吸收了约三千名会员，其中三分之二是有成就的中青年。另外，在三十个省、自治区、直辖市还设有分会。

示例2：该省从机动财力中拿出 1900 万元，调拨钢材 3000 多吨、水泥 2 万多吨、柴油 1400 吨，用于农田水利建设。

10. 代号、代码和序号

部队番号、文件编号、证件号码和其他序号，用阿拉伯数字。序数词即使是多位数也不能分节。

示例：84062 部队　国家标准 GB2312—80　国办发〔1987〕9 号文件　总 3147 号　国内统一刊号 CN11－1399　21/22 次特别快车　HP－3000 型电子计算机　85 号汽油　维生素 B12

11. 引文标注

引文标注中版次、卷次、页码，除古籍应与所据版本一致外，一般均使用阿拉伯数字。

示例 1：列宁：《新生的中国》，见《列宁全集》，中文 2 版，第 22 卷，208 页，北京，人民出版社，1990。

示例 2：刘少奇：《论共产党员的修养》，修订 2 版，76 页，北京，人民出版社，1962。

示例 3：李四光：《地壳构造与地壳运动》，载《中国科学》，1973（4），400～429 页。

示例 4：许慎：《说文解字》，影印陈昌治本，126 页，北京，中华书局，1963。

示例 5：许慎：《说文解字》，四部丛刊本，卷六上，九页

12. 横排标题中的数字

横排标题涉及数字时，可以根据版面的实际需要和可能作恰当的处理。

13. 竖排文章中的数字

提倡横排。如文中多处涉及物理量，更应横排。竖排文字中涉及的数字除必须保留的阿拉伯数字外，应一律用汉字。必须保留的阿拉伯数字、外文字母和符号均按顺时针方向转 90 度。

14. 字体

出版物中的阿拉伯数字，一般应使用正体二分字身，即占半个汉字位置。

出版物汉字使用管理规定

(1992年7月7日颁布，1992年8月1日实施)

第一条　为使报纸、期刊、图书、音像制品等出版物使用汉字规范化，消除用字不规范现象，根据国家有关新闻出版的法律、法规和关于汉字使用的有关规定，根据我国的实际情况，制定本规定。

第二条　本规定适用于经国家新闻出版行政管理机关批准出版发行的报纸、期刊、图书、音像制品等出版物。

第三条　本规定所称的规范汉字，主要是指1986年10月根据国务院批示由国家语言文字工作委员会重新发表的《简化字总表》所收录的简化字；1988年3月由国家语言文字工作委员会和新闻出版署发布的《现代汉语通用字表》中收录的汉字。

本规定所称不规范汉字，是指在《简化字总表》中被简化的繁体字；1986年国家宣布废止的《第二次汉字简化方案（草案）》中的简化字；在1955年淘汰的异体字（其中1986年收入《简化字总表》中的11个类推简化字和1988年收入《现代汉语通用字表》中的15个字不作为淘汰的异体字）；1977年淘汰的计量单位旧译名用字；社会上出现的自造简体字及1965年淘汰的旧字形。

第四条　新闻出版署和国家语言文字工作委员会主管全国出版物汉字使用的规范工作。

各省、自治区、直辖市新闻出版行政管理机关和语言文字工作机关，主管本行政区域内出版物汉字使用的规范工作。

第五条　报纸、期刊、图书、音像制品等出版物的报头（名）、刊名、封皮（包括封面、封底、书脊等）、包装装饰物、广告宣传品等用字，必须使用规范汉字，禁止使用不规范汉字。

出版物的内文（包括正文、内容提要、目录以及版权记录项目等辅文），必须使用规范汉字，禁止使用不规范汉字。

第六条　向台湾、香港、澳门地区及海外发行的报纸、期刊、图书、音像制品等出版物，可以用简化字的一律用简化字，如需发行繁体字版本的，须报新闻出版署批准。

第七条　下列情形可以不适用第五条、第六条的规定：

（一）整理、出版古代典籍；

（二）书法艺术作品；

（三）古代历史文化学术研究著述和语文工具书中必须使用繁体字、异体字的部分；

（四）经国家有关部门批准，依法影印、拷贝的台湾、香港、澳门地区及海外其他地区出版的中文报刊、图书、音像制品等出版物。

第八条 报纸、期刊、图书、音像制品出版单位在申请创办时，必须向批准机关提交出版社社名、报名、刊名字样，经审定符合规范获得批准后方可使用。

第九条 印刷通用汉字字模的设计、计算机编排系统和文字信息处理系统使用汉字，必须符合国家标准和有关规定。需要使用繁体字的，须经新闻出版署批准。

第十条 新闻出版行政管理机关和语言文字工作机关负责对出版物汉字使用情况进行监督检查。

被检查单位不得拒绝提供检查需用的出版物样本。

第十一条 违反本规定，有下列情形之一的，由省级以上（包括省级）新闻出版行政管理机关根据情节轻重分别处以责令改正、警告、500元以上5000元以下罚款、停业整顿的行政处罚：

（一）违反第五条第一款，报纸报头（名）使用不规范汉字1个字以上（含1个字），日报连续6期以上，周报连续3期以上，半月报连续2期以上的；

（二）违反第五条第一款，期刊刊名及封皮、包装装饰物、千字以内的广告宣传品使用不规范汉字1个字以上（含1个字），半月刊连续2期以上，月刊、双月刊、季刊1期以上的；

（三）违反第五条第二款，在1期（1册、1盒）内，报纸、期刊、图书、音像制品等出版物内文使用不规范汉字占总字数千分之一以上的；

（四）违反第六条规定的。

第十二条 出版单位和印刷单位，对行政处罚决定不服的，可以在接到处罚决定书之日起15日内，依法申请行政复议；对行政复议决定不服的，可以在接到复议决定书之日起15日内向人民法院提起诉讼。

逾期不申请复议也不提起诉讼，又不履行处罚决定的，由作出处罚决定的机关申请人民法院强制执行。

第十三条 各省、自治区、直辖市新闻出版行政管理机关和语言文字工作机关，可根据本规定制定实施办法。

第十四条 本规定由新闻出版署和国家语言文字工作委员会负责解释。

第十五条 本规定自1992年8月1日起施行。

本规定生效前，报头（名）、刊名、封皮中已经使用不规范汉字的，要加以纠正。

附录：

相关规定篇目

中华人民共和国法定计量单位使用办法

中华人民共和国国家通用语言文字法（2000年10月31日第九届全国人民代表大会常务委员会第十八次会议通过）

第一批异形词整理表（中华人民共和国教育部、国家语言文字工作委员会于2001年12月19日发布，2002年3月31日试行）

汉语拼音正词法基本规则（GB/T 16159—1996，国家技术监督局1996年1月22日批准，1996年7月1日起实施）

校对符号及其用法（GB/T 14706—93，国家技术监督局1993年11月16日批准，1994年7月1日起实施）

国家标准发文稿纸格式（国家技术监督局1989年2月22日发布，1989年9月1日实施）

数值修约规则（GB/T8170－1987）

国务院关于在我国统一实行法定计量单位的命令（国务院1984年2月27日颁布，1984年2月27日实施）

后　　记

　　没有规矩，不成方圆。公文处理离不开规范，公文是具有法定效力和规范体式的文书，是依法办事、依法行政和进行公务活动的重要工具。

　　在现实工作中，公文处理工作需要规范，但能够满足需要的公文规范汇编却甚少，即或偶遇，也不完备，往往局限于一个部门、一个系统，且涉及条理性不够、操作性不强的问题。特别是一些重要工作，党、政、军、群交叉联合行文的情况甚多，而由于不了解相互之间的规定，常常给工作带来麻烦和不便。为此，我们一直想编写一本可以满足党政机关需要的公文规范。

　　利用与烟台市委组织部联合举办党政机关青年干部写作培训班的机会，我们搜集了大量的各个时期的公文处理规范资料，加以整理汇编成册。我们编写的原则是：选编党政机关现行公文规范，以党和国家公文处理规范为主体，兼顾省部级公文处理规定，包括党的机关、人大机关、行政机关、政协机关、军事机关等各个系统的公文规范，以及党和国家保密、档案管理、电子公文、文字符号使用等方面的规定，共分为十二部分。由于有些系统尚未制定全国性的、统一的公文处理规范，我们选取了部分省市和部门的公文处理规定，以供参考。

　　本书在编写过程中，查阅参考了各种论著和有关材料；鲁东大学王东海、董相志、张永杰、张晓青、高先锋等老师给予热情帮助和支持；本书绪论是鲁东大学公文文献中心邵明媚的作品；文学院刘鸣洋、邵建国、夏德芬、张慧慧、吴颖、刘玉坤、邓丽丽等研究生做了大量的资料搜集、整理和校对工作。在此一并向他们表示衷心的感谢！

　　希望编者的努力能为在进行公文处理的公务员、学习公文处理课程和研究公文处理的人士提供一个较为实用、完备的资料。由于条件所限、时间仓促，错误遗漏在所难免，欢迎广大读者批评指正！

编　者
二〇一〇年三月